幕藩権力と寺檀制度

朴澤直秀著

吉川弘文館

目次

第Ⅱ部　寺檀関係論……一五七

序章　近世仏教史の全体像構築への試み

一　辻仏教史学の克服と全体像の構築

近世の仏教を論ずるに際しては、いまもって、まず辻善之助氏の大著『日本仏教史』[1]近世編を参照しなくてはならない。史料編纂官・東京帝国大学教授などとして活動した辻氏は、この本のなかで、種々の記録史料や、幕政史料、諸家・諸寺院の文書などを広く渉猟し、寺院・仏教教団と政権との関係、仏教の「形式化」と「復興」、排仏論、僧侶の「堕落」などを論じている。そして、『日本仏教史』全編の「結語」において、伝来以降、明治時代に至る仏教を概観しつつ、

江戸時代になつて、封建制度の立てられるに伴ひ、宗教界も亦その型に嵌り、更に幕府が耶蘇教禁制の手段として、仏教を利用し、檀家制度を定むるに及んで、仏教は全く形式化した。之と共に本末制度と階級制度とに依つて、仏教はいよいよ形式化した。寺院僧侶の格式は固定し、尊卑の階級煩はしく、元来平民的に起つた各宗派も、甚しく階級観念に囚はれ、僧侶は益々貴族的になり、民心は仏教を離れ、排仏論は凄まじく起つた、仏教は殆ど痲痺状態に陥り、寺院僧侶は惰性に依つて、辛うじて社会上の地位を保つに過ぎなかつた、

と述べている。辻氏の浩瀚な研究をいかに乗り越え、またこの「近世仏教堕落論」「仏教の形式化」論をいかに克服

するかということが、多くの論者が指摘ないし回顧するように、[2] 以後の近世仏教史研究における最大の課題となった。

『日本仏教史』は、上世編一巻、中世編五巻、近世編四巻からなる通史で、刊行時期は上世編が一九四四年、中世編が一九四七〜一九五一年、近世編が一九五三〜一九五五年であるが、そのもととなっているのは一九一三年から一九三八年にかけて行われた日本仏教史の講義の講録である。[3]「仏教の形式化」論、「近世仏教堕落論」については、すでに「近世仏教衰微之由来」[(4)] でその骨子が述べられている。さらに遡れば、つとに大学院在学中、一九〇二年の講演「日本歴史に於ける仏教」[5] のなかで、

徳川時代の仏教は、一方に、耶蘇教の厳禁あり、仏教は外敵なくして安臥するを得、随て宗学振はず、修学つまず、また一方には、政治上の太平に慣れて、惰眠を貪りたるもので、此時代は宗教にとりては、睡眠の時代といふべきである、その惰眠の結果、放縦遊逸の僧もいで、敗徳のもの多く出でたるは、また免るべからざるの勢であつたのである、

と述べられている。

澤博勝氏が指摘するように、[6]『日本仏教史』発表以前の段階で、すでに近世仏教の形式化ないし堕落は通説化していたと思われ、一九三〇年代には異論も出されている。[7] この点に関しては、近世における排仏論や、明治維新以降の宗教政策・教団内の運動などとの関連で検討していく必要があろう。

近世の宗教制度に関する通説としての位置を、今に至るまで有してきた豊田武氏の『日本宗教制度史の研究』[8] は、文部省宗教局における勤務との関連で執筆した論文を集成したという氏の職務的立場とも相まってか、その見解はおおむね辻氏の「近世仏教堕落論」の範囲内に留まっているといえる。また、葬祭に焦点を絞った日本仏教の通史であり、今なお近世以降の仏教に対する「葬式仏教」観に大きな影響を与えている圭室諦成氏の『葬式仏教』[9] は、近世の

寺檀関係について「幕府は、ほとんど完成していた寺檀関係を、たんに制度化したにすぎず、また僧侶が役人気どりでいたところに問題がある」という見通しを示しているが、仏教界の現実への批判を込めたものであり、大枠において辻氏と同じ見地に立つものであるといえよう。

その一方で、一九六〇年代以降、辻氏の研究を乗り越えるべく多くの論考が生み出された。伊東多三郎氏は「近世に於ける政治権力と宗教的権威」(10)で、近世仏教の社会経済的性格と文化史的意義との検討から、堕落史観を修正し、近世仏教の史的地位を綜合的に理解すべきであるとする提言を行い、寺院・僧侶の制外性を検討した。また京都では近世仏教研究会が発足し、教団の変革という現実的課題を背景として、研究の焦点を「近世的教団機構の成立」「近世寺院の存在形態」「近世宗学の批判的研究」に絞った第一次『近世仏教』誌（一九六〇年六月～一九六五年六月）を発刊した。

そういった動向のなかで、本書との関連でまず注目されるのが、戦後、浄土宗の村落寺院に住することとなった竹田聴洲氏の、歴史学と民俗学とを融合させた研究である。竹田氏は、のちに辻氏の業績に対して、

> そこでは仏教と政治との関係に中心がおかれ、仏教と社会との関係は精々政治との関係を通して外側から見られるにとどまり、社会そのものの側から見ることは必ずしも重視されなかった(11)、

という指摘を行っているが、第一次『近世仏教』創刊号の、近世仏教研究会発足にあたって「近世寺院の存在形態」研究に関する理念を示した論文「近世寺院史への視角《アプローチ》」(12)では、「近世仏教堕落論」的な「正当史学の通念」に対して、幕藩体制瓦解の後にも「仏教は都鄙の『寺院』を象徴とするその基層構造に於いて」根本的変化を加えることなく存続した理由はいかに説明されるのかと反問している。そしてその一因として、仏教が民衆生活の側から必要とされる機能を有していたことをあげ、寺院がそれを囲繞する地域社会の生活とどのような機能連関を有し、それがいかなる

意味を持つか、また、そうした機能連関を持つことが寺院や宗団の存在形態・内部構造と相互にどのように規制し合っているか（この点の解明は、竹田氏は十全には果たしえていないと思う）、を客観的・科学的に精査することが必要であるとしている。

具体的には、まず、地域的な本末組織と同族団・家との類似性、本末組織に編成された寺院の性格と「地域共同体社会」との関係、寺院社会の内部構造における寺自体に即した関係と僧侶に即した関係との相互関係、といった寺院とその組織に関わる論点について問題提起を行っている。

また次に、寺檀関係の成立とその様態が「家」を単位とする地域社会の内部構造と密接な関連を持ち、寺と地域社会（町・村）との成立・発展や、「家」の静態・動態に即して検討さるべきであること、葬祭と結びついた以後にのみ注目するのではなく、寺檀関係の原初的形態を検討すべきこと、寺院が在地において成立・存続を必要とされた理由の類型化を図るべきこと、地域社会のなかで檀家組織に着眼すべきこと、教義の伝道の場としてよりも、地域共同体の社会生活における機能こそが寺院の生得的な体質であること、寺院が宗団組織に組み込まれた事情を個別的に明らかにすることが必要であること、といった、寺檀関係や寺院と町・村との関連に関する論点について問題を提起している。

そしてさらに、神仏習合が社会に浸透したのは古代・中世よりむしろ近世であること、近世の町場・村方の寺院は別当寺（神宮寺・宮寺）と檀那寺（菩提寺）とに大別され、両者の差異・比較を意識すべきこと、両者を判然と分立せしめた条件は何であったのかという疑問を解く鍵の大きな部分が近世にあること、広域の檀那圏を有する大寺院の講組織に関する、その大寺院の内部構造や機能の解明が進んでいないことといった、主に神仏習合に関わる論点を指摘している。そして最後には、後述する地方史研究と仏教との関連についての提言を行っている。

この、村や町、地域社会のなかで寺院や本末組織を捉えることにこだわった問題提起は、のちの講座論文「近世社会と仏教」[13]とともに竹田氏の研究のエッセンスともいうべきもので、研究視角や、後者で述べられた「家」への仏式先祖祭の普及という論点などは、その後の研究に大きな影響を与え、今なお与え続けている。本書においても多くの示唆を受けている。

竹田氏は、浄土宗の寺伝史料を網羅した「蓮門精舎旧詞」の分析と、畿内周辺三村の墓・寺・村をめぐるモノグラフとから、仏教と祖先信仰との癒着を追求した大著『民俗仏教と祖先信仰』[14]のほか、地域に深く根ざしたモノグラフに立脚した業績を纏めた『近世村落の社寺と神仏習合―丹波山国郷―』[15]、『村落同族祭祀の研究』[16]や、『祖先崇拝』[17]、『日本人の「家」と信仰』[18]といった家と祖先祭祀との関係をめぐる通史的・俯瞰的な業績などを残したが、それらの業績のなかでは、祖先祭祀と仏教との関係の追求と、村や地域社会の動向との関係において仏教を把握しようとする姿勢とが貫かれている。しかし、緻密なモノグラフに立脚するということの反面として、宗派・地域による差異をいかに組み込むかという問題が残されている。さらに竹田氏の研究の問題点として、近代に関しては必ずしも該当しないが、局地的なものに留まらない教団の構造分析、あるいは政治史的観点との接合が充分行われていないことをあげることができるだろう。

また、京都を中心に、戦後の近世仏教史研究のいわば中心分野として盛行した、真宗を対象とした研究では、教団構造と在地における把握との双方が進められた。森岡清美氏の、社会学の方法から真宗の教団構造、寺院構造、寺檀関係などに世俗の「家」制度との共通性を見出した『真宗教団と「家」制度』[19]や、千葉乗隆氏の『中部山村社会の真宗』[20]といった、必ずしも近世に限定されない業績、また、真宗教団の多様性・地域差に着眼した児玉識氏の『近世真宗の展開過程』といった業績などが蓄積され、大きな進展をみた。ただしこれらの研究においてもまた、政治史との接合があまり行われていないという点を指摘しうる。

一方、宗教政策に眼を向けた業績としては、まず藤井学「江戸幕府の宗教統制」[21]をあげることができるが、さらに、戦後の近世仏教史研究の多方面にわたる諸成果の総括を標榜し、辻氏の研究を含めて宗教政策・寺院統制を軸として近世仏教史の再構成を試みた業績が、圭室文雄氏の『江戸幕府の宗教統制』[22]ならびに『日本仏教史 近世』[23]である。それらの研究は、宗教政策と、民衆の宗教への欲求、そしてそれらへの対応としての仏教の展開を考察したものであり、そこから、近世初期に「葬祭から祈禱へ」[24]民衆の信仰内容が変化した、というシェーマが生み出された。このシェーマは、小沢浩氏に、幕藩制下の民衆の意識変革を困難化した呪術的観念や習合的多神観を寺請制・檀家制の展開の所産として捉えたものと位置づけられる[25]など、他の論者にも影響を与えた。しかし、圭室文雄氏の研究は、辻氏の段階に比べ、積極的に在地の史料、地方寺院に関わる史料を用いて行論されているが、数量的処理が目立ち、竹田氏が提起したような村や地域社会との関連で寺院・仏教を把握するという方法はみられない。

他方、大桑斉氏は、「寺檀制度の成立過程」[26]、「幕藩制国家の仏教統制―新寺禁止令をめぐって―」[27]、『寺檀の思想』[28]、あるいは、幕藩制国家論の影響を受け、復刊の辞で「このような歴史研究の動向を思慮するとき、仏教史研究においても〈地域〉〈民衆〉へ定着した近世仏教の追求から、さらにそれが国家体制のなかでどのように位置したものであったかを問うことが重要な課題となるであろう」と標榜した第二次『近世仏教』（一九七九年四月～一九八八年一月）に寄せた諸論考などで、寺檀関係論、本末制度論、僧侶の身分把握、地域仏教論などの論点をめぐって積極的に発言を行った。また、第二次『近世仏教』の問題提起として「幕藩制仏教論」を提唱し、展開した。

大桑氏は、第一次『近世仏教』段階の研究を「封建的宗学とは別に民衆的に機能した近世仏教があったという二重構造論」と批判し、近世仏教の全体像を構築しなければならないとした。そして、それは地域・民衆と、宗学・思想とを包括するものとして、さらには権力や国家との交渉のうちに一つの宗派宗団として成立する教団を問題とするところに可能となるとし、「幕藩制国家の仏教統制」や『寺檀の思想』における提起を踏まえてさらなる提起を行った。すなわち氏は、幕藩制国家が宗教をして、一定の自律性を獲得しつつある民衆が支配を受け入れる体制を樹立するにあたってのイデオロギー担当者たらしめたとした。そして、幕藩制国家が、藩の「領域的タテ支配」のみならず、全国的規模での「ヨコの統治」がなければ国家として完結しえず、それは国家イデオロギー担当者がイデオロギー的に支配すれば充分だとし、私寺―新寺建立禁止令によって、支配身分でも被支配身分でもない、別個の身分として固定化された、国家構造のうちに組み込まれた（本末制によって結集せしめられた）教団構成身分＝僧侶がそれを担うとした。氏はまた、「寺請制度が、宗旨人別帳によって確定された百姓・町人の身分を証明するものであるとするなら、その証明者はそれにふさわしい権威を持つものでなければならないし、またそれは、証明される民衆と区別される存在でなければならない」と述べている。本末寺檀制については、幕藩制国家によって要請された仏教のあり方を先取りし、また民衆の「家」成立を受けて積極的にその形成にあたったものだとした。

また大桑氏は、本末制によって結合した近世教団の紐帯となるものが門跡の権威＝天皇制の権威であり、天皇・将軍・門跡の三者が権威の分有によって国家的統合を確立したとし、門跡・本末制を教団の上部構造、寺檀制を基礎構造と位置づけた。そして、上部構造における教団の「役」が護国、基礎構造における「役」が寺請・民衆教化であるとし、近世仏教が幕藩制仏教として形成されていくとき、護国ならびに民衆教化において神祇・儒学（教）との習合を必然とするので、近世仏教の思想は諸教一致論とならざるをえないとした。

その後、大桑氏により幕藩制仏教思想論が展開され、さらに、近世には仏教が人々の思惟の基底にあったとする仏教思想史研究が提起されている。(29) そして奈倉哲三氏の、伊勢・天照大神を頂点とした民族規模でのヒエラルヒッシュな信仰の把握[30]や、あるいは、(安丸良夫氏が鮮明に描いた)維新政権による宗教生活の強権的改変をめぐる状況[31]を見据えた、廃仏毀釈への抵抗にまで至った越後真宗門徒の信仰的特質の研究[32]、尾藤正英氏による、十五・六世紀に仏教・神道などを含む「一つの宗教」である「国民的宗教」が成立したとする提起[33]、有元正雄氏による「宗教社会史」、精神史分析上の地帯区分の提起[34]など、思想・信仰をめぐる議論は盛んに提出されている。

しかしその一方で、第二次『近世仏教』終刊や、『歴史公論』近世の仏教特集号刊行[35]の後、制度・教団構造に関わる論点や、仏教と地域との関係に関わる論点などについては、個別分析の進展はみられたものの、論点の深化・総合化を意識した議論は終息した。すでに一九八一年の段階で「〔辻史観の〕その克服は、少なくとも史観の上からは、既に脱却の域に達したと認められる[36]」といわれる状況に至り、もはや「仏教の形式化」をもたらしたと位置づけられた諸論点への関心も薄れてきたものと思われる。そして結局、大桑氏の全体像への提言やその前提となる構造に対する、具体的な検討はいまだ行われていないのである。

近世史研究では、伊東多三郎氏による先駆的な業績はあったものの、小沢浩氏が、戦後の歴史学が神道史との癒着を断ち切ろうとしたことからくる、歴史研究と「宗教史」研究との分化の促進を指摘し[37]、また大友一雄氏が近世史のみに留まる指摘ではないが、「戦前・戦中の体験から、宗教を権威的・権力的なものとして捉え、そうした研究に向かうことを阻止するような社会的な力が働いていたこと」と、宗教が哲学や科学によって代替さるべきものとする研究者の歴史認識があったことにより、「戦後の歴史学研究が、地域社会との関わりにおいて宗教の問題を正当に取り上げずにきた」と述べるように[38]、宗教研究は盛んとはいえない状況が続いた。そのなかで、仏教は上述の近世仏教史研究の動向を踏まえて、主に葬祭・祖先崇拝との関係で捉えられ、農民の「家」形成をめぐる議論において言及される一方[39]、一般的に、少なくともそれのみでは民衆の宗教的願望には応ええないものとして捉えられてきた。

右に述べたように一九七六年、小沢浩氏は「幕藩制国家と宗教」(40)で、戦後の歴史学が神道史との癒着を断ち切ろうとしたことからくる、歴史研究と「宗教史」研究との分化の促進に言及している。そして、近世史で「宗教の問題が何故問題として取り上げられなければならないのか」ということの理由として、第一に、国民の宗教意識に、宗教イデオロギーの形をとって復活しつつある皇国史観や軍国主義のイデオロギーを峻拒しえない問題性が根深く存在しており、その問題性の生成につながる近代天皇制国家の宗教的性格を直接的に媒介したものとして、幕藩制国家における宗教の特質的なあり方があるのではないか、という点をあげている。また第二に、一般的に、政治イデオロギー・法イデオロギーなどの諸観念が未分化で、宗教的な意識がそれらを最終的に保証する公理としての役割を果たしていた前近代社会における、宗教の社会的役割の大きさをあげている。

一九七〇年代以降、国家、朝幕関係と関連して宗教をめぐる問題が取り上げられるようになったが、深谷克己氏は幕藩制国家の非宗教的性格という通説を批判し、寛永期の幕藩権力による寺社支配を、天皇・朝廷の権威との関係から論じた。(41)

また高埜利彦氏は、幕藩領主権力のみならず、門跡などをも含む広義の朝廷を含めた近世国家権力の特質の解明を企図し、近世国家権力による宗教者・芸能者の身分的な編成や、宗教者の組織・支配方式の研究を進めた。そこでは、教団仏教をも含む諸宗教における本末体制の提起、その本末体制と寺檀関係とを包括的に捉える視点の提示、および触頭制度などへの論及がなされている。(42)氏はまた、維新政府による神仏分離・神道国教化政策や、戦前の偏重評価された神道を経験したことによる影響を排して、近世の神社がいかなる状態に置かれていたかという点や、「明治維新後に禁止され、今では思い浮かべることも難しくなった宗教、すなわち修験道や陰陽道やその他の宗教の実態を明らかにすることで、かつて、仏教とともに近世に生きた人々の心を捉えていた宗教・信仰について考えること」を研究の射程に入れており、以後の研究者に大きな影響を与えた。

その後に提起された身分的周縁論(43)では、提起の段階で高埜氏を中心とする動向がひとつの「ながれ」として意識されており、宗教者をめぐる問題は主として、(幕府により早期に組織化を迫られ、葬祭への排他的な関与を早期に確定されたとされる僧侶以外の)宗教者、勧進に携わる者の集団化・組織化、そして他の身分集団との交流様式をめぐる問題、さらには宗教者の組織の周縁に属する者をめぐる問題として受け止められた。よって、僧侶以外の宗教者の身分集団をめぐる研究が急速に進展した。

かくしていまや逆に、まず僧侶集団の実態を明らかにし、次に諸宗教者・芸能者との関連・比較においてその特質を検討すること、そして周縁的存在をも含んだ仏教教団像を構築すること(44)、さらには僧侶をも含めた諸宗教者の存在形態・特質を踏まえて村・町・地域における宗教・信仰のありようを再構成することが、課題として浮上するに至っているといえよう。

二　地域社会と宗教

辻仏教史学を克服すべく提唱された「生きた仏教」像の構築を支えたのは、仏教史に留まらない一般的動向としての、地域における史料の発掘であった。そして、地域社会のなかに位置づけた寺院・僧侶の研究、あるいは「地域仏教史」研究への提言は、近世仏教史研究において繰り返しなされてきた。

竹田聴洲氏は先述の「近世寺院史への視角」のなかで、地方史研究が宗教に関しては立ち後れていることを指摘し、宗教的契機をまったく欠いた具体的社会生活は現実には存在せず、またいかなる地域社会の宗教生活も政治・社会・

経済との関連を切り離してはその真の意味を探ることができぬゆえ、宗教史（ことに仏教史）研究は「生活史の研究」にほかならないとしている。さらに、「何が共通要素であり何が偏差であるか、これが明らかになるためには基礎的事実のモノグラフィックな個別研究がある程度積み重ねられることが何を措いてもまず必要である」として、「我々が今日意図すべきは仏教的地方史或いは地方史の仏教版である」と提言している。なおその後、『歴史公論』近世の仏教特集号の座談会(45)では、戦後の地方史研究の活発化とそれに伴う史料発掘、近世仏教史研究との連動について、発掘された史料の利用への期待をも含めて指摘がなされている。

一方、大桑斉氏は、第二次『近世仏教』の「近世仏教と地域・民衆特集(46)」のなかで、竹田氏がいうところの「地方史」を「日本史的課題を究明する好個のフィールドとして地方が選ばれただけ」であり、竹田氏の視座からは仏教が生活の機能面でしか捉えられない、と批判した。そして「地域仏教史」の意義を、個別教団史の枠を越えて「総合的仏教史」の形成を目指し、かつ民衆・地域による主体的仏教受容を（検討）課題とするところに捉えている。

その後、一九九〇年代に入っても、澤博勝氏により、近世史の地域社会研究においては、従来仏教を通した視点による検討が不充分であり、また近世仏教史の観点からは、地域社会から捉えた検討は不充分である、との批判が行われている(47)。氏はその前後から次々と、地域社会に視座を置いた、宗教に関する論考を発表し、それらの成果は『近世の宗教組織と地域社会―教団信仰と民間信仰―(48)』として纏められた。澤氏は黒田俊雄氏の、近世になって、顕密主義が権力との関係において解体した後も依然として宗教思想や信仰の根底に横たわり、近代ナショナリズム形成にも影響した、という見通しの検証をも射程に入れ、身分制論・社会集団論の「結果ではなく方法論を導入し」、「宗教的要素を中心（契機）とした地域社会における人と人、村と村、人と村、さらには社会集団どうしなどが取り結ぶ社会関係」を「宗教的社会関係」と定義し、「宗教的社会関係」の分析（澤氏はこの方法を「宗教社会史」と呼ぶ）により、その重要性にもかかわらず竹田氏の提起以降、等閑視されてきた地域と宗教的要素との関係性を追求するという課題に迫ることができる、としている。

しかし、右書に収められた諸論考は、「宗教的社会関係」の提示に留まっているという観がなきにしもあらずである。「宗教的社会関係」と他の地域社会における諸社会関係との関係構造や質的異同、すなわち「宗教的社会関係」の特質、それがいかなる意味において重要なのかが十全には明らかにされていないという観が否めない。この問題に迫るためには、第一に、澤氏がさしあたり論点から落とした心性や信仰といった点に関わる問題への着眼が必要であろうし、第二に、地域社会における諸社会関係と「宗教的社会関係」との総合的・相関的な把握が必要であろうし、そして第三に、「宗教的社会関係」のより緻密な構造分析が必要であろう。氏の問題提起は、個別論考の発表時には少なからぬインパクトを与えるものであったが、いまとなってはさらに次なる展開が求められると思われる。その後の澤氏の問題提起(49)では、宗教的要素の社会構造上の影響力があらためて強調され、また主体形成に対する教化の影響の重要性が指摘された。しかし、「信仰関係」の提示からさらに歩を進めるためには、信仰共同体の特質に迫った分析や、宗教的社会関係論と教化論とのより有機的な結合が必要とされるのではなかろうか。

澤氏の研究をはじめ、近年、地域社会と宗教的要素との関係を問う研究や、宗教者の集団に着眼する研究が盛んに行われている。この動向には、社会集団論と身分的周縁論とが大きな影響を与えている。社会集団論の提起に参画した塚田孝氏は、近世の全体社会を社会集団の重層と複合とにより構成されるものとして捉える視角を提起した。

塚田氏は、研究者が研究対象（例えば、百姓・町人・賤民身分等）の視野に限界づけられるという制約を突破して近世社会をトータルに把握するために、「諸集団間相互の関係論」が有効であると指摘した。塚田氏によれば、「重層」とは村々が組合村を、町々が組合町を形成するといったような、基礎的な社会集団が二次的三次的に集団を形成していくような関係であり、「複合」とは異種の社会集団間の交流・関係の側面である。[50]深谷克己氏は、百姓共同体が、それぞれに異なる原理により結合している職人や宗教者など、他の共同組織と交流しなければ存続しえなかったことを指摘し、その例として寺檀制を取り上げているが、[51]この指摘は塚田氏によって、複合の視点として引用されている。

渡辺尚志氏は、この塚田氏の問題提起を受け、論文「近世の村と寺」で、諸社会集団の複合の問題として村落と寺院との関係を考察した。[52]そして、寺院の住職が堂座や村民との対抗のため自己の属する社会集団（寺院本末組織）の上位に権威を求め、また堂座メンバーが住職や村民との対抗のため村を越えた社会集団への帰属に存立基盤を求めようとすることを指摘した。つまり、ここでは、社会集団の構成員による権威の利用あるいは獲得の試みという側面が強調されているが、住職が属する教団組織・僧侶集団についての具体的な検討はなく、定式化された像で捉えられるに留まっているといえる。先に述べたように、仏教教団・僧侶集団に関する研究が立ち遅れ、いまだ本末制的秩序などに関する通説的理解に無批判に立脚せざるをえないような研究状況にあるのだと考えられる。

近世の寺院・教団に関わる研究として、さらに近年の都市史研究における成果をあげることができる。吉田伸之氏は、在地社会に胚胎し城下町に集中されていく都市的要素のひとつとして、黒田俊雄氏の寺社勢力論で[53]示された中世寺院社会の構成原理や存立基盤に関する議論を参照して、寺院社会に伏在し城下町に凝集された「都市性」を検討している。[54]また、巨大城下町江戸の社会構造分析に際し、それを構成する部分社会のひとつとして寺院社会を捉え、かつ大寺院を、都市社会を部分的にではあれ編成・統合する磁極のような要素のひとつとして捉えて、浅草寺を事例に社会＝空間構造の分析を行っている。[55]また伊藤毅氏は、京都の中世寺院を中核とした領域的な纏まりと、その解体過程の検討、中世都市空間の類型としての「境内」「町」の提示、近世大坂の寺院の類型化による寺院と町との関係の把握、江戸における都市の巨大性と寺院との関係や、寺院の「都市性」の解明を目指した通時態・共時態両面の分析

など、中世都市から近世都市への展開およびそれらの構造と寺院との関係に関する研究を行っている。(56)

さらに、塚田氏をはじめとする和泉市史・大阪市立大学関係メンバーにより、在地の一山寺院の、地域史としての通時的調査・分析が行われている。(57) そこでは黒田氏の寺社勢力論が社会集団論として参照されるとともに、吉田氏による寺院社会の社会＝空間構造分析、そして「都市性」への言及が参照されており、都市史研究で発掘された論点により、一山寺院を中心とした地域社会の歴史像の構築が行われている。

宗教研究の立場からみるならば、これらの研究では、本末体制論とどう切り結ぶのか、全体ないし部分的な教団の構造や特質と寺院社会との関係をどう捉えるのか、といった点が未検討となっている。また、分析のなかで僧侶集団が所与のものとして立ち現れる傾向にあり、その人的再生産構造や、それに関連する特質などへの言及が少ない。しかし、中世から近世、近世から近代への歴史的展開、全体社会との関連において宗教的要素をいかに捉えるか、また教団の構造や周辺社会との関係構造をいかに分析するかといった点に関し、都市史研究の成果に学んでいく必要があろう。

三　本書の構成

以上、一部に留まったが近世仏教をめぐる研究状況を概観した。ここで紹介した動向をひとつの主要な牽引要因とし、また、社会的な宗教への関心の高まりをも背景として、近年、近世における宗教をめぐる研究は活発化している。先に確認した研究状況に鑑みるならば、それらの諸成果を踏まえつつ、新たなる近世仏教の全体像の構築を試み、さらにはそれに留まらず、宗教と社会とをめぐる問題の総合的な検討を行うことが必要となろう。

すでに第二次『近世仏教』発刊前の段階で圭室文雄氏が、「近世仏教史研究にとって、まず何よりも必要なことは、現在各地で行われている研究の集約化である。そして地道な研究を続けている人々の論文をどうとりあげていくかであろう」(58)と述べているが、結局その課題は今に至るまで果たされていない。また近世の宗教をめぐる研究においては、相互批判が乏しかったといえるだろう。その要因としては、各研究者のスタンスの違いもあるだろうが、地域性や、宗教・宗派などによる差異の顕著さが大きな要因となっているといえよう。この点を解決するためには、個別研究を単なる事例研究に留めるのではなく、そこからより普遍的な論点の抽出を試みていくことが必要である。

本書では、近世における宗教と社会とをめぐる問題の検討にあたり、そのなかでも大きな比重を占めた仏教を主な素材として取り上げる。ことに、寺檀制度・寺檀関係、本末制度・教団構造にあらためて焦点を絞り、他の宗教者や宗判寺檀関係以外の関係をも念頭に置きながら構造分析を行い、論点の発掘を試みることとする。なぜならば、それらは近世の国家・社会における仏教のあり方を特徴づけるものであり、かつ諸宗教者・芸能者のなかに僧侶を捉えるうえでも、村・町・地域と仏教との関係を明らかにするうえでも重要な検討素材だからである。また、寺檀制度などの主として宗教に関する歴史事実について、旧来の通説やシェーマが無批判に援用されているという問題点の克服も意識したい。例えば旧来の本末制的秩序像に対しては、これまでもっぱら教団の形成過程においてのみ注目されてきた地方的な教団組織などに着眼し、教団の構造分析によって打開の方向を示したい。

先にみたように、近年、仏教に関する思想史研究と実態分析との乖離傾向がみられ、その克服が課題となっていると考えられる。しかしながら、例えば最近の引野亨輔氏による一連の「真宗特殊論」批判や民衆教化をめぐる議論は(59)、読書論や歴史意識の高揚をめぐる議論などを念頭に置きつつ、地域における宗教者・思想家の競合関係から解き明かすものであり、新しい動向として注目される。このように新しい動向がみられつつあるなか、本書では、いまだ宗教に関する思想史的課題には直接迫りえないが、さしあたり、従来の思想史的アプローチで前提とされてきた通説・シェーマ・構造を再検討することにより、次なる展開を期したいと考えている。また本書で行う作業は、宗教施設や寺檀関係という、文化や思想・観念が伝播し、あるいは生成・変質するひとつの場の構造・特質の解明をも企図するものである。

さらに、従来、寺檀制度などをめぐっては、政策や慣習、幕府・諸藩・諸教団・民衆などのそれぞれにおける観念などの関係が厳密には検討されないまま、社会的な趨勢として曖昧な形で議論に組み込まれる傾向があった。これに関連して、田中秀和氏は「地域社会」における宗教の検討に際して、地域的な政治権力（藩・県）の政策を、史料・史実を解釈する際の軸に据え[60]、また澤博勝氏は、「幕府法・藩（国）法・寺法（本所法）・村や地域の法、それぞれどのレベルでの議論かを意識して論じ、論点を明確にする」という方法を提唱している。本書でも、寺檀制度に限らず、澤氏のいう「寺法」をより教団組織の実態に即した形で捉えつつ、厳密な検討を行いたい。

本書を二部構成とする。

第Ⅰ部「宗教施設と教団構造」においては、まず第一章「近世中後期関東における宗教施設の運営――村・檀家組織・地方教団組織の相互関係――」で、塚田孝氏が賤民制研究・社会集団論で提起した「場」の概念に示唆を受けつつ[61]、宗教施設や「地方教団組織」、そして地方教団組織の寺院組織と僧侶集団との両側面への着眼といった、本書の分析視角を提示する。そして、仏教教団の僧侶集団が、寺院本末組織に編成された寺院を媒介として、檀家組織や寺院所在村を主とした村と関係する、という構造を描き出す。そしてその構造のなかでは、宗教施設の堂舎・什物・寺地・金銭の維持や管理が、寺院住職と、檀家組織や寺院所在村との間で、重要な問題とされていたことを明らかにする。

第二章「地方教団組織の構造（一）――安房国新義真言宗の寺院組織――」と第三章「地方教団組織の構造（二）――安房国新義真言宗の僧侶集団――」とでは、第一章で措定した、宗教施設を媒介として檀家組織や村・町・地域などと直接に関係を結ぶところの「地方教団組織」の実態を分析し、その重層的構造や、本末制度にとらわれない多様な様態を明らかにする。また、地方教団組織の僧侶集団としての側面と、寺院組織としての側面との関係や、全国的な教団組織との関係、すなわち強固に確立した本末制度の枠内における地方教団組織の実態の展開をも分析する。第四章「地方教団組織の構造（三）――無住契約――」では、無住寺院の実態を明らかにし、寺院所在村や僧侶集団が本寺と結ぶ「無住契約」を紹介する。

次に第Ⅱ部「寺檀関係論」では、宗教施設に取り結ばれる、ないしは宗教施設を媒介として僧侶集団が取り結ぶ、寺檀関係や、寺院所在村との関係について検討する。まず第一章「近世後期の寺檀関係と檀家組織――下越後真宗優勢地帯を事例として――」では、宗判寺檀関係について、檀家組織に着眼し、村・地域における諸信仰のなかで多面的に考察することを試みる。そして、寺院所在村など村ごとに分節され、独自に活動する檀家組織の構造や、寺檀関係の枠を超えた諸関係の存在を明らかにする。第二章「檀家組織の構造と代表者的存在――関東の事例から――」では、檀家組織の構造や、宗教施設と寺院所在村との関係などについてより深く分析し、檀家組織内における合意形成のあり方や、檀家組織の代表者的存在、寺院運営の世話人の諸性格などを検討する。第三章「祈禱寺檀関係と宗判寺檀関係」では、以上の分析から得た宗教施設・檀家組織・寺院所在村をめぐる認識によって、宗判寺檀関係に類似した性格を持つ祈禱寺檀関係について検討する。そして、宗判寺檀関係の相対化を試み、圭室文雄氏の「葬祭から祈禱へ」というシェーマを批判する。最後に第四章「幕藩権力と寺檀関係――一家一寺制法令の形成過程――」では、法令の検討・再検討を通じて、「家」のあり方に関する積極的な政策として評価されてきた一家一寺制、ならびに宗判寺檀関係特有のもので強固なものだとされてきた離檀の禁止をめぐる通説的理解に再考を迫る。

註

(1) 岩波書店より刊行。

(2) 大桑斉「研究史と文献」(同『寺檀の思想』教育社、一九七九年)、同「幕藩制仏教論」(『近世仏教　史料と研究』四―一、一九七九年、のち改稿して「幕藩制仏教論への視座」として同『日本近世の思想と仏教』法蔵館、一九八九年に収録)、西脇修「近世仏教史研究の動向」(『近世仏教　史料と研究』四―二、一九七九年)、千葉乗隆・藤井学・圭室文雄「〈座談会〉近世仏教研究の動向をめぐって」(『歴史公論』一一一、雄山閣出版、一九八五年)、澤博勝「近世宗教史研究の現状と課題」(同『近世の宗教組織と地域社会―教団信仰と民間信仰―』吉川弘文館、一九九九年)など。

(3) 上世編例言。

(4) 辻善之助『日本仏教史之研究』続篇(金港堂、一九三一年)所収。うち「其二」「其三」は一九二〇年稿、一九三〇年増訂。のち同『日本仏教史研究』第四巻(岩波書店、一九八四年)に収録。

(5) 『第一回仏教夏期講習会　講話集』播磨仏教庚子会。のち『日本仏教史研究』第六巻(岩波書店、一九八四年)に収録。

(6) 前掲註(2)参照。

(7) 圭室文雄『江戸幕府の宗教統制』(評論社、一九七一年)「はしがき」。

(8) 厚生閣、一九三八年。のち一九七三年に第一書房より改訂版発行。さらに、豊田武著作集第五巻『宗教制度史』(吉川弘文館、一九八二年)に収録。

(9) 大法輪閣、一九六三年。

(10) 伊東多三郎「近世における政治権力と宗教的権威」(同編『国民生活史研究』四　生活と宗教、吉川弘文館、一九六〇年。のち同『近世史の研究』第一巻〈吉川弘文館、一九八一年〉に収録)。

(11) 竹田聴洲「近世社会と仏教」(『岩波講座日本歴史(新版)』九　近世二、一九七五年。のち『竹田聴洲著作集』第七巻葬史と宗史〈国書刊行会、一九九四年〉に収録)。

(12) 『竹田聴洲著作集』第七巻に収録。

(13) 前掲註(11)参照。

(14) 東京大学出版会、一九七一年。『竹田聴洲著作集』第一・二巻（国書刊行会、一九九三年）に収録。
(15) 法蔵館、一九七一年。『竹田聴洲著作集』第四巻（国書刊行会、一九九七年）に収録。
(16) 吉川弘文館、一九七七年。『竹田聴洲著作集』第五巻（国書刊行会、一九九六年）に収録。
(17) 平楽寺書店、一九五七年。『竹田聴洲著作集』第六巻　日本人の「家」と宗教（国書刊行会、一九九六年）に収録。
(18) 評論社、一九七六年。『竹田聴洲著作集』第六巻に収録。
(19) 創文社、一九六二年。増補版、同、一九七八年。
(20) 吉川弘文館、一九七一年。
(21) 『岩波講座日本歴史（旧版）』一一　近世三、一九六三年。
(22) 評論社、一九七一年。
(23) 吉川弘文館、一九八七年。
(24) くわしくは本書第Ⅱ部第三章「祈禱寺檀関係と宗判寺檀関係」（「近世中後期関東における祈禱寺檀関係」今谷明・高埜利彦編『中近世の宗教と国家』岩田書院、一九九八年を改稿・改題）参照。
(25) 「幕藩制国家と宗教」（『日本史を学ぶ』三　近世、有斐閣、一九七六年）、「生き神の思想史―神と人とのあいだ―」（朝尾直弘・網野善彦・山口啓二・吉田孝編『日本の社会史』八　生活感覚と社会、岩波書店、一九八七年。補訂のうえ小沢浩『生き神の思想史』岩波書店、一九八八年に収録）。
(26) 『日本歴史』二四二・二四三、一九六八年。
(27) 圭室文雄・大桑斉編『近世仏教の諸問題』（雄山閣、一九七九年）所収。
(28) 教育社、一九七九年。
(29) 『日本近世の思想と仏教』、「近世民衆仏教の形成」（朝尾直弘編『日本の近世』一、中央公論社、一九九一年）、「仏教的世界としての近世」（『季刊日本思想史』四八、一九九六年）、「日本仏教の近世」（大桑斉『日本仏教の近世』法蔵館、二〇〇三年）、「仏教土着論」（大桑斉編『論集　仏教土着』法蔵館、二〇〇三年）。
(30) 「近世の信仰と一揆」（講座『一揆』四　生活・文化・思想、東京大学出版会、一九八一年）。
(31) 安丸良夫『神々の明治維新』（岩波新書、一九七九年）。

（32）『真宗信仰の思想史的研究―越後蒲原門徒の行動と足跡―』（校倉書房、一九九〇年）。「近世人と宗教」（『岩波講座日本通史』一二 近世二、一九九四年）。

（33）「日本における国民的宗教の成立」（『東方学』七五所収、一九八八年。尾藤正英『江戸時代とは何か』〈岩波書店、一九九二年〉に再録）。

（34）『真宗の宗教社会史』（吉川弘文館、一九九五年）、『宗教社会史の構想 真宗門徒の信仰と生活』（吉川弘文館、一九九七年）、『近世日本の宗教社会史』（吉川弘文館、二〇〇二年）。

（35）前掲註（2）参照。

（36）柏原祐泉「〈書評〉圭室文雄・大桑斉編『近世仏教の諸問題』」（『近世仏教 史料と研究』五―一、一九八一年）。

（37）小沢浩「幕藩制国家と宗教」（『日本史を学ぶ』三 近世、有斐閣、一九七六年）。

（38）大友一雄（「第四十五回（栃木）大会の成果と記録」一「第四十五回大会『地域社会と宗教』狙いと成果」（1）「大会テーマについて」地方史研究協議会編『宗教・民衆・伝統―社会の歴史的構造と変容―』雄山閣出版、一九九五年）。

（39）大藤修『近世農民と家・村・国家』（吉川弘文館、一九九六年）。

（40）前掲註（37）参照。

（41）「幕藩制国家と天皇」（北島正元編『幕藩制国家形成過程の研究』吉川弘文館、一九七八年）。「寛永期の朝幕関係」と改題のうえ、深谷克己『近世の国家・社会と天皇』（校倉書房、一九九一年）に再録。

（42）『近世日本の国家権力と宗教』（東京大学出版会、一九八九年）。なお、本末体制論に関しては本書第Ⅰ部第一章「近世中後期関東における宗教施設の運営――村・檀家組織・地方教団組織の相互関係――」（「近世中後期における在地寺院の運営をめぐって―関東・新義真言宗を中心に―」『史学雑誌』一〇六―八、一九九七年を改稿・改題）の「おわりに」（本書六一頁）を参照。

（43）塚田孝・吉田伸之・脇田修編『身分的周縁』部落問題研究所、一九九四年。高埜利彦・横田冬彦・塚田孝・吉田伸之・久留島浩編『シリーズ近世の身分的周縁』一～六、吉川弘文館、二〇〇〇年。

（44）この論点に関連する論考として、澤博勝「道場主」（高埜利彦編『シリーズ近世の身分的周縁』一 民間に生きる宗教者〈吉川弘文館、二〇〇〇年〉所収）がある。

(45) 前掲註（2）参照。
(46) 『近世仏教　史料と研究』五―四、一九八二年。
(47) 「近世中後期の村・地域社会と仏教」（『仏教史学研究』三六―一、一九九三年。のち改稿・改題のうえ澤博勝『近世の宗教組織と地域社会』に所収）。
(48) 前掲註（2）参照。
(49) 澤博勝「宗教から地域社会を読み得るか―分野史から全体史へ―」（『歴史評論』六二九、二〇〇二年）、「近世の地域秩序形成と宗教」（『歴史評論』六三五、二〇〇三年）、同上準備ペーパー（『歴史評論』六三〇、二〇〇二年）。
(50) 「社会集団をめぐって」（『歴史学研究』五四八、一九八五年。のち『近世日本身分制の研究』兵庫部落問題研究所、一九八七年に所収）。
(51) 「百姓」（『歴史学研究』別冊特集、一九八〇年）。
(52) 『国立歴史民俗博物館研究報告』六九、一九九三年。
(53) 黒田俊雄「中世寺社勢力論」（『岩波講座日本歴史（新版）』六　中世二、一九七五年。のち『黒田俊雄著作集』三　顕密仏教と寺社勢力〈法蔵館、一九九五年〉に収録）。同『寺社勢力―もう一つの中世社会―』（岩波書店、一九八〇年）。
(54) 吉田伸之「都市と農村、社会と権力―前近代日本の都市性と城下町」（溝口雄三・浜下武志・平石直昭・宮嶋博史編『アジアから考える』一　交錯するアジア、東京大学出版会、一九九三年九月、所収。のち吉田伸之『巨大城下町江戸の分節構造』〈山川出版社、二〇〇〇年〉に収録）。
(55) 吉田伸之前掲註（54）「都市と農村・社会と権力」、「巨大城下町―江戸」（『岩波講座日本通史』一五　近世五、一九九五年、のち吉田伸之前掲註（54）『巨大城下町江戸の分節構造』に収録）、「都市民衆世界の歴史的位相」（『歴史評論』五六三、一九九七年、のち同右書に収録）など。
(56) 「中世都市と寺院」（高橋康夫・吉田伸之編『日本都市史入門』Ⅰ、東京大学出版会、一九八九年）、「近世都市と寺院」（吉田伸之編『日本の近世』九、中央公論社、一九九二年）、「境内と町」（『年報都市史研究』一、山川出版社、一九九三年）、「江戸寺院への視角」（『年報都市史研究』三、一九九五年）。のちすべて伊藤毅『都市の空間史』（東京大学出版会、二〇〇三年）に所収。

（57）『和泉市史紀要』五　松尾寺地域の歴史的総合調査研究、二〇〇〇年、『和泉市史紀要』六　槇尾山施福寺の歴史的総合調査研究、二〇〇一年、塚田孝「近世・寺院社会の地域史」（『歴史評論』六一八、二〇〇一年）など。
（58）「はじめに」（圭室文雄・大桑斉編『近世仏教の諸問題』）。
（59）引野亨輔「三業惑乱─『異安心』にみる近世仏教の一特質─」（『史学研究』二二一、一九九八年）、「真宗談義本の近世的展開」（『日本歴史』六三五、二〇〇一年）、「他宗門徒からみた『真宗地帯』安芸」（『芸備地方史研究』二二九、二〇〇二年）、「近世中後期における地域神職編成─『真宗地帯』安芸を事例として」（『史学雑誌』一一一─一一、二〇〇二年）、「近世後期の神道講談と庶民教化」（『日本宗教文化史研究』六─二、二〇〇二年）、「近世真宗門徒の日常と神祇信仰─安芸国山県郡を事例として─」（『民衆史研究』六五、二〇〇三年）など。
（60）田中秀和『幕末維新期における宗教と地域社会』清文堂、一九九七年。
（61）前掲註（42）、本書第Ⅰ部第一章註（5）参照。

〔付記〕本章には、「仏教史学の歴史と方法　近世」（日本仏教研究会編『日本仏教の研究法─歴史と展望─』（『日本の仏教』第Ⅱ期第2巻、法蔵館、二〇〇〇年）の記述の一部を含む。

第Ⅰ部　宗教施設と教団構造

第一章　近世中後期関東における宗教施設の運営
――村・檀家組織・地方教団組織の相互関係――

はじめに

序章でも述べたように、近年の近世史や地方史研究では、これまであまり検討の対象とされてこなかった宗教的な要素、もしくは民衆信仰などを、積極的に分析の俎上に載せていくべきであるという主張がなされている。「地域社会と宗教」というテーマで行われた一九九四年度（第四五回）の地方史研究協議会大会[1]は、その動きのなかに位置づけられよう。大会記録[2]や、関連論文の西木浩一「近世『長吏』村の信仰と地域秩序―武蔵国下和名村を事例として―」[3]では、前近代史における宗教研究や、宗教と地域社会との関係の解明が重要であると指摘されている。そしてそのなかでは、社会関係解明の手段として、儀礼・祭礼、あるいは（寄進等の）宗教的行為そのものに目が向けられている点を指摘しうる。もちろん、そういった視角も重要ではあるが、宗教者と民衆との関係構造を意識した議論[4]をもあわせて行う必要がある。

本章では、教団仏教の僧侶集団と民衆との関係の構造について、寺院運営や住職交代の事例分析を通して考えたい。そして、それらの関係により豊富なイメージを与え、かつ教団組織・村・檀家組織それぞれにおける寺院の位置を明らかにすることを目指す。分析にあたっては、塚田孝氏の賤民制研究・社会集団論における、所有の対象、身分集団を内部的に編成していく編成単位、そして百姓身分をはじめとする他の身分集団との社会関係・交流様式を規定づけていくものとして捉えられる「場」[5]の概念に示唆を受けた。もっとも、賤民組織が領域的な場という形での空間分割により集団を自己編成するのとは異なり、教団仏教の僧侶集団の場合、主として寺院などの宗教施設[6]が、僧侶と村・檀家組織[7]、さらには家・個人などとの関係を媒介している。ここではとくに、この僧侶集団と民衆との関係を媒介する存在に着眼する。

従来の研究では、寺院と、住職などの僧侶とを行論上明確に区別して論ずることがあまりなされてこなかった。その原因は、ひとつには住職が寺院名によって文書に署判したり、文書・記録に記載されたりすることに求められよう。しかし、高埜利彦氏・奈倉哲三氏が主張するように、近世宗教研究に際して、明治維新後の宗教（生活）の改変を自覚せねばならないという観点[8]に立ち、さらに明治期以後の寺院の血縁相続化を念頭に置くならば[9]、寺院と住職などとを区別して分析する視点が必要となろう。

本章では、地域を現埼玉県域を中心とした関東に限定し、近世中後期の新義真言宗寺院を主な検討の対象とする。この時期は寛文期の寺檀制度の整備後であり、かつ本末関係が完備に近づいた後にあたり[10]、その条件の下での構造的な把握を目指す。当該期の関東では真言宗寺院が最も多く、ことに埼玉県域では新義真言宗寺院が半数に迫っていた[11]。

ここで、関東の新義真言宗の教団組織の様相について先行研究[12]を参照し纏めておこう。真言宗における古義・新義の区別は教学（教相）によるもので、近世では、高野山での修学僧が古義僧で、古義僧の止住寺院が古義寺院、智積院（智山）・長谷寺小池坊（豊山）での修学僧が新義僧で、新義僧の止住寺院が新義寺院、と理解された[13]。一方、近世の真言宗寺院の本末関係は事相（真言密教修法儀礼）法流の相承によることを原則とした。事相法流による本末関係は、幕府による寺院本末帳の整備とともに、整理もしくは新たに形成されたものと考えられている。事相法流の本寺（「法流本寺」または「事相本寺」）は、醍醐寺・仁和寺・東寺・大覚寺など（およびその院家）であった。

事相法流の本末関係によれば、高野山・小池坊・智積院は末寺であったが、近世初期には「教相本寺」に格付けられ、「事相本寺」と並立することとなった[14]。この「事相本寺」と「教相本寺」とが「上方本寺」と呼ばれ、「田舎本寺」を末寺として本末関係を結んだ。よって、新義の田舎本寺であっても、古義の上方本寺の末寺である場合が多いという、本末関係の面でいえば複雑な様相を呈していた。一方、田舎本寺を頂点とした寺院本末組織では、新義・古義の別はその組織の田舎本寺のものに統一されていた。この寺院本末組織における下位寺院は、新義の場合、呼称の区別がない地方もあるが、関東などでは、田舎本寺が法流本寺から相承した法流を受けた下位寺院を「末寺」、受けていないものを「門徒」と称した。門徒が法流を受けて末寺に昇格する場合もあった。門徒は末寺に比べ、その住職が葬儀の際に引導法を修することができないなどの差別があった[15]。

新義真言宗寺院の統制にあたる（江戸）触頭は[16]、江戸の根生院（はじめ知足院）・弥勒寺・円福寺・真福寺の四寺であり、「四箇寺」と呼ばれた。四箇寺は遅くとも寛永初年には成立していたとされる[17]。触頭は幕法・寺法などの触れ下しや本末改めなどに関わった。他に、例えば僧侶が止住する寺院の寺格に従って着用する色衣の許可は、元禄八年（一六九五）以降は護持院が許可にあたることとなったが、護持院焼失後、享保四年（一七一九）以降は、四箇寺へ願い出、その仮免許状を得たうえ、四箇寺の添簡により御室（仁和寺）・嵯峨（大覚寺）両御所のいずれかにより認可されることとなった。また、田舎本寺の住職交代の際は、四箇寺の許可を得ることとなっていたようである。

坂本正仁氏によれば、田舎本寺は上方本寺から実質的な支配をこうむることは少なく、新義の田舎本寺は、住職交代の際は事後報告、祝儀物の送付で済むことが多かったとされる[18]。ただし、古義の上方本寺が四箇寺を通じて、関東の新義の末寺（田舎本寺）やその末寺・門徒に対し、伝法灌頂執行の勧化を行う例もみられる。[19]
新義の田舎本寺の末寺・門徒（孫末寺・孫門徒等を含む）の住職交代については、本寺同様に、原則的には、智山・豊山で、止住する寺の寺格に相当する以上の期間修学した僧侶のみが住職になりうるわけであり、[20]また、原則として、ある一つの田舎本寺を頂点とする一門に属する僧侶のみが、その一門内の寺院の住職になりうると規定されている事例もあった。[21]いずれにせよ住職交代は本寺（住職）の許可を必要とした。

以上を踏まえ、本章では近世中後期の関東新義真言宗における田舎本寺とその住職とを頂点とした、個々の寺院本末組織とそれに対応する僧侶集団とを一括りにして「地方教団組織」と呼びたい。それは、次のようなものである。

① 寺院本末組織としては、原則として田舎本寺を頂点とし、法流相続（末寺の場合）や、少なくとも本末帳記載によって固定化された寺院のヒエラルヒーである。

② 僧侶集団としては、

(1) その寺院本末組織に属する寺院の住職や弟子などの集団である。

(2) 個々の僧侶が、教相本寺である智山・豊山への留学や、四箇寺を通じて申請する色衣などにより身分を保証されつつ、本寺住職の統制を受ける。

(3) 事例によっては成員が同一寺院本末組織内でのみ止住・転住を行うことを原則とし、少なくとも、新義真言宗教団に属する僧侶でなければ新義真言宗の本末組織に編成された寺院の住職にはなれない、という新義真言宗全体での閉鎖性に規定されていると考えられる集団である。

一　武蔵国平山村法眼寺の運営

1　平山村の概況と宗教的要素

武蔵国入間郡平山村（現埼玉県入間郡毛呂山《もろやま》町岩井の一部）[22]は、毛呂本郷[23]の北東に接する、高一二五石一斗一升五合の村である。享和元年（一八〇一）の村明細帳[24]によれば、田方の分米が二六石余、畑方の分米が九八石余で、関東山地縁辺部の畑がちの小村であった。近世初期には一一六二石余の毛呂村に含まれていたが、毛呂村は寛文十二年（一六七二）に毛呂郷七ヶ村に分村された。その後、平山村は天領などの時期を経て、宝永七年（一七一〇）以降は明治元年（一八六八）まで旗本三枝氏領であった。[25]戸口は天明四年（一七八四）に四一軒一寺・一七〇人、寛政八年（一七九六）に三八軒一寺・一五七人、文化四年（一八〇七）に三七軒一寺・一六七人、文政四年（一八二一）に三四軒一寺・一五〇人、安政六年（一八五九）に二九軒一寺・一四一人、明治三年には二八軒一寺・一四五人と推移しており[26]、十九世紀前半に急激な減少をみている。なお平山村は前組・後組・中（東）組の三組に分かれていたが、集落は分離していなかったと考えられる。平山村で宗判檀家を有している寺院は、

・入間郡今市村（現埼玉県入間郡越生《おごせ》町越生）新義真言宗法恩寺の末寺の、上野村上分（現越生町上野一区）多門寺
・法恩寺の門徒の平山村法眼寺
・入間郡龍ヶ谷村（現越生町龍ヶ谷）曹洞宗龍穏寺末の、小田谷村（現毛呂山町小田谷）長栄寺

の三ヶ寺である。法恩寺は醍醐寺三宝院末の田舎本寺で、門末一〇〇ヶ寺余を有する。「武州入間郡毛呂領上野村福

寿山多門密寺　平山村惣檀家施餓鬼位階次第幷上下改帳」と寛政三年三月の「武蔵国入間郡平山村百姓持高帳」とから作成した[27]〔表1〕から、寛政三年の平山村における寺檀関係に関して以下の三点を指摘できる。

①　平山村では多門寺檀家が過半を占め、法眼寺檀家は一〇軒ほど、長栄寺檀家は五軒ほどである。多門寺檀家は各組に分布し、前組・後組では組内の過半を大きく超えている。法眼寺檀家は前組・後組のみに、また長栄寺檀家は中組のみに存在する。

②　村内における各寺院の檀家組織は、いくつかの同族団ないし苗字を同じくする集団[28]の集合体とほぼ対応関係にあると考えられる。

③　村内での持高は、斎藤覚右衛門家（以下「斎藤家」）を筆頭に、斎藤・島田両氏（多門寺檀家）の一部が、全体の上位を占めている。法眼寺・長栄寺檀家は多門寺の最上位を除く檀家と比べて遜色ない。

なお、法眼寺の寺檀関係の成立については、寛政期の史料では次のように述べられている。

〔史料一〕（「武州入間郡毛呂領上野村福寿山多門密寺　平山村惣檀家施餓鬼位階次第幷上下改帳」[29]〈寛政三年七月十五日〉より引用）

当山〔多門寺〕結衆下平山村金性山法眼寺草創之来由ハ、当山十世之住法印英伝川角村岸氏姓也、則同村南蔵寺住、則寺建立、其上当山へ入院、隠居而平山村西林坊取立、尤越生法恩寺法字幷ニ当山院号仏眼院眼字両方相兼法眼寺ト号、其節当山旦家上野村カラ沢表方ニ而、祈願六七軒、瀧沢金子両氏法眼寺旦家トス、又平山村之内是又瀧沢氏其外十有余軒旦家法眼寺ニ永附置、寛永十癸酉二月十九日示寂、依此由緒、当山結衆下ノ内宝福寺・南蔵寺・大行寺・行蔵寺ヨリ格別由緒深厚、夫故当山へ別而□候処、毎歳七月十三日ハ右平山村法眼寺菩提旦那幷村志施餓鬼仕来相済シ、翌十四日、当山上野惣旦中施餓鬼法要出会執持、先例記録歴然ニ候事、又十五日、別而平山村当寺

（表1のつづき）

組	檀那寺	地位	氏　　名	村内持高	多門寺座居	備　　考
中			村田次郎兵衛	1石5	中 9・左 5	
			堰口義兵衛	324	末	
	多門寺潰れ檀那		村田長兵衛			
	長		村田富右衛門	1石0794		
			村田善左衛門	9923		
	栄		内野仙右衛門	1石7372	（持高のうち1石336は惣兵衛分）	
組			内野新七	2石0277		
	寺		内野藤蔵	1石574		
			（法眼寺）	8267	（年貢地のみ）	

註1)　村内持高は平山457「寛政三歳亥三月改　武蔵国入間郡平山村百姓持高帳」、その他は平山1357「武州入間郡毛呂領上野村福寿山多門寺　平山村惣檀家施餓鬼位階次第幷上下改帳　廿世住法印英隆代　寛政三亥年七月十五日改」に拠る。後者の史料的性格については本章註(26)で述べた。なお当該期の村外の持高を明らかにできる史料は、管見の限りでは、ない。

2)　多門寺座居の欄は、平山1357に、多門寺での平山村檀家の施餓鬼会の際の座階として記されているものであり、例えば「上1・左1」とは、上座に属し、全体の第一座で、さらに全体の左の第一座であることを示す。末座には、末座内の序列はない。

3)　各組の「世話人」とは、多門寺の「立檀那」（潰れていない檀那のことであろう）の「世話人」のことだと考えられる。

　　諸旦中施餓鬼同断内外取持仕来候事

〔史料一〕は、〔表1〕作成に使用した史料の一部であり、記主は多門寺住職である。なお、『新編武蔵国風土記稿』では、法眼寺の草創に関しては「古ハ西林坊トテ纔ノ庵ナリシカ　寛永年中上野村多門寺第十世ノ僧ココニ住シテ一寺トセリト　ソノ僧ノ名モ伝ヘス」[30]とのみ記載されている。〔史料一〕などから、[31]法眼寺はもともと堂庵であったが、寛永期に多門寺の隠居により寺号を称する寺院となり、その寺院としての草創時に、上野村内の多門寺檀家の一部（の同族団ないし苗字を同じくする集団であろう）を祈禱檀家として、また、平山村内の多門寺檀家の一部（瀧沢氏・町田氏などの同族団ないし苗字を同じくする集団）を菩提檀家として付けられたと読み取れる。

　この平山村唯一の寺院である法眼寺につい

表1　寛政3年平山村百姓所属組・檀那寺・村内所持高等一覧表

組	檀那寺	地位	氏　名	村内持高	多門寺座居	備　考
前組	多門寺	組頭	斎藤覚右衛門	24石3136	上1・左1	「立檀那世話人」
			斎藤恒八郎	5石6864	上5・左3	
			斎藤幾右衛門	5石5064	上6・右3	
			斎藤代次郎	4石682	上7・左4	
			斎藤源太夫	2955	下16・右8	
			斎藤織右衛門	205	下21・左11	
			斎藤長次郎	1石876	中13・左7	1石8斗7升6升？
			斎藤忠五郎(跡)	4344	下22・右12	
			村田(本名阿積)七兵衛	5476	下17・左9	
			大野彦八	不明	下15・左8	
	多門寺潰れ檀那		斎藤清兵衛			
			斎藤長左衛門			
			斎藤九左衛門			
			阿積吉助			
			阿積久三郎			
			阿積勘助			
	法眼寺		町田勘助	3石5096		
			町田直右衛門	8704		
			藤森弥右衛門	7044		
			木村長兵衛	不明		
			大野弥平次	6617		
後組	多門寺	組頭	島田藤右衛門	6石43	上2・右1	「世話人」
			島田喜右衛門	3石586	下18・右9	
			島田友右衛門	381	下20・右10	
			島田岡右衛門跡	763	中12・右6	
			島田利右衛門	4石674	中14・右7	
			大野勝右衛門	2石7035	中10・右5	
			大野伊八	2石003	末	
			小峯仁兵衛	1石9964	末	
			島田彦右衛門	4石104	中11・左6	
			大野次右衛門跡	不明	下19・左10	
	法眼寺		斎藤勘左衛門	2石9769		
			瀧沢勘右衛門	1石4034		
			瀧沢伊平次	2石6555		
			瀧沢又右衛門	1石1242		
			町田五兵衛	1石1714		
			瀧沢権右衛門	4101		
	多門寺		村田義左衛門	1石547	上3・左2	「立旦那世話人」
			村田次郎左〔カ〕衛門	1石635	上4・右2	
			村田利八	不明	上8・右4	

て、享和元年の村明細帳の記載をみよう。[32]

〔史料二〕

御除地古宮免　武州入間郡今市村法恩寺門徒

一　畑三反壱畝五歩　　真言宗　　法眼寺

外ニ

一　畑壱反九畝廿三歩　　御年貢地所持仕候

右境内　縦拾九間　横四拾間余

境内ニ村鎮守

古宮大明神　壱社　正面　三尺

聖天宮　　　　　壱社

山神宮　　　　　壱社

右両社共林少ゝ宛有之法眼寺支配仕候

ここでは、法眼寺が除地・年貢地を所持していたことのほか、法眼寺境内に村鎮守があり、さらに小社の支配もしていたことを確認しておこう。聖天宮・山神宮は、法眼寺の堂舎に隣接していたわけではなく、また村内にはほかにも小祠があったようである。[33]なお、天明七年の、法眼寺と小作人との間の対立を解決するために作成された「武州入間郡毛呂平山村金性山法眼寺畑　小作帳面前書連印」[34]の末尾の「覚書」によれば、法眼寺の「御除地幷御年貢地」の〆高は二石六升一合七勺（うち古宮社除地分一石二斗三升五合）であり、さらに「〆畑場大麦種子壱石五斗壱升五合蒔、〆大麦三石三斗八升五合　小作御年貢、〆粟弐石七斗弐升　同断、〆米三斗五升　同断、〆銭壱貫　同断」と記されている。

さて、「法眼寺山一件」という境内伐木一件における寛政八年四月下旬の（平山村）小前一統連印證文[35]では、

当村法眼寺之儀ハ今市村真言宗法恩寺門徒ニ而、上野村多門寺結衆下之寺ニ而、一村一寺ニ御座候得者前〻ゟ惣村中一同祈願之寺ニ而、不依何事ニ村役人ハ不及申ニ、息滅旦中ニ不限村中一同ニ世話致来申候、

と述べられており、息災・滅罪両檀家（ここでは「息災檀家」は祈禱檀家と同義）のみならず「村中一同ニ」世話するとされている。平山家文書の安永〜天明期の日記の記事[36]によれば、流行病の際には法眼寺で厄神除百万遍や村中日待が行われている。例えば、安永二年（一七七三）には、正月・二月からの「疾病」の流行により、閏三月十八日に「厄神除祈禱」のため法眼寺で百万遍があり、さらに四月十三日に厄神除の護摩について相談する村中寄合があり、十八日には法眼寺で、法眼寺住職と多門寺弟子により「村中厄神防キ護摩祈」が行われている。ほかに日記には、実態は不明だが「法眼寺愛宕講」の記載もみられる。さらに、安永四年十二月八日には、鎮守古宮大明神の「宮内納伊勢大神宮勧請祭ル」際に、法眼寺住職に法楽初尾が出されており、法眼寺住職が鎮守行事の執行に携わっていたことがわかる。また、村内の寄合は百姓の家で行う場合が多いが、天明三年七月十八日に、名主跡役相談のため法眼寺で三組寄合が行われるなど、宗教行事とは関わらない寄合の場として、法眼寺が機能する場合もあった。

このように、法眼寺は平山村で寄合の一部や村祈禱を行う場であり、法眼寺に住職がいる場合には、住職は鎮守行事の執行に携わっていた。史料上の文言としては確認されないが、法眼寺は鎮守の別当寺であったといってよいであろう。

平山村に関わる法眼寺以外の宗教的要素についても、全村規模のもののみ確認しておこう。まず、多門寺が所在する上野村は、平山村に毛呂川を隔てて北接している。多門寺は毛呂川沿いの崖上に、毛呂川側を正面として立地し、

墓地が隣接する。多門寺の檀家は上野村・平山村のほか、毛呂本郷にも若干存在する。なお、天明七年付の斎藤家（平山村年番名主で村内随一の地位を有していた）から多門寺への「寄附物書出改帳」(37)には、多門寺の「結衆組合」として大谷木村宝福寺・川角村南蔵寺・瀧ノ入村行蔵寺・平山村法眼寺・阿諏訪村大行寺が連署している。これらの寺院はすべて現毛呂山町域の、法恩寺の末寺・門徒である。そして天明四年の法眼寺の法恩寺に宛てた後住願書(38)にも多門寺が「結衆頭」として連署している。(39)なお、平山村の草庭には多門寺支配の薬師堂があった。

毛呂郷七ヶ村の鎮守である前久保村（現毛呂山町前久保および岩井の一部）臥龍山八幡・飛来明神両社（現毛呂山町岩井・出雲伊波比神社）は斎藤家の南五〇〇メートルほどのところに位置していた。八月十五日の八幡神の祭礼と、九月二十九日の飛来明神の祭礼では流鏑馬が行われた。祭礼は毛呂郷七ヶ村の分担で行われた。(40)なお、近世後期から昭和期にかけて臥龍山の神主であった紫藤宣安の談話による記録(41)では、神仏分離以前は、臥龍山両社は実質的には神主よりも多門寺・法眼寺を含む別当寺六ヶ寺の支配であったと述べられている。天明七年付の斎藤家からの多門寺への寄進や、多門寺と平山村との関係の深さを記した文書のひとつ(42)には、多門寺が臥龍山の国家安全五穀成就の祈禱の際に、「六ヶ寺社僧の内当院導師修行」すると記されている。

最後になるが、平山家文書の日記や勧化帳類(43)から、盗賊の横行に対応した三峯山の代参・祈願講や、棒名山大〻神楽講、富士山大〻神楽講、伊勢神宮の大麻受領などといった、平山村を単位として各家から寄進が行われた信仰的活動も確認できる。

2　法眼寺の運営

(1)　世話人体制

ここでは法眼寺の堂舎・什物・土地などの維持を軸として分析を進めるが、法眼寺に住職がいる場合が多かったと思われる天明期以前については、平山家文書のなかには法眼寺の運営に関する史料が遺っておらず、その様相を復元することができない。天明期に、法眼寺が無住となったことをきっかけに「世話人」による管理体制ができてからは、多少運営の様相を知ることができるので、まず世話人体制成立に至る状況をみておこう。

法眼寺十三世住職円諦は天明元年十一月に病死している(44)。その後、法眼寺の留守居道心善応の薪用に充てるため、藤七ら瀧沢一族（後組・法眼寺檀家）が法眼寺後山の木を多く伐り取ったことが問題となった。天明二年二月十五日にはその件に関し、法眼寺の前組菩提檀中が斎藤家に訴え、結局、藤七が四月に法眼寺の「触頭」（＝「結衆頭」）多門寺に詫びの一札を出している(45)。そういった状況のなかで、多門寺住職が五月二十六日に書状で、法眼寺檀中のうち藤七・直右衛門を呼び、

（前略・円諦が死去し）無住ニ而物毎不埒ニ罷成候、依之法眼寺所持之畑小作年貢最早麦取立時分ニも相成候間、明日法眼寺江寄合相談之上、田地入上ケ金等ハ小作年貢麦粟等売立次第藤右衛門・覚右衛門ニ預置、且又寺入用金等ハ相賄可可〔衍〕申、其外諸事ノ世話等頼入可申由、又小作年貢取立等畑入沙汰等之足手間之世話之儀ハ直右衛門・藤七両人ニ而世話可致由、其外什物等之帳面相改、幷什物共ニ、是迄延引ニも相成候間引取、多門寺ニ而預り可申由、畑之小作帳面も相改可申、

といい渡した。それにより、五月二十七日に多門寺住職、組頭新七、同藤右衛門、同覚右衛門、および菩提檀那全体(46)の立会いのもとで、多門寺の提案通りに法眼寺の運営体制が承認されている。ここで、兼帯寺住職の主導によるものではあるが、菩提檀中により寺院運営体制が承認されていることが注目される。その後、天明四年七月に平山村法眼寺旦中惣代藤七・勘助、百姓代（二名）、組頭（二名）、年番名主覚右衛門、結衆頭多門寺により、本寺法恩寺へ多門

寺弟子真光房の法眼寺後住願が出されており、(47) 真光房からも、本寺法恩寺宛の入院証文において、殿堂の修理を油断なく行うことなどのほか、

一、寺中山林伐荒、或ハ売買仕間敷候、無拠寺入用御座候節ハ御本山様江御伺申上御下知次第ニ可□事、

一、田畑諸什物等質物ニ入借用一切仕間敷候、殊以紛失無之様大切相守可申候、若シ他山江移転之義出来仕候ハヽ、寺ニ借用金一切残置間敷候事、

と誓約している。(48)

次に世話人体制の実態をみてみよう。まず、法眼寺十四世住職英祖と世話人との間で作成された、寺院運営に関する契約証文を検討する。

〔史料三〕(49)

契約定証文之事

一、去ル辰年七月中拙僧儀、当寺住職定之節、当院諸事世話柄之儀前ミ之通り左之加印世話役四人中江頼入候ニ付、各ミ拙僧儀江被申候由者、当院本堂□□落朽致候所、前ミ無住ニ付近頃之儘〔カ〕ニ当辰ノ閏正月各ミ世話ヲ以本堂庫裏茅替致被置候得共末ミ難相用候、仍之拙僧当代ニ本堂造立心懸ケ置候ハヽ、可然旨内談ニ被致候、尤拙僧も住職功基ニも可相成無余義存候得共、当時金銭助情も一切無之致方無御座候、是迄心案致候事

一、此度右之趣拙僧各ミ世話人中江頼入、当月十日晩吉日ニ付当寺江会合、右本堂造立金銭之行術相談決定之儀左ニ条ミ相記改置候、尤拙僧住職之内右造立成就致度存候得共、若他山之寺院江移転等も致候ハヽ、右之趣後住職江申伝置亡失無之様ニ末ミ年数相積り、左之条ミ金子□立之節当村中一同一定及相談ニ右本堂幷諸事可致成就候様ニ違変為無之及書付候事

一、当寺旦徳施物之儀者去ル辰年ゟ住職之内者拙僧方江不残受納可致事
一、当寺前ゝゟ持来畑地徳之儀者、是又当巳年ゟ住職之内者拙僧方江不残収納可致候、尤此内毎年御年貢幷諸役料者可相勤候、且又寺役年中諸入用金銭も拙僧方ゟ可相賄事
一、有来之地面小作年貢麦粟金銭小前取立収納之儀者、前ゝ無住之節各四人以世話ヲ仕来り候通り、又当春ゟ右各ゝ頼入候、小作年貢物村役人両所年番ニ御取立、右拙僧幷師匠頼ニ付右小作年貢物多門寺江相送り可給候且又小前触等或者催促等諸事歩行等之世話是又旦家惣代両人毎年同様ニ頼入候、尤相談□可為一同事
一、（略。前々からの祠堂料十二両利金は利殖して造立金に充てる）
一、去ル丑年十一月中先住死後各ゝ寺世話ヲ以寅夘両年之作徳金之内寺年貢諸入用賄、其余分浮金弐両多門寺御取次ニ而御本山江預ケ置候、此金子モ同様ニ可致候事
一、（略。世話人覚右衛門から預けた三両も同様に）
一、去ル辰年壱ヶ年作徳金之内ニ而、御年貢諸役銭且又年中寺諸役諸入用世話人中ニ而相賄、其余分金子弐両弐分余延金有之候、此金子世話人方江申請（中略・質地に替え、造立金に充てる）
一、右諸堂造立企之節ニ至り若調立不足ニ候ハヽ、拙僧各ゝ相談ニ而勧化等又者助情之人相頼頼母子金〔カ〕銭〔カ〕取立金子相立可致候事
一、当院諸事世話柄之儀各四人頼入候儀者、当四年以前、寅ノ五月廿三日当寺結衆頭多門寺法印御世話ヲ以、当村諸役人中幷旦家不残当院へ参会相談決定ニ而、世話人立置相定候通例ニて、此度モ右一件世話人頼入候、右諸堂造立之一件、金銭幷後ゝ田畑質地等モ有之候ハヽ、右地面幷作徳金米諸帳面證文等村役人両所年番ニ預り置、末ゝ不埒等無之様ニ諸事之世話頼入候、且又右一件金銭取扱、或者田畑小作年貢小前取立触等、又者催促

其外諸事歩行等之世話柄末〻紛失無之様ニ旦中惣代両人中頼入申候、猶又末〻ニ至り右之趣金銭諸事壱年ニ壱度宛会日相定、右五人仲間当寺江参会立会勘定ニ相改候事

武州入間郡毛呂郷平山村
金性山
法眼蜜〔密〕寺㊞
十四世之住
願主　法印栄〔英〕祖㊞

（以下略。住職と世話人と五人仲間と心得る。「私共四人之内万一代替等も有之候ハヽ、後代へ申伝置」。〈日付〉天明五乙巳十一月十八日、〈署判〉同寺旦家惣代世話役両人、藤七・直右衛門／同村役人、祈願旦家幷村一同世話役両人、巳年番覚右衛門・午年番藤右衛門）

この契約が結ばれた契機であり、かつ中心的な問題となっているのは、本堂造立（修築）の財源確保である。そしてその財源には、法眼寺の金を、祠堂金や質地として運用し、その利益を充てることが定められている。その他、この史料から寺院運営に関してわかる点を纏めると以下のとおりである。

①　法眼寺の世話人（世話役）は、平山村年番名主で「祈願旦家幷村一同世話役」の（斎藤）覚右衛門・（島田）藤右衛門の両名と、（菩提）旦家惣代世話役の（瀧沢）藤七・（町田）直右衛門の、計四名である（苗字については先の〔表1〕を参照）。

②　世話人の役割は、無住時から引き続き「当院諸事世話柄」であり、無住時の天明四年正月には、彼らの世話により本堂・庫裏の屋根葺替を行った。また、法眼寺の土地からの小作年貢の収納は、無住時同様に村役人二名が

年番で行う。このことは、村役人の年貢収納機能と関わるのではないであろうか。一方、旦家惣代の世話人は、法眼寺の土地管理に関しては、小作人への触れなどにあたる。

③　法眼寺の堂舎造立に関して、世話人と住職とによる会合が行われている。

④　「旦徳施物」「地徳」それぞれについて、どの年からその費目が住職の収入となるかということ、そのうえで「地徳」を収納する畑に対する年貢諸役をその地徳のなかから負担し、さらに寺院の日常的な運営費用をも住職が負担することを、世話人（その世話人体制は先述のとおり菩提檀中と村役人との合意を得て成立している）と住職との間で契約している。

以上、ここで確認した世話人体制の実態を踏まえたうえで、次にその体制下での法眼寺の収支構造を分析し、村・檀家組織・教団組織の相互関係や、それぞれにおける寺院の位置を明らかにする手掛かりとしたい。

(2)　法眼寺の収支構造と費目の検討

最初に、天明三年二月付の「寺諸入用金幷ニ作徳金出入覚帳」(50)から作成した〔表2〕により法眼寺の収支構造を具体的に検討する。この時点では法眼寺は無住である。

まず支出に関して注目されることは、第一に、ここでの「御本山」とは法恩寺のことであると考えられるが、そうすると、同宗派寺院への出金が、法眼寺を含む「結衆組合」の頭であって法眼寺を兼帯している多門寺、および本寺の法恩寺にしか出されていない、つまり田舎本寺以上には出されていないと考えられる点、第二に、それらの支出が、全体の支出のなかで一割に満たない点、そして第三に、支出のうちでは無尽の掛金が多くの割合を占めているという点である。前の考察を踏まえると、無尽の引き落とし金は、法眼寺に帰属する金として堂舎の修造に充てられたもの

(表2のつづき)

以上総合 (辰3/23)	1分2朱	751	(計算ママ)

◇天明4年・法眼寺取入金高

日付等	金	銭(文)	事由
5筆	1両2分2朱	389	覚右衛門方へ受取(＝⑦)
辰3/2		200	去ル夘小作年貢麦代済銭権右衛門方ゟ受取(＝⑧)
夘12/朔		200	聖天宮御尊像奉納節、御神酒代医王寺法印ゟ受納 (以上2筆、覚右衛門方へ受取)
2筆	1分2朱	412	直右衛門年〔預カ〕りニ而未タ不済(去ル夘7月小作麦売代弥右衛門方不済／去夘9月小作年貢粟代納願ニ而小作人折右衛門方未進)
外ニ		69	夘7月小作麦代小作人折右衛門方未進 (以上2項＝⑨)
2筆	3両		代金ニ積り普請入用(夘夏・秋小作年貢普請入用品代金ニ積り)(＝④＋⑥)
以上惣〆	5両	1貫205	法眼寺年中取入之金高
	2両2分		儀八無尽四分一取金、覚右衛門ゟ夘八月二日多門寺法印江上置
	1分		幕拵代金2分之内1分儀遺込、残金1分ハ祠堂金江可込迚多門寺江上ル
金高	7両3分	1貫205	

註1) 以上、原史料は平山537「天明三癸卯歳二月　武州入間郡毛呂郷平山村法眼寺　寺諸入用金幷作徳金出入覚帳　村役世話人覚右衛門／藤右衛門　旦家世話人直右衛門／藤七」である。

2) 本史料後部に記された日付は天明四甲辰年三月廿七日、差出は村役人覚右衛門／藤右衛門、旦中惣代藤七／直右衛門代勘兵衛、宛所は多門寺法印である。

3) 盆供米、盆供料の寄進者の寺檀関係比定には、平山1287の天明4年宗門帳や、伐木一件の「法眼寺山一件」関係の平山3486などを用いた。

4) 本表中に登場する聖天宮の「御尊像奉納」とは、上野村医王寺住職秀甚(元多門寺19世住職)が法眼寺の聖天宮の「尊像」を奉納したことである。平山1786〔日記〕に関連記事がある。

5) 本表中の数値は原文書の数値により、筆者独自の計算は加えていない。

(表2のつづき)

天明3卯年・法眼寺収入

◇天明3年の盆供米・盆供料・小作年貢および換算

7月盆供米(寄進者8名、内、法眼寺檀家4、多門寺檀家〈非法眼寺祈禱檀家〉2、多門寺檀家〈法眼寺祈禱檀家〉1、寺檀関係不明1)　計1斗1升

内／2升盆前寺ニテ仏供、4升盆中寺ニテ供米、1升善応方へ呉ル、4升善応方へ売(代銭350文まけて)

同　盆供料(銭で)(寄進者11名、内、法眼寺檀家5、長栄寺檀家〈非法眼寺祈禱檀家〉1、長栄寺檀家〈法眼寺祈禱檀家〉2、寺檀関係不明1、「江戸」1)　計1貫148文

盆供料・米代共に金に直して　金1分ト銭100文③

7月9日畑方小作年貢取立　計大麦3石(世話人4人立会相談で売る)

内／　4斗5升、本堂茅替普請の飯料に残す(代金3分と換算)④
2石5斗5升、売却

麦代金、金2分2朱ト銭1貫226文⑤
金1分2朱ト銭1貫412文未進
外に小作麦代　69文未進

9月下旬小作年貢粟取立(計2石4斗1升の所、6月大水損・7月浅間山噴火の免除などあり)
計粟1石3斗8升5合、本堂屋根替普請の飯料とする(代金2両1分と換算)⑥

◇天明3年2月～天明4年閏正月、歳中法眼寺作徳・盆料諸事、覚右衛門方へ預かり金

日　付	金	銭(文)	事　由
卯2/11	1分2朱	229	藤右衛門ゟ預り(天明2年、寺作徳金ニ而諸入用相賄其余り金)
7/11	1分	100	盆供料預り(＝③)
辰閏正 /中		200	箕篠売代
卯7月ゟ同10月迄追々ニ預り置	2分2朱	1貫226	小作年貢麦代(＝⑤)
辰2月	2朱		弥平次方ゟ受取(右ハ小作銭800文所、去卯年未進、112文まけ如此也)
以上合計〆	1両2分2朱	389	覚右衛門宅ニ預り置⑦
内	−1両2分2朱	−257	寺諸事入用(＝①)、覚右衛門方預り置
差引残り銭		132	(覚右衛門)預り置
辰3/2		＋200	権右衛門方ゟ取(去ル卯9月小作麦代未進)⑧
		−150	帳紙8分4帖代引
		−12	聖天宮御遷宮之節入用こんにゃく代帳面付落(＝②)
残　銭		166	(計算ママ)覚右衛門方ゟ只今差出候
	＋1分2朱	＋481	弥右衛門麦代・織右衛門粟代未進、覚右衛門ゟ立替⑨
		＋100	直右衛門方ゟ縄代遣過、是又立替出候

表2　天明3年、法眼寺出入金帳

天明3夘年・法眼寺入用賄

日　付	金	銀	銭(文)	費　目
3/22			80	手桶1
5/			48	井戸仕□桶代
7/			38	ちゃうちん1
6/22	2朱	5匁	(=476文)	庄右衛門無尽掛金
7/ 7			200	御本山江盆供代
〃			32	八分紙1帖
7/ 8			24	明俵2
以下盆支度				
7/10			250	善応(=留守居)方へ遣ス、水油5合代
〃			100	せん香・まつこう・まこも
7/上旬			84	盆前之水油代
〃			100	同断
7/13			200	盆節施餓鬼御布施
7/13			500	せかきの節茶菓子まんちう250の代(外ニまんちう50のまけあり)
〃			48	穢多八右衛門方へ呉ル
〃			5	銭かづひ不足
盆中諸入用合計			1貫289	右ハ夘年7/13施餓鬼会合立会相改記之
7/29	2朱		284	儀八無尽掛金
8/ 2			524	右無尽宿賄入用
9/27			300	本堂屋ね普請縄代(右縄入用次第ニ受取可申筈也／辰閏正月中旬ニ縄50房受取此代200文位也)
10/朔			100	御地頭所之御用金出銭
10/10	1分		(116文返り)	儀八無尽かけ金
11/17			鐚200	御本山へ遣ス、(法眼寺)先住円諦法印三年忌之布施
〃			同100	多門寺処へ遣ス、右と同断
11/22	2朱		464	庄右衛門無尽掛金
12/15			848	御年貢諸役せん皆済金上納
辰正/26			2	あたご山初尾
夘12/朔			164	御神酒代、右聖天宮御尊像上の村医王寺奉納之節御遷宮之御神酒代
12/ 3			500	玄米5升代
〃			60	小豆5合代 右弐品聖天宮之祝儀御供也
年中寺入用	金1両2分2朱ト銭257文① (金1両につき銭5貫500文替)			
外ニ　夘12/ 3			12	聖天宮祝儀之節こんにゃく1丁代付落②

と考えられる。

次に収入に関してであるが、ここに記されている収入源は、小作年貢・箕篠売代・盆供料、および医王寺（法恩寺末・上野村下分）からの「聖天宮御尊像奉納節」御神酒代である。そこから寺院運営費用と本堂屋根茅替普請の飯料とが出されている。この残金と、覚右衛門の預りになった無尽金・祠堂金とが、清算された後、多門寺住職に預けられたと考えられる。なお、覚右衛門は本帳の作成年度の「帳面当番」であり、藤右衛門から前年度の残金を受け取った後、作徳・盆供料を預かったり、寺院の運営費用を立て替えたりするなど金銭管理の中心となっている。その一方で、小作年貢麦は世話人四人の相談で売り払い、また年度最後にも四人で立会勘定を行っている。(51) ここで、「盆供料」は、施餓鬼会を中心とした盆行事に関して負担されるものであると考えられるが、法眼寺檀家のほぼ全部の他、法眼寺の祈禱檀家(52)と他檀家（法眼寺の菩提檀家でも祈禱檀家でもない家）の一部から出されている。法眼寺に盆供料を出している祈禱檀家および他檀家は、「菩提客檀那」として施餓鬼会に参加する家だという可能性がある。(53)

さて、この収入と、〔史料三〕の世話人と住職との契約における「地徳」「檀徳」との対応関係を考えると、〔表2〕の収入のなかで最大の部分を占めている小作年貢、および箕篠売代が先項でみた「地徳」に対応し、一方「盆供料」は「檀徳」に相当すると思われる。しかし、他に「檀徳」として想起しうる費目のうち、葬儀・（個別檀家の）法事、祈禱、年始や節句などに関わる収入はここには登場しない。つまりこれらは世話人による把握がなされておらず、しかも法眼寺の寺院運営にも、本寺などへの布施にも使われていない。これらの費目は、基本的には僧侶の宗教行為への対価、あるいは儀礼的な意味を持った進物であると考えられる。しかし天明三年には法眼寺は無住であり、よってそういった費目は法眼寺を兼帯する多門寺住職（あるいは場合によっては法眼寺の留守居道心なども考えられよう）に直接収納され、原則として、法眼寺の維持・運営に使われないという意味での個人的な収入となったのではないだろうか。

なお、法眼寺は門徒寺で、住職が葬儀で引導法を行うことができないから、住職がいる場合も、葬儀では多門寺住職が引導を渡し、その行為への対価を得ていたのではないだろうか。次の〔史料四〕は〔表2〕作成に使用した帳面からの引用である。

〔史料四〕「天明三癸卯歳二月　寺諸入用金幷ニ作徳金出入覚帳(54)」より

（前に覚右衛門宅から法眼寺什物として寄進した幕を、法眼寺先住円諦と、藤七の弟の清吉とが失くす）又同〔天明〕二年壬寅五月廿七日於法眼寺ニ、無住ニ付諸用向事村役人ト旦中之内世話人ヲ相建可申旨、村役人旦中不残立会相談之上寺世話人四人多門寺法印様御立被成候節、多門寺法印様右紛失之幕御了見被成候儀、右紛失之事先住幷ニ清吉無念も有之候ニ付、右幕拵料不足ニも可有之候得共、金壱分法眼寺旦徳金之内、又金壱分清吉方ゟ差出、都合金弐分ニ而、尤右金不足之所ハ覚右衛門方江預ケ置引廻シ利足等加増シて、若其上ニも不足ニも候ハヽ、此上寺之地徳金ニ而も差加幕成就可致旨、依之同年八月上旬臥龍山祭礼当番ニ付、其節幕入用ニ付仕度可致由、法眼寺旦徳金之内金壱分多門寺法印様御方ゟ覚右衛門方へ受〔衍〕受取（以下略）

ここからは、無住時に法眼寺の檀徳金が多門寺住職の管理下にあることを確認できる。ただし、この場合の檀徳金は世話人体制成立以前に収納されたものと思われる。

さらに、住職がいる場合の「地徳」について〔史料五〕を検討する。これは、寺院運営に際して生じた、世話人覚右衛門の、法眼寺の金との貸借関係を記した寛政七年の帳簿から引用したものである。なお、先にみた契約証文の一方の当事者であった英祖は、寛政五年十月ごろまで法眼寺に止住していた(55)。

〔史料五〕「寛政七夘年六月改　法眼寺金改幷ニ貸シ預り指引覚帳(56)」より

（以下は、多門寺からの預金渡方覚〈＝法眼寺金として、覚右衛門が渡したと考えられる〉の記載に含まれる）

子十一月廿二日

一、金弐両かし　(合点)法眼寺御寺僧江かし

右ハ御住職真光房小川辺寺江御入院心懸ニ付寺之世話人中江及相談、来丑年中小作年貢麦粟取立上代替金ニ而返済定也

此金子も丑十月三日住職之英祖高麗郡久保村正蔵寺江入院後ハ不済ニ付、右帳面消ス

丑年十月三日

一、金弐両かし　(合点)法眼寺御住職方江

右御住持真光房英祖高麗郡久保村正蔵寺江御入院入用金寺御世話中江相談之上ニ而かし

（中略）

外ニ法眼寺金多門寺御納所江御預ケ金

（中略）

（無住中に世話人が質地購入）若本堂新ニ造立節右入用金可致筈、猶又本堂新造立節右質田他江質地売替、本金共ニ本堂造料ニ可致、依之毎年作徳料も住職之自用為致間敷、世話人中一同相談ニ而右他質地取置候、（中略）其後法眼寺住職有之候節ハ、右田之作徳米之儀ハ御住職之取斗ニ相成、右之作徳米儀聢ト委細も相知レ不申候、追而可承候

先にみた〔史料三〕で、法眼寺の「旦徳」「地徳」ともに住職英祖の進退とすることが決まっていた。天明三年の例でみたように、無住の場合には「地徳」は「旦徳」の大部分とは異なり、もっぱら世話人の進退で寺院運営費用に

充てられていたが、ここでは、「地徳」を他寺への入院（移転）費用という、法眼寺の維持・運営には使わないという意味でのいわば住職の個人的な費用に充てうる点が注目される。しかしその一方で、法眼寺自体に帰属する金（「法眼寺金」）が、住職に貸される等、住職の自由にならない点も注目される。

さらに、収支構造検討の補足として平山家文書中に残存している幕末期の法眼寺の財政関係帳簿を参照しよう。なお、平山家文書の宗門帳の記載から、法眼寺は英祖以降、（留守居）道心がいる場合もあったが、一貫して無住であったと思われる。[57]天明期から幕末期にいたる世話人体制の変遷の詳細は不明だが、安政三年七月付の「金性山諸勘定帳」[58]によれば、安政期には法眼寺（菩提）檀那から一人、村役人から一人の計二名が交代で世話人となっていたことがわかる。また例えば、同帳には、安政六年に「（五月三日）一、金壱分弐朱ト六百文、御本山継目披露、尤医王寺供」「（五月五日）一、金壱分、村方披露紙代也」「（五月三日）一、金壱朱、多門寺江持参」「（七月五日）一、金壱分、継目之節酒代」という支出記載があり、田舎本寺法恩寺の住職継承の際の費用の一部を負担していることがわかる。しかしこの支出を特別に檀中や村中に割り当てた記載はなく、地徳を中心とした法眼寺の通常の収入から出したものと思われる。

また万延元年（一八六〇）十二月付の「金性山万扣帳」[59]には、文久元年（一八六一）十月に、法恩寺院室願[60]、および多門寺表門奉加に金一分を支出した記載がある。この年度の支出は、他の費目とあわせ小作年貢のみでは賄いきれない額となっているが、ここでも檀中や村中への割り当てにはよらず、山林上木の売払代金を充てている。

以上、管見の限り法眼寺の通常の収入から寺院ネットワークを通して拠出される金銭は、せいぜい法眼寺の属する地方教団組織の本寺である法恩寺（およびその住職の身分）の維持に関わるものにすぎない。そのなかには院室願など、寺格や僧侶の身分を維持するための手続きによって田舎本寺などからさらに触頭や上方本山などに出される費用も含まれると考えられる。しかし、本末関係や触頭制度を利用した、本山の全教団を網羅する恒常的な（年頭祝儀金などの）集金体制の存在をここから窺うことはできない。また、田舎本寺に上納される金は、以上の検討からわかる限りでは、地徳を中心とした通常の収入や寺院財産の運用・処分によって負担されるものであり、直接的に檀家組織に転嫁されているわけではないのである。

ただし法眼寺の事例については、第一に、檀家数の少ない門徒寺であり、寺格の高い寺院よりは本末関係における上位寺院への出金などが少ない可能性があるという点、第二に、費目を検討した時点で無住であるという点、そして第三に、主に僧侶に収納されると考えられる檀徳がどの程度僧侶の身分維持などのために用いられ、本寺などへ上納されるのかがわからない、といった点があることに留意し、他事例の検討に生かしていかねばならない。

(3)　法眼寺の檀家組織と世話人

ここでは、法眼寺が無住のときの、天明四年正月にはじまった法眼寺の本堂・庫裏葺替の帳簿「本堂庫裏萱替普請人馬幷飯料覚[61]」を取り上げ、世話人体制の実態、法眼寺への村・檀家組織の関与、収支構造などについての検討を補足したい。

本帳には、先にみた世話人四人が「武州入間郡毛呂郷平山村金性山法眼寺無住ニ而、右本堂幷ニ庫裏茅替普請中世話人」として書き上げられ、普請の世話にあたり、最後に（旦中惣代の一人直右衛門には勘兵衛が代わっているが）「右之通り私共四人立会相改如此ニ御座候、（中略）為後證之帳面加印如件」として署判している。宛所は多門寺法印である。

本帳には飯料の助力や縄などの寄進も記されているが、まず人足や馬の助力を検討しよう。本帳に記載されている

表3　天明4年法眼寺萱替の普請入用惣金高

	2両	8貫225文	諸事買物
此内		1貫　32文	茅縄余物売代取
残金	3両1分	317文	藤右衛門方の別紙帳面に
	3両		小作年貢麦粟代金積り、人足飯料入用
		200文	覚右衛門方より直右衛門方へ縄代拂
〆	6両1分	517文	入用
外ニ	1両	−48文	村方飯料介力
		576文	代積り、縄村中介力
惣合金7両1分2朱		257文	

註1)　平山539「本堂庫裏萱替普請人馬幷飯料覚　武州入間郡毛呂郷平山村法眼寺　天明四甲辰歳閏正月吉日」による。
2)　表内の数値は原文書によるものであり、筆者独自の計算は加えていない。

人足の延べ人数は、総計二七四人半のうち、村役世話人（計二軒）三〇人、旦家世話人（計二軒）二九人、旦中人足（計九軒）八九人、村方人足（菩提檀家以外の者で、祈願檀家も区別されずにここに含まれる。計二一軒。ほかに「働人足無之故」人足を出さなかった家四軒あり）八三人、「馬士村内他所合」一六人、道心（法眼寺留守居・計一名）一一人、「取受人足」一七人半である。ただし、人足・馬の助力に対しては飯または飯料、および飼料が出されている。ここから、法眼寺堂舎の維持について、菩提檀家（ここでは宗判檀家と同じ）が他檀家（ここでは祈禱檀家を含む）とは明らかに異なった重要な役割を果たしていることがわかる。さらに本帳については、近村の息災旦那（祈禱檀那のことだと考えられる）四軒が頼まれて一日ずつ馬士を出していること、つまり、法眼寺の堂舎維持への一定の貢献が求められていることも注目される。一方、村内の祈禱檀家は、この場合「村方人足」として人足を出す以上に堂舎維持の責任を果たすことを求められなかった、と考えられる。

なお、「本堂庫裏萱替普請人馬幷飯料覚」の末尾の総計部分を［表3］として纏めた。ここで、人足・馬の助力のほか、村内の者から合計一両（四八文不足）分の「村方飯料介力《ママ》」と五七六文分の「縄村中介力《ママ》」の負担がみられる。帳面中に記された詳細を検討すると、村役世話人の覚右衛門・藤右衛門の負担は大きいが、その他の村民の負担はほぼ軒割に近くなっている。覚右衛門・藤右衛門は飯を出すときの塩噌・薪・野菜をも負担している。他の費目のうち、「小作年貢麦粟代金積り人足飯料入用」の三両は先にみた〔表2〕のように法眼寺の地徳に含まれるものであり、また「茅縄余物売代取」とある一貫三二文の収入源も明らかである。残りの費目の収入源は不明であるが、世話人体制の検討で明らかにしたように法眼寺の金の運用で賄われた可能性もあろう。以上から、堂舎維持のための個々の家による現物・金銭での負担は、檀中単位ではなく村中単位で行われており、しかも堂舎維持における全支出のなかでは他の財源も大きな位置を占めているといえよう。

二　在地寺院の住職交代と檀家組織・寺院所在村

1　武蔵国葛飾郡弐郷半領彦倉村、延命院の事例

本項では、寺院運営と収支構造とをめぐる問題をさらに具体的に考えるため、下総との国境に近い、武蔵国東部の葛飾郡弐郷半領彦倉村（現埼玉県三郷市）延命院を事例として、住職交代を手掛かりに分析を進めたい。延命院は、下総国葛飾郡鰭ヶ崎村（現千葉県流山市）新義真言宗東福寺[62]末の武蔵国葛飾郡弐郷半領彦成村（現三郷市）円明院末である。彦倉村は、天保〜弘化期の「武蔵国改革組合村々家高・家数取調書」[63]によれば代官青山九八郎支配で、三八八石九斗八升五合、家数五〇軒である。延命院の檀家は、所在村である彦倉村以外にも存在していた。また彦倉村の大半は延命院の檀家だったが、すべてがそうではなかったようである[64]。

寛政八年の延命院の田畑書抜帳[65]では、元禄八年検地の合計として上田三反八歩・中田四反二畝一五歩・下田一反五畝二二歩・中畑二畝一六歩・下畑九畝七歩（うち一六歩は中途より畑田成）の記載がある。その後に虚空蔵堂面・地蔵

堂面などとして寄附された田畑の合計として上田二畝二九歩・中田四反五畝六歩・下田三反一九歩・上畑一反一一歩・下畑三畝歩、さらに笹塚村（現三郷市）越石として下々田四畝二〇歩が記載されている。さらに、除地として境内三反四畝歩・聖権現社地一反二三歩が書き上げられている。また、延命院の境内にあり延命院が別当となっている虚空蔵堂は、毎月丑・寅の日には参詣者で賑わったとされ、本尊虚空蔵尊は丑年ごとに開帳し、広域にわたって信仰を集めていた(66)。虚空蔵の「宝前」では毎年七月十七日に「村方之者寄集り」施餓鬼が行われ、寛政八年からは近隣の僧をも呼ぶ二日間の大施餓鬼となった(67)。

以下の三点の史料には、住職交代の際の、新住職と彦倉村ないしは檀中との間の契約内容が記載されている。

〔史料六(68)〕

願書可「　」

一、旧冬当村延命院法印丹後村光「　」立幷後住儀願書ヲ以申上候は、当寺之儀悉及大破、殊ニ先「　」加印之借用、元金ニて弐「　」両程有之、当時済方不相見、可致様無之、村方惣旦中挙て相嘆申候、依之御願申立候意趣ハ、当未年より寅年迄八ヶ年之内、当寺本尊虚空蔵月並散物、村方へ被相渡候上ハ、都合拾ヶ年之内急度寺建栄皆出来可仕候、尤後住之儀ハ、当寺剃髪有縁ニ御座候間、上彦名村地蔵院法印へ被仰付願上候、右相定之通、寺皆建造仕候上ハ、右散物之儀村方支配相離れ、当住へ急度引渡可申候、勿論地徳旦施之分は、是迄之通延命院当住勝手次第支配可被致候、（中略）依之村中惣旦方連印之願書差出申候、以上

弐郷半領

宝暦十三年〔一七六三〕　　彦倉村

未正月　　惣　旦　方

村　中
年寄不残
小吞迄不残
名主奥印

彦成村
円明院様（以下略）

〔史料六〕では、住職交代に際して、延命院の堂舎造営が問題となっている。そして、延命院の収入のうち、「地徳」「旦施」は以前同様に住職の支配とするが、本尊虚空蔵の散物は一定期間村方に渡し、借金返済・堂舎造立に充てることが取り決められている。ただし、建立が完了した暁には、散物を住職の支配に引き渡すことも定められている。

〔史料七〕(69)

乍恐以書付奉願上候

当一〔ママ〕月朔日、当村延命院現住理丈法印病死被致候ニ付、早速為御着申上候処、御見届被遊、葬礼法要執行被仰付難有奉存候、夫より一七日過村方立会、書置諸借用等相改メ都合致候処、五拾金程之借用有之、其外所々より寄附、虚空蔵堂修造講金之内、凡三拾金余当寺新建立金ニ遣イ込ミ、是迄都合八拾金程之借用仕、寺柄不相応之大借、此上利足相募り、致方も無御座難儀至極仕候、依之御願申上候、延命院数代之法縁ニも御座候間、彦糸村安養院理遂法印、当寺後住ニ被仰付被下度奉願上候、前文ニ申上候通、大借用金ニ御座候間、何卒当巳より未迄三ヶ年当寺地徳・虚空蔵散物・二季灯明料共ニ一式村方支配ニ被仰付被下候様奉願上候、然ル上ハ右借用金不残三

ヶ年ニ相払、四年め甲年《〔ママ〕》正月中より御当住へ急度相返可申候間、三ヶ年之内ハ旦施斗ニて御住職被致候様、此旨
安養院理遂法印へ内談相決申候、何分右願通被仰付被下候様、偏ニ奉願上候、已上

安永弐年巳二月

彦倉村
名　主孫右衛門
年　寄平　蔵
旦方惣代（名欠）
同
同
同
同

彦成村
御本寺
円明院様

〔史料七〕では、病死した先住が延命院の堂舎建立のため、「虚空蔵堂修造講金」を遣い込んだことなどによって残した大量の借金の処理が問題となっている。そして三ヶ年分の地徳と虚空蔵堂の散物、二季灯明料（次の〔史料八〕の記述などから虚空蔵尊の灯明料であると判断できる）を村方支配として借金に充て、その間、後住は「旦施」のみで寺院運営にあたることが取り決められていると読み取れる。ここでも、期間が過ぎた後は村方支配にした費目を住職（の支配）に「相返」すことになっている。なお安永二年三月付の関連文書には[70]、借金が多いため、地徳に関しては三ヶ

年村方支配とするが、虚空蔵散物については七ヶ年村方支配期間を延長し、その期間内に借金の返済が終了した場合には、散物を住職支配とすることが「村中評議之上」決まったと記載されている。また、寛政八年の住職交代の際に作成された後住から名主衆・村方中宛の証文[71]は、「先住寺借用」返済のため、虚空蔵散物と年季灯明料とを五ヶ年間村方支配とする契約で後住が入院する、という内容である。

〔史料八〕[72]

（表紙略）

入置申一札之事

一、拙僧儀、延命院住職ニ相成候上は、寺附境内幷田畑取揚ヲ以、寺務相続いたし、別紙住職証文御本寺表へ差上候通り堅く相守り、破損加修復可申候、尤も是迄同院借財有之候ニ付、地徳米之内四斗入五俵ツヽ、右借財済切候迄年々寺世話人へ差出可申候事

一、本尊虚空蔵御堂賽物幷常灯明、一年ニ両度取集メ方いたし、右灯明備方守護可致は勿論、内陣・外陣破損諸所共取繕立、諸入用は拙僧持物無差支様相済可申候間、其外御堂修覆地面之分は、先規仕来候通り、御年貢・諸出銭等迄世話人ニ相任、地徳之分は、年毎右本堂破損出来之分、是亦相談之上、修覆可致候事

一、境内ニ安置有之候松尾明神修造繁栄講中寄附地面之分は、是迄之通り御年貢・諸出銭等迄、其世話人へ相任、残田徳ヲ以、右社修覆加へ、一同相談之上、可被致候事

右之通取極候上は、堅く相定、証人加印之対談一札入置申処如件

彦糸村
安養院住

明治弐巳年
五月日

同村
超　鑑（花押）

引請証文〔ママ〕
常右衛門㊞

彦倉村
引受証人
平　蔵㊞

彦倉村
延命院檀中
御世話人中
御役人中

〔史料八〕は時代は下るが、借金の返済を請け負う主体が「村中」ではなく「寺世話人」となっており、「地徳」にあたると考えられる「寺附境内并田畑取揚」により住職が寺院運営を行う一方、「地徳米」（＝「田畑取揚」）のうち毎年四斗入五俵を、延命院の借財返済まで寺世話人へ差し出すことが取り決められている。「旦施」に関する記載はみられないが、これは〔史料六〕〔史料七〕から考えると住職の収入となることが当然視された結果なのではないか。なお、境内からの「取揚」には虚空蔵堂開帳の際に境内で団子・菓子・水菓子などを売る商人からの上納金も含まれよう。(73)

また、延命院境内の虚空蔵堂については、散物・灯明料に関しては住職が収納して虚空蔵堂の管理や内部の修復に充て、一方、虚空蔵堂維持のための田畑を指すと思われる「御堂修覆地面」の経営は世話人に任せてその収益を虚空蔵堂が破損した場合の修復に充てると読み取りうる。同じく松尾明神については、その「修造繁栄講中寄附地面」を、おそらく松尾明神の世話人が運営し、その地徳を堂舎維持に充てることが取り決められている。

以上、延命院の地徳・旦施（＝檀徳）・散物（賽物）は、原則としてすべて住職が収納し、そこから寺院運営の費用を支出するといえる。ただしその一方で、右の例では、僧侶が、寺院所在村や檀家組織との間に、堂舎再建、および先住が寺院運営において残したと考えられる借金の返済のために、寺院所在村や檀家組織が寺院の収入の一部の費目を収納し再建や返済を請け負うことを条件とする契約を結び、さらに本寺の承認を得ることにより後住となりえている。

この寺院所在村の関与の背景に、虚空蔵堂の経済効果や、信仰があったかもしれないが推測の域を出ない。また、平山村法眼寺の事例で、法眼寺が無住の場合に、世話人が管理する費目のなかに檀徳に相当する費目がほとんど含まれなかったのと同様に、延命院の場合地徳や散物と異なり旦施が村中・檀家の進退にならないのは、住職の宗教行為への対価、ないし住職への儀礼的進物としての意味を持っているためではないか。なお〔史料八〕で、法眼寺の事例同様、除地である境内とそうでない田畑と、両方からの収入が同列に扱われている点が村との関係において注目される。

2　住職交代の契約をめぐって

本項では、住職と寺院との関係を、住職交代時における先住が残した借金の取扱いについて検討することにより、補足的に明らかにする。

まず、教団内の法制的側面をみる。新義真言宗触頭江戸四箇寺から触れられた宝永元年八月付「真言新義諸寺院江相触条々」[74]には、僧侶の修学に関する規定などとともに、

一、諸寺院之神社仏閣幷住坊、小破之内加修理不可令至大破、若油断之族於有之者、互ニ可被加異見候、勿論什物等無紛失様、可致吟味事（①）

一、寺院ニ借金等致置後住之厄害ニ不可仕、惣而寺院之大破又ハ借金等有之故、任勝手不相応之住持をも招置之由、其聞候、向後寺不及大破不致借金様ニ常々可有其覚悟、但寺院建立其外無拠借金儀者可有料簡事（②）

とあり、また、その触および「又候今般御触」への、宝暦二年に田舎本寺である武蔵国横見郡御所村（現埼玉県比企郡吉見町）息障院の門末から息障院に宛てて出された請書[75]には、

一、近代寺不相応之借金、住持替之砌後住厄害相成、又候借金故、寺不相応之住持をも招居候義も有之候、向後寺不及大破不致借金様常々可有其覚悟候、縦寺建立等いたし候共、隣寺幷所檀中江遂相談、其上茂其趣相窺、門檀中之徳用相応ニ可被致普請候、一分之存寄を以相究申間鋪候事（③）

とある。①では、新義真言宗教団の宗教者集団の成員たる僧侶が寺院の住職となる場合に、僧侶間での相互監視をも行いながら、寺院の堂舎・什物の維持に注意すべきことが定められている。また②からは、すでにこの時期、寺院の大破による再建・修復の必要や、住職が寺院運営などで遺した借金のため、住職交代の際に、その借金などを担いうる僧侶が後住になりやすいという事態が生じていることを読み取りうる。さらに③だが、「所檀中」とは、寺院所在村の檀中を指すと考えるのが自然であろう。寺院（堂舎）建立にあたって、近隣同宗派寺院の住職や寺院所在村の檀中と相談し、寺院の経済力相応の普請を行うべきことが定められている[76]。

次に関東の新義真言宗寺院における具体的な事例をみてみよう。まず、前節でみた法眼寺の場合は後住が寺に借金

を残さないと誓約していた。一方、前項で検討した延命院の場合では、先住が残した借金は延命院の借金となり、後住と村中・檀中との間に、村中・檀中が地徳や散物の一部ないし全部を収納し、借金の返済や堂舎維持に充てる契約が結ばれた。

天保十四年（一八四三）の下野国芳賀郡祖母井《うばがい》村（現栃木県芳賀郡芳賀町・新義真言宗）高宗寺の住職証文は[77]、住職交代に際しての、本寺の下知に対する誓約だと考えられるが、高宗寺（新住職）と旦頭惣代とが差出となっている。そして、祈禱を怠らないこと、堂舎維持に努めること、境内の伐木については拠無い場合には「村役人旦中一統相談之上、領主幷御本山へ御窺、御下知次第」に取り計らうことなどのほか、「隠居幷他寺へ移転之節は、諸借金買掛り等決て寺附申間敷」こと、つまり住職が借金を「寺附」にしないことを誓約している。

一方、延命院の本寺である彦成村円明院の場合、安政四年の住職交代に際して二月に、住職、門末、法類、彦成村檀中惣代・名主が、本寺の鰭ヶ崎村東福寺へ、後住を、「隔代昇進」の順番により今回は円明院直末寺院の住職から、「祐尊（隠居の先住）、遺借金百五拾両、寺附ニ相成候間、右金子持参之人体へ後住被　仰付候様」に願い出ている[78]。この場合は、先住が残した借金を「寺附」とし、それを持参した僧侶を後住にしようとしている。先にみた宗法の②の条文に照応した事例である。

次に、宝暦八年十二月の、武蔵国入間郡三ヶ島堀之内村（現埼玉県所沢市）の新義真言宗金仙寺（武蔵国多摩郡青梅村〈現東京都青梅市〉金剛寺末）に関係する史料を検討しよう。なお、金仙寺は朱印地九石を与えられている[79]。

〔史料九〕[80]

乍恐以書附御内意申上候事

一、堀之内村金仙寺檀中宇兵衛・次右衛門申上候儀者、去ル五年以前良玄坊入院之節　御本山ニ而御相談之儀、

先住借金、五両三分ト、無尽五ッ口持参金ニ而相払申候約束ニ而、御本山ゟ被仰渡得心ニ而入院被致候処、右借金之儀我等両人方江被申候義者「此金子之儀借主相果申候江ハ不足仕候而茂宜敷可有之候間、我等不存入院致シ候様ニ取沙汰いたし、寺中其外山林少々も売払候而分参いたし相払可然候而、我等相払申金子ニ而、来春色衣御免御願致シ、亦ハ寺しふく等茂いたし度候間、我等願之通相立候様ニ」ト度々相願候ニ付、我等供不得心ニ者存候得共、何事茂寺為メと存候而寺内木等少々売候而分参いたし、所々相払申候事（以下略）

差出人は三ヶ島堀之内村名主宇兵衛・組頭次右衛門であり、宛所は本寺金剛寺の「御役者中」である。鍵括弧内の「我等」とは金仙寺住職の一人称であると考えられる。ここでは、五年前の住職交代の際には先住が残した借金を持参することが金仙寺に入院する条件だったが、後住の良玄坊は、「境内地などの山林の木を売り払って借金の返済に充て、自分の入院時の持参金は、色衣御免や寺修復などに遣いたい」と主張している、とされている。

なおここでは、住職が、色衣の資格取得のための費用を単純に檀中に臨時の徴収費として転嫁するのではない点が注目される。法眼寺の事例同様、個人財産や、地徳・檀徳等の収入内から捻出する原則となっているのではないか。さらに、省略した部分から住職が新たな借金を作っている様子がうかがえるが、宝暦九年五月にはふたたび住職交代の動きがあり、本山から後住を認められた盛泰寺芳仙と、大森村請合清兵衛とが、「檀中御役人衆中」に対し、「先住借金九両三分之所拙僧被持参致入院」ことを誓約している。(81) つまり、この金仙寺の事例では先住が残した借金は後住が持参することになっている。

以上を纏めると、住職が寺院の運営・管理その他の事情で残した借金については、檀家組織側で負担する場合もあろうが(82)、先住が負担しない分について、基本的には後住の持参金を返済に充てるか、あるいは寺院の経常収入や資産の売却益を返済に充てるか、という場合が多くみられる。

法制史では中田薫氏が、近世の寺院が法律上の人格者＝独立して権利義務の主体であるものだということを示す例証のなかで、「寺院が自己の名義に於て取得せる財産は、寺院そのもの丶財産にして、住持の個人財産とは、全然別個の存在を有するものなり」「同様に寺院が寺印を以てなせる寺院の債務は、住持個人の債務とは、全く別個のものなり」という点をあげているが[83]、本項で出てきた「寺付」とは、この寺院名義の財産や債務を示す用語であると考えられよう。中田氏があげている天保十三年三月の鳥居甲斐守（忠耀）の書付とそれに対する水野忠邦の附札[84]では、寺印による借財は「寺附」であり、住職が仕置きになった場合「仮令宗派之仕来等申立候共」後住が処理すべきものとしている。

本章の事例では、祠堂金等の金銭や土地そのもの、あるいは質地の運用益は明らかに「寺付」であると考えられるが、住職の個人財産・借金に関しては、さらに借金の形成過程などをも明らかにしうる事例の検討を通してその範囲・性格を明らかにしていかねばならない。

おわりに

まず、在地寺院の運営・収支管理に関して纏める。関東の村落における新義真言宗の寺院で、資産（堂舎・什物）・収入（檀徳・地徳・賽物等）の管理は、住職がいる場合は原則として住職（側）が担ったと思われる。一方、無住の場合や、「寺付」の借金などの返済や大破した堂舎の再建のために、収入の一定部分が寺院所在村や檀家組織の管理下に置かれる場合もあった。しかし、僧侶の宗教行為に対する対価や儀礼的な進物であると考えられる檀徳は、無住の場合は、原則として実際に宗教行為を行う宗教者（主に法眼寺無住時の多門寺住職のような兼帯住職）が収受するものと考えられる。

本章でみた事例から、仏教教団の僧侶集団が、檀家組織[85]や村（主に寺院所在村）と、寺院本末組織に編成された寺院を媒介として関係する、という構図が鮮明になったと考える。そういった構造のなかで、寺院住職と檀家組織・寺院所在村との間で、宗教者としての機能が問題とされることはもちろんだが、寺院やその寺院が支配する神社・祠・堂、すなわち宗教施設の、堂舎・什物・土地・金銭の維持・管理が重要な問題となっていた。

一般的な仏教教団の場合、少なくとも本末制度の確立後は、後住の決定については本寺・触頭などによる承認が最も重要な要素だったであろう。しかし本章の事例にもみられるように、寺院所在村の村役人や檀中惣代などが、手続き上、さらには実際に決定に関与する例が多くみられる。これは、塚田孝氏が示した賤民組織の場合[86]——江戸で町・町人が関係を結ぶ非人身分の者や、百姓身分の者が関係を結ぶえた身分のものが、それぞれ非人・えたの身分集団内部で決定され、町・村などによって決定されるわけではない——とは異なるといえよう。さらに、ある寺院について、寺院所在村の檀家組織やその代表者的存在が、他村のそれらよりもその寺院に深く関与しているという事例も多くみられる。これらの点は、村（主に寺院所在村）や檀家組織と、僧侶（集団）との関係を、維持・管理を必要とする寺院が媒介しているということの影響を受けているのではないだろうか。

ここで、寺院所在村や檀家組織にとって、寺院を維持せねばならない理由が何であったのかという点は問われねばならない。檀家組織にとっては、維持は義務化していたといって差し支えないであろうし、信仰上や寺請維持の問題もあろう。しかし、寺院所在村については、例えば平山村法眼寺の場合は、鎮守の別当寺であり、また村中の寄合が行われうる場であり、村全体の祈禱も行われる、村にとって必要な、いわば「惣堂」的な宗教施設であったことが維持の理由となっているであろうことは容易に想定しうる。一方、彦倉村延命院の場合には虚空蔵堂の参詣客による経済効果なども理由であったかもしれない。また一般的に、寺院が負担すべき年貢・諸役の納付を村役人として確実化せねばならないという点も想定しうる。さらに、寺院の規模・性格・立地や、所持地・領有地の存在形態やその村との関係、あるいは時期的な問題等により関係も変わってくるであろう。

これらの問題はいまだ充分には明らかにできず、課題とせねばならない。宗教施設の所持地・領有地や堂舎の所有関係を明らかにしていくことがひとつの切り口となりうるのではなかろうか。また本章では、寺院に対する檀家組織と寺院所在村、さらにはその村役人との、権利・義務の差異も不明確であり、この点の解明も課題となる。

さらにいうならば、宗教者と民衆との関係については、それが宗教施設に媒介されるのか、領域的な「場」に媒介されるのか、直接的個別的な関係なのか、といった差異を今後視点に入れるべきであろう。また、宗教施設に媒介される関係を持ちうる宗教者として、本章で取り上げた一般的な仏教教団の僧侶の他、神職と修験とをあげることができるが、神社や修験寺院等の運営の検討も必要となろう。

最後になるが、高埜利彦氏は、修験について「末端山伏の村落活動を前提にして、上下統属関係を維持しつつ同時に身分制維持の機能を果たすところの、本末関係・官位制など、種々の制度で秩序づけられた体制」を本末体制とし、その本末体制が、真宗など仏教諸宗派の僧侶や神職についても成り立っているとしている。そしてその体制の維持には農民の経済的支持が前提であったとし、宗教者の身分維持のための経済的支持において、檀家組織・氏子組織などが強制力として機能していたとしている(87)。さらに、『末寺院―檀家』を一体として財源の基礎とした本山・本寺による本末体制と、それを、個別人身支配・身分制維持をも目的とした宗教政策として推し進めた幕藩権力とが」（真宗寺院の例であるが）寺院による檀家役強制の背後にあるとしている(88)。

ただし、本章の分析を踏まえるならば、少なくとも真宗以外の仏教諸宗派を念頭に置いた場合、在地寺院において、宗判寺檀関係のみが住職の僧侶集団への帰属（や活動）を経済的に保証するわけではない[89]。さらに、本末関係における上位寺院の維持についても同様だといえるのではないか。教団や本山の財源における寺檀関係の位置を論ずるためには、寺領・参詣・金融・勧化などの財源をも含めた本山財政の総合的な把握が必要である。また、檀家組織や村による経済的支持は、関係を結ぶ対象の僧侶（集団）の維持のみならず、僧侶集団との関係を媒介する宗教施設自体の維持にも大きく向けられていることにも留意せねばならない。

註

（1）一九九四年十月十五日〜十七日、栃木県宇都宮市東コミュニティーセンターで開催。

（2）地方史研究協議会編『宗教・民衆・伝統―社会の歴史的構造と変容―』（雄山閣出版、一九九五年）所収の「第四十五回（栃木）大会の成果と記録」一「第四十五回大会『地域社会と宗教』狙いと成果」（1）「大会テーマについて」（大友一雄氏文責）。

（3）『地方史研究』二五一、一九九四年。

（4）本章ではとりあえず、信者や、例えば在方ならば寺院所在村や勧化に応ずる村の村民などの、宗教者と宗教的・経済的関係を結ぶ存在の総称として「民衆」という語を使う。

（5）塚田孝『近世日本身分制の研究』（兵庫部落問題研究所、一九八七年）、同「近世賤民制論」（日本歴史学会編『日本史研究の新視点』吉川弘文館、一九八六年。のち塚田孝『身分論から歴史学を考える』校倉書房、二〇〇〇年に収録）、同「前近代における身分制史研究の諸問題―一九八〇年の研究より―」（塚田孝『身分制社会と市民社会』柏書房、一九九二年）。なお、近世村落と寺院との関係を近世社会における社会集団の複合の問題として検討した論考として、渡辺尚志「近世の村と寺―紀伊国伊都郡境原村を事例として―」（『国立歴史民俗博物館研究報告』六九、近畿地方村落の史的研究、一九九六年）がある。

（6）本章ではとりあえず、堂舎、境内・境外地（朱黒印地を含む）、什物、祠堂金などの金銭を含めた総体として「宗教施設」という語を用いる。

（7）寺檀関係研究の必要性、檀家組織への着眼の意義については、本書第Ⅱ部第一章「近世後期の寺檀関係と檀家組織―下越後真宗優勢地帯を事例として―」（「近世後期における寺檀関係と檀家組織―下越後真宗優勢地帯を事例として―」『史学雑誌』一〇四―六、一九九五年改題）を参照。なお本書では、一般的に単に「寺檀関係」と呼ばれる関係を「宗判（＝宗門改において判形をすること）寺檀関係」と呼ぶ。例外もあるが、宗判寺檀関係は実態として「葬祭（菩提・滅罪）寺檀関係」とおおむね一致する。

（8）奈倉哲三「序―課題と方法」（同『真宗信仰の思想史的研究―越後蒲原門徒の行動と足跡』校倉書房、一九九〇年）、同「近世人と宗教」（『岩波講座日本通史』一二　近世二、一九九四年）、高埜利彦『近世日本の国家権力と宗教』（東京大学出版会、一九八九年）。

（9）近世では、血縁相続を宗法的に公認された真宗以外の僧侶は、ほとんど肉食妻帯を禁じられていた。だが、明治初年の戸籍制度の整備および明治民法の施行により、寺院経営は現在一般的にみられるように、あたかも家業であるかの様相を呈することとなった（竹田聴洲「近代民間寺院の生態系」竹田聴洲博士還暦記念会編『日本宗教の歴史と民俗』隆文館、一九七六年、〈のち『竹田聴洲著作集』第九巻　村落の構造と寺院、国書刊行会、一九九六年所収〉を参照した）。

（10）村田安穂「関東における各宗派の動向」（『歴史公論』一一―一、一九八五年、のち村田安穂『神仏分離の地方的展開』吉川弘文館、一九九九年所収）などを参照。

（11）本末帳の完備は延享二年（一七四五）まで下る（高埜利彦「江戸幕府と寺社」〈同前掲書第三章〉）。

（12）坂本正仁「近世真言宗新義派における触頭制度―特に法令の伝達をめぐって―」（『豊山教学大会紀要』一〇、一九八二年十月）、同「本末制度の成立と展開　真言宗」（『歴史公論』一一―一、一九八五年）、『埼玉県寺院聖教文書遺品調査報告書』Ⅱ　解説・史料編（埼玉県立文書館編、埼玉県教育委員会、一九八四年）、二「県内仏教の展開と寺院史料」真言系（徳永隆宣氏執筆）、宇高良哲「近世の関東新義真言宗教団の本末制度―武蔵吉見息障院文書を中心として―」（『近世仏教　史料と研究』五―四、一九八二年）、櫛田良洪『真言密教成立過程の研究』（山喜房佛書林、一九六四年）。

（13）前掲註（12）、坂本正仁「本末制度の成立と展開　真言宗」三八頁。

（14）前掲註（12）、坂本正仁「本末制度の成立と展開　真言宗」三八・三九頁。

（15）なお、本書第Ⅰ部第二章～第四章で取り上げる安房国の場合、特別に門徒の住職にも引導法が伝授された（千葉県安房郡

三芳村真言宗智山派宝珠院文書　番号305―検索番号一二六一―1、310―一一五二）。

（16）仏教諸宗派・修験の江戸触頭については、高埜利彦「近世国家と本末体制」（前掲註（8）、『近世日本の国家権力と宗教』第四章）、一三九頁。

（17）前掲註（12）、櫛田良洪『真言密教成立過程の研究』八八〇頁。

（18）前掲註（12）、坂本正仁「本末制度の成立と展開　真言宗」三九頁。

（19）年代は不明だが（根生院が四箇寺に加わった後の申年）、醍醐寺無量寿院が、四箇寺、さらに田舎本寺を通じて、末寺一分宛、門徒弐朱宛、（田舎）本寺三分宛の勧化を伝えている（『春日部市史』第三巻近世史料編Ⅴ、一九九〇年、七一〇～七一二頁）。

（20）『智積院史』（村山正榮編、弘法大師遠忌事務局、一九三四年）四一七～四一九頁。

（21）仁和寺末の武蔵国葛飾郡松伏領松伏村（現埼玉県松伏町）静栖寺を田舎本寺とする地方教団組織に、そのような規則があることを示す享保年間の史料がある（『新編埼玉県史』資料編一八　中世・近世宗教、一九八七年、二一八頁）。

（22）斎藤家（本節の分析に利用した平山家文書を遺した平山家の近世の称）、平山村に関する主な先行研究として、埼玉県立図書館『近世史料所在調査報告三　武蔵国入間郡平山村　平山家文書目録』（一九六八年）、馬場憲一「一豪農にみる酒造業開業過程の研究―武蔵国入間郡平山村斎藤家の場合―」（『地方史研究』一四五、一九七七年。のち同『近世都市周辺の村落と民衆』雄山閣出版、一九九五年に収録）、『毛呂山町史』（一九七八年）、岩田みゆき「志士と豪農―そのコミュニケーション活動―」（『埼玉地方史』一三、一九八二年）、内野勝裕「平山堀の内について」（毛呂山郷土史研究会『あゆみ』六、一九八〇年）、同「江戸初期の平山村」（『あゆみ』七、一九八一年）、同「平山村明細帳」（『あゆみ』八、一九八二年）、同「（史料紹介）明和の伝馬騒動と毛呂郷」（『埼玉史談』二九―二、一九八二年）、内田満「関東における近世村と中期豪農の特質―武州平山村の村方騒動を中心に―」（『地方史研究』一八七、一九八四年）、青木美智子「近世の関東畑作農村における雇傭労働の変質過程―武州平山村・斎藤家の年季・日雇奉公人を中心に―」（『社会経済史学』五一―六、一九八五年）などがある。

（23）『日本歴史地名大系』一一、埼玉県の地名（平凡社、一九九三年）、三四三頁では、毛呂本郷は八王子に至る往還に沿い、町場が形成されていたと推測されている。

(24) 埼玉県立文書館所蔵平山家文書（以下「平山」と略す）一八九二「享和元年酉三月　村差出明細帳」。なお、前掲註（22）、内野勝裕「平山村明細帳」に収載されている。

(25) 前掲註（23）、『日本歴史地名大系』十一、埼玉県の地名、および前掲註（22）、『近世史料所在調査報告三　武蔵国入間郡平山村　平山家文書目録』の「かいせつ」による。

(26) 平山一二八七・一二九九・一三〇三・一三一三・一二八六・一二九八・一三〇二・一三一二・一三一五の各宗門人別帳・人別帳による。

(27) 近世中期に村内第一の経済的地位を確立し、天明期以降年番名主を勤めた斎藤家は（前掲註（22）、青木美智子・内田満論文参照）、天明・寛政期に、檀那寺多門寺への寄進等を記した文書を多数作成し、多門寺において家格表示を行う際の証拠とする。

平山一三五七「武州入間郡毛呂領上野村福寿山多門密寺　平山村惣檀家施餓鬼位階次第幷上下改帳　廿世住法印英隆代寛政三辛亥年七月十五日改」はそういった文書のひとつであり、毎年七月十五日の多門寺における平山村檀中による施餓鬼の際の座順（各人に苗字が記されている）、その座順の根拠としての斎藤家による寄進実績、各家への法名授与の記録、村内における多門寺以外の檀家の書上などが記されている。この文書には多門寺二十世住職英隆の署判があり、正文であると思われる。

本史料は当事者である平山村檀中の連印証文などではなく、英隆が作成者となっており、斎藤家の寄進の実績や、それによる「長檀那」としての地位を強調している。よって記載内容のすべてを無条件に事実だと考えることには危険性がある。しかし少なくとも各人の檀那寺・組記載・苗字記載・各組の「世話人」については他の史料との照合においても信用できると考えられる。また、座順記載や、その基準としての法名授与に関する記事についても、詳細であり、また全面的に斎藤家の多門寺における由緒の古さのみを強調する内容でもないことから、かなり事実を伝えているのではないかと考える。

なお、寛政八年の平山一三七二「寄附金代質地請取印形證文帳　附檀縁家格諸事定目録證文書入帳」には、寛政二年に施餓鬼の座順をめぐる座論があり翌年斎藤家を第一の上座に定めた、と記載されており、平山村の一連の村落秩序再編の一環として、多門寺における施餓鬼の座順が確認された可能性もある。斎藤家や、多門寺の檀家組織やその代表者的存在をめぐる諸問題に関しては本書第Ⅱ部第二章「檀家組織の構造と代表者的存在—関東の事例から—」を参照。

(28) 斎藤一族以外の苗字を同じくする集団に関しては、経済面あるいは祭祀面での結合を明らかにできないため、このように表記した。なお〔表1〕の中組法眼寺檀家の斎藤勘左衛門（＝後述の法眼寺世話人の〈瀧沢〉藤七）はもと瀧沢姓であったが、経済的困窮のために斎藤家から土地などを譲られ「末家」となったものである（平山一三七二）。
(29) 平山一三五七。
(30) 『新篇武蔵国風土記稿寺院堂庵書上―旧比企・横見・入間郡―』（東松山市教育委員会市史編さん課編、東松山市、一九八一年）、一九七頁。
(31) ほかに、平山一三三九「懇情頼證文連印帳」（寛政八年十月）。
(32) 平山一八九二、前掲註（22）、内野勝裕「平山村明細帳」に所引。
(33) 前掲註（22）、内野勝裕「平山村明細帳」。
(34) 平山一三二七。
(35) 平山三三九九。
(36) 平山一七九〇・一七九一他。なお、平山家文書の日記は、宝暦四年～天明三年、寛政六年～寛政十年の間で、断簡などの形で、一七冊断片的に残っている。作成の経緯は不明だが、リアルタイムな記録ではなく、それぞれあとから纏めて記述したもののようで、記事も網羅的ではない。
(37) 平山一三五五。
(38) 平山三七八九。
(39) 「結衆頭」とは、法恩寺の末寺・門徒によるいくつかの「結衆組合」のうちの、それぞれの触頭のことである（法恩寺文書近世L―二一六「小用結衆出入録」〈越生町史編さん室架蔵のコピーを利用した〉による）。
(40) 『埼玉県の地名』三四四頁、長井五郎「埼玉のやぶさめ」（『埼玉研究』二、埼玉県地域史研究会、一九五八年）、内野勝裕「幻の流鏑馬―臥龍山八幡宮例祭を追って―」（『埼玉史談』三〇―三、埼玉県郷土文化会、一九八三年）などを参照した。
(41) 松平齋光「毛呂祭の流鏑馬」（『埼玉史談』〈旧〉一三―二、埼玉郷土会、一九四二年）。
(42) 平山三七九二（『越生の歴史』近世史料〈古文書・記録〉、三二一～三二三頁に収載）。なお、註（27）を参照。
(43) 平山三一〇「富士太々御神楽講願主連印帳」（天明八年）、平山三五九「三峯山大権現盗賊防除・火災消除・猪鹿退除祈願講帳」（寛政六年）、平山一一三一「伊勢太神宮御初穂帳」（文政五年）など。
(44) 平山一七八七（天明元年〈万覚帳〉）。
(45) 平山一七八九（天明二年〈万覚帳〉）。
(46) 日記には個人名が記されているが、彼らは天明四年の宗門帳（平山一二八七）から、法眼寺の菩提檀那全体であると判断できる。
(47) 平山三七八九。
(48) 平山一七九〇。
(49) 平山三一四二。
(50) 平山五三七。
(51) 平山一三二七「武州入間郡毛呂平山村　金性山法眼寺畑　小作帳面前書連印　右寺世話人祈願檀那名主覚右衛門改之　天明七丁未年八月吉日」によれば、世話人体制成立時に、村役人の内覚右衛門と藤右衛門とが小作年貢と盆供米とを取り立て年番で預かる、ただし、法眼寺の年中諸入用を賄った残りの金銭等は結衆頭の多門寺に預ける、また法眼寺檀家のうち、直右衛門・藤七がその世話をする、と役割分担などが定められた。
(52) 祈禱寺檀関係については後掲の註（85）を参照。
(53) この、盆供料を出している祈禱檀家や他檀家の中には祈禱檀家の覚右衛門も含まれているが、覚右衛門は、法眼寺に、天明五年に「前〻ゟ貴宅祈願檀那之由縁ニ付」として宝鏡を寄進する一方で、「前〻ゟ貴宅菩提客檀那由緒ニ付、当寺道場ニ御先祖代〻諸聖霊之牌名立置候ニ付御寄附也」として打磬を寄付しており（平山三一六七「寄附請證文之支」）、「菩提客檀那」として法眼寺においても祖先祭祀を行ったと思われる。
(54) 平山五三七。
(55) 平山四二一「寛政七夘年十一月　法眼寺金貸預之金銭出入差引勘定帳」。
(56) 平山四二〇。
(57) 宗門帳などによれば、法眼寺には留守居がいる場合があった。留守居は、村内の神職人（神事舞太夫）源太夫の養父母夫婦（養母妙進は女道心であるが、養父仁右衛門は俗人である）のように村内の者がなる場合もあったが、廻国の宗教者が一時的に留守居となることもあった（平山一八〇四）。なお、天明四年に留守居となった了空は上谷村（現鴻巣市）出生である。彼ら留守居と地方教団組織との関係は不明である。

(58) 平山一七七、なお、肩書などは宗門帳で確認した。

(59) 平山一一三四。

(60) 『埼玉県寺院聖教文書遺品調査報告書』Ⅱ　解説・史料編によれば「新義真言の寺院が仁和寺・大覚寺・勧修寺・醍醐寺等の門跡寺院の院家院室を兼帯し、規定外の僧位・色衣の被着、乗輿、菊紋使用等をもって寺院の格式・権威を高めんとして起こった風習が院室兼帯である」（一七頁）。院室兼帯には、一代院室兼帯と、色衣同様の寺格としての住職交代ごとの許可が必要な永代院室兼帯とがあったという。また、院室兼帯の手続きは、享保四年の色衣法度確立以降、色衣同様、江戸新義真言宗触頭四ヶ寺へ願書を提出し、その決裁を得た上で、両山（智山・豊山）能化の添書によって許可の令旨が出されたという。法恩寺は田舎本寺なので、永代院室兼帯である可能性が高いのではないか。

(61) 平山五三九。

(62) 東福寺は江戸護持院末であり、護持院は無本寺の常陸国筑波山知足院の別院である。

(63) 『新編埼玉県史』資料編一四　近世五　付録（一九九一年）。

(64) 元治二年の下彦川戸村（現三郷市）の宗門帳（『三郷市史』第二巻近世史料編Ⅰ、三二六〜三二七頁、一九九〇年）には、全三〇軒のうち、延命院檀家が四軒、円明院檀家が六軒書き上げられている。また、『三郷市史』第九巻別編民俗編、五三三・五三四頁（一九九一年）には、現在「彦倉の地付の家の八割以上が檀家となっており、また、彦倉の分家などで下彦川戸・彦江・花和田・戸ヶ崎などにも檀家がある」とある。

(65) 「元禄八亥年　酒井河内守様御検地　武蔵国弐郷半領彦倉村御水帳延命院分書抜写帳」（『三郷市史』第三巻近世史料編Ⅱ、五五一〜五五四頁、一九九二年）。

(66) 『三郷市史』第三巻近世史料編Ⅱ　解説、および収載史料。

(67) 『三郷市史』第三巻近世史料編Ⅱ、四八九〜四九二頁。

(68) 『三郷市史』第三巻近世史料編Ⅱ、五五五六・五五五七頁。なお、以降、刊本からの史料引用の場合は、筆者が適宜句読点等を変更、あるいは付加した。

(69)『三郷市史』第三巻近世史料編Ⅱ、五一二・五一三頁。
(70)『三郷市史』第三巻近世史料編Ⅱ、五一三・五一四頁
(71)『三郷市史』第三巻近世史料編Ⅱ、四九四頁。
(72)『三郷市史』第三巻近世史料編Ⅱ、五二三・五二四頁。
(73)『三郷市史』第三巻近世史料編Ⅱ、五〇五・五〇六頁に、「彦倉村商人たれ」を差出とした、虚空蔵尊開扉における商売に関する年欠の請書の雛形が収載されている。
(74) 宇高良哲・徳永隆宣編、近世寺院史料叢書Ⅰ『武蔵吉見息障院文書』(東洋文化出版、一九八三年)、六三〜六五頁。
(75)『武蔵吉見息障院文書』一四六〜一五〇頁。なお、「又候今般御触」にあたる触は「役寺根生院諸事手控目録帳」(勝又俊教編『続豊山全書』第一九巻、続豊山全書刊行会、一九七四年)に収載されている。
(76)「門檀中之徳用」とは、直接的な意味としては門徒中・檀中からの収入ととれるが、ここでは、その寺院の経済力一般と捉えた方が自然ではないか。
(77)『栃木県史』史料編近世三、八四四・八四五頁、一九七五年。
(78)『三郷市史』第三巻近世史料編Ⅱ、五三八・五三九頁。
(79)『所沢市史』社寺、七三六・七三七頁、一九八四年。
(80)『所沢市史』社寺、七三八・七三九頁。
(81)『所沢市史』社寺、七三九頁。
(82) 臨済宗の事例になるが、武蔵国入間郡山口堀之内村(現埼玉県所沢市)勝光寺では、慶応元年に、寺檀争論の末先住が残した借金を檀中が負担することを、檀中側が「相談決定」している(『所沢市史』社寺、五八九頁)。
(83) 中田薫「徳川時代に於ける寺社境内の私法的性質」(初出『国家学会雑誌』三〇―一〇・一一、一九一六年。中田薫『法制史論集』第二巻　物権法〈岩波書店、一九三八年〉所収)。
(84)『徳川禁令考』後聚第二帙巻十五、「天保十三年金銀出入裁許改革取捌之儀取調申上候書付」。
(85) 法眼寺を含め、近世中後期の関東の真言・天台宗寺院において、住職との関係、寺院維持に関する役割、あるいは離檀困難観において宗判寺檀関係と類似した祈禱寺檀関係が存在する場合があった。詳細については、本書第Ⅱ部第三章「祈禱寺

檀関係と宗判寺檀関係」（「近世中後期関東における祈禱寺檀関係」、今谷明・高埜利彦編『中近世の宗教と国家』岩田書院、一九九八年所収を改題）を参照。

(86)　前掲註（5）参照。

(87)　高埜利彦「近世国家と本末体制」（前掲註（8）、『近世日本の国家権力と宗教』第四章）。

(88)　高埜利彦「近世の村と寺社」（前掲註（8）、『近世日本の国家権力と宗教』補節2）。

(89)　なお、近江の真宗寺院が土地経営・金融活動を積極的に行っている事例も報告されている（草野顕之・片山伸・山田哲也「近江湖東地域における真宗寺院の存在形態―その経済的機能を中心に―」〈『近世仏教史料と研究』五―四〉）。

〔付記〕　本章の作成にあたっては、越生町史編さん室および埼玉県立文書館の方々に、史料の閲覧などに関して大変お世話になった。また、越生町真言宗智山派法恩寺のご住職には史料の利用に関して快諾をいただいた。末筆ながら厚く御礼申し上げる。

第二章　地方教団組織の構造（一）

——安房国新義真言宗の寺院組織——

はじめに

近世から現在に至るまで、安房（千葉県南部）では全寺院数に占める新義真言宗（智山派）寺院の割合が高く、その状況は「房州真言」と呼ばれるという。(1)安房国平郡《へい》府中村（現安房郡三芳村）宝珠院は、本章第二節で述べるように近世には安房一国の新義真言宗を統轄していた。以下、宝珠院所蔵の文書を素材として、安房における新義真言宗の教団組織の実態を明らかにしていきたい。

仏教教団組織の構造分析に際しては、その寺院組織としての側面と僧侶集団としての側面との両面にわたる分析を行う必要がある。ただし、特定の寺院の住職たることにより、僧侶が、ある僧侶集団の構成員たりうる場合もあるなど、寺院組織に関する問題と、僧侶集団に関する問題とは容易に分かちうるものでもない。本章ではまず、①寺院本末組織、②宝珠院による一国の統轄、③寺院本末組織ではない、那古寺とその「衆分」とによる寺院組織（以下便宜的に「衆分組織」と呼ぶ）とそれに対応する僧侶集団という、主に寺院組織に関わる点を中心に述べる。そして、僧侶集団としての側面や、両側面の相互関係については次章（第Ⅰ部第三章）で検討することとする。

一　寺院本末組織――本末帳の検討

議論の前提として、寛永・延宝・寛政の各期の安房国における新義真言宗寺院の本末帳を参照し、本末関係を把握する。また同時に各本末帳の性格や寺院本末関係の変遷にも着目したい。

1　寛永の諸宗末寺帳

まず本項では、寛永の諸宗末寺帳に含まれる「関東真言宗新義本末寺帳」安房国の記載について簡単に検討する。寛永の諸宗末寺帳は幕府が各宗に命じ、寛永九年（一六三二）・十年に提出させたものである。書き上げに不備が多く、また浄土真宗のものがみられないなどの、史料としての限界を有する。[3] 新義真言宗については「関東真言宗新義本末寺帳」のみが存在し、[4] それは、寛永十年に新義真言宗（江戸）触頭の四箇寺（真福寺・弥勒寺・知足院・円福寺）から提出されている。

安房国に関しては、国内の田舎本寺について、長狭之郡・地蔵院末清澄寺、山下郡沼村・三宝院末惣持院、出野尾村・地蔵院末小網寺、北之郡府中・報恩院末宝珠院、北ノ郡瀧田村仏子山・知恩院、丸之郡胡平田村・円蔵院、大神宮村・三宝院末遍智院、山下郡真倉村・明音院の順にそれぞれ一つ書きが立てられている。そして、それぞれの一つ書きのもとに、各田舎本寺、およびその「門中」（＝門徒）ないしは末寺・門徒について記載が行われている。これらの田舎本寺のうち、三ヶ寺（知恩院〈智恩院〉・遍智院・明音院）にその本寺に関する記載がないことは、櫛田良洪氏によって、寛永の本末改が不充分であることの例証のひとつとされている。[5] ちなみに、次に検討する延宝の「房州諸寺院本末帳」によれば、智恩院の本寺は醍醐寺報恩院、遍智院の本寺は醍醐寺三宝院である。

一つ書きを立てられた寺院のうち、清澄寺から遍智院までの七ヶ寺は、延宝の「房州諸寺院本末帳」に記載された田舎本寺七ヶ寺と一致する。しかし、最後に記載された山下郡（のち安房郡となる）真倉村の明音院（寺領七五石）は、里見氏の祈願所であった古義真言宗の妙音院のことであり、(6)以下に取り上げる二つの本末帳には記載がない。このことは、寛永の本末帳の段階での本末関係把握の不完全さ、ないしは本末関係の不安定さを示していると考えられる。

また、ここに記載された末寺・門徒は、田舎本寺の遍智院を除きすべて寺社領を伴ったものであり、田舎本寺をあわせて安房一国でわずか計四一ヶ寺しか収載されていない。(7)のちに紹介する本末帳における記載寺院数から考えると非常に限られた記載であるといえる。

2　延宝の「房州諸寺院本末帳」

次に、宝珠院文書に残されている、延宝三年（一六七五）の「房州諸寺院本末帳」(8)を検討しよう。表紙に宝珠院住職宥鑁（二十二世）(9)の判があるこの本末帳の冒頭には、

宝珠院門中、幷、智恩院・清澄寺・円蔵院・小網寺・惣持院・遍智院、本末門徒一国不残宝珠院江出仕之上判形皆ゟ相済候、

とあり、また末尾には、

延宝三乙夘歳正月五日関八州江本末致穿鑿判形八月中江戸へ可遣由江戸寺社御奉行御内意ニ而江戸四箇寺ゟ廻状廻候、房州一国ハ宝珠院へ申来、国中諸寺院判形致させ、八月廿七日ニ江戸へ指上候帳之写也、

とある。つまり、幕府寺社奉行の内意を受けた江戸四箇寺の指示により、宝珠院が安房一国の新義諸寺院の判形を集

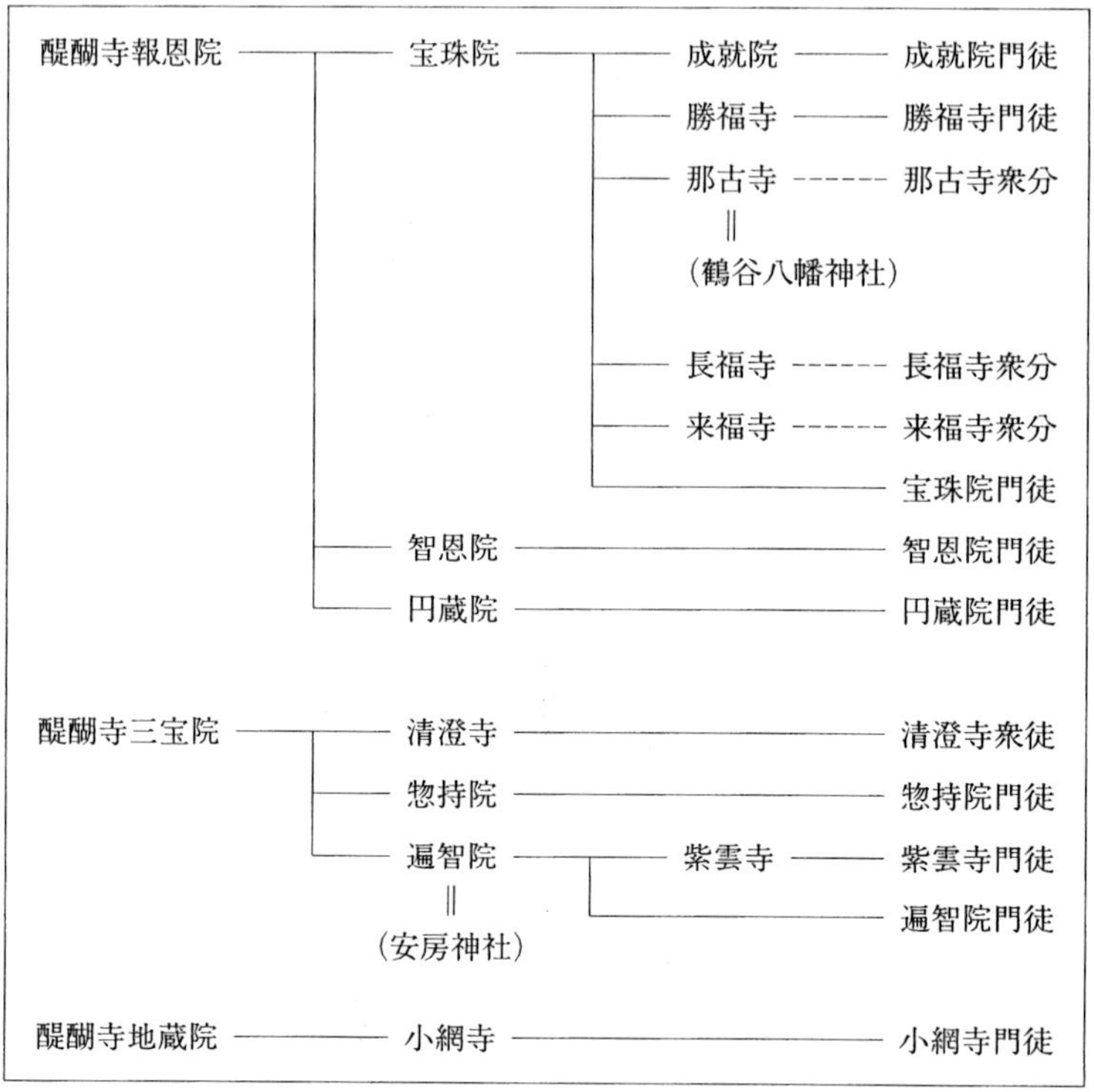

註1)　宝珠院文書　番号119—検索番号三一九「房州諸寺院本末帳」ほかをもとに作成。
2)　実線は本末関係を表す。破線下の寺院は、本末関係のうえでは宝珠院の門徒である。
3)　二重線は別当寺の関係を示す。

図1　延宝3年(紫雲寺独立前)の安房国新義真言宗寺院本末組織

めたうえで提出した帳の写しであるということである。(10) なお、この文書は、末寺門徒数の小計など異筆の部分を多く含むが、本章ではそれらの記載をも基本的に取り入れて検討する。

「房州諸寺院本末帳」では、冒頭に宝珠院、続いてその末寺成就院・勝福寺・那古寺、そして長福寺・来福寺以下の宝珠院門徒七二ヶ寺(うち長福寺衆分四ヶ寺、来福寺衆分五ヶ寺、那古寺衆分一五ヶ寺)、成就院の門徒三九ヶ寺、勝福寺の門徒二一ヶ寺の順で記載が行われている。次に清澄寺が記され、さらに清澄寺の衆徒一二ヶ寺（すべて村名の記載はない）が記されている。そして以下、智恩院、智恩院門徒九ヶ寺、惣持院、惣持院門徒一三ヶ寺、小網寺、小網寺門徒三三ヶ寺、遍智院、遍智院門徒一二ヶ寺、遍智院末寺紫雲寺、紫雲寺門徒九ヶ寺、円蔵院、円蔵院門徒五三ヶ寺が記されている。以上、本帳に記載された安房国中の新義真言宗寺院の総計は二八四ヶ寺である。なお、「房州諸寺院本末帳」をもとに、安房国内の新義真言宗の寺院本末関係を〔図1〕として整理した。適宜参照されたい。

3　寛永の諸宗末寺帳と「房州諸寺院本末帳」との異同

先述のとおり、寛永の諸宗末寺帳は記載された寺院数が少なく、不完全なものである。また、両本末帳の間には若干寺社領記載が異なるものがあり、かつ寛永の諸宗末寺帳に記載され、「房州諸寺院本末帳」にみられない寺院も若干存在する。しかし、書き上げられた田舎本寺や、その門末との関係に大きな異同はなく、寛永期にはすでに近世の安房国における新義真言宗の寺院本末関係の骨格が形成されていたものと考えられる。

また、「房州諸寺院本末帳」には、那古寺・長福寺・来福寺の「衆分」寺院の記載があるが、それら衆分寺院のうち、来福寺衆分の宝積院と那古寺衆分の常光寺（浄光寺）とは、寛永の諸宗末寺帳にも記載されている。ただし、それらについては「衆分」記載はなく、単に宝珠院門徒としてのみ記載されている。寛永の諸宗末寺帳では、「衆分」関係は少なくとも寺社奉行所レヴェルにまでは報告されなかったと考えられる。なお、「房州諸寺院本末帳」における「衆分」記載については、寺社奉行所への提出の段階でも残されていたかどうかは、宝珠院文書からはわからない。

寛永の諸宗末寺帳に記された田舎本寺以外の末寺は、宝珠院末寺の成就院・勝福寺、ならびに遍智院末寺の紫雲寺の計三ヶ寺である。その後、承応元年（一六五二）に宝珠院十八世堅覚から那古寺三十二世頼応が法流を相続し、那古寺が宝珠院門徒から宝珠院末寺へと昇格したため[11]、「房州諸寺院本末帳」では、田舎本寺以外の末寺は計四ヶ寺となっている。

4　寛政の新義真言宗本末帳

次に、寛政七年（一七九五）十二月に、江戸四箇寺から幕府寺社奉行所に提出された、水戸彰考館本の新義真言宗本末帳について検討しよう。この本末帳は計一七冊からなっているが、安房国分は、表紙に「寺院本末帳四十六　新義真言五」という題簽を付された冊に含まれ、本文冒頭に「安房国新義真言宗本末帳」と題して記載が行われている。なお、記載中には村名の脱漏や、寺院名・地名の誤写と思われるものが散見される。さらに、例えば、

ア村 A寺　イ村 B寺
ウ村 C寺　同所 D寺

といったような記載において、D寺の肩書の「同所」が、イ村を指す場合とウ村を指す場合とが混在するなど、精確なテキストであるとはいいがたい。

寛政の本末帳における掲載寺院は計二五三ヶ寺であり（後述するように他国の寺院一ヶ寺を含む）[12]、それらは延宝の「房州諸寺院本末帳」に記載された寺院とおおむね一致するものの、少なからざる差異がある。その主な点については次の第5項で指摘したい。

なお、同帳では、宝珠院の末寺・門徒に属する「衆分」寺院は、那古寺のもの以外書き上げられていない。ほかに、「房州諸寺院本末帳」で長福寺衆分とされている真倉村正吽寺が寛政の新義真言宗本末帳にも書き上げられているが（ただし「正呼寺」と表記されている）、長福寺衆分であるという記載はなく、単なる宝珠院門徒として記載されている。

この点に関して、延享二年（一七四五）十月の宝珠院門末の書上[13]においてすでに、長福寺衆分正叶寺・来福寺衆分宝積院は残存しているものの、長福寺衆分宝幢坊・荘厳坊・福生寺、および来福寺衆分西福院・正法寺・智徳院・東之坊については、宝珠院門徒の布良常徳院・安東千手院とともに、

右九箇寺延宝年中御改之時分者書付差上候得共、其以後致破滅当寺〔時〕無御座候、

と書かれており、延宝年間から延享年間に至る間に衰廃したことがわかる。しかし、文化六年（一八〇九）に、後述の、宝珠院と那古寺およびその衆分との相論過程で宝珠院から円福寺へ提出された文書に、

延宝三年乙卯年本末帳之儀ハ、其刻被仰出候通厳密ニ吟味仕印形取揃、御触頭江差上候通、那古寺衆分・長勝《フク》寺衆分・来福寺衆分ハ拙寺直門葉之現証、其上同三年・翌四年衆分名目御尋ニ付直参仕、

と長福寺衆分・来福寺衆分に関する記述がみられる[14]。そして、来福寺衆分の宝積院の署判が、文化七年と九年の文書に、宝珠院門末の署判に混じってみられる[15]。つまり、長福寺・来福寺の衆分が激減したことは事実であり、それに伴い、衆分の寺院組織と付随する宗教者集団とは、仮にそれまで存続していたとしても崩壊したであろうと考えられる。しかし、那古寺以外の寺院の衆分は完全になくなったわけではなく、文化期に至っても宝珠院とその門末のなかで、「衆分」として認識される存在であったのである。よって寛政の本末帳に記載されていないのはその不備によるものではないかと思われる。

さらに、寛政の本末帳には清澄寺衆徒がまったく登場しない。「房州諸寺院本末帳」によれば、清澄寺衆徒は山本坊・護摩堂・求聞持・中之坊・宝蔵院・能蔵院・金剛院・如意坊・自性院・宝泉寺・持明院・医王院の一二ヶ寺である。以下「房州諸寺院本末帳」作成以後の清澄寺衆徒の状況について検討する。

享保二年（一七一七）の清澄寺の「鉄炮御改門徒脇坊印形帳」[16]によれば、山本坊・求聞持・金剛院・（護摩堂）大聖

院・能蔵院・宝蔵院・中之坊・如意坊・自性院の各門徒が「地中衆徒」（うち如意坊・自性院は「坊跡無住」）として、天津村宝泉寺・持明院、「天津村不入」医王院とは別に書き上げられている。なお、宝泉寺・持明院は正徳三年（一七一三）八月の天津村の書上に、医王院は享保十七年十一月・元文三年（一七三八）正月・宝暦二年（一七五二）五月・寛政五年等の長狭郡浜荻村の差出帳・書上に登場する。(17)

また、天保十四年（一八四三）六月に清澄寺から宝珠院に宛てて提出された「無住寺院取調書上帳」(18)によれば、衆徒のうち、清澄村中之坊・同金剛院・同如意坊について、

何頃ゟ何之訳ニ而無住ニ成候哉旧記等相分り不申候、無檀無録〔禄〕ニ而住職難成、尤寺役法用等無之候得者、兼帯無之、及大破ニ候ニ付畳置、本寺ニ而取締相付別段留守居等無御座候、

清澄村大聖院について、

何頃ゟ何之訳ニ而無住ニ成候哉旧記等相分り不申候、但シ無檀無録ニ而住職難成、当村寺役法用等隣寺同衆徒同村能蔵院ニ而兼帯相勤、別ニ火之番ニ旦中ゟ俗之もの差置申候、(19)

清澄村求聞持院について、

天保十三寅年六月ゟ交代ニ付無住ニ而当時寺役法用等同衆徒同村隣寺山本坊ニ而兼帯相勤、別ニ火之番ニ旦中ゟ俗之もの差置申候、

と記されている。また、「清澄寺門徒」として、坂本村自性院・浜荻村医王院・天津村宝泉寺・天津村持明院のそれぞれの無住の事情が書き上げられている。なお、天保十四年の無住寺院取調については第Ⅰ部第四章で詳述する。

以上から、「房州寺院本末帳」に記載された清澄寺の「衆徒」と清澄寺とは、清澄寺の一山の外に所在するものをも含むが、その大半を清澄寺の地中が占めるという特質を有する、寺院本末組織の一形態であったと考えられる。た

だし衆徒住僧の宗教的特質については検討の余地があろう。そして享保段階では、「衆徒」は清澄寺の地中に限定された呼称として文書にあらわれるようになっていた。いずれにせよ、無住寺院が増加する状況はみられるものの、[20]天保段階に至っても清澄寺の門末寺院は存在していたのであり、寛政の本末帳における脱漏は、その不備に帰すべきものであるといえよう。

5 「房州諸寺院本末帳」と寛政の本末帳との異同

ここでは、第4項で述べなかった異同点四点について確認したい。

①寛政の本末帳では、寛永の諸宗末寺帳と延宝の「房州諸寺院本末帳」に記載のなかった、宝珠院末寺の平郡佐久間村密厳院（朱印地三〇石）と門徒の同村密蔵院（朱印地一九石八斗）とが書き上げられている。なお寛永の諸宗末寺帳では宝珠院の寺領は二五三石余、「房州諸寺院本末帳」では二九五石余となっているが、寛政の本末帳では二〇三石九斗余と減じている。延宝二年正月に、宝珠院末寺中・門徒中から四箇寺宛に、

宝珠院はもともと二七五石余の寺納を有していたが、寛永十三年に密厳院・密蔵院分の朱印を別通とした。しかしその後も宝珠院が二七五石余を収納してきた。八年前に密厳院・密蔵院の看守が「住持」である旨を主張し、（四箇寺から、密厳院・密蔵院分の）寺領の引き分けを命ぜられた。だが、宝珠院が零落に及んだので、以前のようにしたい。

という内容の訴状が提出されている。そしてその結果、密厳院・密蔵院の寺領については、宝珠院が支配し、密厳院・密蔵院の住持が収納すべき旨、四箇寺から指示されている。[21]この一件は延宝八年に至っても続いており、[22]このように寺領配分について係争中であったため、「房州諸寺院本末帳」では記載できなかったのではないかと推測される。

②寛政の本末帳では、新たに宝珠院末寺として、陸奥国南部遠野村（現岩手県遠野市）善応寺が書き上げられている。これについては、前出の延享二年十月の宝珠院門末の書上の末尾に善応寺が記載されており、その註記として「此末寺ハ頼意代者別ニ書物等有之候」とあることから類推すると、(23)他国の末寺であるために、「房州諸寺院本末帳」などには記載されなかったものであろうかと考えられる。

③寛政の新義真言宗本末帳に記載された田舎本寺以外の末寺の数は、宝珠院末寺六ヶ寺（新たに真野寺・密厳院・善応寺が加えられている）、円蔵院末寺三ヶ寺（小松寺・円明院・真言院）、小網寺末寺一ヶ寺（円光寺）である。「房州諸寺院末寺帳」の段階に比べ、多くの寺院が門徒から末寺へと昇格している。このうち、円明院は寛延三年頃に、小松寺・真言院は宝暦七年頃に末寺となったと考えられる。(24)なお、「房州諸寺院本末帳」に記載されていなかった密厳院も、延宝より後の享保十八年に新末に昇格している。(25)

④内閣文庫蔵の「寺院本末記」（奏者番・寺社奉行などを歴任した稲葉正諶が執務の参考にしたといわれる、寛永の諸宗末寺帳の写しとされる本）の追記には、

遍智院ゟ紫雲寺本末異論付而、新義四ヶ寺僉議之上、紫雲寺所持之法流高野山北室院附属無紛ニ付而、延宝三乙卯年十月十八日長門宅（本多忠利、寺社奉行）内寄合ニ而、北室院末寺に相究也

とある。(26)「房州諸寺院本末帳」の作成過程との因果関係は明確ではないが、作成直後に、紫雲寺は高野山北室院末の田舎本寺として、遍智院末から独立したのであった。寛政の本末帳にも紫雲寺は田舎本寺として記載されている。

6　寺院における僧侶などの居住形態

以上、本節では寺院本末組織について検討してきたが、ここで、その寺院本末組織や衆分組織に、どのように宗教

表4　寛政元年、智恩院および門徒における僧侶・道心の構成

瀧田村智恩院	住職(63)、隠居(79)、弟子(14)、道心(49)、道心(51)、道心(46)
勧修院	住職(50)、弟子(17)、道心(41)
瀧田村慈尊院	住職(27)
瀧田村長福寺	住職(36)、隠居(87)、道心(64)
三坂村薬王寺	留守居(74)
滝田村久音坊	留守居(69)
弐部村金蔵院	住職(39)、道心(58)
下佐久間村持福寺	住職(27)、道心(72)
不入斗村円照寺	住職(25)、道心(67)
不入斗村寿薬寺	住職(56)、道心(56)、道心(54)

註1)　智恩院文書「新義真言宗出家人別帳」(「三芳村史編纂史料」Ⅱ〈1981年〉所載)による。なお、史料中では、智恩院は「知恩院」と表記されている。
2)　括弧内は年齢。

者や俗人が属していたのかについてみておこう。

まず、寺院本末組織の各寺院における宗教者の人数・年齢・構成をうかがえるものとして、寛政元年の平郡瀧田村（現三芳村）智恩院とその門徒の、住職・留守居・隠居・弟子・道心の場合を〔表4〕として提示した。[27] 住職・隠居・弟子は、それぞれ僧侶ないし住職たるべく一定の儀式・修行等を経て要件を満たした者である。留守居については、僧侶である場合とそうではない場合とがありえよう。また道心は、本来的には、僧侶ではないが俗人でもない、宗教者的な存在であると思われる。しかし次にみる那古寺およびその衆分寺院の場合から類推すると、智恩院とその門徒における「道心」には、俗人をも含む可能性もあろうかと思われる。

また、享保六年における平郡那古村（現館山市）那古寺の僧俗の書上[28]には、住持・隠居それぞれの同居者が記されていると考えられるが、そこには、まず住持分として、（住持一人）・弟子（脇坊入之坊住持）一人・同宿僧二人・納所（俗）一人・堂守道心者一人・堂守加番（俗）一人・家来中間三人が書き上げられている。また、隠居分として、（隠居〈脇坊良禅坊住居〉一人）・弟子（脇坊岩

室坊住持）一人、家来一人が書き上げられている。ここでは、註記はないものの、当然家来も俗人であると考えられよう。後述するように、那古寺は一〇〇石を超える寺領を有し、かつ一七〇石を超える社領を持つ鶴谷八幡宮の別当寺であって、智恩院（寺領一五石）より規模の大きい寺院であった。

さらに、那古寺およびその衆分寺院全体について、寛政四年五月の「七ヶ年目人別改」(29)では、那古寺寺内一二人（出家四人・俗七人・道心一人）、寺中六ヶ寺人数四人（出家三人・俗一人）、川名村長勝寺内四人（出家二人・俗〔カ〕二人）、船形村大福寺内三人（出家一人・俗二人）、深名村常光寺内四人（出家一人・俗三人）、青木村新勝寺内二人（出家一人・俗一人）、坂之下村正覚寺内住僧一人、南無谷村海光寺内二人（出家一人・俗一人）、南無谷村金光寺内住僧一人が書き上げられている。八幡村千灯院については、同年四月に那古寺へ提出した人数書のとおりであるとのみ記されている。(30)

このように寺院本末組織、あるいは那古寺とその衆分寺院においては、寺院内に、僧侶、僧侶以外の宗教者的な存在、俗人といった、異なる身分の者が居住していた。そのうち、得度その他の儀式・修行を通じて、正式な構成員として新義真言宗教団に属するのは僧侶のみである。そして、僧侶は、一ヶ寺に一人もいない場合もあるが、寺院と僧侶とが一対一の対応をしているわけではなく、寺院本末組織・衆分組織には、弟子や隠居をも含む僧侶集団が対応していた。なお、後述するように新義寺院の住職となるには、二十年以上の勉学が必要である原則であったが、〔表4〕では、円照寺住職のように勉学二十ヶ年に満たないと思われる若い僧がみられる。これが、正式には「看住」と呼ばれる仮の住職であったのか、それとも正式の住職として認められていたのか、といった点については検討が必要である。

7　小　括

ここで、本節の内容を簡単にまとめておこう。

安房国における寺院本末組織の骨格は、寛永期にはすでに形成されていたものと考えられる。しかし、寺院の所属や寺領の配分をめぐってその後も相論があり、延宝三年には紫雲寺が田舎本寺に昇格するに至った。また、寛永の本末帳とは異なり門末寺院をおおむね網羅している、延宝の「房州諸寺院本末帳」と寛政の本末帳との記載の間には異同があり、門末寺院の、寺社奉行所や四箇寺側における一国単位での完璧な把握は、寛政期に至ってもなされえなかったと考えられる。また、おそらくは延宝段階ですでに把握されていたではあろうが、遅くとも寛政段階には、本末関係とは異なる「衆分」の存在が、寺社奉行所側にも把握されていた。

ただし、水戸彰考館本の新義真言宗本末帳が精確なテキストではないことが本節で明らかになったが、各本末帳間の異同や、他の文書との不整合等については、それが単なる脱漏なのか、それともなんらかの事情を反映しているのか、といったことをさらに明らかにする必要がある。本山・宗派レヴェルに蔵される本末帳との比較検討が今後の課題となろう。(31)

二　宝珠院による安房国新義真言宗の統轄

1　宝珠院を頂点とする寺院本末組織

以上みたように、安房国の新義真言宗寺院は、いくつかの田舎本寺を頂点とする複数の寺院本末組織に編成されており、一つの系統に一本化された寺院本末関係ではなかった。しかし、前にみた「房州諸寺院本末帳」が、宝珠院に安房一国の新義寺院（の住職）を集めて作成されたことからもわかるように、寺院統制という面では、本末組織の系統を超えて、宝珠院一ヶ寺が各寺院本末組織の上位に位置するという形態を有していた。本節ではその点について、延宝期の状況を中心に触れたい。

本項ではまず、宝珠院を頂点とする寺院本末組織について触れる。

後述する宝珠院と那古寺衆分との間の相論では、宝珠院門末のうち、「東内門中・北口門中」と称する寺院群（の住職）が宝珠院側の立場に立ち、文化七年（一八一〇）六月と文化九年五月とに円福寺宛の文書に連署している。[32]これらの寺院はすべて宝珠院の末寺・門徒であり、来福寺衆分の門徒宝積院を除けば、延宝三年段階で末寺であった那古寺・成就院・勝福寺と、宝珠院の末寺・門徒の衆分寺院とを除く、宝珠院の直末寺・直門徒とおおむね一致する。つまり、おそらく延宝三年段階での宝珠院の直門徒（少なくとも那古寺の衆分寺院を除く）が、東内門中・北口門中の二つのグループを形成していたのではないかと考えられる。なお、文化六年の宝珠院から円福寺への願書には「東内北口衆分」という表現もみられる。一方、成就院・勝福寺とそのそれぞれの門徒、および那古寺の衆分組織は、東内門中・北口門中には含まれず、独立的な纏まりを有していた。[33]東内門中・北口門中は、宝珠院の直属の門徒寺院群であったと捉ええよう。

なお、前出の延享二年十月の宝珠院門末の書上などから、宝珠院直門徒のうち、本覚院・徳蔵院・林光院・西光院の四ヶ寺が宝珠院脇坊（＝地中）であることがわかる。これら脇坊（住職）が、「役院」として署判している文書が宝珠院文書のなかに散見される。

2　一国支配所・惣会場宝珠院

次に、延宝三年に安房国の新義一派の支配に関して四箇寺から出された「覚」に対する注釈の文書から、宝珠院の安房一国支配の状況について検討しよう。

延宝二年から三年にかけて、安房国の田舎本寺である円蔵院ならびに小網寺と、宝珠院との間で、安房一国の新義寺院に対する宝珠院の支配や、従来、宝珠院のみで行われていた安房における報恩講を小網寺・円蔵院でも行おうとしたことに関して、相論が起きた[34]。これは宝珠院側の主張を認める形で決着し、延宝三年の三月には小網寺・円蔵院から四箇寺に対して詫一札が提出された[35]。

その相論を踏まえ、四箇寺が延宝三年九月、安房における宝珠院の地位について確認した「覚」[36]を発給した。〔史料一〕は、延宝三年十二月に、四箇寺のうちの真福寺（十〜十二月の月番）[37]から、宝珠院に対し、「覚」の内容の曖昧な点を補う目的で、「覚」の各条を注釈する形で出されたものである[38]。このように宝珠院の地位の確認が行われたことの背景として、寛文九年に田舎本寺たる智恩院の住職交代に対する宝珠院の支配をめぐる相論があったこと[39]も影響を与えているかもしれない。なお、立野晃氏は、『千葉県の歴史』資料編近世二（安房）の「資料解説」で、「覚」や〔史料一〕などについて『延宝の本末改め』の内容を具体的に確認すべき史料として作成された」としている。しかし、「覚」や〔史料一〕は、寺院本末関係を超えた支配についての内容を確認するものであり、解説の記述は誤っている。

〔史料一〕の引用にあたっては、便宜上、それぞれの史料の各条に①〜⑥の番号を付した。

〔史料一〕[40]

当秋中書遣条目少々略筆之処有之、於後代紛敷事可有之由被申越付、評定之趣弥委悉書付遣之事

一、最初之箇条者、如相聞於御奉行所御吟味之上被任古例宝珠院者国中一派之支配所之事、勿論諸寺院者可受宝

珠院之支配相定候事　①

一、第二之ヶ条者、宝珠院者如往古弥一国一会場之定也、依去一国之所化於宝珠院夏冬之報恩講可相勤之事、付、国中之所化住山之砌者可帯宝珠院之副状事、則両能化江茂副状不致持参所化者御承引被成間敷旨申進置也、是別而一会場之詮也、又於他寺初法談并追善論議致興行砌者、宝珠院江窺之、於有免許者、可令執行、若無許容、押而令勤仕輩者越度可被申付事　②

一、第三之ヶ条者、如被前〻勤来公用之触渡従宝珠院被廻之、諸寺院領掌之手形如先例宝珠院江可被納置之事　③

一、第四之箇条者、国中一派之内公事出来之砌者如往古宝珠院江可訴之間、無依怙贔屓之沙汰可被申付、若不相済事者、如先例此方江可有相談也、宝珠院江不訴之、直ニ此方江申来分者不可取上事　④

一、第五之ヶ条者、宝珠院之門末者各別、其余之諸寺院者其寺之先住并門旦相談ニ而住持移替之砌、宝珠院ゟ差而不可有構也、但御法度相背儀其外非義之沙汰於有之者可被致僉儀、於無承引者此方へ可有相談也、将又致指引来先例有之寺、又其寺之従門檀於乞住持来者可為沙汰之外事　⑤

一、第六之ヶ条ニ、他山之末寺与者、田舎本寺成共対上方本寺之末寺也、依之非宝珠院之末寺於諸寺院灌頂、或曼荼羅供等之大法事雖令執行之、従宝珠院有構間敷事　⑥

右依宝珠院所望当番役書遣之者也

延宝三乙夘十二月廿一日　　真福寺㊞

以下、各条ごとに内容をみてみよう。

①においては、宝珠院が「支配所」として国中の新義寺院を支配することを確認している。

②では、宝珠院は往古より安房において唯一の（「一国一会場」）田舎談林であり、安房一国の所化の僧侶は宝珠院の夏・冬の報恩講に出席すべきことを確認している。②の付けたりでは、安房一国の所化が、智積院・長谷寺に住山する際には、宝珠院が発給する副状を持参すべきこと、また、宝珠院以外の安房国内の新義寺院で初法談や追善論議を行う際には、宝珠院の許可を得べきことを確認している。

③では、国内の新義寺院への触は宝珠院から廻し、諸寺院からの触に対する了承の証文は宝珠院に収むべきことを確認している。

④では、安房国内での新義寺院・僧侶内での争いが起きた際には、まず宝珠院に訴え、宝珠院が処理すべきこと、それで済まない場合には四箇寺に問題を上げるべきであるが、はじめから宝珠院に訴えず、四箇寺に直訴してはいけない、ということを確認している。

⑤では、安房国内の新義寺院のうち、宝珠院門末以外の寺院に関しては、その寺の先住や、その寺とその寺の末寺・門徒とに所属する僧侶、ならびにその寺の檀家の相談によって住職交代を定めた場合は、宝珠院から干渉してはならないことを確認している。ただし、住職交代に関して非義の沙汰があった場合は宝珠院が取り調べ僉議すべきこと、それで関係者が納得しなければ問題を四箇寺へ上ぐべきこと、また、宝珠院から住職交代について指図してきた先例のある寺院や、門檀から宝珠院へ後住の推薦を願い出た場合は、宝珠院の門末寺院でなくとも宝珠院から指図してよいこと、を確認している。

⑥では、宝珠院の門末以外の寺院に対しては、宝珠院とは本末関係がないので、灌頂や曼荼羅供その他の法会の執行について、宝珠院から干渉してはならないことを確認している。

以上を、次のように纏めることができるであろう。

第一に、触の下達や上申などに関して、宝珠院は一国の触頭として統括していた。また、宝珠院が一定の裁定権を有しており、より上級の裁定権を四箇寺が有していた。つまり、上申下達のルート、裁定のルートとして、房州新義諸寺院・僧侶─宝珠院─四箇寺というルートがあった。なお坂本正仁氏は、新義寺院のほとんどを占める江戸四箇寺配下の寺院については、四箇寺から田舎本寺へ直に触を達する地域と、四箇寺と田舎本寺との間に「国触頭」が介在する地域とがあることを指摘している。またさらに、安房・尾張藩・播磨・伊予松山藩・土佐・越前・伊賀・会津藩・出羽・津軽藩・仙台藩・米沢藩などに国触頭の設置が確認できること（うち、安房・播磨・伊予松山藩・出羽・津軽藩以外は、国触頭として複数の寺院があげられている）を指摘している。そして、国触頭の設置は、そのほとんどが大藩の寺院・僧侶統制策として行われたことを指摘している。(41)

このように、教団や幕府寺社奉行所の要請によって網羅的に国触頭が設置されるということはなく、一国を一つの触頭寺院が統括するのは新義真言宗では稀であったが、非領国である安房に一国を統括する触頭があるのは、さらに稀な事例であるといえる。慶長十九年（一六一四）まで安房を一円に支配した里見氏の寺院支配やその祈禱の体制と、国内における宝珠院の地位の確立との関連、さらには里見氏移封後にわたりその地位を維持させえた要因を明らかにすることが課題となろう。

第二に、房州新義僧侶の学業に関しては、宝珠院が一国の会場（＝談林）として唯一、一国の所化を集めて夏・冬の報恩講を開催すべき場であり、また、教相本寺(42)（安房国では実質的にはほぼ智積院のみ）への修学に関しても宝珠院が統括していた。新義真言宗の僧侶は、田舎年数を含めた修学年数が二十年を数え、かつ本山（智山・豊山）留学年数三年（談林の住職については六年）以上をへて、本山の許状を下されることによって寺院の住職たる資格を得る定めであった。(43)よって、安房一国の修学年数二十年未満の所化は、智山留学に関し宝珠院の統制を受ける一方、在国の場合でも毎年夏冬、宝珠院で開かれる報恩講に参加し、学問稽古を行わねばならない定めであった(44)。ゆえに、安房においては、一国単位で、一種の師弟関係・同門関係が結ばれることとなる。これらの関係が持つ意味や、国内の僧侶が結ぶ他の師弟関係・同門関係との比較については、さらに検討を加えなくてはならない。

なお、『智積院史』(45)によれば、享保三年の「新義真言宗談林録」では掲載二八ヶ国のうち、談林が一ヶ寺しか書き上げられていない国は安房・河内・長門・肥後の四ヶ国にすぎない。ちなみに、関東諸国においては安房以外ではそれぞれ一〇ヶ寺以上の談林寺院が書き上げられており、近隣諸国では、上総一七ヶ寺、下総四九ヶ寺、武蔵六九ヶ寺が書き上げられている(46)。

第三に、このように支配・学問の両面において安房一国の新義寺院・僧侶を統括する立場にあった宝珠院ではあるが、宝珠院の門末寺院以外に対しては原則として、その住職交代や、そこでの法会執行などに対し干渉することはできなかった。なお、住職交代に関しては、個々の地方教団組織や寺院によって、一概には捉えきれない慣習などがある。僧侶集団の特質を探る素材として、次章（第Ⅰ部第三章）で検討を加えたい。

安房国は、新義真言宗教団において、一国の国触頭と談林とをただ一ヶ寺が勤める希有な国であった。本節「宝珠院による安房国新義真言宗の統括」では、延宝三年に四箇寺により確認された状況を検討した。なお、立野氏が『千葉県の歴史』資料編近世二（安房）の「資料解説」のなかで、「（全国的な本末組織において…朴澤註）配下の末寺の分布が、地域的に遍在する場合には、田舎本寺が置かれることもあった。安房国の真言宗の場合では、宝珠院がこれに該当した」という記述を行っているが、ここでいう「田舎本寺」とは、正確には「国触頭」などと記述すべきであろう。また、さらに検討を要する点ではあるが、延宝三年に四箇寺による確認を受ける過程などに鑑みたとき、宝珠院による一国支配は、幕府寺社奉行所や新義真言宗教団の上層部から設定されたものではなく、むしろ宝珠院（住職）の側から四箇寺による確認を得て存続したものと捉えうるのではなかろうか。

三　那古寺の衆分組織――本末関係に結ばれない寺院組織

本節では、衆分組織とそれに対応する僧侶集団の特質について検討する。衆分組織は、寺院本末関係の面では同列の末寺・門徒からなり、全教団レヴェルで認知された寺院本末関係によるヒエラルヒーを形成してはいない。ここでは、先にみたように、寛政の段階には内実を失っていた、ないしは大幅に縮小していたのではないかと思われる長福寺・来福寺両寺の衆分組織に対し、近世後期に至るまで一定の規模と実質とを保っていたと思われる、那古寺の衆分組織の場合について、具体的に検討してみよう。

参照する史料は、主に宝珠院と那古寺との相論を通じて作成されたものである。この相論は、那古寺衆分が那古寺の門徒なのか宝珠院の直門徒であるのか、という点を争点の中核とするもので、寛政三年から文化十年まで断続的に続き、宝珠院側の主張が認められる形で決着した(47)。

なお、平郡那古村那古寺は宝珠院の末寺で(48)、先に触れたように安房郡八幡村（現館山市）鶴谷八幡宮の別当寺であり、那古寺の寺領は一〇九石二斗、鶴谷八幡宮の社領は一七二石余であった。

那古寺の衆分は、延宝三年段階では、深名村浄光寺（常光寺）・川名村長勝寺・船形村大福寺・南無谷村金光寺・同村海光寺・青木村新秀寺・八幡村千灯院・坂下村正覚寺の、那古村外に所在する八ヶ寺と、那古村の恵日坊・普門坊・入之坊・西之坊・源養坊・岩室坊・良禅坊の七ヶ坊との計一五ヶ寺であった。そのうち浄光寺・大福寺の二ヶ寺はそれぞれ六石、新秀寺は三石余の寺領を持つ(49)。また、宝珠院と那古寺との相論過程の文化九年三月の、那古寺衆徒衆分惣代源養坊大賢・千灯院見竜を差出とした願書[50]では、那古寺衆分について「衆徒衆分」という表記がなされている。そしてさらに、那古村所在の七ヶ坊については、

> 衆分拾五ヶ寺之内七ヶ寺ハ那古寺地中ニ而、御朱印之内ヲ配当、其上那古寺境内諸堂之賽銭等迄致分配置、従往古那古寺衆徒ニ相違無之的証等者（以下略）

と記されており、那古寺の朱印地の分配を受けた地中であって、「衆徒」とも捉えられたとされている。

さて、相論の前段階にあたる、天明二年（一七八三）の宝珠院側から四箇寺への伺いとそれに対する返答とが記載されている史料[51]からは、宝珠院門末全体に関わる点も含め、次のような点を読み取ることができる。

① 宝珠院門末には、那古寺・密厳院・真野寺など「上寺」という寺格の寺があり、ほかに「中寺」という寺格の寺もある、那古寺衆分にも「上寺」がある[52]。

② 那古寺衆分の住職が那古寺に転住した跡には、宝珠院住職が、宝珠院門葉寺院の住職に転住を命じ、その他の那古寺衆分の住職の跡には、那古寺住職が、那古寺衆分の住職に転住を命ずる「古例」であった。

③ 天明三年以降は、一部の寺院の住職が入札で決定されることとなった[53]。

④ 村方・檀方が、特定の僧侶が後住になることを願った場合には入札におよばない、と裁定された。

⑤ 天明三年以降、宝珠院門葉のうち、座階に従い、上寺住職二名が年預として祠堂金勘定に立ち会うこととなった。

次に、相論過程で宝珠院が寛政三年二月に円福寺に宛てた伺書にみられる、宝珠院側の「那古寺衆分」の解釈について検討する[54]。ここでは、もともと那古寺には門葉がなく、法事などを勤めがたいため、宝珠院が、宝珠院門葉のうち那古寺最寄りの一五ヶ寺を那古寺の衆僧につけた、としている。しかし、那古寺衆分のうちに那古寺の地中が含ま

れていることから考えても、この点はにわかに首肯しがたい。推測ではあるが、那古寺衆分、ないしは少なくともそのうち地中については、もともと独立した寺院組織、あるいはその坊主などからなる僧侶集団であったものが、本末関係形成過程で宝珠院を頂点とする寺院本末組織に取り込まれた可能性があるのではないか。その他、宝珠院側では、宝珠院で行われる報恩講の際に、那古寺衆分の寺院に属する所化を「当下」（宝珠院門末の寺院に属する所化）と呼び、「那古寺下」とは呼ばないことなどを主張している。

一方、寛政十一年に那古寺から円福寺に宛てた願書(55)では、那古寺から、

①　那古寺が安房国の他の本寺同様、宝珠院において伝法灌頂を執行する際、衆分の寺院に属する受者に印信を出す。

②　那古寺は宝珠院よりも古い抜群の旧跡であって、承応元年に那古寺三十二世頼応が宝珠院十八世堅覚から法流を相続して宝珠院末寺となったが(56)、宝珠院末寺になる以前から脇坊・衆分一五ヶ寺を支配している。

③　那古寺衆分のうち、「脇坊八箇寺」（八幡村の千灯院を含むか(57)）については、社僧、供僧、あるいは衆徒と呼び、その他の衆分は、脇坊同様に本寺の諸役を勤め、「衆徒之衆分」と呼ばれる。

といった点が主張されている。

次に、那古寺代大福寺・那古寺衆分惣代西之坊より円福寺に宛てた、寛政十二年の訴状の一節をみてみよう。

〔史料二(58)〕

一、御朱印高寺社領共ニ者弐百八拾石余奉頂戴候冥加、古来ゟ　東照宮様小社御束帯之尊像観音堂内護摩所壇上ニ奉勧請、則御神前ニおゐて　天下安全之御祈禱無怠慢相勤之、就中正月七日修正会、八日仁王会、四月十一日ゟ十七日迄衆徒を召連法楽相勤候、六月朔日愛染供脇坊衆分打寄修行之、同月十五日大般若、極月十一日ゟ

十八日迄毎日三時之護摩修行、且又於鶴谷八幡宮御神殿長日之外正月十一日大般若転読、二月・十一月両月初之卯之日ニ者倍徒与申祭有之、別当那古寺供僧等召連乍通夜出勤、五月・九月者朔日ゟ十五日迄日参、八月九日ゟ十五日迄通夜仁王経修法供僧読経、放生会之当日者一郡之神社八ヶ所、十四日ゟ十五日迄ハ八幡宮社地於仮殿神輿示座、導師別当那古寺社僧供僧衆分寺院不残助衆相勤之、八幡宮神主等其外八ヶ所之社人等供奉仕候、此儀一国之大祭諸人存罷在候、右之外、於観音堂・八幡宮両所臨時之御祈禱、当年迄脇坊衆分拾五箇寺之僧侶無〔衍〕無怠慢相勤、那古寺数代支配致し来候、那古寺儀者死滅ニ者一向不取掛、是而已偏ニ寺役候所、宝珠院江被奪候而ハ、第一　天下泰平　御武運長久之御祈禱之障共可相成、殊ニ　御公儀様江対し御朱印之表恐多事与奉存候、終ニ者那古寺衰癈〔ママ〕之基与可相成候、此段至而歎ヶ敷事ニ奉存候

（三条略）

一、御公儀様七年目人別御改帳、脇坊衆分拾五ヶ寺ハ那古寺ニ而人別印形取集、国中諸本寺同様宝珠院へ差出申候（中略、領主に対しても本寺那古寺と書き上げている）

（一条略）

一、那古寺交代之節、入院之式相済、脇坊衆分拾五箇寺能所化一統授印可有之候、又伝法灌頂修行之砌茂、国中諸本寺同様許可印信那古寺ゟ〈ニ而〉授与之来候、随而拾五箇寺四度別行之伝授那古寺ニ而授与之来候、或者右之寺院入仏遷宮之導師ニ者、那古寺招請之仕来ニ候（以下略、本寺でないのに授与することはない）

ここでは、那古寺と鶴谷八幡宮との各種宗教行事の遂行に、那古寺衆分が携わっていることが主張されている。祭の次第など、独自の宗教行事に関して、衆分の僧侶として特別に習得すべき事項もあったかと思われる。引用の後半部では、人別帳の取り集めなど幕府・領主との関係において、那古寺が本寺同様、ないし本寺として機能しているこ

とや、印信の授与などに関しても本寺同様であることなどが主張されている。

次に、宝珠院ならびに門末代兼で、宝珠院役院の林光院から円福寺に宛てられた、文化四年の訴状[59]のなかでは、

何卒那古寺住職幷同寺江昇進いたし候跡寺（抹消部略）人体ハ勿論之儀、其余之衆分寺院も、夫々器量相当之者古来先々之通り拙院直ニ相撰ミ申付候様仕度奉存候得共、天明年中出入已来入札ニ相成、衆分内場ニ而上三ヶ寺所入として落札次第那古寺住職ニ為進、其跡寺江茂又々残中寺五・六ヶ寺之内落札次第住職申付候様ニ御座候、

と、天明以来の、那古寺衆分内における中寺住職↓上寺住職↓那古寺住職という出世コースが記載されている。

一連の相論が終わったあと、天保七年三月には、大破した那古寺の諸堂を普請するため、衆分（寺院の住職）が相談し、宝珠院に願い出た上で、常光寺現住・長勝寺現住・大福寺現住（＝「衆分上三ヶ寺」[60]、つまり、那古寺衆分の「上寺」の住職）が、順番に、修復責任箇所を定めて那古寺に住職することを届けている[61]。

以上、那古寺とその衆分寺院は、公的には寺院本末組織を形成しておらず、衆分寺院は宝珠院の直門徒として支配を受けていた。しかし、相論過程の主張においてみられたように、自らは那古寺を頂点とする寺院本末組織を形成していると主張し、実際に、那古寺を頂点とする昇進コースが存在していた。そして那古寺の衆分組織に対応する僧侶集団は、後住選定・宗教行事・本末争論などに関して一定の個別性・独自性を有するものであった[62]。

すでに第Ⅰ部第一章（二七頁）で、「地方教団組織」を、近世における関東新義真言宗教団の構造分析に有効であろうと考えられる分析概念として規定した[63]。衆分組織と、それに対応する僧侶集団は、教団レヴェルで認知された寺院本末関係によるヒエラルヒーを形成してはいない。しかし本節「那古寺の衆分組織―本末関係に結ばれない寺院組織」の分析に鑑みるならば、安房国における各田舎本寺と、それに準ずる存在の、門徒を有する有力田舎末寺、すなわち宝珠院末の成就院・勝福寺、遍智院末の紫雲寺（延宝三年十月十八日まで）、ならびにそれらの住職を頂点とする

ものと類似の性質を有する、地方教団組織として捉えることが可能であろう。今後の分析では、本末帳記載に関する点をも含め、地方教団組織の概念規定における寺院組織の規定を柔軟なものとしたい。なお、宝珠院の地方教団組織と、成就院・勝福寺および那古寺の地方教団組織との関係は、重層的なものとして捉えることができよう。その重層的性格の詳細については今後の課題としたい。

おわりに

以上、本章では、安房国における新義真言宗の寺院本末組織の様相・変遷と、寺社奉行所や四箇寺による把握、寺院本末組織の系統を超えて個々の地方教団組織の上位に位置する一国の国触頭・一国の談林たる宝珠院の支配、ならびに寺院本末組織の枠にはまらない地方教団組織としての、那古寺の衆分組織とそれに対応する僧侶集団について検討した。そして全体を通じて、近世における新義真言宗の、寺院組織像を中心とした教団組織像の描出を試みた。また、『千葉県の歴史』資料編近世二（安房）の資料解説に若干の訂正を加えた。

教団構造の特質や全体像を把握するうえでも、その構成要素（地方教団組織・寺院組織・僧侶集団・宗教施設など）の特質や、地方的特色などを丹念に検討していくことが必要であろう。またそれのみならず、地域社会・村・町・檀家組織・家・個人などと、宗教者・宗教者集団、ないしは宗教施設との関係を明らかにする前提としても、それぞれの地域に即した、宗教者集団ないしは教団の構造やそこにみられる論理を具体的に把握することが必要である。

しかし、「はじめに」で述べたように、本章は論点を主に寺院組織に関わる点に絞ったものであり、これのみではははだ不完全な論考である。僧侶集団の問題を含めた検討は第Ⅰ部第三章で行い、小寺院等の荒廃をめぐる問題については第Ⅰ部第四章で検討を加えるが、本章で試みた寺院組織像の描出という点でも、例えば、寺院間に具わる序列、「隣寺」制度、(64)安房国の範囲を越えた上位寺院との関係、さらには寺院本末関係形成の具体的な過程の提示などが課題として残されている。

註

（1）『天津小湊の歴史』上巻（天津小湊町、一九九八年）、『千葉県の歴史』別編民俗一（総論）（一九九九年）第四章「社寺と祭り」一七「寺院と檀家」などを参照。
（2）内閣文庫所蔵「諸宗末寺帳」を底本とした、『大日本近世史料』諸宗末寺帳　上（東京大学出版会、一九六八年）によった。
（3）圭室文雄「寺院本末帳の性格と問題点」（寺院本末帳研究会編『江戸寺院本末帳集成』下、雄山閣出版、一九八一年、解題）他。
（4）櫛田良洪氏によれば、新義真言宗における「関東」とは、武蔵・上野・下野・上総・安房・陸奥（出羽）・甲斐・常陸・佐渡・下総の各国を指す（櫛田良洪『真言密教成立過程の研究』山喜房佛書林、一九六四年、一〇二三頁）。
（5）櫛田良洪『真言密教成立過程の研究』一〇〇四・一〇〇五頁。
（6）天明七年の年記を有する、「古義真言宗高野山聖方総頭大徳院寺院配下本末帳」（水戸彰考館蔵「寺院本末帳」四十〈古義真言二十五〉。寺院本末帳研究会編『江戸幕府寺院本末帳集成』上、雄山閣出版、一九八一年、所収）には、安房国真倉村光照山医王寺妙音院について、高野山聖方妙音院の兼帯である旨が記されている。
（7）なお、後述の延宝の関東真義真言宗の本末改を命じた江戸四箇寺廻状（宇高良哲・徳永隆宣編『武蔵吉見息障院文書』〈東洋文化出版、一九八三年〉三五号ほか）によれば、「寛永年中　公儀江書上候本末之帳面」には「無御　朱印者不書記」とある。
（8）宝珠院文書　番号119―検索番号三一九（番号は三芳村教育委員会編『宝珠院歴史資料目録』一九九七年による）。なお、『三芳村史編纂資料』Ⅱ（一九八一年）に収載されているが、それは誤読を含んでいる。
（9）佐藤輝夫「宝珠院史」（『館山市文化財保護協会会報』九、一九七六年）。

(10) なお、『豊山年表』（荒木良仙・守山聖莫編、豊山派史料編纂会、一九二八年）延宝三年正月五日条に、
江戸四箇寺役隆鏝、隆敞、俊盛、清長より本末関係取調に関する心得を末派に廻達す（慶長以来御朱印幷条目等写、新義真言宗本末録）
との記事がある。また、この新義真言宗における延宝三年の本末改については、櫛田良洪『真言密教成立過程の研究』第四章「新義真言宗寺院の構成」第一節「新義派寺院の実態」で論及がなされており、寛永の本末改の疎漏を補い、以後の本末帳の基礎となったものとして位置づけられている。
(11) 『千葉県の歴史』資料編近世二（安房）（一九九九年）史料番号二八九。
(12) 安房国分の記載の末尾には「以上弐百六拾六箇寺安房国分」と記されているが、転写した際の記載漏れなどがあるのであろうか。
(13) 宝珠院文書　番号201―検索番号一五八八。
(14) 『千葉県の歴史』資料編近世二（安房）史料番号三〇〇。
(15) 『千葉県の歴史』資料編近世二（安房）史料番号三〇四。
(16) 宝珠院文書　番号163―検索番号五〇四。
(17) 『天津小湊町史』史料集Ⅰ（一九九〇年）。ただし、これらの寺院が、『天津小湊町史』史料集Ⅰ所載の当該村の書上すべてに書き上げられているわけではない。
(18) 宝珠院文書　番号662―検索番号四三七。
(19) 能蔵院の旦中、ということではないか。
(20) 無住寺院の増加状況は少なくとも安房一国レヴェルでみられるものである。天保十四年の那古寺衆分における無住寺院の書上には四ヶ坊および四ヶ寺が書き上げられている（『千葉県の歴史』資料編近世二（安房）史料番号三二四。なお、「那古寺門徒無住寺院取調帳」という史料表題は誤りである）。そのうち四ヶ寺は文政・天保年間に無住になっているが、塔頭である四ヶ坊については、いつから無住になったかは不明である、と記載されている。また、天保十四年に清澄寺・那古寺ほかから提出されたものを集計した安房一国の無住寺院取調帳（宝珠院文書　番号656―検索番号四一二）によれば、一国の無住寺院の総計は一一三ヶ寺である。くわしくは本書第Ⅰ部第四章「地方教団組織の構造（三）――無住契約――」（「近

世安房国における新義真言宗の無住寺院をめぐって」、三派合同記念論集編集委員会編『新義真言教学の研究』大蔵出版、二〇〇二年を改稿・改題）参照。

(21) 宝珠院文書　番号102—検索番号一〇八八—3、『千葉県の歴史』資料編近世二（安房）史料番号二七五、宝珠院文書番号104—検索番号三六九。

(22)『千葉県の歴史』資料編近世二（安房）史料番号二八三。なお、この文書では（註（21）の訴訟につき）四箇寺から寺社奉行所に披露がなされ、密厳院・密蔵院に渡された朱印状が取り返され、宝珠院に渡された、とされている。

(23) ただし、宥鑁は宝珠院二十二世、頼意は二十九世であるから（佐藤輝夫「宝珠院史」）、これはあくまでも推測である。

(24) 宝珠院文書　番号229—検索番号六八八—2。なお、櫛田良洪『真言密教成立過程の研究』一〇二〇・一〇二一頁所載の「末寺昇進諸国年代別表」では、延享元年から宝暦八年までの間の安房国における新末昇格寺院数が二ヶ寺であるとされているが、この数値は誤っている。ちなみに、櫛田氏の表によれば、寛政期から慶応期までの間に、安房国ではさらに九ヶ寺が新末に昇格している。

(25) 宝珠院文書　番号189—検索番号一〇八五—4、宝珠院文書　番号188—検索番号一〇八五—1、宝珠院文書　番号187—検索番号一〇八八—2。

(26)『大日本近世史料』諸宗末寺帳上の校訂註記によった。

(27)『三芳村史編纂史料』Ⅱ、一四〜一六頁による。

(28) 那古寺文書（以下「那古寺」と略す）K—一三四。

(29) 那古寺文一—一三。

(30) ちなみに同帳には同年四月の改めにより、寺領（那古村のうち）百姓門前町屋惣人数として五二二人（男二八三人・女二三九人）、八幡村八幡領の社領内社僧社家幷百姓人数として二八九人（男一三八人・女一四〇人・出家一人・社家九人・道心一人）も記載されている。なお、天明元年に鶴谷八幡宮祠官命婦家の武内摂津が神事祭礼の座順をめぐって寺社奉行所へ提出した願書には、社領を別当・神主・命婦家・禰宜・供僧・下社家の順で配当していると記されている（『千葉県の歴史』資料編近世二（安房）史料番号三八一）。

(31) 櫛田良洪『真言密教成立過程の研究』一〇〇九頁に、豊山派宗務所所蔵「新義真言宗本末録」、護国寺蔵「安房国上総国

佐渡国寺院本末帳」「諸寺院本末帳」、ならびに総本山長谷寺蔵「新義本寺分」(仮称)の存在が紹介されている。また甲田弘明「長谷寺文化財保存調査の概要」(『元興寺文化財研究』三八、一九九一年)には、「関東新義本末寺帳」(承応二年)、および「真言四ヵ寺触下諸寺院帳」の存在が紹介されている。

なお、本章初出発表後(原題「近世安房国における新義真言宗の寺院組織」『千葉県史研究』八、二〇〇〇年)、坂本正仁氏から豊山派史料編纂会の謄写本「新義真言本末録」の存在をご教示いただいた。明治期に至る記事が書き込まれ、詳細であり参照すべき史料である。

(32) 『千葉県の歴史』資料編近世二(安房)史料番号二〇三・二〇四。

(33) 例えば、天保十四年の安房国新義真言宗の無住寺院調も、智恩院・惣持院・小網寺・遍智院・紫雲寺・円蔵院・清澄寺の各田舎本寺の他、那古寺・勝福寺・成就院による門末・衆分寺院の書上を宝珠院に集めて行われている(宝珠院文書 番号655―検索番号四〇六、番号656―検索番号四二二、番号657―検索番号四二三、番号658―検索番号四二五、番号659―検索番号四二六、番号664―検索番号四二九、番号665―検索番号四三〇、番号663―検索番号四三六、番号662―検索番号四三七、番号661―検索番号四三八、番号660―検索番号四三九による)。なお、無住寺院調については本書第Ⅰ部第四章「地方教団組織の構造(三)―無住契約―」(「近世安房国における新義真言宗の無住寺院をめぐって」、三派合同記念論集編集委員会編『新義真言教学の研究』大蔵出版、二〇〇二年を改稿・改題)参照。

(34) 『千葉県の歴史』資料編近世二(安房)史料番号二七六・二七七・二七八。

(35) 『千葉県の歴史』資料編近世二(安房)史料番号二七九。

(36) 『千葉県の歴史』資料編近世二(安房)史料番号二八一。

(37) 櫛田良洪『真言密教成立過程の研究』八八五頁。

(38) ちなみに、「覚」の追而書に記載された文書(『千葉県の歴史』資料編近世二(安房)史料番号二八〇として活字化されている)は清澄寺と宝珠院との関係に関するものであり、〔史料一〕とは異なるものである。

(39) 『千葉県の歴史』資料編近世二(安房)史料番号二七三・二七四。

(40) 『千葉県の歴史』資料編近世二(安房)史料番号二八二。なお、本章における『千葉県の歴史』資料編近世二(安房)からの引用史料については、千葉県史料研究財団架蔵の写真によって字句の確認・訂正を行い、かつ句読点の打ち方に変更を加えた。

(41)　坂本正仁「近世真言宗新義派における触頭制度—特に法令の伝達をめぐって—」(『豊山教学大会紀要』一〇、豊山教学振興会、一九八二年)。

(42)　新義真言宗における教学上の本寺で、智積院（智山）・長谷寺小池坊（豊山）の二ヶ寺である。なお、真言密教修法儀礼の相承に関する本寺を「事相本寺」という。新義の田舎本寺が、古義の事相本寺の末寺である場合が多かった（坂本正仁「本末制度の」成立と展開　真言宗」〈『歴史公論』一一一、一九八五年〉他）。

(43)　『智積院史』（村山正榮編、弘法大師遠忌事務局、一九三四年）第一編四一七〜四二〇頁。なお、世寿四十歳未満の者には色衣被着が許されなかったため、談林などの住職になるためには、修学年数を満たした上で、さらに四十歳以上でなくてはならなかった。

(44)　宝珠院文書　番号528—検索番号二三二「天保五年年初夏朔旦　報恩講所化年数座位録」には、清澄寺およびその末門寺院に属する所化が登場しない。単に所化がいなかったのか、それとも他の理由があるのかについて検討する必要がある。
なお、本章初出後〈前掲註（31）参照〉、坂本正仁氏から、そもそも摂津・長門は新義寺院が一ヶ寺のみであり、肥後も田舎本寺が一ヶ寺しかなく、安房のように複数の田舎本寺が展開していて談林が一ヶ寺だけというのは唯一の事例であるということにつきご教示を得た。

(45)　『智積院史』第一編四〇八・四〇九頁。

(46)　なお、武蔵国の田舎談林高尾山薬王山について、中島由美「高尾山薬王院の談林再興と報恩講について」（村上直編『近世高尾山史の研究』〈名著出版、一九九八年〉）がある。

(47)　宝珠院と那古寺との本末争論については、『千葉県の歴史』資料編近世二（安房）の「資料解説」第六章「安房の寺院と神社」第一節「安房の寺院」（立野晃氏執筆）がある。

(48)　第一節第3項でみたように、承応元年までは門徒であった。

(49)　「房州諸寺院本末帳」による。

(50)　『千葉県の歴史』資料編近世二（安房）史料番号三〇二。

(51)　『千葉県の歴史』資料編近世二（安房）史料番号二八七。なお、文化元年に相論が一旦決着した際の済口（『千葉県の歴

史』資料編近世二（安房）史料番号二九五）には、

那古寺住職転昇之儀幷衆分寺院住職之事、先規者宝珠院ゟ直ニ申付候処、天明二寅年　御四箇寺御裁許已後入札ニ相成、那古寺住職人体、落札之上宝珠院ゟ住職申付候事、且又衆分寺院入札之儀者、那古寺ゟ宝珠院江窺之上、衆分中寺以上一同那古寺ニ而入札・開封為致、落札之人体又候宝珠院江相届被聞済候上ニ而、那古寺ゟ住職申渡候、且又入札ニ不及中寺等住職之儀、是又宝珠院江伺之上ニ而那古寺ゟ住職申渡候儀、併天明年中以来之例、尤那古寺幷衆分寺院迄宝珠院江継目礼式等可為先規之通事、右等其外年礼等之式何れ証跡之有無不相拘、惣而是迄仕来候儀共先規通可相守事、

とある。

(52)　上寺格を得る要件としては、寺院維持のための一定以上の収入を確保する必要があったようである。寛政二年四月に、前宝珠院頼栄・役僧・門末惣代から円福寺に宛てて作成された願書（宝珠院文書　番号５０—検索番号一〇六六より「乍恐書付を以奉願上候」）では、八・九ヶ年以前から、村方・檀方が田畑を寄付し中寺格を願い出た数ヶ寺について、寺徳が相応であるので、門末相談のうえ、中寺格を認めたこと、さらには、（詳細な事情は不明だが）新中寺をいまさら格下げしがたいので、新・古中寺ともに同様の中寺格としてほしいとの願いが記されている。

また、文久三年十一月に、平久里下村の勝蔵寺（宝珠院門徒。「房州諸寺院本末帳」には「正蔵院」と記載）が上寺格昇格を願い出、宝珠院に「寺録《（禄）》明細帳」（宝珠院文書　番号８８６—検索番号一四五八）を提出している。それによれば、従来の勝蔵寺の寺禄は、除地高二石四升三合・年貢地高一石三斗五合（年貢一石三合引き、残米一四俵三斗九升七合、畑金二両一分）、先〻寄附金六五両（利金六両二分）、死滅檀家八二軒・祈禱檀家四五軒（からの収入）であったが、これに当住宥演からの寄附一〇両、および檀家中からの寄附百両（文久三年から文久四年暮までに取り立て）、計一一〇両の金を寺禄に差し加えて、上寺格を願い出ている。

慶応三年八月の龍島村極楽寺（宝珠院門徒）の場合には、従来からの寺禄は、子権現の別当職、除地境内八畝歩、中畑一反九畝二六歩、上田八畝一〇歩、死滅檀家一五四軒、祈禱檀家村内不定・江月村六軒であり、それに、宝珠院三十七世栄運（極楽寺現住の師範でもある）、極楽寺現住栄健、ならびに惣旦家村中による寄附金三五〇両を修造料として加えて上寺格を願い出、許可されている（宝珠院文書　番号９４２—検索番号七四、番号９４３—検索番号七六）。

さらに、慶応三年十二月の竹原村遍照院（宝珠院門徒）の場合は、従来からの寺禄である不動明王・神明宮・山神宮・鎮

守八幡宮、および水玉村両社大権現（に対する支配権）、田畑惣〆四反三畝二一歩、死滅檀家六四軒、祈禱檀家八〇軒、護摩料・不動堂修復料・水田目《ママ》村仁右衛門施餓鬼料寄附計三〇両に加えて、新たに伐木代金・寄附金・積立金計三六九両を加えて宝珠院側に上寺格を願い出ている（宝珠院文書　目録番号944―検索番号七一）。

(53) 上寺以上の住職が原則として入札により決定されることとなったものと考えられる（那古寺文四―二一）。

(54)『千葉県の歴史』資料編近世二（安房）史料番号二八八。

(55)『千葉県の歴史』資料編近世二（安房）史料番号二八九。

(56) 承応元年に宝珠院との間に新たに本末関係が形成されたのではなく、門徒から末寺に昇格したのである。

(57) 先述のとおり、那古寺の地中は七ヶ坊、それ以外の衆分は八ヶ寺であるが、あるいはここでいう「脇坊八箇寺」には、八幡村（鶴谷八幡神社所在村）千灯院を含むのであろうか。那古寺K―一四九「宝徳年中ゟ天正以来迄門末連名書」（写。作成年不詳）には、千灯院は、往古の那古寺衆徒神之坊を、八幡宮地内朱印地の内を配当して取り立てたものであると伝えられている、という旨の註記がある。神之坊については、慶長年中の「那古寺衆徒給割之帳」（文久三年に写した旨の註記を有するものが、那古寺K―七五として現存する）の衆徒九人のうちに書き上げられている旨の註記もある。また、寛保二（一七四二）年の八幡宮支配をめぐる那古寺側と神主側の相論における訴状（『千葉県の歴史』資料編近世二（安房）史料番号三九三）と裁許請書（同、史料番号三九四）とでは、千灯院住職が那古寺地中源養坊・西之坊住職とともに「社僧六ヶ寺惣代」として署名に連なっている。

(58)『千葉県の歴史』資料編近世二（安房）史料番号二九〇。

(59)『千葉県の歴史』資料編近世二（安房）史料番号二九七。

(60)『千葉県の歴史』資料編近世二（安房）史料番号三〇五・三八三。

(61)『千葉県の歴史』資料編近世二（安房）史料番号三一一・三二一。

(62) なお、鶴谷八幡宮およびそれに関わる神職などの問題については、立野晃氏が『千葉県の歴史』資料編近世二（安房）の資料解説で言及している。

(63) 本書第I部第一章「近世中後期関東における宗教施設の運営――村・檀家組織・地方教団組織の相互関係――」（「近世中後期における在地寺院の運営をめぐって―関東・新義真言宗を中心に―」『史学雑誌』一〇六―八、一九九七年を改題）。なお、この「地方教団組織」の規定は、それにより、教団組織について、宗教施設の組織と、宗教者集団との両側面に着眼し、教団構造の把握を行っていこうとするものである。そしてまた、地方教団組織を措定することにより、教団全体の枠に嵌らない、個々の下位教団組織独自の構造やそこにみられる論理を明らかにしようとするものである。

(64) 「隣寺」制度については、坂本勝成「近世における寺院の『組合・法類』制度について」(笠原一男編『日本における政治と宗教』〈吉川弘文館、一九七四年〉所収)参照。

〔付記〕 本章の作成にあたっては、一九九九年度科学研究費補助金(特別研究員奨励費)による研究成果の一部も使用した。本章の転載に際し、千葉県史料研究財団より御許可を得た。

第三章　地方教団組織の構造（二）

――安房国新義真言宗の僧侶集団――

はじめに

本章では、前章[1]で、近世の安房国における新義真言宗の教団構造を、その寺院組織としての側面に関して分析したのを承け、まず房州の新義僧が留学先の智積院で組織する「組」について触れ、さらに僧侶の座順をめぐる相論や、地方教団組織[2]の頂点に位置する寺院の住職交代の事例分析などを行う。そして、地方教団組織における寺院組織としての側面と僧侶集団としての側面との関係、地方教団組織相互の関係、ならびに地方教団組織と新義教団組織全体との関係などについて考察する。

最初に、安房における新義真言宗の僧侶集団の規模や、僧侶の出自・得度年齢などについて触れておこう。

管見の限りでは、安房一国の新義僧の総人数を表す文書はないが、所化（修学課程にある僧）の総人数を示す史料は残っている。〔表5〕は、宝珠院文書の「天保五甲午年初夏朔旦　報恩講所化年数座位録」[3]から作成したものである。このデータによると、天保五年（一八三四）に宝珠院で行われた夏報恩講での、安房一国の修学年数二十年以下の所化の総人数は一一七人であった。同帳には、「在京」と記された者一二人、「上京」と記された者一三人が含まれてい

表5　宝珠院天保5年夏報恩講所化年数人数表

年数	紫下	総下	小下	円下	成下	智下	遍下	勝下	当下	方丈	計	(→内数)在京	上京	在府	出府	休席	無座
20			1	1				1	1		4	1		1			2
19				1	1				2		4		1	1			
18			2	1	1						4	1	1				
17			1						1		2						
16				1					3		4				1	1	
15			2			2			1		5		1				
14				2	3	1			3		9	3	1				
13				2				1	1		4	1	1				
12				2			1		2		5					1	
11			1		1			2	2		6	3					1
10				3	1	1					5		2				1
9						1			2		3						
8			3		1			1	2		7	2	2			1	
7		1		1					3		5	1	2	1			
6	1		1	3	1	1		1	3		11		1				
5	1		1	3			1		4	1	11			1			1
4					1	1			1		3		1				
3				1	1				4		6						1
2			1	1	1				3	1	7						
計	2	1	13	22	12	7	2	6	38	2	105	12	13	4	1	3	6
(新加入)		1			1	2		1	6	1	12						
総計	2	2	13	22	13	9	2	7	44	3	117						

註1)　宝珠院文書　番号528―検索番号二三二「天保五甲午年初夏朔旦　報恩講所化年数座位録」による。

2)　紫下＝紫雲寺、総下＝惣持院、小下＝小網寺、円下＝円蔵院、成下＝成就院、智下＝智恩院、遍下＝遍智院、勝下＝勝福寺、当下・方丈＝宝珠院の、各寺院配下の所化を指す。

る。これらの者は、前後の年の座位録(4)をみても他の者と同様に年数を加えている。よって、ここに記載されている年数は、本山年数（智積院・長谷寺における就学年数）と田舎年数（田舎談林における就学年数）とを合計したものであると考えられる。

次に、僧侶の出自や得度年数についてみよう。これについては、新義僧の履歴書である「人体起立書」から得られる情報が参考になるが、人体起立書を纏めた史料は宝珠院文書中に一点しか残っていない。〔表6〕

大阿闍梨	伝授	世寿	仮名	実名	法脈(血脈)	日付	寺院所在村	寺名	備考
		(空欄)	快秀	頼尊	松寿院頼日・真野寺頼智・金乗院頼宜	文化11年11月	山本村	金乗院	
		26歳	隆見	運證	宝珠院運盛・運澄・清澄寺運仙・正覚院運道	文化11年11月	府中	林光院	
		41歳	大信	真覚	宝珠院25世忠任房鑁亮・真野寺6世海玄房真乗	文化11年11月		豊前寺	
		(空欄)	(空欄)	(空欄)	(空欄)	文化12年3月	江田村	西光寺	
寛政9年2月22日智積院内安養院恵珊法印之下堂上大阿闍梨相勤申候	於上総国真福寺・智積院学侶律乗院元瑜法印大阿闍梨ニ而文化10年報恩院方不残伝授	45歳	恵東	慶円	観音寺恵美房慶与・前成就院28世鑁海房慶寛	文化12年6月12日	太田学村	成就院	天明7年2月天津村吉祥院住職・寛政6年11月奈良林三島寺江移転
		41歳	大信	真覚	宝珠院25世忠任房鑁亮・宝珠院28世実道房真亮・真野寺6世海玄房真乗	文化12年正月		福楽寺	
		46歳		良玄		文化12年8月		吉祥院	留守居
		53歳	律伝	宥長	平郡船形村大福寺宥円	文化12年8月	船形村	大福寺	看住
		47歳		良玄		文化13年6月		吉祥院	看住
		31歳	賢康	性応	上総国周准郡人見村青蓮寺聖峯・弟子円春・弟子宥順・弟子覚融・弟子正等・弟子三等・弟子賢等	文化13年閏8月		恵日坊	
		22歳	珍〔カ〕天	頼真	松寿院頼日・真野寺頼智・前金乗院頼宜・金乗院頼尊	文化12年4月		東福院	
		32歳	賢康	性応	上総国周准郡人見村青蓮寺聖岑・弟子聖珍〔カ〕・弟子宥順・弟子覚融・弟子正等・弟子三等・弟子賢等	文化14年6月		海光寺	
		24歳	泰良	頼峯	敞海・敞央・満英・満融・頼泰	文化12〔カ〕年4月	府中	徳蔵院	

内」により作成した。

寺の住職のデータ(紙間文書のもの)を含む。

のデータ。本山は本山での修学年数。世寿は年齢。日付は人体起立書の日付。寺院所在村・寺

（表６のつづき）

ID	生国(出生)	得度(日時・師僧・年齢)	四度行(年次・場所)	新加	灌頂(日時・師僧)	階臈(法臈)	本山
15	(空欄)	(空欄)	(空欄)		(空欄)	(空欄)	(空欄)
16	平郡佐久間下村	享和元年・千代村正覚院・寿鳳房運道・13歳	文化３年・正覚院		文化２年・宝珠院明範法印(入開倶)	12年	4年
17	安房郡腰越村	天明６年・朝夷郡久保村真野寺海玄房真乗・12歳	天明７年・腰越村延命院		(空欄)	29年・天明6未〔ママ〕年10月於宝珠院交衆	(空欄)
18	(空欄)	(空欄)	(空欄)		(空欄)	(空欄)	(空欄)
19	長狭郡天津村	天明５年９月12日・長狭郡太田学村成就院鑁海房慶寛・14歳(戒師前成就院俊戭)	天明６年・太田学村成就院		天明８年８月９日・上総国真福寺隆栄法印(入檀)	29年・天明７年10月於宝珠院交衆	11年
20	安房郡腰越村	天明６年・朝夷郡久保村真野寺海玄房真乗・12歳	天明７年・腰越村延命院		寛政元年・宝珠院頼栄法印(入旦)・文化２年・宝珠院	29年・天明７年10月於宝珠院交衆	19年
21	武州葛飾郡須崎村	文化元年４月・平郡不入斗村寿薬寺・35歳	文化２年・平郡不入斗村寿薬寺				
22	安房郡安東村	天明５年・平郡那古村那古寺宥覚法印・23歳	天明５年・平郡船形村大福寺		寛政元年・宝珠院頼栄法印(入旦)	31年・天明５年10月於宝珠院交衆	6年
23	武州葛飾郡須崎村	文化元年４月・平郡不入斗村寿薬寺為師・35歳	文化２年・平郡不入斗村寿薬寺		文化13年・宝珠院明範(入旦)		
24	上総国周准郡上飯野村	寛政７年５月８日・上飯野村大福寺賢等・10歳	寛政10年・上飯野村大福寺	寛政11年12月12日・上総国周准郡人見村青蓮寺	享和３年８月・上総国周准郡小久保村真福寺転応(入檀)	22年	2年・(但豊山交衆重而登山之節ニ智山江交山可仕候)
25	安房郡瀧口村	文化３年・安房郡腰越村延命院快秀法印・13歳(戒師便妙房頼誉)	文化６年・腰越村延命院		文化７年４月・上総国天羽郡小久保村真福寺道場(入檀)	7年	4年
26	上総国周准郡上飯野村	寛政７年５月８日・上総国周准郡上飯野村大福寺賢等・10歳	寛政10年・上総国周准郡上飯野村大福寺	寛政11年12月12日・上総国周准郡人見村青蓮寺	享和３年８月・上総国周准郡小久保村真福寺転応(入檀)	23年	2年・(但豊山交衆重而登山之節ハ智山交山可仕候)
27	安房国平郡府中	享和３年・駿州久能寺頼舳〔カ〕法為戒師・12歳	文化２年・宝珠院		文化７年４月・上総国天羽郡小久保村於真福寺道場(入檀)・文化13年・宝珠院明範法印(開檀)	12年	4年

註1)　宝珠院文書　番号390—検索番号一四七六「文化七午年十二月　門末起立帳　二冊之

2)　基本的に宝珠院の末寺・門徒の、住職・看住・留守居の履歴であるが、一点のみ小網

3)　得度、四度(加)行、新加、灌頂、大阿闍梨、伝授は、修行・儀礼などの経験について
名は住職などを勤めている寺のもの。

大阿闍梨	伝授	世寿	仮名	実名	法脈(血脈)	日付	寺院所在村	寺名	備考
		35歳	文能	寛龍	塩見村宝蔵寺宥全・沼村惣持院寛良	文化7年12月		密蔵院	
		29歳	恵文	勢瑜	毫仙寺宥智・来福寺勢意	文化7年11月	長田村	観音院	
		25歳	英明	宥興	智積院九世宥鑁・瀧泉寺宥栄・瀧泉寺宥智・福楽寺宥長・密厳院宥憲	文化8年2月	竹原村	遍照院	
		20歳	三明	秀馨	上総国神野寺養源・来福寺養秀・明王院秀海・延命院秀山	文化8年閏2月	薗村	医王寺	
		54歳	文良	俊意	成就院俊鏡・常福院俊長・常福院智宝・安永2年智宝没後契約成楞厳寺素教房宥元資	文化8年9月	長狭郡太田学村	成就院	
		45歳	快秀	頼尊	松寿院頼日・真野寺頼智・金乗院頼旦(見せ消ち)	文化14年正月		小網寺	(紙間文書)
		24歳	隆見	運證	宝珠院運盛・運澄・清澄寺運仙・正覚院運道	文化9年	山本村	龍音院	
		24歳	謙秀	勧瑜	智積院9世宥鑁僧正・宝珠院25世鑁亮・宝珠院28世真亮・宝珠院30世亮瑜・龍泉寺12世真空	文化11年12月	腰越村	延命院	
		20歳	謙明	真恭	宝珠院25世鑁亮・宝珠院28世真亮・真野寺6世真乗・福楽寺真覚	文化12年2月	腰越村	円塔院	
		40歳	戒猷	行明	(法流相続)打集相勤之	文化10年11月		金剛院	那古寺から真福寺へ届出、写を宝珠院へ
		36歳	義円	円快	下総国古河土井大炊頭殿城下神宮寺快弁・下野国都賀郡下摩村〔ママ〕快宥・同寺快英	文化10年11月	深名村	常光寺	法流存続:初法談相勤之
		48歳	大蒙	智周	上総国天羽郡小久保村真福寺末岩富村岩富寺秀誉・同寺秀快・同寺秀海・真福寺門徒宝幢寺英春・前真福寺住蒙存・同人弟子智周	文化10年12月		長勝寺	
		29歳	春浄	宥応	智積院第9世宥鑁僧正・那古寺宥学・真野寺宥寿・不動院宥長・真野寺宥證	文化11年4月	下村	勝蔵寺	
		54歳	玄遠	宥厳	宝珠院鑁亮・神照寺運真・真野寺宥□・勝蔵寺宥誉	文化11年10月	久保村	真野寺	

表６　文化年間宝珠院末寺門徒等僧侶履歴

ID	生国(出生)	得度(日時・師僧・年齢)	四度行(年次・場所)	新加	灌頂(日時・師僧)	階臈(法臈)	本山
1	安房郡長田村	寛政元年２月24日・香村金剛寺寛良法印・14歳	寛政３年・香村金剛寺		寛政８年・宝珠院良恭・(入開共)	20年・寛政３年於宝珠院交衆	６年
2	安房青柳村	長沼村来福寺勢意法印・10歳	寛政６年・長沼村来福寺		寛政２年・宝珠院(入旦)・文化６年・宝珠院(開旦)	16年	２年
3	安房郡竹原村	寛政10年・安房郡大井村明王院林春房宥憲・13歳	寛政12年・安房郡大井村明王院		文化２年・宝珠院明範法印(入開共)	12年・寛政12年於宝珠院交衆	３年
4	安房郡竹原村	享和２年・竹原村浄蓮院亮秀	文化３年・真野寺		文化７年４月・上総国小久保村真福寺(入檀)	６年・文化３年10月於宝珠院交衆	
5	長狭郡坂東村	明和６年３月22日・成就院俊儀・12歳	明和８年・長狭郡平塚村常福院		安永３年・上総国望陀郡小坂村岩田寺(入旦)・文化２年４月府中宝珠院明範師下入開共堂上之儀式勤之	39年・安永２年於宝珠院交衆	10年
6	安房郡瀧口村(見せ消ち)	安房郡山本村金乗院	平郡合戸村普門院	平郡府中村宝珠院	平郡府中村宝珠院	31年	10年
7	平郡佐久間村	享和元年・千代村正覚院寿鳳房運道・13歳	文化３年・正覚院		文化２年・宝珠院明範法印(入開共)	９年	４年
8	平郡平久里下村	文化元年平久里下村龍泉寺観順房真空師・13歳(戒師宥證)	文化３年・平久里下村龍泉寺		文化７年３月・総州小久保村真福寺宥弁法印	９年・文化３年10月於宝珠院交衆	２年
9	安房郡佐野村	文化６年12月・安房郡佐久名村豊前寺大心房真覚・14歳(戒師宥證)	文化７年12月・豊前寺			６年	
10	松平越中守内入江勝守倅	奥州守山帥継院	(護摩加行)奥州守山帥継院	奥州守山帥継院	京都智積院	(法臈)28年	18年(智積院留学)
11	江戸御丸内久世大和守内前田助之進倅	天明６年２月８日・下野国都賀郡下南摩村勝願寺竜瑞房快英師下・９歳	天明７年・下南摩村勝願寺	天明７年冬・下野国都賀郡半田村医王寺	文化10年３月・下総国武嵯〔ママ〕郡米倉村西光寺快馬下(入檀)	28年	６年(智積院)
12	上総国天羽郡小久保村甚兵衛倅	安永４年３月６日・上総国望陀郡金田中島村吉祥院泰岫・10歳	安永６年・上総国天羽郡絹村宝幢寺		安永８年９月16日・上総国望陀郡亀山郷岩田寺東阿之下入檀	(法臈)安永５年上総国天羽郡小久保村真福寺交衆	12年・寛政11年正月３日許状頂戴
13	安房郡館山	寛政９年11月・安房郡山萩村福楽寺観心房宥證・13歳	寛政10年・安房郡山萩村福楽寺		文化２年・宝珠院明範法印	16年・寛政11年於宝珠院交衆	(空欄)
14	平郡平久里下村	天明６年・平久里下村勝蔵寺宥誉法印・25歳	天明６年・平久里下村勝蔵寺		寛政元年４月・宝珠院(入檀戒檀〈ママ〉倶)	29年・天明６年10月於宝珠院交衆	７年

は、その、「文化七年午年十二月　門末起立帳　二冊之内」(5)をもとに作成したものである。この「門末起立帳」は、宝珠院門末寺院（那古寺衆分を含む）の住職、看住、ないしは留守居の、文化七年（一八一〇）から文化十二年に至る時期の人体起立書を纏めたものである。「二冊之内」とあるが、現存するのはこの一冊のみである。データ中に一点、田舎本寺である小網寺のものが含まれているが、これは紙間文書のデータである。

〔表6〕のデータについて、

① 僧侶の出生地は主に安房国であるが、上総・武蔵の出身の者もある。また、武家家中の子弟も二名みられる、

② 得度はおおむね十代前半で行われる、

③ 伝法灌頂は、安房出身の僧侶は宝珠院で受ける場合が多いが、上総で受ける事例もみられる、

といった点を読み取ることができる。(6)

なお当然のことながら、僧侶の得度年齢、出身分布などは、宗派・地域・時期によって差がありうるものだということを念頭に置いておかねばならない。(7)

一　房州新義僧の京都留学と「房州組」

新義僧は、新義寺院の住職たるべく一定年数の本山留学、報恩講への参加を必要とする建前であった。新義の教相本寺は、京都智積院と大和長谷寺小池坊との二ヶ寺であるが、安房国内の僧は原則として智積院に留学することとなっていた。なお、『智積院史』(8)第三編列祖伝や「智山学匠略伝」(9)によれば、房州から、智積院能化や四箇寺の真福寺・円福寺住職など、高僧・学僧が多数輩出されたことがわかる。

村山正榮氏は、智積院における国や藩領などを単位とした僧侶の「組」について、『智積院史』[10]のなかで次のように述べている。

諸国より登山したる所化は、国名・地名等によりて組織せられたる諸国の組々に入り、その組中定を厳守して、在山中万端の世話を受けられた。組入の方法は組々によりて多少異なるところあるも、原則としては其組土地の者これに入り、他組土地の者と雖由緒重縁ある者は両組相談の上にて組入を許し、或いは絶対に是等の傍入を禁止せられたる組もある。又或は先年自組の者と雖下国以後他国土地に移転し、更に登山する者の組入はその人の意楽次第に任する組もあり、又必ず移転土地の組内に組入せしむる組もありて、必ずしも組定によりて一様ではなかつた。

組中の者は便宜上一寮舎または二三の寮舎に集合したる結果として、いつしか寮舎もその組々によりて区別せらるゝことゝなり、後には何寮は何国寮・何組寮などゝ呼ばるゝに至つた。

『智積院史』によれば、各組は、毎年十二月十日に改選される国老（いわば組の長）・年預（いわば組の副長）や老僧に統轄されていた。また、所化が、初登山以後組内で交衆・居継（留学や再留学に際しての手続）などの世話、学資の保管監督などの世話を仰ぐ世話人を宿坊（はじめ馬下《うまくだり》）といった。一方、所化が、個人的に学業指南・監督を頼む相手を能属あるいは後親（後心）といい、組内の集議席の者に頼む原則であった。智積院の方丈表への願・届などには能属の奥書印形が必要であった。それに対して世話を受ける所化を所属ないしは初心と称した。さらに、所化は組内で五人組にわけられて取り締まりを受けた。[11]

安房出身の僧侶は、一国で「房州組」をなしていた。房州組そのものに関する史料は目にしていないが、『智積院史』所収の寛保二年の「上総組定」には、

房州組たり上総え入院仕候て後登山、正組に仕候時は、鳥目五拾文宛引足可申候事

と、房州組から上総の新義寺院を経て上総組に編入する場合の規定が記されている。また、那古寺文書の「□〔文〕化第弐丑年十一月日　智山上総組宿坊用心覚幷在山諸式心覚之下書」[12]所収の「同新入〔登山之僧〕早下り入用覚」には、上総組の初登山の僧が陀羅尼会を勤めずに代役を頼んで下国する場合[13]の入用（宿坊ないしは出入の商人が一括して受け取り、分配するものと考えられる）が記されているが、その入用のなかに、

一、銭弐百文ツヽ、上総組中・房州組中・甲州組中

とあり、具体的な内容は不明だが、三組間になんらかの特別な関係が存在していたことが推察される。

智積院は、長谷寺とともに全国の新義僧が交流する宗教施設であったが、同時にその内部には国・地域別の僧侶集団が存在していた。安房国の場合は「一国一会場」として宝珠院のみが一国の談林となっていたが、それは新義真言宗においては希有な事例であり、[14]上総・下総はじめ多くの国では、智積院は、国内の諸談林会下に属する僧侶の、国・地域単位での交流の場にもなっていたと考えられる。[15]しかし、その具体的な内容については、さらに智積院所蔵文書の分析などに俟つ必要があろう。

二　地方教団組織内の寺格と席次

本節では、地方教団組織内や、田舎談林での席次をめぐる相論を分析し、地方教団組織と、全国的な教団組織ないしは本末制的編成秩序との関係を検討したい。

1　本山留学と地方教団組織の寺格との齟齬

〔史料一〕は、醍醐寺報恩院末の田舎本寺たる朝夷郡北朝夷村（現安房郡千倉町）円蔵院の末寺（新末）である、朝夷郡下瀬戸村（現千倉町）円明院が、円蔵院門中の座席をめぐる相論に関して、宝暦七年（一七五七）に宝珠院に提出した添翰願である。

〔史料一〕(16)

乍恐以書付奉願上候

房州朝夷郡朝夷那村円蔵院末寺
同国同郡下瀬戸村
願人
円明院

先年相定候座階及違乱、并本山留学
年数之次第相乱候ニ付御願申上候御事

一、拙寺儀八箇年以前新末願書起立書奉差上御吟味之寺格御免被成下候、其節本寺門中相談之上、円明院寺格座席等證文ニ仕、門中惣代之四箇寺并拙寺連印ニ而御本寺江納置候、拙寺方江右同文言之定證渡シ被置候、御吟味之上差出シ可申候、右相定候上御本寺ゟ被仰付当年迄無違変上座仕来り候、其上三年以前本寺被相勧候ハ、円明院義ハ門中第一座之寺格たる間、本山年数増進可然之旨達而被相勧候ニ付、則再住仕、前側席江転昇仕候、然ル上者猶上座無〔カ〕違乱義と相心得罷有候所ニ、今〔カ〕度三﨟席江下り候様ニと本寺ゟ被申付候義、何とも難儀至極

ニ奉存候故奉願上候、猶又委細之訳左に可奉申上候御事

一、（中略）今月十日惣門中被召寄御触頭様御内意も有之候由ニ而以書付被仰付候其趣

　一、寺格之儀、第一真言院、第二小松寺、第三円明院

　一、座階之儀者右三ヶ寺永ゝ隔年にて交ゝ在居可仕候

右之ことく被仰付候へ共早速不能愚按ニ候故、日延願上思慮仕候へ共、於当門下拙寺法流最初開白之功も無之、且ハ本山年数之義も不相立、難儀至極ニ存候故、其段申遣〔カ〕候へハ、申付不得心之上勝手次第何方迄茂可願出と被仰候、依之無拠御願ニ罷出候御事

一、真言院義者本山留学六箇年ニ而、拙僧とハ各別之相違ニ御座候所、押而上座願候義難心得候、尚又小松寺ハ御朱印寺領ハ有之候得共、留学三箇年ニ而今以色衣御免許も無之候所、是又上座願候段色衣御免之　御令旨恐多義をも不相心得、本山年数御許状をも不考候哉、且又本寺門葉相談之上相定置候座階違乱仕候心底難斗、先座之拙寺を相掠候仕方如何之義ニ候や、右両寺被召出御吟味可被成下候事

一、末寺門徒共留学年数によらす座居仕候義、当会下之古例定法と円蔵院被仰候へ共、本山前側ニ進ミ色衣着用仕候ても六ヶ年義ハ三箇年之仁ゟ下ニ着候古例、当会下ニ有之候哉不承及候、末寺之義ハ八箇年以前ゟ相改り候得者、往古門徒之節とハ各別ニ可有之与奉存候、依之門徒之座階ニハ指障不申、末寺斗ハ留学年数御紛〔カ〕被為遊八年以□之通りニ御定被下置候様奉願上候、御本寺被申候通りニ而ハ留学之功茂無益ニ而御本山江も難相□、且ハ自他門之悪例ニも可相成と歎かハしく奉存候事

一、拙寺儀永ゝ上座仕候ても左右二箇寺之席ハ相潰れ不申、門下之古法ニ指障候義ハ無御座候、其訳ヶハ、拙寺末寺格ニ相成り候節座階之義ハ□臈之席ニもあらす、又客末之座と申事ニもあらす、客座之分□相定二ヶ寺之

上ニ着候ヘハ、左右之古格も相立、勿論円明院上座も無相違義と本寺門中相談仕置候□□其通りニ被差置候様御願申上候、尚又二箇寺新末願之節も、拙寺上座ニ指障り無之義故、円明院三臈座と申事一切其沙汰無之、殊ニ被渡シ下候上座之證文今以所持仕候上ハ、旁以永ミ上座無相違義ニ候処、今年ニ至り下座被仰付候義難儀至極ニ存候間、無是非右之通願上候、以御慈悲御吟味被為遊、八年以来相定候通り、永ミ上座仕候様被為仰付被下置候ハ、難有仕合奉存候

右之通御四箇寺様江御願申上度奉存候間、御吟味之上御添翰被仰付可被成下候様奉願上候、以上

下瀬戸村

円明院㊞

宝暦七年

丑六月日

宝珠院様

御役者中

長文の史料であるため一件の過程についての詳述部分は省略した。中略部分をも含め、円明院が主張したことによれば、円明院は八年以前（寛延三年ごろ）に末寺格を許され、当年まで円蔵院門中の上座にいた。そして三年以前（宝暦五年ごろ）、本寺（円蔵院）から、門中第一座の寺格であるので本山年数を増すよう勧められ、本山（智積院）に再び登り（「再住」）、前側席という高位に昇った[17]。ところが宝暦七年三月二十一日の円蔵院での御影供の前に、もともと「左右之上席」を占めていた真言院（本山年数六年）ならびに小松寺（朱印地はあるが、本山年数三年で色衣も免許されていない）の新末願（門徒から末寺への昇格願）が成就し、上席への復帰を願い出たため、御影供の席で円明院は円蔵院よ

り三臈席を命ぜられた。それに対して円明院が異議を唱えたところ、門中の列座評議により、いったんは円明院を上座とするということで決着した。しかし、同月二十三日に真言院・小松寺が本寺円蔵院に出訴におよび、二十七日に門中の会合が開かれ、今度は、門中側は円明院に下座に下るようたびたび意見を加えてきた。門中・本寺側は江戸四箇寺に出訴におよび、六月十日に、四箇寺の内意を得たとして（円蔵院から）門中に、「寺格は第一真言院・第二小松寺・第三円明院とし、座階は三ヶ寺で隔年交代とする」という下知があった。

それに対して円明院は、円蔵院門下で最初に法流相続、すなわち門徒から末寺へと昇格をし、かつ本山年数が長いことを論拠にその下知に納得せず、安房一国の触頭たる宝珠院に、この添翰願を提出するに至った。

本一件の結果は不詳であるが、ここでは、本山において本山年数に従って付与される権威（とその証拠文書＝本山年数許状）や門跡寺院によって付与される権威（色衣と色衣免許令旨）と、地方教団組織における「末寺門徒共留学年数によらす座居仕候儀、当会下之古例定法」という「（会下之）古格・古例」との齟齬が問題となっている。また同時に、個別僧侶の格とその僧侶が住職を勤めている寺院に備わる「寺格」との齟齬も問題となっている。この一件では、以上の二重の齟齬が問題となっているのである。

2　他門年数に対する扱い

次に、天保九・十年に宝珠院末寺の成就院を頂点とする下位の地方教団組織で起きた、成就院門徒である金束村（現鴨川市）栄泉寺住職の観亮（寛亮。平塚村〈現鴨川市〉常福院住職俊快の弟子）の座席をめぐる相論[18]について検討する。

観亮房の田舎年数は、房州で勤めた分と甲州で勤めた分とをあわせて十一年であり、甲州の談林所の許状や成就院の添翰をもって宝珠院へ願い出、相応の座席を認められた。しかし、成就院門徒所化中の京田村小沢寺存龍・南小町村森蔵寺恵教は、成就院門葉には、他門から加入した人について前々から仕来りがあり、「移転交代之節者順席ニ者相当り申間敷、且門葉内場之席之儀者最初加入いたし候時之席ゟ昇進致来候[19]」（年数相応の寺院の住職となることはできず、門葉内での座席も、加入したときからの年数に従って定める、ということであろう）などとして反対した。門葉老分四箇寺惣代の楞厳寺・道種院も、当初は観亮房の説得にあたったが観亮房が承知しなかったため、

① 御当下（宝珠院下）の音潮法印が宝珠院明範の世話をもって成就院門徒に加入した際、「田舎成満[20]」の人であったが、本来自分の方が上席である成下（成就院下）の僧より下の、能化・所化の間に加えられた、

② 大日金乗院の能円法印は、成就院門葉に居たときすでに三臈席であったが、子細があって他国し、その後帰門した際には能・所の間に指し加えられた、

といった実例をあげ、観亮房もこういった門葉の仕来りに従うべきであることを成就院に申し立てた。成就院は、門葉に指図を受けては「本寺職」（本寺としての職務か）が立たない、と述べたため、楞厳寺・道種院はいったん引き下がった。宝珠院から、楞厳寺・道種院・存龍・恵教に尋ねがあったので、道種院らは古例を主張したが、宝珠院へ届けがない以上は定式・例証にならないとして却下された。結局、宝珠院における報恩講の席は免許通りの席とし、成就院門葉内の平日法要などの席に関しては同年の者の下に着座することで内済した。

ここでは、下位の地方教団組織内の先例において、自門での修学年数と他門での修学年数との間の扱いに格差があるとされている。しかし、この場合はその下位の地方教団組織での先例が、先例たることを本寺（＝宝珠院）に認定されなかったため、宝珠院での一国の新義僧を集めて行われる報恩講においては効力を有さなかった。

次に、この一件の参考文書として宝珠院に提出されたものと考えられる、成就院と同じく宝珠院の末寺である川代村（現鴨川市）勝福寺を頂点とする地方教団組織の「定式」を記した史料を紹介しよう。

〔史料二〕[21]

（端裏書略）

乍恐以口上書奉申上候

一、拙寺勝福寺門葉江致加入候節之儀依尋奉申上候、去文化十三丙子年正月廿一日広場村福生院江看住罷居候節、勝福寺旧記定式之事有之候由被仰出候、其節本瑞法印儀本山年数七箇年ニ而被致下国、勝福寺ニ随身仕居候、尤最初より本山江致衆入候得者田舎年数之儀者無御座候、拙寺儀者田舎年数拾三箇年有之候へ共、他門入之事故本瑞法印より下席江着申候、同二月九日廻文ニ而門葉中連印仕差上置候旧記之写左ニ證シ奉差上候

当山旧記定式之事

一、当山住職之儀者、従往古江戸表　御役寺ニ而住職被　仰付下り寺有之候、然処当山先師法印隆覚代既ニ安永年中下ヶ〔カ〕寺ニ奉願上〔カ〕候ハ〔カ〕、其節ゟ当門素生ニ而本山六箇年已上之内撰人体を自門相続ニ相成、当門素生之人ニ而住職仕候筈、若他山ゟ致入門打集已上之人ハ、一統之評議ニ而一世住職致儀茂有之事候、余院住職之儀モ素生之仁位階順番ニ可移転儀定式ニ候

一、他山ゟ入門之仁者、仮令出世成満未満共位階順番ニ移転不相成事

一、他山ゟ入門之仁者、本寺住職者勿論、品ニ寄最初より上寺看住等ニ申付置候共、一先中寺下寺江住職於不致者、其儘上寺住職之儀茂決而不相成事候

一、当山法席之儀者、当門素生之人老若不限位階順番之席ニ而法要等可相勤事ニ候、他門より入門之仁者仮令出世成満致候共、任官頂戴素生之人下席ゟ、入門之仁順次法席可被致候

（一条略）

一、他山ゟ入門之仁有之候節、本寺非一己之斗、本末示談之上ニ而為致入寺、尤最初入寺致居候ゟ余院江移転被申付候ハヽ、其節無違背可被致昇進候、若致違背候ハヽ、持寺相退可申候、依之当山古例定式之趣承知仕、御請印形差上置候処如件

文化十三丙子年

正月廿一日

門末寺院印

勝福寺住法印頼善代

御役僧衆中

（中略…旧記回文・連印に関する廻章）

子二月九日

右之通勝福寺ゟ定式相廻り候間印形致差出候書付写奉差上候

長狭池田村

楞厳寺㊞

天保十亥年

十二月

宝珠院様

御役院中

〔史料二〕には、天保十年時の長狭郡池田太田学村（現鴨川市）楞厳寺（成就院の門徒で、成就院門中の老分）当住が、文化十三年に福生院（勝福寺の門徒）看住だったとき、田舎年数十三年であったが、他門から加入したため、勝福寺随身本瑞法印（本山七年、田舎年数なし）よりも下座に着いたことが書かれている。そしてさらに、同年、回文で勝福

寺門葉に廻された「当山（勝福寺）旧記定式之事」の写しが記載されている。
「当山旧記定式之事」においては以下のような点が注目される。

①　勝福寺は、昔から、江戸四箇寺から住職を言い渡される「下り寺」であったが、安永年中に住職の隆覚が下ヶ寺を願い出、勝福寺門葉生え抜きで本山六年以上の人による自門相続となった。ただし、他山から入門して打集《だしつ》以上の人は、一統の評議により住職することがある。(22)

②　門葉寺院の住職については、生え抜きの者は「位階順番」（後述）で移転する。

③　他山より入門の者は「位階順番」に移転することはできない。最初から上寺の看住になることはできるが、本寺や上寺の住職になることは許されない。まず、中寺や下寺の住職を経ねばならない。(23)

④　勝福寺の法要などの座順としては、生え抜きの人は老若の順によらず「位階順番」に着席し、他門より入門の者は任官した生え抜きの者の下席に着く。

⑤　他山より入門の者については、本寺住職のみの取りはからいではなく、本末示談のうえ入寺させる。

〔史料二〕における「位階」とは、④に鑑みれば年臈を指すものではないと思われ、権律師・権少僧都・権大僧都・法印の四階官など、僧侶個人の格のことを指すと考えられる。(24)ここでも、地方教団組織内の「定式」として、勝福寺門葉生え抜きの僧侶と、他の地方教団組織から加入してきた僧侶との格差が、新義真言宗教団全体の位階などとは関わりなく、座階と止住寺院の寺格との両面において定められている。

三　住職相続と地方教団組織

本節では、安房国の地方教団組織の頂点に位置するいくつかの寺院の住職交代について検討し、前節で検討した問題をさらに深めたい。

1　宝珠院の住職交代

まず、田舎本寺であり、かつ安房国において国触頭・談林として一国を統括する地位にあった宝珠院の場合を検討したい。

天明元年（一七八一）・二年に、宝珠院の住職交代の手続きにおける門葉の関与のあり方や、宝珠院門葉の住職交代のあり方、さらには宝珠院およびその門葉の住職交代の際に宝珠院住職頼意・隠居亮瑜の法類が優遇されているかどうか、といった点をめぐり、宝珠院門徒の長福寺らと、宝珠院との間に相論が起きた。[25]この相論の後、天明三年には、四箇寺により、次のような決定が行われた。

〔史料三〕[26]

房州宝珠院幷門中上寺以上後住入札能所入之事

一、上寺後住入札之時者、能所入共ニ中寺以上之人可致之

但宝珠院門葉上寺入札之時者、能所入共ニ門葉之内中寺以上ニ而可致之、那古寺衆分之上寺後住入札之時者、能所入共衆分中寺以上之仁可致之

一、末寺入札之時者　　能入者中寺以上之人致之、所入者上寺之諸寺院相撰可進之

但真野寺・蜜〔密〕厳院後住入札之時者、能所入共ニ宝珠院門葉之諸寺院可致之、那古寺後住入札之時者、能所入共ニ那古寺衆分之上寺ゟ相撰可進之

一、宝珠院後住入札之時者、能入者宝珠院并惣門中中寺以上之諸寺院致之、所入者門葉与衆分トノ末寺之内相撰可進之
但門徒之住成共本山前頻席之人者可加所入ニ、且又宝珠院会下ゟ登山致し本山留学之席前頻以上之仁学業ヲ撰可加所入ニ、其他本寺并門末一同帰依之僧有之候節者、国中者勿論他国之仁成共不及入札可願出事
右之通可被得其意者也

天明三癸夘年三月

円福寺
真福寺
根生院
弥勒寺

房州
宝珠院
同門末中

この史料は、前章で紹介した(27)、宝珠院と那古寺との相論の前段階における、天明二年の宝珠院側から四箇寺への伺とそれに対する返答とが記載されている史料に関連するものである。ここでいう「門葉」とは宝珠院の門葉を、「衆分」とは那古寺の衆分を、それぞれ指す。

ここでは、宝珠院を頂点とする寺院本末組織に属する中寺以上の寺院の住職決定に関する規定が示されている。その概要は以下のとおりである。

①　宝珠院門葉上寺の住職の入札は、能入（選挙人）・所入（被選挙人）ともに門葉の中寺以上（の住職。以下同じ）とする。
②　那古寺衆分上寺の住職の入札は、能所入ともに衆分の中寺以上とする。
③　宝珠院末寺の住職の入札は、能入は中寺以上、所入は上寺とする。ただし、真野寺・密厳院は能所入ともに宝珠院門葉に限定する。(28) 那古寺は能所入ともに那古寺衆分に限定する。
④　宝珠院住職の入札は、能入は宝珠院現住、および惣門中の中寺以上とする。所入は門葉・衆分の末寺とする。ただし、門徒住であっても本山の前頬席（＝前側席）に進んだ者は所入に加える。また、宝珠院会下から登山し本山前頬席に進んだ者は、学業を考慮して所入に加える。さらに、本寺・門末帰依の僧は、他国の者であっても入札に及ばず後住として四箇寺に願い出る。

ここからは、前章で指摘したように那古寺の衆分組織が一定の個別性・独自性を有していること、この段階では宝珠院の住職も原則として門中の中寺以上の住職による入札で選ばれる規定となっていること、さらに、上寺・末寺の所入は宝珠院の地方教団組織内に限られているが、宝珠院の所入には例外が認められていることを指摘できる。

その後の宝珠院における住職交代に関して、寛政十一年（一七九九）春に宝珠院住良恭が死去した際の事例をあげることができる。このときは、後住について門末が会合したが意見が纏まらなかった。そこで銘々から一臈・役院へ所存書を差し出した上で、宝珠院門末として四箇寺の円福寺に下知を伺い出たところ、清澄寺住秀山・本山居住観如・宝珠院末真野寺住瀬欽の三人を後住候補として願い出るよう下知があった。そこでそのとおりに願い出たところ、円福寺から智積院へも「沙汰」があり、円福寺の「御眼鑑」によって秀山に決定した。ここでは、「門末会合」がありつつも、結局他門からの住職となっている。(29)

2　住職交代に関し宝珠院の管理を受ける田舎本寺

宝珠院の場合と異なり、住職交代に際し、先例により他の田舎本寺の管理を受ける田舎本寺がある。寛文九年、田舎本寺である智恩院の住職交代について相論があった。その結果、智恩院は宝珠院と同列の田舎本寺ではあるが、往古より智恩院の住持職について宝珠院が支配してきたことが四箇寺により承認されている。[30] ただし、四箇寺の裁許状には「智恩院住持之支配如右可為如有来、其余之作法宝珠院末寺ニ不可混同之事」とされており、あくまで宝珠院の支配権は住持職のみに留まることが明確にされている。

また、宝暦五年三月付で、田舎本寺たる小網寺の一臈金蓮院など門徒一〇ヶ寺から、宝珠院役者中に宛て、後住を小網寺末寺の円光寺当住にしてほしいという願書が出されており、[31] その後も門末から宝珠院宛に後住願書が出されている。[32] 宝珠院の国触頭としての立場と関連している可能性もあるが、住職決定が宝珠院の管理下にあったものと考えられる。

3　田舎末寺の住職交代

次に、本章第二節第2項でも取り上げた、宝珠院末寺の長狭郡池田太田学村（現鴨川市）成就院の、住職交代について検討する。成就院は、延宝三年の「房州諸寺院本末帳」[33] によれば三九ヶ寺の門徒を有していた。

享保十一年（一七二六）、成就院の後住をめぐって相論が起きた。同年八月、成就院俊鏡が病身を理由に、退院と寺中の庵への隠居、さらには「存中之介抱に預度」として成就院門中の薬王院現住を成就院後住とすることを宝珠院方丈に願い出た。[34] それに対し、来福寺・長福寺など、宝珠院の門中側は、六代以前の貞雲房が成就院への止住を命ぜられたときに、成就院の住職は、成就院門中・宝珠院門中の「両門交代」に定められたと主張した。[35]なお、後掲の〔史料四〕に請印している「宝珠院門中代」に那古寺衆分の大福寺・岩室坊が含まれており、ここでの「宝珠院門中」は、那古寺衆分をも含む、延宝三年（一六七五）段階[36]での宝珠院の直門徒を指すと考えられる。

一方、成就院の惣門中側の主張は、

① 「両門交代」に定められたことはなく、十代のうちに二人、子細があって宝珠院門中より住職しただけである。

② 六代以前の住職貞雲房は、七代以前の住職が本寺宝珠院に逆らい、成就院門中がそれに与したために宝珠院門中から後住を命ぜられたものであって、両門交代を定められたために貞雲房が遣わされたわけではない。

といったものであった。[37]この相論に対する、宝珠院敞海による裁許は次のとおりであった。

〔史料四〕[38]

（端裏書略）

長狭成就院与当門下後住之儀ニ付及相論故令裁許条々

一、成就院住職之義両門交替六代已前ゟ相定候由、尤勢弁遣シ候書翰ニ、両門交替如先例と有之候上ハ、一向難捨置候得共、貞雲房後彼門下より三代引続住職仕候段、荒廃時之宜にしたかひ本寺之意楽にまかせ、其義猶不可限事と存候

一、成就院門葉ゟ局而住職仕来ル先定も無之事と存候、尤十代以来を致吟味候ニ、多分ハ彼門葉ゟ住職仕候得共、五代已前之住元盛指上候願書之表、前方山林伐荒候得ハ脇ゟ住職仕候ハ、全体大破ニ可罷成旨申立、広ク他門之川代・清澄下迄を後住ニ願来候得ハ、必定自門より住職仕約束茂無之故と被存候、殊更山林不伐荒繁盛之時

節ニ者、脇ゟ申付候共異儀有間敷様子与相見候事
一、元盛願書を令披覧候ニ、成就院住職之義者、畢竟本寺之意楽次第ニ不限自他門相応之仁を択ヒ申付来ル先定与相見候、尤本末之格式可有然事ニ候、此度願来候薬王院事も世出世共ニ成就院相応之仁ニ候得ハ、自元本寺之意楽ニ相苻し候間、成就院住職不可有相違候、向後共ニ両門之内より相応之仁をゑらび住職可申付候事
一、向後共ニ両門之内より住職可仕旨相定メ候事者、右申候通り彼院十代以来を致吟味候ニ、多少之不同者有之候へ共両門之外他所より住職仕候事無之間、尤可為例式候、若両門之内ニ相応之仁無之候砌者各別之事ニ候、以上

宝珠院
敞海㊞

右相定之通り両門和融仕永ク可相守者也

享保十一丙午年九月日

成就院門中代
道種院㊞
楞厳寺㊞
小澤寺㊞
金乗院㊞
観音寺㊞

被仰出候段ゟ得其意奉存候

宝珠院門中代

長福寺㊞
来福寺㊞
密厳院㊞
密蔵院㊞
浄蓮院㊞
大福寺㊞
岩室坊㊞

一本当寺、一本成就院、一本当門中長福寺ニ有焉

一条目にある勢弁とは、宝珠院門中の長福寺から移転した成就院の先住で、成就院が両門交替である旨の書翰を宝珠院側に提出していた。[39] また、二条目にある元盛の願書とは、元禄九年（一六九六）六月二十九日付の、宝珠院住職に宛てた書状形式の願書を指すと考えられる。[40] 清澄とは醍醐寺三宝院末の清澄寺（現天津小湊町）、川代とは川代村（現鴨川市）宝珠院末寺勝福寺のことを指す。両寺とその門中は成就院に近接した地域に展開している。

宝珠院敞海は、勢弁の書翰における主張も捨て置きがたいとしているが、結局、両門交代に限定すべきではないと判断している。一方、過去十代において、多くは成就院門中から住職が出ていることを認めつつも、元盛の願書で清澄寺・勝福寺の門中までもが後住を選ぶ母集団に含められていることを理由に、後住を成就院門中に限るという定めもなく、また成就院が困窮していないときはさらにそれ以外の者の止住を命ぜられても成就院門中として異義のないものと判断している。

そして今回については、当住俊鏡が願い出た現薬王院が相応であり、本寺の意志にも適うので後住は俊鏡とすることが裁定されている。また、過去十代に宝珠院と成就院との両門中以外からの住職がおらず、このことが先例であると考えられるので、今後とも両門のうちから相応の者を選び住職とすることが定められている。ただし、両門中に相応の者がいないときは別であるとされている。

なお、先述のように、ここで宝珠院門中代のうちに那古寺衆分の大福寺・岩室坊が署判を加えている。この一件に関しては、那古寺衆分が宝珠院門中のなかに包摂されていたことがわかるとともに、同じ宝珠院の末寺・門徒を頂点とする下位の地方教団組織ではあっても、公的な本末組織に対応した成就院の地方教団組織と、公的には宝珠院の直門徒の組織である那古寺の衆分組織とは同列ではなかったことを看取できる。また、本一件で、住職決定に関し先例と本末制的秩序とがともに重視されていることを確認しておこう。

さてその後、詳細は不明であるが、元文二年（一七三七）四月に幕府寺社奉行により成就院住職が追院を命ぜられ、[42]成就院は円福寺の「御取上寺」となり、円福寺により永範が住職を命ぜられた。その後、永範が死去したので、宝暦十二年六月付で成就院惣門中が、

成就院は宝珠院により数代自門相続を命ぜられてきたが、御取上寺になった。成就院は辺地の小寺なので、他国他門の者が住職となっては修復造営が粗略となり、門末の学業出精の功も空しくなって「世出世」（ここでは各種の修行を意味するか）も衰微してしまう。よって古来のとおりにしていただけるよう江戸役寺へお願いしていただきたい

と願い出ている。[43]それを受けて宝珠院は同年七月に円福寺役者中宛に願書を提出しているが、[44]そこでは宝珠院も、成就院住職を成就院門中から選んでいることを述べている。しかし円福寺は、取上寺は公儀から咎を申しつけたもので

あって、格別のわけなくしては認めがたいとして、その願いを認めなかった。(45)ただし、宝珠院の、成就院に関する諸進退については認めている。

なお、「揚寺」「上り寺」「取上寺」に関する後住申付などについての四箇寺内での取り決めについては、「役寺諸事根生院手控目録帳」(46)に記載がある。「揚寺」「上り寺」など、語句の違いによる内容の異同については検討の余地がある。しかし全体として、現住が不都合を働いて追院を命ぜられた場合、その後住ないしはそれ以後の住職について、四箇寺のうちの特定寺院ないしは月番が住職を選任する制度であるといえる。本章第二節第2項で取り上げた事例にみられる「下り寺」も（成因は追院に限らないであろうが）同様の制度である。

さらに、天明四年にも成就院門中より宝珠院役僧に宛てて同様の願書(47)が提出されている。その結果はわからないが、その後、下げ寺されたようで、寛政六年に至って成就院門中において成就院の後住をめぐる相論が起きている。寛政七年五月付の、宝珠院から円福寺宛の伺書によれば、(48)相論の経過は以下のとおりである。

寛政六年十二月に、成就院住職慶寛(49)が老衰のため隠居し、惣門中会合で一臈寺の宮山村（現鴨川市）道種院住顕明を後住とすることを宝珠院に頼んできた。そこで、先例に従って門葉惣連印の願書を宝珠院へ提出することに決まった。しかし、野尻村蓮花院住諦明が、にわかに、

顕明より自分の方が田舎談林の年数が上臈なので、道種院が本寺後住となるのは得心しがたく、年臈によって判断するのか、一臈寺であることをもって判断するのかということがはっきりしないうちは加印できない。

として加印を拒んだ。それに対して成就院門葉惣代は、いままで諦明が道種院の住職交代の際に辞退してきたこと、成就院の住職には往古よりおおむね道種院から移転したが、ほかから移転する場合もあったことを述べた。それに対し宝珠院は、年臈が勝っていても一臈寺に昇進しない者はその次座に留まるべきであるとし、さらに、

本寺住職については、本山・田舎の年数のみにかかわらず、人を選ぶべきであるという公儀の厳重の触であるから、一臈寺・年臈のいずれかを決定の条件とするのではなく、門葉相談で人を見立てて宝珠院へ願い出るという古例が公儀の触れに適い適当なので（それを先規と認定し）、今回も先規のとおりにするように。

と申し渡した。しかし、その後も蓮花院諦明とその弟子薬王院とは印形に応じず、結局、成就院門葉の願書は二ヶ寺無印のまま宝珠院に提出された。そして結局、宝珠院は、「元来惣門葉連印の願に応じて住職を申しつける先例なのだが、二ヶ寺無印のまま申しつけてもよいか」と円福寺役者中に伺い出た。

円福寺は「先規のとおりとし、人を選んで住職を申しつけることは新義一派の定法に適うことであり、得心させて加印させるように」と宝珠院に回答した(50)。結局、諦明は、「道種院の人体には異存はないが、門葉会合の席での長泉寺の態度が気に入らなかったので印形しなかったのだ」として、内済に至った(51)。

ここでは、古例・先規と、それが幕法・教団法に適合的であることが重視されている。また、諦明の主張では寺格と僧侶個人の年臈との関係が問題となっている。

おわりに

以上、地方教団組織における座順や住職交代をめぐる相論の分析を通じて、

①　地方教団組織内では、個別地方教団組織内の寺格や個別地方教団組織での学問年数が、教団組織全体において公認された僧侶の格、学問年数や、他の地方教団組織での学問年数よりも重視される場合があった。

②　地方教団組織内の慣習・規定において、それに属する寺院ないしはその頂点に位置する寺院の住職が、原則と

して、その地方教団組織の僧侶集団（地方教団組織の寺院組織に対応する僧侶集団）に属する者、そこから出自した者に限定される場合があった。

③　しかしまた、地方教団組織の頂点に属する寺院の住職決定については、適任者を選ぶという条件に従い他門から選ばれる場合や、他の地方教団組織の頂点に属する寺院の住職による管理を受ける場合、さらには「御取上寺」などとして、住職の任免に関して原則的に地方教団組織や一国・地域単位の教団組織から切り離され、新義真言宗教団全体の教団行政の頂点に位置する江戸四箇寺の管理下に置かれる場合などもあった。

といった点について述べた。

本末関係における上位寺院や四箇寺の裁定では、

ア　幕法・教団法に適合的であるか。

イ　古例・先例として認定しうるか否か。

の二点が判断基準とされ、両者に合致する限りにおいて、地方教団組織の慣習・規定は公的に効力を発揮した。宗教者集団統制と寺院本末組織統制との双方の局面においてあくまで強固に確立している本末制度の枠内で、地方教団組織の実態レヴェルでの動向が展開している、という状況が、本末制度確立後の、少なくとも関東における新義真言宗教団の特質であるといえよう。そしてこのような状況を踏まえつつ、諸宗教者のなかで僧侶の特質を位置づけていく必要があろう。

しかし本章では、右に述べた①②を導く、地方教団組織の僧侶集団における論理については明らかにしえておらず、重要な課題として残されている。これについては、ひとつには、地方教団組織に属する宗教施設に関する、地方教団組織の僧侶集団の所有・権利意識のいかんが問題となろう。この点に関しては、第一に、宗教施設の住職の任免が最終的には四箇寺に委ねられることにみられるような、公的レヴェルにおける全国的教団組織の絶対的な優越性を踏まえる必要があり、さらに、寺院所在町村、檀家組織、大檀那、あるいは「寺元」的な存在[52]などが持つ所有・権利意識との関係を考えなくてはならない。またほかにも、法脈の相承、僧侶集団の編成原理の問題、そして本末制度確立期の地方教団組織の動向などにわたり、多面的な考察が必要とされる。

註

(1) 本書第Ⅰ部第二章「地方教団組織の構造（一）―安房国新義真言宗の寺院組織―」（「近世安房国における新義真言宗の寺院組織」『千葉県史研究』八、二〇〇〇年を改稿・改題）。以下「前章」と略す。

(2) 「地方教団組織」については前章註（63）〈本書一〇二頁〉を参照。

(3) 宝珠院文書　番号528―検索番号二三二（番号は三芳村教育委員会編『宝珠院歴史資料目録』三芳村、一九九七年による）。

(4) 宝珠院文書　番号525―検索番号二三四「天保四癸未年初冬朔旦　報恩講所化年数座位録」、および宝珠院文書　番号534―検索番号一五六九「天保六乙未年初夏朔旦　報恩講所化年数座位録」。

(5) 宝珠院文書　番号390―検索番号一四七六。

(6) なお、下総の僧侶を取り上げた、新義僧のライフ・ヒストリーの試みとして、坂本正仁「近世の出家―新義真言宗僧定山房祐実の場合―」（『大正大学研究論叢』六、一九九八年）がある。

(7) 例えば、明治初年の神奈川県武蔵国の浄土宗寺院の場合（根本誠二・鈴木良明・西川武臣「浄土宗本末寺院明細帳について」〈『社寺史料研究』創刊号、一九九八年〉）は、僧侶合計一二三人のうち十歳以下で得度した者が五一人、十一歳から十五歳で得度した者が五四人である。また、僧侶の出身地は神奈川県（含多摩郡）二六人、愛知県一七人で、以下三八府県と広汎な出身地が認められる。僧侶の修学地の差異が、関東における、新義僧との出身地分布の差異の一因となっているのではないであろうか。

(8) 村山正榮編、弘法大師遠忌事務局、一九三四年。

(9) 『智山全書』解題、智山全書刊行会、一九七一年、所収。

(10) 第一編一九三・一九四頁。
(11) 本山最高の座階である第一ノ側三〇人のことを前側席という。第一ノ側の内の上位一〇人（集議）を除いていう場合もある。本山年数二五～六年程で前側に至る（『智積院史』）。
(12) 館山市那古寺文書（以下「那古寺」と略す）文二―二四。
(13) 「早下」については『智積院史』第一編二七六頁参照。
(14) 前章（前掲註（1）〈本書八五～九〇頁〉）を参照。
(15) 文政十一年段階には、下総組は下総香取組・同海上組・同武匝組の三組に分かれていたという（『智積院史』第一編一九五頁。天保六年段階では一組となっているようである）。ただし、そうであっても地方教団組織や、田舎談林を中心とした組織の枠よりは大きい。
(16) 宝珠院文書　番号229―検索番号六八八―2。
(17) 前掲註（9）参照。
(18) 宝珠院文書　番号571―検索番号一〇〇五、番号586―検索番号四六三、番号593―検索番号一〇三七、番号596―検索番号一〇〇三、番号601―検索番号五〇三、番号603―検索番号一〇四二。
(19) 宝珠院文書　番号593―検索番号一〇三七。
(20) 田舎年数・本山年数をあわせて二十年を満たしたということであろう。
(21) 宝珠院文書　番号602―検索番号四四六。
(22) 「集会して討論するの意にて（中略）新義派にては百条論議一題の義理を講述し其終に論議するをいふ」（富田斅純編『秘密辞林』、加持世界支社、一九一一年、七五〇頁）。
(23) 寺格としての「上寺」「中寺」「下寺」については、前章（前掲註（1））第三節〈本書九一・一〇一・一〇二頁〉を参照。
(24) 「四階官は享和前後の頃には弐拾ケ年修学内に於て拝任したるが徳川氏の末期に於ては二十ケ年の修学を遂げたる後、先づ権律師に任じ、それより三ケ年宛練学の功を積みて、権少僧都・権大僧都・法印と逐次に拝任せしめられた」（『智積院史』第一編三〇〇頁）。
(25) 宝珠院文書　番号263―検索番号一五七四、番号266―検索番号一〇五九、番号270―検索番号一〇三三、那古寺文二―二八。

(26)　那古寺文書 文四―一二。

(27)　前掲註（1）、前章〈本書九〇～九四頁〉参照。

(28)　宝珠院文書　番号266―検索番号一〇五九「乍恐以返答書申上候」（天明元年八月付、宝珠院役僧林光院より円福寺役者宛）に、

門葉移転之事、密厳院・真野寺者法縁寺之事故、右弐ヶ寺移転之節者一臈ニ臈呼寄一通り申聞申付候、其外者本寺幷脇坊共斗にて相談吟味之上申付候得共、移転之度ミ心掛候ものハ大勢撰ミ出し、申付候ものハ壱人ニ候得者依怙ニ存候事不及是非ニ候、

とある。

(29)　宝珠院文書　番号322―検索番号一〇八八―4、番号321―検索番号一〇七二。

(30)　『千葉県の歴史』資料編近世二（安房）二七三・二七四。

(31)　宝珠院文書　番号221―検索番号四六七。

(32)　宝珠院文書　番号152―検索番号一〇四四（小網寺および門徒からの願書等綴）中に散見される。

(33)　前掲註（1）、前章第一節第2項〈本書七三～七五頁〉参照。

(34)　宝珠院文書　番号139―検索番号一〇三六より「乍恐以書付御願申上候御事」。

(35)　宝珠院文書　番号179―検索番号五〇八、番号178―検索番号一〇九二。

(36)　前掲註（1）、前章第一節第2項〈本書七三～七五頁〉参照。

(37)　宝珠院文書　番号177―検索番号一〇一三。

(38)　宝珠院文書　番号180―検索番号四九七。

(39)　宝珠院文書　番号177―検索番号一〇一三。

(40)　宝珠院文書　番号154―検索番号一一〇九。

(41)　前掲註（1）、前章第三節〈本書九〇～九五頁〉を参照。

(42)　勝福寺とともに追放されている（宝珠院文書　番号139―検索番号一〇三六より「差上申一札之事」）。

(43) 宝珠院文書 番号238―検索番号一〇九六。
(44) 宝珠院文書 番号239―検索番号五〇五。
(45) 宝珠院文書 番号240―検索番号一〇〇四。
(46) 『続豊山全書』第十九巻 史伝部第二(林亮勝編集担当、続豊山全書刊行会、一九七四年)所収、一四、四七〜五一、五八頁。「役寺諸事根生院手控目録帳」は、江戸四箇寺のひとつである根生院の役者、同院内徳性院住職の為猛が弘化二年(一八四五)に編纂したもの(『続豊山全書』解題、続豊山全書刊行会、一九八〇年による)。
(47) 宝珠院文書 番号277―検索番号一一〇二。
(48) 宝珠院文書 番号297―検索番号一〇九三。
(49) 宝珠院文書 番号139―検索番号一〇三六より、天明四年十一月付の「差上申人体起立」によれば、得度は長狭郡和泉村安養寺(成就院門徒)、初行護摩は同郡横渚村観音寺(成就院門徒)、伝法灌頂・新加は宝珠院、本山留学二十二年、法臈四十六年、世寿五十六歳、仮名鑁海である。
(50) 宝珠院文書 番号299―検索番号一〇四八。
(51) 宝珠院文書 番号298―検索番号五一〇。
(52) 寺元に関しては拙稿「寺元慣行をめぐって」(『国立歴史民俗博物館研究報告』一一二、二〇〇四年)参照。

〔付記〕 本章の作成にあたっては、二〇〇〇年度文部省科学研究費補助金(特別研究員奨励費)による研究成果の一部も使用した。本章の転載に際し、千葉県史料研究財団より御許可を得た。

第四章　地方教団組織の構造（三）

——無住契約——

はじめに

近世における無住寺院の実態や動向の分析は、①僧侶集団、寺院、寺院所在町村ならびに檀家組織の相互関係、②僧侶集団の人的規模などの動向、③民衆の宗教生活に占める、寺院に関わる要素の比重の変化、といった点を考察するうえでの手掛かりとなりうるのではないだろうか。本章では、ごく初歩の作業には留まるが、天保十四年（一八四三）の、安房国における新義真言宗の無住寺院取調、およびそこにうかがうことができる田舎本寺と寺院所在村との間に交わされる「無住契約」の紹介を試みる。

安房国における新義寺院は、宝珠院・智恩院・円蔵院・清澄寺・惣持院・遍智院・紫雲寺（延宝三年〈一六七五〉に遍智院末から独立）のそれぞれの田舎本寺、および宝珠院の末寺・門徒（実質的には成就院・勝福寺・那古寺の三ヶ寺）を頂点とした寺院本末組織、ないしは公的には寺院本末組織ではないが類似の性質を有する衆分組織を形成していた。しかし、寺院行政に関しては平郡府中村（現千葉県三芳村）の宝珠院が国触頭として一国の新義寺院を統轄しており、また宝珠院は一国の談林でもあった。[1]

一　天保十四年の安房国無住寺院取調

天保改革末期の天保十四年六月、宝珠院の地中で役院を勤める林光院の住職恵順が、無住寺院取調帳の提出などのために出府し、江戸四箇寺の一たる円福寺に出頭した。円福寺からは、留守居・隠居などの名前を書き加えるべきこと、二冊作成して一冊の名宛を寺社奉行所に、もう一冊の名宛を触頭円福寺とすべきことなどの指示が出された。それに従い、無住寺院取調帳は、国元へ留守居・隠居などの名前を問い合わせた上で作成し直され、七月に提出された。林光院は八月に帰国した。そして、国中の諸本寺に、円福寺に差し出したとおりに、宝珠院に納めた無住寺院取調帳を作成し直すため、役僧を一人ずつ差し出すようにとの伝達が行われた（2）。

名宛から、この無住寺院取調が幕府寺社奉行所の指示で行われたことがわかる。この無住寺院取調は諸宗を対象としたものである（3）。新義真言宗では、現在管見の限り、高尾山薬王院（現東京都八王子市）と下総酒々井の東光寺とで関連史料を確認している（4）。この無住寺院取調の政策的意図については今後さらに解明を進める必要があろう（5）。

さて現在、宝珠院文書に、天保十四年六月付で宝珠院を差出として寺社奉行所を名宛とした無住寺院取調帳（安房国新義全無住寺院分）の案文（6）と、国内諸本寺と那古寺から宝珠院に宛てて提出されたもの（7）、ならびに那古寺衆分を除く宝珠院直末寺・直門徒の無住寺院取調帳とが残存している（8）。寺社奉行所を名宛としたものには訂正が施してあり、訂正後の内容が各寺院配下分のものと一致する。よって、ここでの訂正内容は円福寺の指示によるものであり、各寺院配下分の帳が、円福寺への提出後にあらためて作成され、宝珠院に納められたものと考えられる。

次に、宝珠院を差出とした案文の冒頭に記載されている久音坊を事例に、この無住寺院取調帳の記載形式をみてみよう。

〔史料一〕

天保十一亥年ゟ為修覆当時迄無住罷有候、《ニ而》
尤《当時》寺役法要等隣寺同村長福寺ニ《ゟ》而相勤
別ニ留守居之僧ハ無御座候、火之番ニ者旦中ゟ俗之者差置申候
申候、但シ留守居ハ無御座候

房州平郡下滝田村
智恩院門徒
同国同郡上滝田村
久　音　坊

　このように、記載は原則的に、①無住となった時期と事由、②寺役法要を勤める者、③留守居に関する情報、④火之番に関する情報、の四点についてなされている。なお、訂正前の記載では、留守居は寺内取締のために、村内や檀家（村内の方が多い）から確かな者を選ぶなり輪番とするなりで出していると書かれている場合が多い。一方、訂正後の記載には、留守居は弟子・隠居など僧籍にある者、火之番は俗人で原則的に置かなくてはならない者、という原則が機械的に適用されている。そして、訂正後の「火之番」は、檀中によって置かれたとされる者が圧倒的に多い。訂正前の記載も雛型に影響されていたであろうし、俗人の「火之番」などによる無住寺院管理の実態は必ずしも正確に反映されていないと考えられる。

　次に内容の分析に入りたい。〔表7〕はこれらの帳から作成したものであり、〔表8〕は無住となった年と、無住とした事由とをもとにそれを整理したものである。房州の新義の総寺院数は、宝珠院に伝わる延宝三年（一六七五）の「房州諸寺院本末帳」で二八四ヶ寺、寛政七年（一七九五）の水戸彰考館本の新義真言宗本末帳では二五三ヶ寺である。延宝から寛政に至る時期には、宝珠院門徒の長福寺・来福寺の衆分寺院の多くが衰廃した。だがその一方で寛政の新義真言宗本末帳には清澄寺の衆徒寺院がまったく記載されておらず、そのほか脱漏・誤写などもある。よって寛政七

（表7のつづき）

本寺等	寺格	村名	現自治体	寺院名	無住日時	事　由	寺役法要	留守居	火　之　番
								古寺より取締を付け、別段兼帯・留守居などなし	
宝珠院	那古寺衆分	平郡青木村	富浦町	真勝寺	文政元年	貧寺につき	隣寺深名村常光寺より兼帯	なし	檀中より俗の者差置
宝珠院	那古寺衆分	平郡坂之下村	富浦町	正覚寺	天　保12年正月	寺修覆差し加えたく	隣寺深名村常光寺より兼帯	なし	檀中より俗の者差置
宝珠院	那古寺衆分	平郡南無谷村	富浦町	海光寺	天　保13年正月		留守居孝観	那古村源養坊孝観	
宝珠院	那古寺衆分	平郡南無谷村	富浦町	金光寺	天　保10年7月		那古村源養坊より兼帯	なし	檀中より俗の者差置

註）　本表作成に用いた史料については、本文註(5)(6)(7)を参照。

年時点には二五三ヶ寺以上の寺籍が存在していたと考えられる。文化十四年六月時点での無住寺院数は一一三ヶ寺であり、全寺籍の四割ないしそれ以上の寺院が無住であったといえる。このことはまた、この時期、安房国において住職たりうる新義僧が全寺籍の六割以下程度しかいなかったことを意味しよう。なお、各寺院本末組織・衆分組織ごとに、延宝の本末帳における寺院数と天保十四年の無住寺院数とを比較して〔表9〕として示した。

無住寺院取調帳の記載によれば、僧籍のある隠居・留守居が詰めている寺院はわずか一六ヶ寺に留まり、一〇〇ヶ寺近くの寺院にはまったく僧侶がおらず、隣寺の僧侶などによって檀用などが勤められていた。

さらに、無住となった事由に着目してみよう。〔表8〕では事由を、①記録など不明だが、無檀無禄で住職をなしがたいとされているもの、②建立・修覆・再建などのために（寺院の収納を充てるため）無住としたもの、③焼失再建のために（収納を充てるため）無住としたもの、④極貧寺なので収納を積み立て、寺付の財産[9]とするため無住としたもの、⑤隠居や留守居が居住しているため無住となっているもの（事由が明記されていないが、このように判断されるものも含んだ）、⑥後住に相応の人体がないために無住となっているもの、⑦住職交代のため一時的に無住であるとされているもの、⑧事由不明のもの（①を除く）、の八項目に分類した。表の最下段に、それぞれの事由につき、帳作成の十一年前

（表7のつづき）

本寺等	寺格	村名	現自治体	寺院名	無住日時	事　由	寺役法要	留守居	火之番
		合戸村			化6年4月以降)	住持が付いた記録があるがその後無住に、現在再建のため無住に置く	り兼帯		者差置
宝珠院	門徒	平郡 亀ヶ原村	館山市	秀満院	天保14年5月	住持交代	隣寺本城村普門院より兼帯	なし	村方世話人より俗の者差置
宝珠院	門徒	平郡 府中村	三芳村	西光院	天保13年6月	住持死去	同村隣寺林光院より兼帯	なし	檀中より俗の者差置
宝珠院	門徒	平郡 府中村	三芳村	本覚院	文化元年2月	住持交代の節より再建のため	同村隣寺徳蔵院より兼帯	なし	村方世話人より俗の者差置
宝珠院	門徒	安房郡 腰越村	館山市	円塔院	天保10年11月	住持交代の節より再建のため	同村隣寺延命院より兼帯	なし	檀中より俗の者差置
宝珠院	門徒	安房郡 園村	館山市	医王寺	天保13年3月	住持死去につき再建のため	隣寺二子村安養寺より兼帯	なし	村方世話人より俗の者差置
宝珠院	門徒	安房郡 大井村	館山市	光明寺	文政11年8月	極貧寺につき収納物積立寺徳につけるため	同村隣寺明王院より兼帯	なし	村方世話人より俗の者差置
宝珠院	門徒	安房郡 山名村	三芳村	智光寺	天保10年6月	住持交代の節より再建のため	隣寺平郡千代村正覚院より兼帯	なし	村方世話人より俗の者差置
宝珠院	門徒	安房郡 御庄村	三芳村	実蔵院	寛政12年9月	極貧寺につき収納物積立寺徳につけるため	隣寺竹原村浄蓮院より兼帯	なし	村方世話人より俗の者差置
宝珠院	門徒	安房郡 池之内村	三芳村	極楽寺	天保7年10月	住持交代	千代村前正覚院隠居運悟罷有相勤め		
宝珠院	門徒	安房郡 江田村	館山市	西光寺	天保12年	天保10年類焼後仮住居、再建のため住持交代の節より無住	竹原村浄蓮院より兼帯	なし	村方世話人より俗の者差置
宝珠院	門徒	安房郡 真倉村	館山市	正呼寺	天保12年極月	住持交代の節より修覆のため	同村隣寺長福寺より兼帯	なし	村方世話人より俗の者差置
宝珠院	那古寺衆分	平郡 那古村	館山市	岩室坊	不明		那古村恵日坊より兼帯	大破に及んだので畳み置き、那古寺より取締を付け、別段留守居などなし	
宝珠院	那古寺衆分	平郡 那古村	館山市	入之坊	不明		同村西之坊より兼帯	大破に及んだので畳み置き、那古寺より取締を付け、別段留守居などなし	
宝珠院	那古寺衆分	平郡 那古村	館山市	普門坊	無住・畳み置いた日時不明		寺役など一切なし	寺役・建物がないので、那古寺より取締を付け、別段兼帯・留守居などなし	
宝珠院	那古寺衆分	平郡 那古村	館山市	良禅坊	無住・畳み置いた日時不明		寺役など一切なし	寺役・建物がないので、那	

(表7のつづき)

本寺等	寺格	村名	現自治体	寺院名	無住日時	事　由	寺役法要	留守居	火之番
成就院	門徒	長狭郡平塚村	鴨川市	常福院	天保7年5月	建立のため	大幡村真福寺より兼帯	なし	村方世話人より俗の者差置
成就院	門徒	長狭郡北風原村	鴨川市	定光院	天保11年2月	再建のため	池田村楞厳寺より兼帯	なし	村方世話人より俗の者差置
成就院	門徒	長狭郡来秀村	鴨川市	満光院	天保13年6月	交代後相応の人体なし、近々後住相付くべし	天面村西徳院より兼帯	なし	檀中より俗の者差置
清澄寺	衆徒	長狭郡清澄村	天津小湊町	仲之坊	不明	旧記わからず。無檀無禄で住職成し難し	寺役法要がないので兼帯もなし	大破に及んだので畳み置き、本寺で取締を付け、別段留守居などなし	
清澄寺	衆徒	長狭郡清澄村	天津小湊町	金剛院	不明	旧記わからず。無檀無禄で住職成し難し	寺役法要がないので兼帯もなし	大破に及んだので畳み置き、本寺で取締を付け、別段留守居などなし	
清澄寺	衆徒	長狭郡清澄村	天津小湊町	如意坊	不明	旧記わからず。無檀無禄で住職成し難し	寺役法要がないので兼帯もなし	大破に及んだので畳み置き、本寺で取締を付け、別段留守居などなし	
清澄寺	衆徒	長狭郡清澄村	天津小湊町	大聖院	不明	旧記わからず。無檀無禄で住職成し難し	隣寺同衆徒同村能蔵院より兼帯		檀中より俗の者差置
清澄寺	衆徒	長狭郡清澄村	天津小湊町	求聞持院	天保13年6月	交代	同衆徒同村隣寺山本坊より兼帯		檀中より俗の者差置
清澄寺	門徒	長狭郡坂本村	天津小湊町	自性院	不明	旧記わからず。無檀無禄で住職成し難し	寺役法要がないので兼帯もなし	なし	檀中より俗の者差置
清澄寺	門徒	長狭郡浜荻村	天津小湊町	医王院	不明	不明。但し無檀無禄で住職成し難し		修覆のため差置	
清澄寺	門徒	長狭郡天津村	天津小湊町	宝泉寺	天保7年	文政8年類焼、再建のため	隣寺清澄村能蔵院より兼帯	建物がないので、旦中より取締を付け、別段留守居などなし	
清澄寺	門徒	長狭郡天津村	天津小湊町	持明院	文政2年2月	貧寺につき収納物積立修覆のため	留守居日興	法類の僧仮名堯全実名日興	
宝珠院	門徒	平郡平久里下村	富山町	竜泉寺	天保13年10月	住持病死修覆差し加えかたがた	隣寺中村神照寺より兼帯	なし	村方世話人より俗の者差置
宝珠院	門徒	平郡佐久間中村	富山町	無量寺	天保13年5月	交代	同村隣寺密厳院より兼帯	なし	村方世話人より俗の者差置
宝珠院	門徒	平郡竜島村	鋸南町	極楽寺	天保3年3月	住持隠居、隠居居住	隠居宥日居住、寺役法要等勤めるので別段兼帯・留守居等なし		
宝珠院	門徒	平郡	富山町	普門院	不明（文	文化6年4月に	同村隣寺福満寺よ	なし	村方世話人より俗の

（表7のつづき）

本寺等	寺格	村名	現自治体	寺院名	無住日時	事　由	寺役法要	留守居	火之番
		横渚村			8月	にふさわしい人体なし			
勝福寺	門徒	長狭郡和泉村	鴨川市	大光院	天保9年正月	住持病死後無住	広場村福性院より	なし	檀中より俗の者差置
勝福寺	門徒	長狭郡和泉村	鴨川市	長楽寺	不明	極小寺無旦で住職成し難いので収納物積立寺徳につけるため	広場村福性院より	なし	檀中より俗の者差置
勝福寺	門徒	長狭郡和泉村	鴨川市	来福寺	天保6年6月	住持病死、後住に相応の人体なし	下打墨村龍蔵院より兼帯	なし	檀中より俗の者差置
勝福寺	門徒	長狭郡和泉村	鴨川市	華蔵院	天保8年5月	住持病死、相応の人体なし	打墨村宝国寺より	なし	檀中より俗の者差置
勝福寺	門徒	長狭郡花房村	鴨川市	慈恩寺	天保13年11月	住持交代	打墨村宝国寺より	なし	檀中より俗の者差置
勝福寺	門徒	長狭郡京田村	鴨川市	勝蔵院	天保13年9月	住持病死後修覆のため	隣寺同村小沢寺より兼帯	なし	檀中より俗の者差置
勝福寺	門徒	長狭郡平塚村	鴨川市	悉地院	天保4年8月	文政5年3月類焼、再建のため	貝渚村東勝寺より兼帯	なし	檀中より俗の者差置
成就院	門徒	長狭郡花房村	鴨川市	蓮花寺	天保11年2月	貧寺につき修覆のため	京田村小沢寺より兼帯	なし	檀中より俗の者差置
成就院	門徒	長狭郡磯村	鴨川市	常楽寺	文化10年7月	極貧寺ゆえ住職成り難きにつき	天面村西徳寺より兼帯	なし	檀中より俗の者差置
成就院	門徒	長狭郡南小町村	鴨川市	密蔵院	天保13年6月	収納物積立修覆のため	同村森蔵寺より兼帯	なし	檀中より俗の者差置
成就院	門徒	長狭郡南小町村	鴨川市	観明院	不明	極貧寺ゆえ再建のため収納物積立罷在	宮山村道種院より兼帯	なし	檀中より俗の者差置
成就院	門徒	長狭郡南小町村	鴨川市	来迎寺	天保12年12月	収納物積立修覆仕りたく	同村森蔵寺より兼帯	なし	檀中より俗の者差置
成就院	門徒	長狭郡和泉村	鴨川市	安養寺	文政11年		本寺成就院より兼帯	同院隠居慶円	
成就院	門徒	長狭郡粟斗村	鴨川市	薬王院	天保14年4月	住持病死、相応の人体定め難し	池田村楞厳寺より兼帯	なし	檀中より俗の者差置
成就院	門徒	長狭郡北小町村	鴨川市	長福院	天保13年9月	妙見宮焼失につき再建のため	横尾村常秀院より兼帯	なし	檀中より俗の者差置
成就院	門徒	長狭郡成川村	鴨川市	等覚院	天保11年2月	収納物積立再建のため	隣寺大川面村善能寺より兼帯	なし	檀中より俗の者差置
成就院	門徒	長狭郡下小原村	鴨川市	西福院	文政9年正月	極貧寺ゆえ住持付き難く	下小原村石間寺より兼帯	僧鑁如を差置	
成就院	門徒	長狭郡横渚村	鴨川市	神蔵寺	天保6年3月		本寺成就院より兼帯	同院心殿	
成就院	門徒	長狭郡横渚村	鴨川市	観音寺	天保11年10月	修覆のため	横渚村本覚院より兼帯	なし	檀中より俗の者差置
成就院	門徒	長狭郡打墨村	鴨川市	金乗院	天保12年10月	焼失再建のため	京田村小沢寺より兼帯	なし	檀中より俗の者差置
成就院	門徒	長狭郡北小町村	鴨川市	舎那院	天保13年	二ヶ年の間収納物積立修覆のため	隣寺小沢寺より兼帯	なし	檀中より俗の者差置
成就院	門徒	長狭郡細野村	鴨川市	照善寺	天保10年4月	修覆のため	横尾村常秀院より兼帯	なし	檀中より俗の者差置
成就院	門徒	長狭郡吉保村	鴨川市	円明院	天保13年10月	住持病死、先年類焼致しおり再建のため	宮山村道種院より兼帯	なし	檀中より俗の者差置
成就院	門徒	朝夷郡黒岩村	和田町	福寿院	文化13年5月	貧寺ゆえ住職成り難きにつき収納物積立修覆のため	花園村長泉寺より兼帯	なし	檀中より俗の者差置
成就院	門徒	長狭郡天津村	天津小湊町	吉祥院	天保6年5月	観音堂ならびに本堂焼失後建立成し難きにつき	横渚村本覚院より兼帯	なし	村方世話人より俗の者差置

（表7のつづき）

本寺等	寺格	村名	現自治体	寺院名	無住日時	事　由	寺役法要	留守居	火之番
円蔵院	門徒	朝夷郡白浜村	白浜町	大門院	天保8年5月	交代	隣寺同村宝泉寺より兼帯	なし	檀中より俗の者差置
円蔵院	門徒	朝夷郡白浜村	白浜町	慈眼寺	天保10年8月	修覆のため	隣寺白間津村海雲寺より兼帯	同門徒白間津村前円正寺弟子観全差置	
円蔵院	門徒	朝夷郡忽戸村	千倉町	永福寺	天保14年3月	交代	隣寺白間津村円正寺より兼帯	同寺弟子智浄差置	
円蔵院	門徒	朝夷郡朝夷村	千倉町	密蔵院	文化8年	貧寺ゆえ取立のため	隣寺同村円城院より兼帯	なし	檀中より俗の者差置
円蔵院	門徒	朝夷郡下瀬戸村	千倉町	正福寺	天保12年		前円蔵院隠居隆栄罷在相勤		
円蔵院	門徒	朝夷郡大貫村	千倉町	大竜寺	文政4年		隣寺大貫村小松寺より兼帯	上瀬戸村金仙寺隠居頼	
円蔵院	門徒	安房郡北条村	館山市	塩蔵院	文化10年8月	再建のため	隣寺大貫村小松寺より兼帯	なし	檀中より俗の者差置
円蔵院	門徒	平郡勝山村	鋸南町	大乗院	天保14年2月	交代	本寺円蔵院より兼帯	なし	檀中より俗の者差置
円蔵院	門徒	平郡本郷村	鋸南町	観音寺	不明	貧寺ゆえ取立のため	本寺円蔵院より兼帯	なし	檀中より俗の者差置
円蔵院	門徒	朝夷郡川合村	千倉町	長福寺	不明	貧寺ゆえ修理造営のため	貧寺ゆえ修理造営のため	なし	檀中より俗の者差置
円蔵院	門徒	朝夷郡久保村	千倉町	積蔵院	文政6年3月	修覆造営のため	隣寺白子村金剛院より兼帯	なし	檀中より俗の者差置
円蔵院	門徒	朝夷郡加茂村	丸山町	円鏡寺	文化10年8月	建立のため	隣寺沓見村東光院より兼帯	なし	檀中より俗の者差置
円蔵院	門徒	朝夷郡沼村	和田町	宝樹院	天保11年	修覆造営のため	隣寺海発村建福寺兼帯	なし	檀中より俗の者差置
円蔵院	門徒	朝夷郡岩糸村	丸山町	大正寺	天保13年	住持死去、観音堂焼失（天保10年正月）建立のため	同門徒岩糸村青龍寺	なし	檀中より俗の者差置
円蔵院	門徒	朝夷郡沼村	和田町	沼蓮寺	天保14年6月	交代	隣寺上三原村宝性院より兼帯	前沼蓮寺弟子智例房差置	
円蔵院	門徒	朝夷郡吉浦村	鴨川市	東岳寺	不明	貧寺ゆえ修覆造営のため	隣寺江見村浄照寺より兼帯	なし	檀中より俗の者差置
円蔵院	門徒	長狭郡波太村	鴨川市	円正院	天明5年7月	建立のため	江見村浄照寺	なし	檀中より俗の者差置
円蔵院	門徒	長狭郡曾呂村	鴨川市	林浄院	文政8年	天保13年11月焼失、建立のため猶又無住	隣寺青木村薬王院より兼帯	なし	檀中より俗の者差置
円蔵院	門徒	長狭郡波太村	鴨川市	宝幢院	天保8年	修覆造営のため	隣寺青木村薬王院より兼帯	同門徒江見村前浄照寺弟子智観差置	
円蔵院	門徒	朝夷郡柴村	和田町	西福院	天保9年	修覆造営のため	隣寺大貫村小松寺より兼帯	小松寺弟子覚浄房差置	
勝福寺	門徒	長狭郡川代村	鴨川市	福寿院	天保7年3月	住職交代につき修覆のため	本寺勝福寺より兼帯	なし	檀中より俗の者差置
勝福寺	門徒	長狭郡太尾村	鴨川市	滝山寺	天保14年3月	住持病死間もなく	隣寺下打墨村龍蔵院より兼帯	なし	檀中より俗の者差置
勝福寺	門徒	長狭郡貝渚村	鴨川市	東福寺	天保3年極月	住持交代の節修覆のため	隣寺同村東勝寺より兼帯	なし	檀中より俗の者差置
勝福寺	門徒	長狭郡磯村	鴨川市	光性寺	不明	極小寺につき収納物積立寺徳につけるため	隣寺同村金剛院より兼帯	なし	檀中より俗の者差置
勝福寺	門徒	長狭郡	鴨川市	光福寺	天保2年	住持病死、後住	磯村金剛院より	なし	檀中より俗の者差置

表7　天保14年安房国新義真言宗無住寺院表

本寺等	寺格	村名	現自治体	寺院名	無住日時	事　由	寺役法要	留守居	火之番
智恩院	門徒	平郡下滝田村	三芳村	久音坊	天保11年	修覆のため	隣寺同村長福寺直勤	なし	檀中より俗の者差置
惣持院	門徒	安房郡沼村	館山市	高性寺	不明	不明	隣寺塩見村善栄寺兼帯	なし	檀中より俗の者差置
惣持院	門徒	安房郡塩見村	館山市	宝蔵寺	天保8年11月	焼失再建のため	隣寺同村善栄寺より兼帯	なし	檀中より俗の者差置
惣持院	門徒	安房郡香村	館山市	金剛寺	天保14年3月	住僧病死	隣寺塩見村善栄寺兼帯	僧了海を差置	
惣持院	門徒	安房郡笠名村	館山市	長泉寺	文化8年8月	焼失再建のため	本寺惣持院より兼帯	なし	檀中より俗の者差置
惣持院	門徒	安房郡笠名村	館山市	林光院	不明	無住のため旧記なく不明	本寺惣持院より兼帯	なし	檀中より俗の者差置
惣持院	門徒	安房郡上須賀村	館山市	観乗院	文政13年2月	修覆造営のため	本寺惣持院より兼帯	なし	檀中より俗の者差置
惣持院	門徒	安房郡上須賀村	館山市	広徳院	天保5年2月	修覆造営のため	本寺惣持院より兼帯	なし	檀中より俗の者差置
惣持院	門徒	安房郡真倉村	館山市	秀明院	天保14年4月	住持交代	本寺惣持院より兼帯	なし	檀中より俗の者差置
惣持院	門徒	安房郡真倉村	館山市	千光寺	不明	不明	本寺惣持院より兼帯	なし	檀中より俗の者差置
小網寺	門徒	安房郡南条村	館山市	観音寺	天保11年8月	再建のため	本寺小網寺より兼帯	なし	檀中より俗の者差置
小網寺	門徒	安房郡神余村	館山市	来迎寺	不明	不明	佐野村千葉院より兼帯	なし	檀中より俗の者差置
小網寺	門徒	安房郡伊戸村	館山市	真福寺	不明	不明	隣寺同村円光寺より兼帯	なし	檀中より俗の者差置
小網寺	門徒	安房郡伊戸村	館山市	千福寺	不明	不明	隣寺同村円光寺より兼帯	なし	檀中より俗の者差置
小網寺	門徒	安房郡川名村	館山市	福蔵寺	文政6年11月	極貧寺につき収納物積立寺徳につけるため	隣寺同村持明院より兼帯	なし	檀中より俗の者差置
小網寺	門徒	安房郡神余村	館山市	松野尾寺	天保11年2月	交代	隣寺同村安楽院より兼帯		
小網寺	門徒	安房郡永代村	館山市	宝幢院	文政10年9月	極貧寺につき収納物積立寺徳につけるため	隣寺岡田村西光寺より兼帯	なし	檀中より俗の者差置
小網寺	門徒	安房郡出野尾村	館山市	安養院	不明	不明	本寺小網寺より兼帯	なし	檀中より俗の者差置
遍智院	門徒	安房郡犬石村	館山市	玉蔵院	文政10年	極貧寺につき収納物積立寺徳につけるため	本寺遍智院より兼帯	なし	檀中より俗の者差置
遍智院	門徒	安房郡北竜村	館山市	千竜寺	文政13年	再建のため	本寺遍智院より兼帯	なし	檀中より俗の者差置
遍智院	門徒	安房郡大神宮村	館山市	日祥院	文化10年	焼失再建のため	隣寺同村千歳寺より兼帯	なし	檀中より俗の者差置
遍智院	門徒	安房郡根本村	白浜町	福寿寺	天保10年6月	交代	隣寺滝口村千光寺より兼帯	なし	檀中より俗の者差置
遍智院	門徒	安房郡松岡村	館山市	正見院	天保14年4月	極貧寺につき収納物積立寺徳につけるため	本寺遍智院より兼帯	なし	檀中より俗の者差置
紫雲寺	田舎本寺	安房郡滝口村	白浜町	紫雲寺	天保4年正月	焼失再建のため	隣本寺大神宮村遍智院より兼帯	門徒輪番	
紫雲寺	門徒	安房郡滝口村	白浜町	観乗院	天保11年8月	修覆のため	隣寺朝夷郡白浜村宝泉寺より兼帯	なし	檀中より俗の者差置
紫雲寺	門徒	安房郡滝口村	白浜町	石戸寺	天保11年11月	再建のため	隣寺朝夷郡白浜村宝泉寺より兼帯	なし	檀中より俗の者差置
紫雲寺	門徒	安房郡滝口村	白浜町	西福院	天保13年正月	交代	隣寺南条村神宮寺より兼帯	なし	檀中より俗の者差置
紫雲寺	門徒	安房郡滝口村	白浜町	長福寺	天保14年2月	交代	隣寺南条村神宮寺より兼帯	なし	檀中より俗の者差置

表8　天保14年安房国新義真言宗寺院無住事由・年数表

	① 無檀無禄（含不明）	② 建立・再建・修復（含積立）	③ 焼失再建	④ 貧寺・積立・取立	⑤ 隠居・留守居居住	⑥ 相応の人体なし	⑦ 交代・住持死去	⑧ 不明・畳置	計	隠居・留守居あり（内数）
不明	6	4		3				11	24	
天明 5(58)		1							1	
寛政 12(43)				1					1	
文化元(39)		1							1	
文化 8(32)		1		1					2	
文化 10(30)		2	1	1					4	
文化 11									0	
文化 12									0	
文化 13(27)		1							1	
文化 14									0	
文政元(25)				1					1	
文政 2(24)		1							1	1
文政 3									0	
文政 4(22)					1				1	1
文政 5									0	
文政 6(20)		1		1					2	
文政 7									0	
文政 8(18)			1						1	
文政 9(17)				1					1	1
文政 10(16)				2					2	
文政 11(15)				1	1				2	
文政 12									0	
文政 13(13)		2							2	1
天保 2(12)						1			1	
天保 3(11)		1			1				2	1
天保 4(10)			2						2	1
天保 5(9)		1							1	
天保 6(8)			1		1	1			3	
天保 7(7)		2	1				1		4	1
天保 8(6)		1	1			1	1		4	1
天保 9(5)		1					1		2	1
天保 10(4)		4				1		1	6	1
天保 11(3)		9					1		10	1
天保 12(2)		3	2		1				6	1
天保 13(1)		5	3		1	1	5		15	1
天保 14(0)				1		1	8		10	3
計	6	41	12	13	6	6	17	12	113	16

註1)　一番左の欄は無住となった年。括弧内は無住となっている年数。事由は本文139・146頁の①～⑧に相当する。

2)　本表作成に用いた史料については、本文註(6)(7)(8)を参照。

より以前（不明を含む）と、十年前より以後の数とを記した。
「それぞれの数を、あらためて、「全数（帳作成の十一年前より以前〈不明を含む〉・十年前より以後）」のように示すと、①六（六・〇）、②四一（二五・一六）、③一二（二・一〇）、④一三（一二・一）、⑤六（三・三）、⑥六（一・五）、⑦一七（〇・一七）、⑧一二（一一・一）となる。

②〜④は、いずれも一定年数を限って無住とし、通常は住職の収入となる分をもあわせてすべての寺院収入を再建などに充て、ないしは積み立てることを寺院所在村の村役人や檀家（惣代）などから本寺などに願い出て許可されたものと考えられる。本章ではこういった慣行を「無住契約」と呼びたい。無住契約については本章後半で事例分析を行う。無住契約を事由とした無住のうち、②③については無住期間がいまだ短期のものも多くみられるが、④は天保十四年中のものが一例みられるほかは十五年以上前から（ないしは年数不明）となっている。④の多く（と②③の一部）は、実質的に、恒常的な無住状態となっていたと考えられる。一方、⑥⑦についてはほとんどが無住期間十年以内に収まっており、多くが一時的な無住状態であると思われる。

以上にみた無住寺院は、そのほとんどが朱印寺社領を持たない門徒寺である[10]。単独で所在している無住寺院が過半を占めるが、一方で清澄寺や那古寺にみられるように、無住となった日時がわからない塔頭や衆徒が多くみられ、在地の複合的な寺院が早期から規模を縮小していたことをみて取ることができる。また、無住契約による無住の事例が多いことも注目される。次にその事例を具体的にみてみよう。

宝珠院	那古寺	計
57	16	253
15	8	113
26.3	50.0	44.7

中に記した。

ントである。

表9　寺院本末組織・衆分組織ごとの無住寺院比率

	智恩院	惣持院	小網寺	遍智院	紫雲寺	円蔵院	勝福寺	成就院	清澄寺
寺　院　数	10	14	34	13	10	54	22	40	13
無住寺院数	1	9	8	5	6	19	12	21	9
無住寺院率	10.0	64.3	23.5	38.5	60.0	35.2	54.5	52.5	69.2

註1)　寺院数は延宝3年、無住寺院率は文化14年6月時点のものである。使用史料は本文
使用史料については本書第Ⅰ部第二章をも参照されたい。
2)　例えば、「智恩院」とは、智恩院ならびにその配下寺院を示す。無住寺院率はパーセ

二　無住契約の具体例——江田村西光寺

宝珠院文書中には、先述した無住願い出の願書が散見される。ここで紹介する江田村（現館山市）西光寺の事例については、無住をめぐる史料がとくに纏まっており、ここから無住中の寺院運営のあり方を知ることができる。西光寺は宝珠院門徒で朱印地はない。江田村は内陸部の平野に位置し、村高三八四石余で天保頃の家数二六軒であった(11)。西光寺は明治維新後も廃寺に至ることなく存続している。

西光寺の無住契約を伝える最も古い史料は宝暦十三年（一七六三）のものである。これは宝珠院文書に残る無住契約の願書として最も古いものである。

〔史料一〕(12)

差上ケ申一札之事

一、当村西光寺貧寺ニ而修覆等も出来兼候ニ付四五ヶ年之無住相願候所、二ヶ年之無住被仰候得共、右貧寺之義二ヶ年之無住ニ而者修覆等も出来申間敷と奉存候、然共又候御願難申上、先一ヶ年無住ニ而寺徳ヲ見合、来年ニ罷成候ハヽ、無住之御願申上候共、又者後住御願申上候共可仕候、其節宜被仰付可被下候、仍而一札如件

江田村

名主
与右衛門㊞
組頭
六兵衛㊞
同断
伝　蔵㊞

宝暦拾三癸未年三月

宝珠院様
御役者中

先に修覆のため四・五ヶ年の無住を願い出たが二ヶ年の許可に留まった。しかし貧寺ゆえに二ヶ年の無住では修覆もおぼつかないので、まず一ヶ年の無住の後に寺付の財産を検討し、さらに無住を願い出るか、後住を願い出るかしたいという願書である。ここでは願い出に村役人のみが名を連ねているが、以降は檀家（惣代）を肩書とする者も願書・済口などに名を連ねている。

次に、安永八年（一七七九）には、西光寺住持の隠居をめぐる争論の済口[13]が作成されている。安永七年、村方は、西光寺住持の得岸が病身のため寺役を勤めがたいので隠居を申し付けるよう宝珠院役僧まで願い出た。それに対して得岸は、病身ではあるが快方に向かっており、やがて全快するであろうから「永住」（転住することなく、終身、同一寺の住職を勤めるということであろう）を命ぜられるよう宝珠院に願い出た。双方の主張は平行線を辿り、得岸が江戸触頭に永住を願い出るに至った。江戸触頭は和談を命じて帰村させた。そして、得岸を隠居とし、西光寺を無住とする内済が成立した。

済口によれば、西光寺の、一ヶ年の田方作徳と利米とをあわせて米一一俵一斗八升、畑方からの一季分の売上が金一両と銭一貫二〇〇文であった。そこから年貢米三俵・銭一貫二〇〇文と、(無住中の)留守居扶持米一俵一斗八升とを引き、残る一ヶ年分の田畑作徳は米六俵と金一両であった。そして、当安永八年から天明元年(一七八一)まで三ヶ年無住として作徳米一八俵・金三両を積み立てて村方が預かり、得岸への弁金を差し引いた分で西光寺を修覆することを定めた。

積立分から得岸に渡される分は金五両である。その他、得岸の法類の龍嶋村極楽寺徳山から香花燈明小遣いとして合力される分が金五両、村内の与右衛門・半平(両者の倅が得岸から手習い指南を受けていた)からの合力が金二両、以前薬師堂建立を企てた節、得岸が預かっていた勧物金・賽物金を、村方相談のうえ、得岸への合力とする分が金四両であった。以上計、金一六両が得岸の諸賄金で、塩噌・薪、その他諸入用をここから賄う。

一方、別に金一〇両を得岸隠居扶持料として村方惣百姓より出金し、世話人方へ渡すことも定められた。済口によれば、本来村方から扶持料を差し出すいわれはないが、得岸を引き取る者もなく、得岸には老母もいることから、取扱人が扶持料を出すように頼んだ。村方は扶持料を年ごとに渡すことを提案したが、得岸の頼みにより金一〇両を一時に渡し、名主伝蔵と与右衛門・半平の三人を得岸・村方の双方より世話人に頼み、世話人が扶持料を管理して、その利分のうちから飯料を一ヶ月ごとに得岸に渡すことにした。そして、扶持料で田畑を質物にとるか、扶持料を貸し出す場合は、証文に名主・組頭・百姓代が加判することとなった。以上のように、都合、金二六両が得岸の隠居諸賄金と定められたのである。

さらに、西光寺は無住のあいだ本寺より村方が預かること、寺役は村方に差し支えがないよう隣寺へ渡すことが定められた。また、得岸の隠寮は西光寺境内に造り、費用は得岸が負担すること、その修覆には後住・村方とも関わらないが、作事人足は村方から「三宝助人足」として出すことも定められた。

その後も西光寺の経営は安定しなかったようで、断続的に無住となっていたことが確認される。文化元年（一八〇四）には住職青海が駆け落ちしており、[14]文化三年には、先に五ヶ年無住を願っていたが、このたび指茅（屋根修理）をしたいので大井村明王院弟子を住持に仰せつけられたいという旨の願書が出されている。[15]詳細は書かれていないが、住職が指茅を請け負うことになるのであろう。文化八年には、四・五ヶ年無住にして、地務・檀施をもって修復し、かつ寺禄を増やす旨の無住願いが出されている。[16]

天保六年（一八三五）には真明法印なる僧から西光寺へ寄付された金二〇両のうち村役人が預かっている九両を造作の入用に充てることを願い出ているが、[17]このとき、旦家・村役人・法類（真明の法類か）・隣寺のみが署判しているので、住職はいなかったものと思われる。天保九年にも無住であったようで、

先年再建したが、収入の乏しい寺柄で、いまもって造作などが行き届きかねている。よって、隣寺・村役人・檀家中相談のうえで、もし「晩年無出世」（年輩だが住職たるべき要件を満たしていないということであろう）の僧があればその者を看住職（仮の住職）に願い上げ、寺の収入のうちから修覆を加えたい。

と願い出ている。[18]しかし天保十二年には、「住職が長須賀村玉蔵院に移転したが、天保十年に類焼してしまったため、借用金返済・再建のために七ヶ年無住にしたい」と願い出ている。[19]第一節で検討した天保十四年の無住寺院取調帳には、

天保十亥年類焼後仮り住居ニ付、右為再建之同十二丑年住持交代之節ゟ無住ニ而、当時寺役法用等同郡竹原村浄蓮院ゟ兼帯相勤、火之番ニ村方世話人ゟ俗之者差置申候、

と記されている。その後、慶応三年（一八六七）には住職がいたことを確認できる。[20]

なお、無住契約は、ひとり安房の新義真言宗寺院のみにみられるものではなく、他宗・他地域にもみられるものである。管見の限りでは、まず、安永六年（一七七七）、大和国山辺郡布留村（現奈良県天理市）の大念仏宗大念寺において、「旦那共惣代年寄」と兼帯の僧とを差出として、借金返済・修覆のために、檀那の老人の禅門を留守居とし、寺役は岩室村（天理市）金蔵寺の蓄山が勤めることとして、当分の無住が願い出されている(21)。さらに、嘉永二年（一八四九）、安房国平郡上滝田村（現安房郡三芳村）の曹洞宗竜喜寺で、檀中による新田開発の完遂のために三ヶ年無住が願い出されている(22)。

また、宝珠院文書に遺されている無住契約の願書のうち、宝珠院門徒に関するものは、西光寺の事例と同様に、村役人・檀家惣代・隣寺などを差出としている。しかし、文化三年の、田舎本寺たる遍智院（朱印地は有さない）に関する、門中（遍智院の門徒中）の願いとして、貧寺につき四年間看住を命ぜられたいとする願書では、差出が門徒惣代千歳寺のみとなっている(23)。つまり、寺院の性格によっては、無住契約に、寺院所在村や檀家組織が関わらない場合もあるのである。無住契約は、このように地方教団組織の僧侶集団によっても願い出されることに鑑みると、本寺・触頭による配下寺院の管理、すなわちその堂舎や、安定した寺院経営の維持と関係した制度なのではないかと推測される。しかしいうまでもなく、教団法との関連などをも含め、なお事例を博捜して評価を行う必要がある。

さらに、ここでみた西光寺や遍智院の事例からは、無住契約を行ったうえで看住などが居住する場合もあることがわかる。つまり、正式の住職を置くことによって掛かる費用が寺院の支出のうえで大きな部分を占め、収入の乏しい寺院の場合、住職が檀用を勤めることによる収入を差し引いてもなお、無住にした方が多額の収支残金を得ることが可能であることがわかる。そして、第一節で確認された無住契約の多さと考えあわせれば、こういった収支状況は教団末端の寺院で広範にみられたといえよう。

おわりに

以上、本章では、天保十四年段階における安房新義真言宗の無住寺院について、無住となった事由や期間などについて分析を行った。さらに、その事由のなかでも、住職交代時の一時的な無住と並んで大きな比重を占める「無住契約」の具体例について紹介を行った。天保十四年の無住寺院取調の政策論的検討や、無住契約の性格をめぐる検討など、さらなる調査のうえ、取り組むべき課題が多い。

冒頭で述べた課題の繰り返しになるが、すでに圭室文雄氏は、祈禱に宗教活動の重点を置いた宗派においては近世後期に廃寺が漸増し、寺請制に適合的な教義体系を持った宗派に対して相対的に教線の後退をみたとしている(24)。また島薗進氏は、神仏儒のなかで、近世を通じて仏教勢力、とくに顕密寺社の影響力の後退があったと捉えている(25)。さらに神田秀雄氏は、近世中期以降民衆の宗教生活の全体に占める檀那寺や産土神の位置が相対的に低下して、共同体外の宗教的次元が重要性を増していくとしており(26)、高埜利彦氏も、檀那寺を通した仏教は近世後期における信仰的要求に応えるものではなかったとしている(27)。もちろん単純な数量的分析などは排さねばならず、かつ社会状況のなかで捉えるという視点を欠いてはならないが、寺院経営とそこで行われる活動の動向を、神仏分離・廃仏毀釈を視野に入れ、宗教生活や信心などの変容との関連からも検討していく必要があるだろう。

さらに、僧侶集団の動向に関しては、無住寺院について、そもそも近世的本末関係の確立時において、本末帳において確定された寺院本末組織がどれほどの内実を有していたのかということや、あるいは本寺や田舎談林における一般僧侶の学業の盛衰との関連からも考察を進めうるのではないだろうか(28)。

註

（1）本書第I部第二章「地方教団組織の構造（一）――安房国新義真言宗の寺院組織――」（「近世安房国における新義真言宗の寺院組織」『千葉県史研究』八、二〇〇〇年を改稿・改題）参照。

（2）宝珠院文書　目録番号654―検索番号一三九九（番号は三芳村教育委員会編『宝珠院歴史資料目録』三芳村、一九九七年による）「天保十四歿年六月　国中無住取調日記　林光院恵順」。

（3）竹貫元勝『近世黄檗宗末寺帳集成』（雄山閣出版、一九九〇年）一五頁。

（4）『高尾山薬王院文書』第二巻（法政大学）、四二三号文書、千葉県印旛郡酒々井町東光寺所蔵文書C―一―二四「差上申一札之事」、I―二―五四―三「無住寺院取調帳」。

（5）無住寺院取調についての本格的な検討は今後の課題としたいが、無住に関しては、この段階では『御触書天保集成』（下巻〈高柳眞三・石井良助編、岩波書店、一九四一年〉四二七六号）に、寛政六年九月付で三奉行宛の、

遠国寺院のうち、①無檀無本寺などで、宗旨の定めなく望みの僧に住職させ、住職が死去して後住を望む僧がいない場合は長く村持ちとしておき、その上で相応の僧を村方から見立て住職させるか、あるいは住職を望む僧から村に相談して住職をする場合、および、②本寺の本末帳に記載されていないのに現地では一ヶ寺の寺院としての体裁をなし、宗旨も定まり、住職の働きで（寺付財産の）寄進なども行って、その宗旨の本寺・触頭をたより、『載帳』と称して本末帳に記載する場合があると聞くが、以後①②のような寺院が無住になった際は、現地で差し障りのない分については廃寺に申しつけよ。ただしこれはあらかじめ寺院に達しておくべきことではなく、その時どきに調査のうえ、寺社奉行に問い合わせて取りはからえ。

という内容の法令を触れるべき旨の達が収められている。

なお圭室文雄氏は、この法令を、密教系寺院が、幕藩領主による祈禱の規制と、御師などの宗教者との競合とにより経営を悪化させ、結果生じた無住寺院が有力寺院により編成される動きを封じるための政策であるとしている。そして、各宗本山寺院の末寺拡大の手口、および、幕府が寺院の絶対数を削減している様子がわかる史料だと位置づけている（圭室文雄『日本仏教史　近世』吉川弘文館、一九八七年）。

（6）宝珠院文書　番号656―検索番号四一二。

（7）宝珠院文書　番号655―検索番号四〇六（智恩院）、宝珠院文書　番号657―検索番号四二一（長福寺）、宝珠院文書　番号658―検索番号四二五（紫雲寺）、宝珠院文書　番号659―検索番号四二六（成就院）、宝珠院文書　番号660―検索番号四三九（遍智院）、宝珠院文書　番号661―検索番号四三八（円蔵院）、宝珠院文書　番号662―検索番号四三七（清澄寺）、宝珠院文書　番号663―検索番号四三六（小網寺）、宝珠院文書　番号664―検索番号四二九（那古寺。『千葉県の歴史』資料編近世2〈安房〉三一四号）、宝珠院文書　番号665―検索番号四三〇（惣持院）。

（8）宝珠院文書　番号639―検索番号四四二。

（9）帳中では「寺徳」という語が用いられている。この語は収納自体を指す場合もあるが、ここでは寺付の財産のことを示すと解釈した。

（10）宝珠院文書　番号119―検索番号三一九「房州諸寺院本末帳」ほか。

（11）「角川日本地名大辞典」編纂委員会・竹内理三編『角川日本地名大辞典』一二　千葉県（角川書店、一九八四年）。

（12）宝珠院文書　番号132―検索番号四〇一「末寺門徒中より願書等綴」より。

（13）宝珠院文書　番号260―検索番号三六〇。差出は西光寺隠居得岸、龍嶋村極楽寺住持徳山、江田村名主伝蔵、与頭善兵衛、百姓代常右衛門、檀家惣代勘左衛門、与右衛門、忠蔵、龍嶋村取扱人庄右衛門、本織村取扱人善平、竹原村立合遍照院、本織村隣寺宝積院。宛所は宝珠院役者衆中。

（14）宝珠院文書　番号132―検索番号四〇一「末寺門徒中より願書等綴」より。

（15）宝珠院文書　番号132―検索番号四〇一「末寺門徒中より願書等綴」より。

（16）宝珠院文書　番号71―検索番号四二七「末寺門徒中より願書等綴」より。

（17）宝珠院文書　番号533―検索番号七五七。

（18）宝珠院文書　番号573―検索番号七八八。

（19）宝珠院文書　番号622―検索番号九二八。

（20）宝珠院文書　番号938―検索番号七六七

（21）『改訂天理市史』史料編第二巻、一四六・一四七頁。なおこの事例では、享保十八年（一七三三）の村明細帳（『改訂天理市史』史料編第三巻、三〇七～三一一頁）に、

一　除地　本尊阿弥陀　「惣」〔加筆〕村惣ゝ持
右境内　八間三尺ニ六間　壱畝弐拾壱歩、高弐斗三升八合
一　右境内寺梁行四間半、桁行弐間　大念寺　藁葺
とあり、宝永二年（一七〇五）の寺社改帳〈『改訂天理市史』史料編第二巻、一二七―一二九頁〉にも同様の記述がある。

また、元文二年（一七三七）村明細帳（『改訂天理市史』史料編第三巻、三一一―三一六頁）では、
一　除地本尊阿弥陀　河州茨田郡佐太村来迎寺末寺　宗旨寺　村惣持
長五間三尺　上畑壱畝弐拾壱歩　大念寺
右境内　横六間　高弐斗三升八合
外ニ除地と申寺領〔ママ〕もハ無御座候
とある。先にみた西光寺の安永八年の事例の場合、本寺から村方が西光寺を預かるとされているのに対し、ここでは、境内除地、ないしは大念寺そのものが「村持」であると認識されている。

(22)『三芳村史編纂資料』Ⅱ、一九八一年、一八五・一八六頁。
(23) 宝珠院文書　番号166―検索番号一一四〇より。宛所は宝珠院役院中。
(24) 前掲註（5）『日本仏教史　近世』。
(25) 島薗進「〔総説〕一九世紀日本の宗教構造の変容」（『岩波講座近代日本の文化史』二　コスモロジーの「近世」、二〇〇一年）。
(26) 神田秀雄「信心の変容と新たな救い」（『日本の近世』一六　民衆のこころ、中央公論社、一九九四年）。
(27) 高埜利彦「江戸幕府と寺社」（『講座日本史』五　近世一、東京大学出版会、一九八五年。のち同『近世日本の国家権力と宗教』東京大学出版会、一九八九年に収録）。
(28) 村山正榮編『智積院史』（弘法大師遠忌事務局、一九三四年）第一編第二四章「一山の盛衰と智山の学風学問」。
〔付記〕本章作成にあたっては、史料の利用に関して真言宗智山派宝珠院（住職石川良泰氏）、真言宗豊山派東光寺（住職酒井照法氏）、ならびに千葉県史料研究財団の御協力を得た。末筆ながら記して御礼申し上げる。

第Ⅱ部　寺檀関係論

第一章　近世後期の寺檀関係と檀家組織

――下越後真宗優勢地帯を事例として――

はじめに

寺檀制度のもとで近世社会にほぼ網羅的に浸透していた宗判寺檀関係の実態の解明は、近世国家における宗教統制および人別把握の検討においてのみならず、村落・都市・地域社会の実態や、(1)諸階層の思想・観念形成の検討に際しても、ひとつの基礎作業として、あらためて研究の対象とすべき問題であると考える。

寺檀制が、本末制とともに辻善之助氏により「仏教の形式化」の中心として捉えられて以来、(2)寺檀関係は、近世仏教史研究の中心的テーマのひとつに据えられた。そして従来の近世仏教史や近世史の諸研究では、寺檀関係は「寺檀制度」への着眼から、主として字義通りに「寺院と檀家との関係」として、あるいはまた権力と仏教・民衆との関係についての観点から、検討されてきたように思われる。しかし寺檀関係は同時にまた、檀家組織（＝「檀中」）としての檀家同士の関係いかんという観点からも捉えられよう。(3)さらに、同一地域における寺院の檀家と非檀家との、ないし檀中と非檀中との関係は、寺檀関係の周辺的関係として検討すべき対象となろう。こういった視角は、在地における寺檀関係の存立構造を解明する上でも有効であろう。この点に関して、すでに竹田聴洲氏は「近世寺院史への視角《アプローチ》」[4]のなかで、近世的檀家制・寺檀制度成立の具体的様相とその原初的形態の具体相、および庶民の「家」の確立と近世的寺檀制との関係を解明する必要性を指摘すると同時に、寺院の護持組織（檀家集団）が地域社会（自檀・他檀・非檀を含む）に占める位置を明らかにすることの必要性を説いている。

竹田氏の問題提起で注目すべきは、その問題関心の重心が、主に寺檀関係の成立に置かれているということである。もちろん近世の寺檀関係を検討するにあたって、その成立の検討は不可欠である。しかし近世社会の展開のなかにおける中・後期の寺檀関係の検討もまた――逆にそれを近世社会の特質を解明する素材として捉えるという観点からすればなおさら――必要であると考える。そして、竹田氏自身、実際に寺檀関係を対象とした研究を行っているが[5]、そのフィールドはおおむね畿内周辺の、寺檀関係が一村内で完結するなどの比較的単純な地域に多く求められ[6]、檀家組織に関しては、同族団を構成単位とした事例の検討もなされている。

だが、近世における寺檀関係は、地域や、宗派の分布の具合により、明らかに多様な様相を呈しており、村や町と寺檀関係との関係に関していえば、むしろ、一村・一町のなかに、遠近に分布する多数の寺院の檀家が存在するという寺檀関係の

表10　明治4年与板町上町宗派別檀家数表

	丸檀家	男方檀家	女方檀家	＊	寺数
真宗　西派	82	5(W4, E1)	6	87.5	9
同　　東派	80	2(W1, E1)	2	82	18
同仏光寺派	2	0	0	2	1
真　宗　計	164	7	8	171.5	28
曹　洞　宗	8	0	0	8	1
真　言　宗	3	1(W1)	0	3.5	2
時　　　宗	1	0	0	1	1
日　蓮　宗	10	0	0	10	5
与板町内寺院計(内数)	111	4	8	117	5
総　　　計	186	8	8	194	37

註1)　与板町史編さん室借受下田・両角家文書3―381「明治四年三島郡与板町宗旨御改下牒　上町町代両角勘兵衛組」（下田・両角家所蔵）より作成。
なお、これは旧与板町内で唯一現在伝来が確認される宗門帳である。

2)　括弧内は女方檀那寺の宗派。W＝真宗西派、E＝真宗東派。

3)　＊は男方檀家または女方檀家を0.5として計算した合計値。

錯綜状態がみられる地域も多かった。(7)これについては実証研究によって類型化を行っていく必要があるが、とりあえず本章では上記の場合を「寺檀関係錯綜状態」と呼ぶ。そして現段階では、児玉識氏の、近世仏教史研究に対する「これまでの研究においては、一部の現象から全体を類推する傾向が強く、そのため近世仏教の多様性が無視されがちであった」(8)という批判を念頭に置きつつ、近世の寺檀関係の検討にあたり、寺檀関係の村や町との関係における多様さに鑑みて、さしあたり事例の蓄積と仮説の提示とに努めることが必要であると考える。

表11　与板組宗派別檀家数表

	檀家数	寺数
真宗　西派	308	15
同　東派①	430	22
同仏光寺派	29	2
真宗計	767	39
曹洞宗	24	5
真言宗	39	7
時宗	3	1
日蓮宗	19	4
浄土宗②	(2)	(1)
総計③	852	56

註1)　与板町歴史民俗資料館収蔵(与板町所蔵)新木家文書126の3「天保十三壬寅年従三月十三日改　宗旨御改関守　与板組割元所」より作成。なお、与板組には、与板村の地方は含まれるが、町方(＝与板町)は含まれない。

2)　①は、別に「弘化二年新寺」として一寺、一檀家が記されているが、ここでは除いた。

3)　②は「庵主斗」の注記があるため、③からは除いた。

4)　本帳では、半(複)檀家と丸檀家とを区別せずに記しているものと思われる。

本章では、叙上の問題関心から、檀家組織に着眼し、寺檀関係を村・地域および諸信仰のなかで多面的に考察することを試みる。具体的には、下越後真宗優勢地帯に包摂され、(9)寺檀関係錯綜状態にある越後国三島《さんとう》郡の与板《よいた》村周辺地域（〔表10〕〔表11〕、および後掲〔表13〕を参照）を主な事例として、まず檀家組織の実態を検討し、次に寺檀関係を諸信仰のなかに位置づけて捉えるために、寺檀関係を超えた宗教施設と民衆との関係の実態について検討を加える。そしてこれらの検討、とくに後者からは、宗教施設と周辺の村・町・地域との関係いかんという論点も、課題発見的に導きたい。

一　村落の寺檀関係錯綜状態と「檀中」

1　本与板村の概況と寺社

三島郡本与板村《もとよいた》（現新潟県三島郡与板町本与板）は、地図〔図2〕にみられるように南を与板藩の主邑与板村、北を馬越村、西を三島丘陵、東を信濃川に囲まれ、山沿いのいくつかの谷口を中心として集落が南北に連なっている。庄屋大平《おおだいら》覚兵衛の「日記」(10)（以下「日記」と略す）の記述から、少なくとも近世後期には本与板村は南から北へ、本村＝本与板、塩之入、瀧谷、当之浦の四集落から形成されていたと考えられる。本与板村は文政三年（一八二〇）に井伊氏与板藩領に編入されると、与板組に属し、割元新木氏(11)の触下に属することとなった(12)。村高は、慶応二年には「御国役高」八三四石二升四合、「御用金高」七九六石六斗一合、「当時有高」七〇五石四斗一升二合である。少なくとも安政期以降の段階で、本与板村は四つの組に分かれており、それぞれ弥右衛門・金左衛門（権之助）・庄左衛門・六郎右衛門の四組頭の名をもって呼ばれていた。集落と組との関係は、当之浦が一組、瀧谷と塩之入とをあわせて一組、そして本村が二組となっていたのではないかと思われる。

次に、村役人と村内階層についてであるが、まず、庄屋および各組の組頭は原則として世襲されたと思われる。また、庄屋・組頭の他に長百姓ないしは惣百姓代と呼ばれる者が一名いる。その一方、毎年各組ごとに一名ずつ百姓惣代が入札で選ばれたが、これは必ずしも「重立百姓」から選ばれるわけではなかった。次に重立百姓および「小前之内重立百姓」についてであるが、「日記」文久三年（一八六三）十一月七日の記事からは、重立百姓一一人が確認でき、

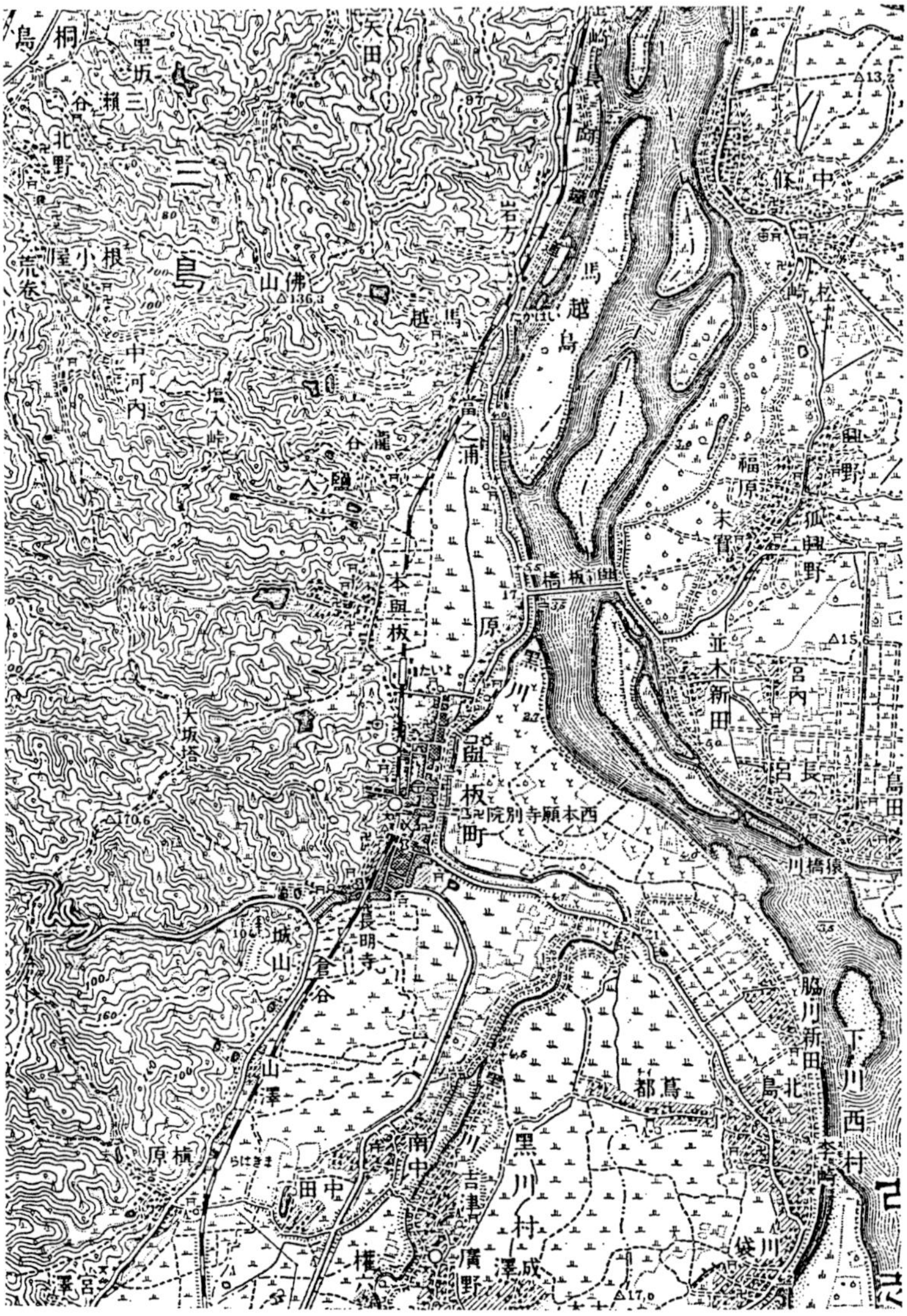

註）　陸地測量部 5 万分の 1 地形図「三条」（1911 年測図、1929 年鉄道補入）を使用した。

図 2　三島郡本与板村地図

これは後掲の〔表12〕の検討より、重立百姓を網羅していると考える。また「日記」安政三年（一八五六）七月十三日の記事からは、重立百姓八人（すべて上記の一一人のうちに含まれる）のほかに、「小前之内重立百姓」一六人（嘉助が右記の一一人と重複）が確認できる。さらに、「元治元子年十二月御年貢米勘定帳」[13]その他から作成した〔表12〕からわかることは以下の四点である。

① 所持高の多い者が、必ずしも、各組に均等に分散していない（弥右衛門組の例から）。

② 一般的傾向として、重立百姓（固定的村役人を含む）、小前之内重立百姓の順に、村内の所持高における上層を形成している。

③ 「安政三年本与板村宗旨御改帳」[14]などから作成した〔表13〕をもあわせ検討すると、所持高・地位と、宗派・檀那寺との間にはこれといった相関関係を見出すことができない。村内で五軒のみの日蓮宗檀家のなかにも、重立百姓、小前之内重立百姓が一軒ずつ含まれている。

④ 村外の高所持者およびその所持高（の総計）は少ない。

また、本与板村においては元治元年（一八六四）の段階で寺二軒・地中二軒のほかに百姓七三軒と名子四七軒とがあったことが知られるが、百姓・名子の別は、管見の限りでは、鎮守祭礼関係の日記記事（後掲の〔史料四〕を参照）以外には見出すことができない。

続いて、村内の寺院・仏堂・神社の概況に関して、後年の史料ではあるが、明治十六年（一八八三）の「神社・寺院・仏堂明細帳」に記録された状況を〔表14〕に纏めた。最初に寺院であるが、与板御坊の「御懸連名牒」[15]から、大橋小左衛門・船津勘七など与板の大商人に光西寺門徒がいることがわかり、〔表12〕などもあわせて考えると、円満寺が村内に大きな基盤を持つ一方、光西寺は、村内の寺檀的基盤は比較的小さいものの、与板町[16]などに有力檀家を有

(表12のつづき)

(氏)　　名	持　高	役地	高　計	地　位	弥右衛門組	檀　那　寺
安右衛門	4/16		4/16			西・明元寺
角左衛門	4/16		4/16			西・光西寺
甚四郎	4/16		4/16			東・円満寺
甚左衛門	3/16		3/16	重立		東・円満寺
孫七	3/16		3/16		○	東・法養寺
平右衛門	3/16		3/16		○	西・光西寺
忠左衛門	3/16		3/16		○	東・願念寺
弥四郎	3/16		3/16	小重		東・法養寺
光西寺	(寺地)		3/16 相当			――――
円満寺	(寺地)		3/16 相当			――――
松右衛門	2/16		2/16	小重		東・円満寺
甚九郎	2/16		2/16			東・円満寺
仙助	2/16		2/16			東・円満寺
伝左衛門	2/16		2/16			(不　明)
源八	2/16		2/16			東(浄覚寺 法養寺
兵右衛門	2/16		2/16		○	(不　明)
栄七	2/16		2/16		○	西・蓮正寺
源蔵	2/16		2/16		○	東・法養寺
忠七	2/16		2/16		○	西・光西寺
武左衛門	2/16		2/16		○	西・浄元寺
平吉	2/16		2/16			西・光源寺
与板・平次郎	2/16		2/16			(村　外)
与板・藤次郎	2/16		2/16			(村　外)
権六	1/16		1/16			東・円満寺
岩方村・彦八	1/16		1/16			(村　外)
九郎次	1/16		1/16		○	西・光西寺
久左衛門	1/16		1/16		○	東・浄善寺
嘉左衛門	1/16		1/16			西・蓮正寺
村内　69人・3寺 与板　3人 岩方村 1人 計　73人・3寺	40＋7/16 (含寺地)	2	42＋7/16 (含寺地)			

註1)　大平41―仮10「元治元子年十二月　御年貢米勘定帳」(付箋修正後の数値)をベースに作成。なお、高の単位は「○軒前」。一軒前→年貢割付約十九取。一取＝一俵≒四斗。

2)　例えば、「2＋10/16」とは、「2カ16分の10軒前」のことである。

3)　小作関係など、複雑な関係があるようであるが、それらは捨象し、データは高所持の名目に絞った。

4)　「地位」の欄の「重立」は重立百姓、「小重」は「小前之内重立百姓」である。典拠は、庄屋・組頭・長百姓・重立百姓については大平26「日記」文久三年十一月七日記事、小前之内重立百姓については大平25「日記」安政三年七月十三日記事である。

5)　「弥右衛門組」の欄は与板町歴史民俗資料館所蔵(寄託)山崎家文書(以下「山崎」)2―1「安政二年卯正月　関守　組頭弥右衛門」二月七日の人別改め記事による。なお、同記事によれば、兵右衛門の檀那寺は光西寺である。

6)　「檀那寺」の欄は、大平21―仮2「安政三丙辰年三月十三日　三島郡本与板村宗旨御改帳」による。

表 12　元治元年、本与板村内における所持高表

(氏)　　名	持　高	役地	高　計	地　位	弥右衛門組	檀　那　寺
与次右衛門	4＋10/16	2/16	4＋12/16	重立		西・蓮正寺
六郎右衛門	4＋ 7/16	2/16	4＋ 9/16	組頭		東・円満寺
弥右衛門	2＋11/16	2/16	2＋13/16	組頭	○	東・浄覚寺
伝之助	2＋10/16	2/16	2＋12/16	長百姓		東・円満寺
文四郎	1＋ 2/16		1＋ 2/16	重立		東・法養寺
弥五左衛門	1＋ 1/16		1＋ 1/16	重立		東・円満寺
金左衛門	1＋ 1/16		1＋ 1/16	組頭		西・光源寺
誓岸寺	1＋ 1/16		1＋ 1/16	光西寺地中		光西寺内
多左衛門	1		1	重立		日・本行寺
与板・三輪伝次郎		1	1			(村　外)
勘左衛門	14/16		14/16	重立		東・浄善寺
杢左衛門	14/16		14/16	重立		西・蓮正寺
嘉助	13/16		13/16	重立・小重	○	西・光西寺
杢右衛門	12/16		12/16			西・勝誓寺
伝兵衛	12/16		12/16	重立		東・円満寺
武兵衛	10/16		10/16			西・光源寺
幸七	10/16		10/16	小重		東(浄覚寺 浄善寺
伝右衛門	10/16		10/16	重立	○	西・明元寺
甚助	10/16		10/16	小重		東・法養寺
大平覚兵衛	2/16	8/16	10/16	庄屋		東・浄覚寺
甚五左衛門	9/16		9/16	重立		東・円満寺
与平	8/16		8/16	小重		東・浄善寺
徳助	8/16		8/16			西・光西寺
儀左衛門	8/16		8/16	小重		東・浄善寺
六左衛門	8/16		8/16	小重		東・円満寺
藤右衛門	8/16		8/16		○	東・浄覚寺
喜之右衛門	8/16		8/16			西・光西寺
庄左衛門	8/16		8/16	組頭		東・浄覚寺
市助	6/16		6/16	小重		東・円満寺
五郎兵衛	6/16		6/16			西・光源寺
重兵衛	6/16		6/16	小重		東・浄覚寺
多蔵	6/16		6/16	小重		日・本行寺
市太夫	6/16		6/16	小重	○	西・明元寺
九左衛門	6/16		6/16	小重	○	西・明元寺
瀬兵衛	6/16		6/16	小重		東・法養寺
孫兵衛	5/16		5/16			東・浄覚寺
五兵衛	4/16		4/16			東・円満寺
半左衛門	4/16		4/16			東・円満寺
定右衛門	4/16		4/16			(不　明)
重助	4/16		4/16	小重		(不　明)
伝五右衛門	4/16		4/16			東・法養寺
五右衛門	4/16		4/16			東・浄善寺
甚七	4/16		4/16		○	東・浄覚寺
紋右衛門	4/16		4/16	小重	○	西・光源寺
儀右衛門	4/16		4/16		○	西・蓮正寺
与七	4/16		4/16		○	西・明元寺
次左衛門	4/16		4/16		○	西・明元寺
林之助	4/16		4/16			西・光西寺

表13　安政3年本与板村寺別檀家数表

	丸檀家	男方檀家	①女方檀家	*	②弥右衛門組
真宗西派本与板村　光西寺	15	0	(円満寺) 1	15.5	8
与板町　明元寺	8	0	0	8	5
与板町　蓮正寺	9	0	0	9	3
馬越村　光源寺	③12	0	(浄覚寺) 1	12.5	2
阿弥陀瀬村浄願寺	1	0	0	1	1
熊之森村　勝誓寺	1	0	0	1	—
長岡町　唯敬寺	④ 1	0	0	1	—
真宗西派計　(7ヶ寺)	47	0	2	48	19
真宗東派本与板村　円満寺	35	1	0	35.5	4
岩方村　願念寺	1	0	0	1	1
根小屋村　法養寺	11	0	(浄覚寺) 1	11.5	3
北野村　浄善寺	8	0	(浄覚寺) 1	8.5	2
中野村　善正寺	1	0	0	1	—
見附　浄覚寺	⑤15	3	0	16.5	7
真宗東派計　(6ヶ寺)	71	4	2	74	17
日蓮宗　村岡村　本行寺	5	0	0	5	—
日蓮宗　計　(1ヶ寺)	5	0	0	5	0
本与板村内寺院(内数・2ヶ寺)	50	1	1	51	12
与板町内寺院(内数・2ヶ寺)	17	0	0	17	8
総　計　(14ヶ寺)	123	4	4	127	38

註1)　大平21—仮2「安政三丙辰年三月十三日　三島郡本与板村宗旨御改帳」および山崎2—2「安政三年辰正月吉日　関守　組頭山崎弥右衛門」から作成。
2)　①の括弧内は男方の檀那寺。
3)　②では、山崎2—2に記載されているものの、大平21—仮2で対応するものを比定できない2軒(うち浄善寺檀家1、光西寺檀家1)を含む。
4)　③には女性の出家1軒を含む。
5)　④は医師である。
6)　⑤には大平覚兵衛家を含む。
7)　*は男方檀家または女方檀家を0.5として計算した合計値。
8)　ちなみに、大平21—仮2における見附浄覚寺檀家の戸主は、丸檀家＝弥右衛門、永左衛門、藤右衛門、庄五郎(庄左衛門)、孫兵衛、本与板村甚平伯母くき、半七、久助、栗助、甚七、七左衛門、武右衛門、林右衛門、重兵衛、大平覚兵衛。男方檀家＝源八、幸七、仁太郎である。

表14　明治初頭の本与板村の寺院・仏堂・神社

〔寺院〕
○(西)光西寺(字袋谷)・〔創立〕慶長3〔檀徒〕160人
〔檀徒惣代〕本与板村ー田中林之助、大平良吉、与板町ー大橋小左衛門
○(西)誓岸寺(明治9年まで光西寺塔頭)・〔創立〕貞享3〔信徒〕50人
〔信徒惣代〕本与板村ー大泉辰右衛門
○(東)円満寺(字表通・明治まで高田本誓寺末)・〔創立〕不詳〔檀徒〕181人
〔檀徒惣代〕本与板村ー石黒伝平、吉荒伝五郎、三浦六三郎
○(東)一念寺(明治まで円満寺塔頭)・〔創立〕宝暦3〔信徒〕20人
〔信徒惣代〕…円満寺檀徒惣代に同じ

〔仏堂〕
○弘法大師堂(字塩ノ入)・〔創立〕不詳、明治16年段階では、受持寺は与板曹洞宗徳昌寺で「従前」村持(信徒数147人)、塩井に関わる伝承あり。

〔神社〕(すべて成立年代不詳、無格社、神官は与板町都野神社祠掌八田元方兼務)
○八幡神社(字北向)・産土神、氏子147戸、〔氏子総代〕丸山要吉、山崎弥右衛門、大平与次郎、三浦六三郎、大平伝七郎
○稲荷神社(字萩岩井)・信徒147人、〔信徒総代〕大平富吉、大平良吉
○応神社(字萩岩井)・信徒147人、〔信徒総代〕石黒甚吾、石黒伝次
○白山神社(字萩岩井)・信徒147人、〔信徒総代〕大平良吉、大平富吉
○石動神社(字枯木島)・信徒147人、〔信徒総代〕高橋元吉、吉荒伝五郎
○諏訪神社(字瀧谷)・信徒147人、〔信徒総代〕吉荒義七、吉荒勘七(勘七祖先〈上杉遺臣〉、当社再建の伝承あり)

註）長谷川一夫「〈資料紹介〉明治十六年『寺院・仏堂明細帳』」(『町史よいた』第3集1991年所収)および同「〈資料紹介〉明治十六年『神社明細帳』」(『町史よいた』第2集1991年所収)による。なお、原史料は新潟県総務部県史編さん室(当時)所蔵「新潟県神社・寺院・仏堂明細帳」であり、「神官」は史料上の用語である。

していたことがわかる。一方、仏堂は〔表14〕にあるように塩之入の弘法大師堂のみだが、「日記」に、

(元治二年三月廿一日)(前略)今夕弘法大師江献燈ニ付村役人一統参詣、宿与五右衛門江申付一杯相催候、名代伝七郎、組頭六郎左衛門、金左衛門、弥右衛門、其外塩之入之もの一統ニ御座候

とあり、この弘法大師堂は近世には塩之入集落の惣堂的な性格を持っていたのではないかと思われる。最後に神社であるが、〔表14〕によれば、明治十六年段階では鎮守八幡神社以外でも、全社一村が氏子、あるいは信徒になっているけれども、近世では、弘法大師堂にみられるような村内小集落との対応関係や、あるいは同族団などとの対応関係を考えた方が

自然ではなかろうか。

2　真宗寺院の「檀中」

以上の検討を踏まえて檀家組織の分析に移るが、本項ではまず檀家組織の存在を検出し、その機能を検討する。

「日記」に「(文久三年十一月廿八日) 円満寺廿八日講拙家当番、伝七郎差出申候」「(慶応元年十一月廿八日) 例年円満寺廿八日講見付旦中当番ニ付参詣、諸事見斗いたし候」という記事があるが、ここから、

① 円満寺廿八日講は村内の「旦(檀)中」を当番単位として執行されていること、

② 大平家は、村内の見附浄覚寺檀中の檀中惣代(檀頭)的性格を有する存在であること、

がわかる。さらに「日記」から摘出した〔史料一〕を掲げる。

〔史料一〕

(大平二五「日記」安政三年十月廿二日) 浄覚寺御堂畳表替、依之旦中奉加ニ付村方分弥右衛門差添新発意相廻し申候

(大平二七「日記」元治元年八月廿日) 見付浄覚寺入来、京都東御本山御類焼ニ付御見舞金旦中一統誠精差上御取持之儀被申聞候、尤今拙家ニ泊之処留守ニて面会ニ不及候

(同右、元治二年三月廿七日) 見付浄覚寺十世住職百回忌法会来ル四月二日三日致執行候段使来り候、且又御坊所御遠忌幷同寺御堂鐘楼屋根替勧金方来候間、村方旦中弥右衛門始外拾三軒江割付書相廻し候

但法会幷志旦中江為知半七相廻シ申候

(大平二八「日記」慶応元年八月七日) 見付浄覚寺ニ而来ル十三日ゟ十五日迄報恩講引上致執行候間、村方旦中江為

知呉候様便状来り候、且又当春中両度ニ相納申勧金いまた不納之ものも有之候間、此度皆納可致様通達之義被申越候

（同右、同年十月十六日）見付長願寺義去ル十二日夜九ツ時死去為知状来り、村方旦中一統江申通候

これらの記事から、

①　浄覚寺で行われる法会の情報などは大平覚兵衛を通じて、弥右衛門以下、村内檀中に伝達される、

②　浄覚寺関係の勧金、あるいは浄覚寺を通しての東本願寺・三条東御坊への上納金の、村内檀中への取持ちを、大平覚兵衛が任されている、

といった点を指摘できる。また浄覚寺以外の「檀中」についてであるが、円満寺の三男が急死した際の記事に「（慶応元年五月十五日）此度者旦中為知者村方而已、他方ハ不知〔ママ〕候」とあり、円満寺の檀中が、村内と村外とに大別されることがわかる。このように本与板村では、少なくともそれぞれの真宗寺院の檀家が、その寺院の檀中全体（いわば「惣檀中」）に包摂されつつも、本与板村を単位とした檀中としても一つの纏まりを形成していたと考えられる。しかし、日記の残存期間が短いこともあり、檀那寺側の問題解決などにおける檀中の役割・権利やそのほか檀那寺と檀中との関係については充分な検討ができない[17]。これらの点に関しては、本節第4項で下越後真宗優勢地帯の他村の例を検討することにより多少ではあるが補いたい。

3　村内の真宗信仰と寺檀関係——東門徒大平氏を中心に

(1)　村内の真宗の講

本項では、村内の真宗信仰の実態の検討から、寺檀関係と檀家組織との実態を明らかにしたい。その際、東派浄覚

寺檀家である大平氏の立場と、村民一般の立場とを峻別しつつ検討したい。村内の真宗の定期的かつ寄合的な講として「日記」から確認できるのは、先述の円満寺廿八日講と女房講とである。女房講については、「(元治元年十一月廿六日)女房講当番ニ付家内円卍〔満〕寺へ参詣」「(慶応二年二月廿日)廿日女房講、家内留守ニ付、当番弥右衛門尼ニ得与相頼候」の二つの事例しか確認していないが、ここから少なくとも「当番」があったことがわかる。後者の記事からは、大平家と弥右衛門家とがともに浄覚寺檀家であることから、女房講と檀家組織との間に対応関係がある可能性を指摘できる。

一方、円満寺廿八日講であるが、これが東方門徒のみによるものか、それとも円満寺が寄合道場的性格を持つのか、ということがまず問題となるが、ここではとりあえず前者であろうと推測しておく。しかし、この二十八日には毎年七月二十八日の鎮守祭礼造酒米搗(後掲の〔史料四〕を参照)のほか、私的なものも含めて他の宗教的行事などが重なることも多く、また一年に何回開かれたかも不詳である。大平家についてみれば、覚兵衛、あるいは名代の長男伝七郎は、正月二十八日の「初御講」と、十一月二十八日の「見付旦中当番」の講には必ず参詣するものの、そのほかにはせいぜい年一回参詣するにすぎず、真宗門徒にとって重要な信仰行事であることの多い月次的な講は、大平家の信仰内において必ずしも重要な位置を占めてはいなかったと思われる。

(2)　村内での法要・御取越・葬送と真宗寺院

大平家で最も頻繁にみられる宗教行事は亡祖父母・亡父母・亡弟妹たちの正当日と月忌との法要である。これに関してはほぼ毎月記事を確認することができ、少ないときでも二ヶ月に一度、多いときは一月に五度も行われている。通常の法要(月忌・正当日)では円満寺および一念寺、あるいはそのいずれかが斎に招《よ》ばれ、円満寺の新発意が招ばれる例もある。ところがこの円満寺・一念寺が、法要記事において「東両寺」あるいは「東寺」[18]などと記されている場合がしばしばあり、この両寺が村内の東寺院として、浄覚寺に代わるいわば「ご縁かり」の寺として、東派浄覚寺檀家大平家にとって機能していたことは明らかである。

一方、大きな月忌法要ではこの東寺院以外が招ばれる場合もある。まず十二月の亡祖父正当忌日には、必ずというわけではないが、東寺院のほかに西派光西寺が招ばれている。また毎年正月十一日の月忌始には、例えば元治二年の場合「例年之通亡祖父亡母亡妹初忌日ニ付朝斎、客左之通／円満寺　光西寺　一念寺（病気送り膳）／内藤氏（来合）鈴木氏（同断）　弥右衛門／林右衛門　武右衛門　仁六／栗助　半七　勝内」とあるように、たまたま居合わせた客のほか、東両寺、光西寺、そして弥右衛門以下七名の村民が斎に招ばれている。なお、この年の一念寺への送り膳は、一念寺を招ぶことが不可欠であったことを示していよう。

さらに、一年に一度あるかないかの不定期の大きな法事として、亡祖父母・亡父母・亡弟妹の百五十回忌・五十回忌・三十三回忌・二十七回忌・二十三回忌・七回忌・三回忌などをまとめて執行することがあるが、この場合は檀那寺見附浄覚寺と、分家長岡林三郎など親類が招ばれ、村内の者は、寺院を含め、「日記」の記事には登場しない。浄覚寺は、村内の他の浄覚寺檀家（村内に高を持たない者も含む）の法要に招ばれる場合もあり、また、覚兵衛ほか大平家の者が、他の村内浄覚寺檀家や、村内寺院、有力百姓、あるいは大平家との具体的な関係は不詳だが、周辺村の有姓の者の法会に招ばれる場合もある。

次に、御取越[19]について検討する。大平家では、日は決まっていないが、毎年自宅で御取越を執行する。招ばれる者は月忌始同様固定的で、例えば、元治元年の場合「（元治元年十一月三日）今朝御取越執行／見付寺　円満寺　光西寺／一念寺　石丸氏　六郎右衛門／弥右衛門　金左衛門　庄左衛門／伝之助　林右衛門　武右衛門／仁六　栗助　藤右衛門／半七弐人　甚七　勝内弐人／九郎治　役番弥五左衛門／家内六人／都合弐拾八人（以下献立略）」とあるように、主僧であると思われる檀那寺浄覚寺を筆頭に、助音すると考えられる村内東派円満寺・一念寺および西派光西寺の三寺、村内の医師石丸誠篤、六郎右衛門等四組頭、長百姓伝之助、そして、村内の、先にみた大平家月忌始に招ばれる六名の村民、さらに加えて四名の村民などが招ばれる。一方、大平覚兵衛やその名代が、村内寺院、組頭層、その他勝内・武右衛門ら村内の大平家月忌始に招ばれる者の家の御取越の客となっている。なお、御取越の時期には、浄覚寺が本与板村に廻檀にやってくる。

最後に葬送についてである。「日記」には、村内の死亡届出記事が散見されるが、村内寺院、医師、有力百姓家、その他大平家の御取越に招ばれる者の一部の死亡に際しては、覚兵衛またはその名代が、悔に出たり、葬送・法事などに出席したりしている。また、円満寺関係の不幸の際には、かつての縁戚関係や、交友関係も考慮に入れなくてはならないが、大平氏がいろいろと世話をしている。

そして、村内浄覚寺檀家の葬送は、村内において原則として浄覚寺が勤め、よんどころない事情があるときは村内東寺院たる円満寺が、先述の大平家の法要の場合と同様に、いわば「ご縁かり」の寺としての役割を果たし、引導を渡した。

(3)　大平家と真宗寺院への参詣

ここでは、大平家の真宗寺院への参詣について検討しよう。まず「日記」の参詣記事のなかで最も多くみられるのが円満寺への参詣であり、無名目の参詣もみられる。また先述の円満寺廿八日講や御取越への参詣、先住などの法事への出席のほか、報恩講引上・御本山講・盆中無縁法会などの年中宗教行事や、そのほか、円満寺の宗教行事にはおおおむね参詣している。

一方、光西寺への参詣記事もしばしばみられる。報恩講引上・御本山講・御取越・光西寺学寮御取越など年中宗教行事への参詣であるが、執行の届出のみ記され、参詣記事のない行事もある。その他、光西寺先住などの法事にも出席している。また光西寺住職（藤井）宣界は西本願寺勧学であり、漢詩文家でもあったが、覚兵衛との間に、文化的な面での交際もあったようである。[20] さらに、地中誓岸寺宗祖六百回御遠忌への参詣記事もある。

村外真宗寺院への参詣としては、檀那寺浄覚寺の法事（十世住百回忌）への参詣、大口村大専寺[21]宗祖六百回御遠忌、三条（東）御坊宗祖六百回御遠忌など、近隣地区の東派寺院の大行事への参詣がみられ、最後のものでは円満寺および東門徒の元組頭三浦六郎右衛門、長百姓伝之助とともに参詣している。また、本山への参詣記事は、管見の限りではみられない。[22]

(4) 三条東御坊と村内東門徒

ここでは、先にみた大平氏らの参詣記事のみられる三条（東）御坊と本与板村との関係を、寺檀関係に着眼しつつさらに検討する。三条御坊茶所再建のために達如上人の御書が廻村してきた際の記事をみてみたい。

〔史料二〕

（大平二八「日記」慶応元年閏五月六日）

一、三条御坊所茶所再建ニ付、此度茶所講
達如上人御作文御書此度御順在ニ付、今晩於拙家ニ御宿致し候、尤差添向寄寺方相頼候様、依之円満寺御書拝読幷法話被相勤候

円満寺

世話方南新保村
権之烝

但夕飯幷夜酒献立略ス

一、御茶所講加入壱人ニ付一ヶ年ニ銭三拾文ツヽ相納可申ニ付、当村東門徒夫々江及沙汰申候、且茶所再建志是又寄進両様共左之通

茶所講加入

一、三人　大平覚兵衛　（以下略記）三人―三浦六郎右衛門、三人―弥右衛門、三人―勘左衛門、五人―甚九郎、弐人―文四郎、弐人―儀左衛門、弐人―市助、壱人―松右衛門、壱人―半左衛門、壱人―甚左衛門、壱人―与助、壱人―仙助、壱人―五兵衛、壱人―六左衛門、壱人―権次郎

〆三拾壱人

一、弐人　九助

一、三人　伝之助

御茶所再建志

一、金弐朱　大平覚兵衛　（以下略記）同弐朱―三浦六郎右衛門、同一朱―弥右衛門、百文―市助、百文―与助、百文―仙助、百文―五兵衛、百文―権六、百文―勘左衛門、百文―儀左衛門、百文―甚九郎、百文―権次郎、弐拾五文ツヽ、―松右衛門・甚左衛門、五拾文ツヽ、―又蔵・茂助、弐拾文ツヽ、―伝之助・弥五左衛門

〆金壱分〔ママ〕ト

壱貫九拾文

但世話方権之烝江相渡申候

一、御書御宿割・御先触之儀、荒巻村阿部善左衛門江為持差遣し候

ここでは、大平覚兵衛が村内の東檀家全体の筆頭的な位置に立っており、村内屈指の高持で組頭を勤めた円満寺檀家三浦六郎右衛門がそれに次ぐ位置を占め、そして、円満寺が本与板村における東派の「向寄《むより》寺方」として役割を担っている。さらに、少なくとも村内には高を持たない者も含まれているが、円満寺檀家を中心に、村内東門徒のうち比較的大きい高を持っている者がおおむね参加していることがわかる。つまりこの史料からみられるのは、「当村東門徒夫ミ江」という文言にあらわれているように、本与板村を管轄域に含む真宗東派の御坊との関係にみられる村内の真宗東派門徒の包括的な結合であり、そしてこの廻村は、東派門徒にとっては臨時の信仰行事としての意味をも有していた。

しかしその一方で、当該期の本与板村の民衆の生活・意識に対して三条東御坊のおよぼす影響は、東門徒が村内の大半に至っているにもかかわらず、後で検討する隣村かつ同藩領内に所在する西派与板御坊のそれにはおよばなかったであろうことが推測される。覚兵衛はじめ村内上層の数人が与板御坊の「御懸り」になったほか、与板御坊造立のために「家掛」で人足を出したり、御坊役僧の廻村を「村方休日」にして迎えるなど、与板御坊は本与板村の生活に大きな影響をおよぼしていた。

4　真宗西派本明寺檀中の事例——古志郡耳取村

本項では、下越後真宗優勢地帯の村落における檀家組織の像をより具体的にするため、補説的に当該地帯の別の村

落の真宗寺院檀家組織に関する史料を簡単に検討し、事例を豊富化したい。

古志郡耳取村（現見附市耳取周辺）は、長岡藩北組に属し、本与板村からは信濃川の対岸東南東一二キロメートルほどのところに位置する。「天保郷帳」では高二一五石余で、北接する同藩領の鳥屋脇村とともに、割地慣行があったという[23]。村内の真宗西派本明寺は、与板御坊の管轄下に組み込まれた。以下、嘉永五年（一八五二）の本明寺の寺檀争論の際に西本願寺使僧に宛てられたと判断できる訴状を引用する。

〔史料三〕[24]

（包紙略）

乍恐以口上書奉願上候

耳取村
本明寺旦那
拾五人

一、拙者共儀当村本明寺旦那ニ御座候処、度々勧金被申付、辞退仕候得者色々難題筋被申掛難立行当惑至極仕候、既ニ六ヶ年以前弘化四未年本堂造立増勧金被申付候節、四ヶ度納之割合御座候処壱度ニ取立可申旨被申聞、急ニ才覚茂出来兼差延相願候得共聞入然無之候ニ付、熱田村当村之旦中一統申合御地頭表江願出可申処、村役人中ゟ厳重之理解有之両村共引退候得共、貧窮之拙者共故深く相歎承服仕兼候処、村役人指図を以当村伝右衛門と申者立入承嗳、此度ハ本明寺被申候通リ差出し、此後拾ヶ年中勧金無之図リ取極則左之通

（中略）

（その後も本明寺への勧金を強要され）当年茂去年通リ旦中江勧金申付借金半分茂返済申度旨被申聞候ニ付、素ゟ

貧窮之拙者共近来凶作ニ打続、去年中之割合ハ漸外借質入等ニ而差出し候体故、此度之分ハ幾重ニも御免被成下度段相頼候処、殊之外立腹被致、旦用等ニも不参候ニ付覚悟いたし可申趣被申聞候、愚昧之拙者共故此儀ハ只当座之叱りと而已相心得罷在候得共、先年書付之訳も有之候ニ付、伝右衛門を以両度迄申入候得共一切聞入無之、彼是仕候中三月十七日五才ニ罷成候八兵衛娘死去仕候ニ付葬送相願候処、本明寺被申候者、法衣質入ニいたし候ニ付受返し候迄ハ死人本堂江持来リ親類共袴着用ニ而番いたし可申由難題被申懸、色々相願候得共聞入無之当惑至極仕候、此儀八兵衛壱人ニ抱リ候訳ニ無之拙者共銘々之身分ニ何様之難義可有之茂難計候ニ付、本明寺離旦仕　御坊所御直旦那ニ罷成申度段同十九日　御地頭表江願出候処、小児ハ仮埋ニ被仰付、願筋ハ追而御取調可被成趣被仰聞候ニ付、同廿七日与板　御坊所江茂歎願仕候、然ル処出入と罷成、同廿八日ニ者月次之御講も潰れ歎ヶ敷奉存候ニ付、廻リ持ニ御宿仕候共、又ハ近所向寄之御寺組合ニ相成候共、御差図を以御講相勤申度段、四月十一日猶又　御坊所江願出候処（中略・御坊側は受理せず、領主側は内済を命じたが、またトラブルが発生した）

一、本明寺旦那五拾人程有之候内、旦頭三人之他ハ拙者共同様難渋者多く御座候処

（中略・使僧の慈悲により、何とか御坊所直旦那にしてほしい）

願主
耳取村
嘉　六㊞
四郎兵衛㊞
（以下一三名略）

嘉永五子年六月八日

上

この史料から本明寺の檀家組織に関して読み取れることは以下の四点である。

①　本明寺の檀那は五〇人（半檀家をも含めて五〇軒と判断できる。以下同じ）ほどであり、「旦（檀）頭」が三人いる。なお、本一件の「内済議定書」[25]によれば、その一人は近村栃尾組名木野村の割元同格伝七であり、奥印を据えている。

②　惣檀中のうち、耳取村の檀家組織が単独で、あるいは近村熱田村の檀家組織とともに、寺檀争論における訴願の主体となっており、耳取村の檀家組織は、全体での離檀を主張している。なお耳取村の檀家集団については、内済議定書に「当村檀中拾五人」という表現がなされている。

③　耳取村檀中には「旦（檀）頭」は含まれない。

④　耳取村の檀家組織は、廿八日を講日とする月次の講を行う講集団でもある。

一寺院の檀中が、村内における檀中としても一つの集団を形成し機能しており、耳取村の場合は本明寺檀中のみで単独の講集団となっていたのではないかと思われるが、ともかく月次の講を執行する単位となっている点は、本与板村でみた事例と一致する。耳取村の事例では、寺檀争論という事態に際して、檀中が、離檀をも射程に入れつつ檀那寺に対抗する主体となっているのである。

なお、本争論の内済議定書の署判からは、耳取村檀中一五人のうち五人が実際は鳥屋脇村に属すると考えられる。耳取村と鳥屋脇村とはごく近接しており、一般化するには慎重な検討が必要だが、このことは一村単位の檀中が必ずしも行政村に完全に対応しない場合もあることを示している。〔表13〕にみられるような、本与板村内に単独で存在する、阿弥陀瀬村浄願寺等の檀家に関しても、一軒のみで檀那寺との関係を結んでいる可能性もあるが、近村の檀中に包摂されている可能性も考えうるのではないか。

5　檀家組織と村

以上の分析に立脚し、檀家組織の構造を中心に論点を明確にしよう。近世後期の本与板村では、若干の日蓮宗檀家の他は真宗檀家が占め、そのなかでも真宗東派の檀家が過半に達していた。庄屋大平家は村外東派寺院見附浄覚寺の檀家であったが、村内の浄覚寺檀中の檀中惣代（檀頭）的役割を担うと同時に、村内東派寺院たる円満寺とも強固な関係を結びつつ、村内東門徒の筆頭的地位・役割をも保持していた。東門徒はもちろん、檀那寺のほか、東御坊を外護する役割をも担っていたが、地位や所持高の面での上層者とそうでない者との間には、その負担しうるところに差があった。

村外東派檀那寺の例として見附浄覚寺を検討することができたが、浄覚寺が本与板村内の檀家に対して果たす役割は、宗判、葬儀、御取越の主僧であった。その他の月忌法要などは原則として村内の東派円満寺が勤めた。円満寺は定期的な講の場でもあり、円満寺は本与板村東門徒の、いわば「〈ご縁かり〉の寺」的な「向寄寺方」として機能していた。しかしそのなかにあって、村内浄覚寺檀家は、「村方旦（檀）中」として一つの纏まりを形成し機能していた。その一方で、村内の円満寺檀家もまた、村方檀中として、一つの纏まりとして認識され、機能していた。このように、下越後真宗優勢地帯での寺檀関係錯綜状態のなかで、一寺院の全檀家組織の構成部分としての、信仰的活動や檀那寺・教団側との関係において機能する村落単位の檀家組織の存在と、真宗同派寺院の檀家ないしは檀中の、村落を単位とする結合とが確認された。

以上の点に関して、高埜利彦氏はすでに、共同体としての、檀中、あるいは村落共同体よりも小さい規模の檀家組織の存在に論及している。高埜氏は、その共同体を、本末体制と寺檀関係とによる本山・本寺の財源確保の体制と、幕藩権力の個別人身支配・身分制維持をも目的とした宗教政策とを背景とした、檀家役の上納に対する強制力を発揮するものであるとしている。(26) 本章の分析に即するならば、檀家組織には、檀家役の上納という側面においてのみならず、より広範な、信仰的活動や、檀那寺・教団側との関係における機能をも見出すことができるといえよう。

なお、月次の講の講集団と村落単位の檀中との一致ないし包摂関係に関しては、真宗の信仰形態の特質との関連から捉える必要があろう。福間光超氏は真宗における本山に直結した講と本末制度・寺檀制度との矛盾に対する考察の必要を指摘しているが、(27) 本章で検討した事例にみられる村落単位の檀中の結合性・自律性において、それが講集団と重複していることの影響は大きいのではないであろうか。

次に、東派檀那寺から離れた視点で検討を続けよう。東派檀家たる大平家ではあるが、村内西派寺院光西寺、同寺地中誓岸寺や、村外の与板町西派明元寺などとの信仰的関係も確認できる。ただし、東派・西派・禅宗を問わず、僧侶などと、中間層に属する大平家との関係を考える場合、漢詩文・俳句・画という文化的要素をも視野に入れる必要がある。

大平覚兵衛は、自家の御取越や法事に、村内の村役人層およびそれに準ずる上層の者と、本節第3項でみた大平家の月忌始に招ばれる村民のうち大半の者のような、その多くが少なくとも本与板村内には高を持たない一群の人々を招んでおり、また逆にそれらの者たちの家の御取越や法事に招ばれている。まず前者との関係を考えてみると、「(元治二年正月六日) 六郎右衛門江節振舞ニ被招夕刻罷出候、客村役一統幷親類最寄ニ御座候」「(同年正月七日) 拙家ニても明年ゟ節振舞親類幷村方両寺、最寄、村役人、日極之上相招申様致度存候」といった記事にみられる節振舞や冷麦振舞に「村役」が招ばれることと類似しており、交際的側面をも含んでいたのではないかと考えられる。(28) ただし、日蓮宗檀家は、組頭・長百姓のうちには含まれていないことも理由として考えうるが、大平家との間にこのような関係を結んでいる例は管見の限り確認できない。

次に後者との関係だが、この人々のなかには「(元治元年十二月十七日)寒中御見舞餅例之通り今日為搗申候、雇、林右衛門、武右衛門、勝内妻、半七妻」「(同年十二月廿三日)煤拂、雇人勝内、粟助り㕝、昨年者十三日ニいたし候得共、御年貢米勘定旁日後レニ相成申候」「(元治二年三月十六日)拙者所持山見廻りいたし候、尤去ル申年後境廻り不致、今日改メ申候/但覚兵衛、伝七郎/林右衛門、勝内/武右衛門、忠左衛門/下男富治/右七人ニて見廻りいたし候」といった記事にみられるように「雇人」などとして、しばしば掃除や走り使いなど覚兵衛に使役されている者が散見され[29]、大平家の方が優越した一定の関係を有していたであろうことが推測される。あるいは先述の節振舞などの記事にみられた「最寄」なのであろうか。彼らは、村組では弥右衛門組に属する者が比較的多いが、そうでない者もいる。一方、寺檀関係をみると、この人々は例外(東派法養寺檀家=勝内、西派光西寺檀家=九郎治)もあるが、おおむね浄覚寺檀家であり、寺檀関係の成因、檀家組織の信仰的側面以外での共同性、および村落と檀家組織との関係を考えるうえで注目される。

なお、本与板村では、詳細な検討はしていないが、苗字を同じくすることと同一の檀中に含まれていることとが必ずしも一致してはいない。しかし、同族団や地縁的な結合が檀家組織の構成要素となることは自然に想定しうることであろう。その点では、竹田氏の寺檀関係を対象とした研究との関連も注目される。だが、寺檀関係錯綜状態の下においては、以上の分析からわかるように、檀家組織の信仰的結合が一村の結合に直結しているとはいいがたく、そこに、全村を包括する寺檀関係を越えた関係が存在しえよう。次節では、そういった寺檀関係を越えた関係について、必ずしも村の枠組みにはこだわらずに検討したい。

二　寺檀関係と併存する関係——宗教施設に着目して

1　本与板村と八幡神社

前節では本与板村における檀家組織の実態を中心に検討したが、本節ではそれを踏まえて、与板周辺地域の、寺檀関係を越えた宗教施設と諸階層との関係について検討したい。さて、すでにみてきたように、本与板村は一部の日蓮宗檀家を除けばほとんど真宗門徒で占められており、ことに真宗門徒大平家の「日記」からは、日蓮宗檀家の信仰生活をうかがうことはできない(30)。ところで通説として、真宗門徒は、その教義から一般的慣習や神祇信仰には無頓着で、むしろそれらを排斥する傾向があるとされる。奈倉哲三氏は、下越後真宗優勢地帯に含まれる、本章の扱っている地域に北接した西蒲原郡地域（与板御坊の管轄域にも大半が含まれる）を分析対象とした論考(31)のなかで、当該地域における神祇信仰や「一般的」信仰習俗のあるものなどが、鎮守祭礼を含めて、他地域に比して希薄であることを指摘している。さらに氏の近業(32)では、鎮守に対する信仰には一考の余地があるとして、（西）蒲原郡角田浜において、真宗門徒が、むしろ日蓮檀徒をよせつけずに、鎮守熊野権現を維持・運営している事例を示し、「それはおそらく、本社である紀州熊野と同様、本地を阿弥陀としていることによるものであろう」としている。

しかし、柏原祐泉氏(33)や児玉識氏(34)により、近世村落における実態としての、真宗門徒の鎮守信仰受容の例が報告されていることや、下越後真宗優勢地帯で、一般的に寺檀関係錯綜状態がみられることに鑑みるとき、当地帯のなかにおける真宗門徒の関わる鎮守信仰を、阿弥陀信仰との関連のみから説明しうるかどうか再検討の余地はあろう。以下、本与板村の神祇信仰・鎮守信仰などを事例として検討してみたい。

最初に、非真宗的仏教信仰に関して検討しておくが、本与板村、および大平家における非真宗的仏教信仰との関わりは、先述の塩之入の弘法大師堂の存在や、大平家の村外非真宗寺院への参詣、近村の非真宗寺院の勧進など多少みられるけれども、顕著ではないように思われる。次に村外の神社と本与板村との関係であるが、近村の神職のほか、毎年伊勢御師が廻村してくるものの、奈倉氏の指摘と同様に伊勢講などの記事はみられない。なお、その一方で、大平家の者の村外神社（弥彦神社・悠久山・与板神明宮等）への参詣記事がみられる。習俗についてみてみると、本与板村では節句が「祝儀」として祝われているほか、毎年七月、「作毛之祝」として認識される、盆踊りに相当する行事が行われているなど、習俗的行事に関しては、それが無視されたり、排斥されたりしているという評価はできない。

さらに先に掲げた村内神社をめぐる状況について検討してみる。まず鎮守八幡神社の祭礼について、文久三年の例を示し、元治元年の例で補足したい。

〔史料四〕

（大平二六「日記」文久三年七月廿五日）鎮守殿祭礼之節若きもの狂言いたし度、組頭弥右衛門庄左衛門申出候間、聞済遣候

（同右、同年七月廿八日）御祭礼造酒之儀先例之通今日為搗申候、当番組頭庄左衛門ニ御座候

（同右、同年八月十一日）御宮燈籠張替并掃除村役一統世話いたし候

但村役人寄進燈籠当年張替富永氏相頼申候

（同右、同年八月十三日）

一、例年之通御宮餝り付其外村役一統世話いたし候

一、本村若いもの芝居狂言いたし候（以下略）

（同右、同年八月十四日）

一、例年之通与板丹波外弐人、村役一統、外杢左衛門、甚五左衛門、勘左衛門相招候、当番組頭庄左衛門当日献立其外とも当番にて取斗申候間略シ申候

一、終日雨天ニ而若いもの芝居狂言出来兼、光西寺御堂ニて夜ニ入いたし候、尤神楽連中も打込賑〻敷いたさせ候

一ノ谷物語　同あはら家

同さきがけ

一、村役一統見物、後段酒同寺ニて相催申候

（同右、同年八月十五日）

一、御宮跡仕舞、組頭四人幷庄左衛門組百姓一統無滞相済、残酒振舞申候、近来諸色高値故殊之外入用相掛り、村方集銭幷残米売拂代等差引四貫五百六拾九文不足、庄左衛門組百姓ニも一統割合差出し申候

〔史料五〕

（大平二七「日記」元治元年八月十五日）

一、御宮跡仕舞、組頭四人幷弥右衛門組百姓一統無滞相整申候間、残酒振舞申候、諸入用〆高左之通

一、拾弐貫百九拾四文　諸買物〆高

（中略）

四貫弐百六拾文　百姓七十壱軒 壱升集六十文ツヽ、

五百六拾四文　　名子四十七軒
拾弐文ツヽ、

百五拾文　　両寺五十文ツヽ、
寺中廿五文ツヽ、

三貫三百文　　村役場ヨリ与荷〔ママ〕

差引

六拾九文　　不足

是ハ弥右衛門差出候

これらの記事によれば、本与板村の鎮守祭礼は、毎年、当番組が準備と片付けとを行い、本村の若い者が芝居狂言を行い、与板都野神社神職八田丹波や、村内小神社の宮守三人（杢左衛門・甚五左衛門・勘左衛門）を招んで、村内真宗寺院をも巻き込んで、費用も軒割で負担する、というように、一村あげて盛大に行われている。なお、毎年正月には鎮守に注連餝りが飾られる。

一方、毎年というわけではないようだが、他の村内神社でも祭りは行われる。村内小神社と集落との関係の詳細は、瀧谷に諏訪宮があることのほか、管見の限りでは不明だが、以下、「日記」にみられる祭礼の関係記事を検討する。

〔史料六〕

（大平二六「日記」元治元年二月廿九日）稲荷宮御祭礼近〻ニ付、先年大風ニて杉壱本倒れ売拂、代金を以此度簱一向新規献申度、今日木綿買入組頭庄左衛門江申達候

（同右、同年三月六日）

一、稲荷宮簱之儀今日与板徳昌寺ゟ染筆ニ相成候、尤勧進帳差出奉加相頼候、帳面文言左之通

先般

稲荷宮正一位昇官ニ付旛壱対奉宝前ニ度候間、各方何卒御寄進奉希上候、尤金百疋以上より名前旛ニ書しるし申候、以上

願主
大平覚兵衛

文久四子年
二月廿八日

（旗の絵等略）

一、金百疋寄進ニ付幟ニ名前書載ル人数左之通

大平氏
六郎右衛門　弥右衛門　金左衛門
庄左衛門　伝之助　与次右衛門
杢左衛門　伝兵衛　嘉助

（入用金等略）

（同右、同年三月九日）稲荷宮祭礼ニ付宮守杢左衛門方江被招罷出申候、客左之通

与板
丹波　覚兵衛　伝七郎
組頭
六郎左衛門　同 弥右衛門　同 金左衛門

同　　　　諏訪宮守　　　　王神天皇宮守

庄左衛門　　勘左衛門　　甚五左衛門

（同右、同年四月三日）今日石動宮祭礼ニ候得共、籏建候儀見合可申段伝之助江申達候

但原難船ニて御出役有之候袴之事故如斯申達候

（大平二八「日記」慶応二年三月十八日）瀧谷諏訪宮来ル廿一日祭礼ニ付献燈句評被頼、今日撰出し候

（同右、同年三月十九日）諏訪宮祭礼ニ付、神楽之儀社地内不苦候得共、往返共鳴物見合可申様組頭金左衛門幷宮守勘左衛門呼立申達候（以下略）

これらの記事によれば、各神社それぞれ主に守護する人間が決まっていたようで、とくに稲荷宮・諏訪宮・王神天皇宮については一人ずつの「宮守」がおり、その宮の祭祀の中心になるほか、他の神社の祭礼にも必ず出席する。「宮守」はすべて真宗門徒であった。そして、諸社の祭礼・維持においては、大平氏を中心とした村役層、重立百姓層がそれぞれ役割を果たした。

以上のように、本与板村では、鎮守・小神社ともに、神社の維持・祭礼は、盛んに行われていたと評価できる。寺檀関係錯綜状態のもと、檀中や同派門徒集団を単位とする寺檀関係に基づいた信仰に対し、本与板村の鎮守信仰は、村の構成要素である組を単位とし、村役層、重立百姓層を中心として運営される、いわば一村を包括する結合要素のひとつとして存在していたといえよう。なお、同様の観点から、仏堂・小神社の、小集落や組の結合要素としての側面も予想される。前掲の柏原・児玉両氏の研究に示唆を受けるならば、下越後真宗優勢地帯内の本与板村で鎮守の維持・祭礼が排斥されずに行われているという実態については、むしろ、寺檀関係錯綜状態に対応した村落（行政村）のひとつの結合要素として、その存在を捉えるべきではないかと考える。奈倉氏は、「真宗の優勢な蒲原でも、

宗旨構成の微妙な差や村の成立事情などによって、鎮守に対する信仰は一村ごとに異なるが[35]」としているが、下越後真宗優勢地帯において広く寺檀関係錯綜状態がみられることに鑑みて、あらためて本章と同様の観点からの検討が必要であろうと考える。

2　与板御坊

本項では、寺檀関係とともに存在する、宗教施設とその周辺の諸階層との関係の例として、本与板村に北接する、与板藩二万石の首邑与板村（与板町）に天保初年に草創された西本願寺与板御坊[36]の幕末期の状況を簡単に検討する[37]。与板御坊は、天保初年に与板町の町人と、与板藩との運動により草創に至ったが、当初は仮堂が使用された。現在地（与板中島）の本堂が完成したのは明治初年のことであり、幕末期を通じて造立事業が継続された。藩側の御坊招致の意図として、史料的には与板町の繁盛への期待が確認できる。与板藩は、土地の寄進など外護的態度をとったが、管見の限りでは、日常的ないし慣例的に、藩（主）が、菩提あるいは祈禱の「檀那」的立場で御坊に寄進を行っている例は認められない[38]。

与板藩があくまで支配権力として御坊の外部に位置したのに対し、御坊の運営組織は、本山側から派遣された輪番のほか、「御造立御懸り」「役僧」などの地域側の僧と、日蓮宗檀家はみられないものの、宗派を問わずに与板の上層町人をほぼ網羅した町方の「御懸り」をはじめとした地域側の俗身分の人間とからなっており、与板町の上層町人が網羅的に御坊の運営組織に内包され、その重要な要素となっていた点が注目される。なお「御懸り」は御坊管轄域[39]および与板藩領の、与板町以外の場所でも有姓者を中心に広く任命された。だが、与板藩領以外ではほぼ真宗西派門徒に限られ、また、一部を除いて御坊の運営には直接参画していないようである。これら「御懸り」には、御懸りとしての格によって決まった上下や肩衣が与えられ、与板町や近隣の在方の「御懸り」の者は御坊関係の行事にそれを着用して出席することができたが、これは「御懸り」の者の格式を視覚的に表す意義を有していたと考えられる。

次に御坊造立のための寄進・人足差出について検討する。寄進・人足差出の主体はともに、与板藩領には限定されなかった。まず寄進についてだが、例として、以下、別院文書の「文□□(久二)亥年　御造立ニ付諸方記帳一　写」(40)を分析する。ここには、現西蒲原郡域からのものは少ないが、およそ御坊管轄域の全域におよぶ範囲からの、文久二年から元治元年にいたる期間の金銭・材木・砇《じゃり》・白米などの寄進が記されている。個人名義（実質的には家を想定すべき場合も多いのではないか）の寄進は、ほとんどが武士身分以外の者によって行われ、「御懸り」の者より下の階層の者も広く含む。そして、真宗西派以外の檀家の者も含まれる。なお「諸方記帳一」に記された本与板村からの寄進（一二人一四件、ただし他の史料で未確認の者三人を含む）はすべて個人名義であり、それら寄進者には西派の者が多いが東派の者も一名のみ確認でき、村内所持高半軒前以下の者も含み、村役人・重立百姓・小前之内重立百姓以外の者もいる。

一方、集団の寄進主体についてであるが、一村ないし二・三村、あるいは一ヶ町の「同行中」の類が散見され、また「村中」名義のものもある。「村中」＝村全体を基礎とする集団、「同行中」＝本章第一節第3項（一七三〜一七五頁）で取り上げた本与板村における三条東御坊の取持にみられるような、村内の真宗門徒による、必ずしも村全体を包括するものではない集団と考えうる。さらには、一・二村または一町の「若連中」「若講中」「講中」「御造立御手伝講中」という「講」などの存在を示唆する――本章第一節でみた本与板村の三条東御坊取持の「茶所講」のような、月次的なものではないものも含まれようが――ものもある。この例からわかるように、与板御坊造立への寄進は、御坊の管轄域のほぼ全域に分布する町在から、個人、あるいは共同体的ないしは地縁的な結合を背景とした集団と、御坊との直接的な関係として行われた。

人足差出は、主に町および村の機構を通じて行われている。与板町の場合、別院文書の「文久四甲子年正月元日御用留」[41]の記事に「(文久四年正月廿九日) 町役所江町方一統呼立、大持引立之御手伝に可出旨申付有之候」「(同年二月朔日) 昨日廿九日町方を町役所江呼立、五人組之内弐三人ッ、明日罷出候様被仰付候ニ付、朔日仲使伊左衛門御坊所江詰面付を致候、尤位荷町〔稲荷〕ハ若の浦へ加勢ニ行、余者八幡浦の木ニ取懸り候事」と、五人組から二・三人の割で割り当てている例がみられ、藩の政策や町政と御坊造立との関係が注目されよう。

一方、村の場合は、与板藩領・非藩領の区別なく出されている。以下、大平「日記」にみえる本与板村の場合を例示する。まず材木曳き出しに関しては「(文久四年正月五日) 与板御坊所御造立ニ付、当村弁馬越村ゟ材木寄進之分近〻伐出運置度間、人足之儀掛声いたし呉候様、御役僧入来之御頼入有之、承知之趣及返答候」「(同年正月九日) 与板御坊所ニて、当村与次右衛門内ゟ寄進材木明十日曳出度候間人足差出呉候様頼入ニ付、村方家掛ニて可罷出趣申達候」「(同年正月十三日) 与板御坊所ゟ、明後十五日村方杢左衛門寄進材木曳出申度ニ付人足頼入状役僧ゟ来り候、杢左衛門よりも同様申出候」といった記事がみられる。

また砕搗《じゃりがち》については、「(元治元年四月朔日) 御坊所砕搗ニ付当村江人足被相頼、今日村中男女一統御手伝ニ差出候、村役伝七郎 (覚兵衛は他行中)、六郎右衛門、弥右衛門、金左衛門、庄左衛門、伝之助出勤、夫〻取斗申候／但志らきく一斗人足江御坊所ゟ被差出候」「(同年六月十二日) 与板御坊所砂理搗人足、明十三日当村ゟ差出呉候様頼入状来候得共、時節柄世話敷断り申候」「(同年六月廿九日) 明朔日与板御坊所ニて磧砕搗人足当村ゟ差出呉候様頼入有之候」「(同年七月朔日) 与板御坊所磧砕搗村方家掛ニて人足差出候、世話伝七郎、庄左衛門、金左衛門、六郎右衛門倅源助出勤いたし候」といった記事を確認できる。このように、あくまで御坊側 (材木寄進の場合は寄進者からの依頼も確認できるが) からの依頼によって、与板の周辺の村から、村役人を通じて「家掛」で人足が出されている[42]。

こういった寄進、人足差出の背景に、与板藩領の場合には、法主の権威のみならず、藩主の「御懸声」や、与板藩の地方の組（組合村）の利用などが存在した。実例をみてみよう。まず与板御坊の「元治二丑年正月　御用日記留」[43]の記事を引用する。

〔史料七〕

（元治二年三月十八日）御領分廻村いたし候ニ付、達書願出候処、青木御承知ニ御座候

（同年三月廿日）当所輪番所造建之儀ニ付、是迄度〻及掛声候処、今以其場ニ至兼、何共歎ヶ敷被存候、右ニ付此度光西寺廻村差向ニ相成候間、一同申合精〻心配之上、片時茂早上棟ニ相成候様厚御取持可申候、猶同寺ゟ委可申述候以上

丑三月

青　権之印

三　多仲印〻（他出無印）

松　八郎右印

三島郡

西越組

庄屋中

右之文言四本致、明元寺殿長明寺殿蓮正寺殿、組々江御勘定方壱人役僧壱人下部、都合四人ツヽ、同道ニ而御廻村也

組々ハ鬮引ニ被成候事

右之通以使送り被下候事

（同年三月廿二日）（前略）蓮正寺殿当廿五日ゟ廻村ニ付、其村〻江前以通達有之候様新木老人も被申聞候ニ付、御坊ゟ為持遣候様取斗被申聞候間、文言左ニ記

○兼而御頼申入候通、今般与板御坊御造立ニ付、御造立掛り蓮正寺殿幷御勘定方壱人其御村々へ廻村致度、尤従

御本山、御領主、御達書御下ヶ相成御披露演説致度候間、小前一統迄も不洩様宜敷御懸声被▨上、厚御取持被下候様、此段御頼申度候以上

三月廿三日

与板御坊御造〔立脱カ〕懸西入寺

本与板　大平覚兵衛様

荒巻　阿部善左衛門様

富岡　新保庄右衛門様

同所　八子留治様

アミタ瀬村　八子小三郎様

アミタ瀬村　八子長右衛門様

猶廻村人別上下四人、乍御世話昼・泊り之儀御頼入申入度、尤一汁一菜之外御心配被下間敷候、以上

日割

廿五日昼　本与板

廿六日昼　荒巻
廿六日泊　富岡
廿七日昼　阿弥陀瀬村ゟ与板へ帰り（以下略）

この記事からは、元治二年三月、御坊側がたびたび藩の「御懸声」の一環として、藩の「御達書」の下付を請求し、御造立懸りの僧がそれを携えて、組の廻状ルートをたどり与板藩領内の村々へ御坊への援助を頼んでいることがわかる。

次に本与板村に視点を移す。大平「日記」には、与板組割元から庄屋へ藩の命令を伝えたものと思われる「（元治二年三月廿三日）与板輪番所御建立ニ付、御造立掛り蓮正寺近〻巡村致候間、厚心配之上可致寄進旨被　仰出、此段御達申候以上／三月廿三日　　新木忠右衛門／大平覚兵衛殿」という記事があり、さらに当日の様相は以下の史料に描写されている。

〔史料八〕（大平二七「日記」元治二年四月五日）

一、村中休日、老若男女一統拙家江参り申候

一、朝五ツ時頃与板迄時刻案内与して組頭弥右衛門幷重立百姓与次右衛門差遣し候処四ツ半時頃拙宅江着、名前左之通

蓮正寺
新木与五右衛門
役僧慶　月
供壱人

前席法話、役僧慶月

一、御造立ニ付御本山御家老并当方郡御奉行所御達書両通共蓮正寺演説之上、村中家別ニ家主之もの共江寄進之儀頼入ニ相成申候

一、金弐両弐分　　大　平　覚　兵　衛

但当丑ゟ卯迄三ヵ年ニ上納可致事

一、同五両　　六郎右衛門

一、同三両　　弥　右　衛　門

一、同壱両弐分　　金　左　衛　門

一、同弐両弐分　　伝　之　助

一、同五両　　与次右衛門

外村方一統別帳ニ記シ置候

合金三拾六両三分三朱

内銭五拾文入　（献立略）

一、夜四ツ時頃出立ニ付、送り組頭金左衛門、荷持壱人相添申候

これらの記事にみられるように、法主や藩主の「達書」を携えた役僧・御懸りによる、藩の地方行政組織に即した廻村は、本与板村では一大臨時行事として「村中休日」で庄屋宅に「老若男女一統」を集めて迎えられ、「村方一統」の寄進が決定された。このように与板藩領内での御坊の寄進依頼は、藩の指令を利用し、村政機構に依存したものであり、村にとっては一大臨時宗教行事でもあった。これは、鎮守信仰同様に、寺檀関係錯綜状態下における、村落内

の檀家組織の結合や同派門徒集団の結合と異なる性格を持ちつつ併存した、一村を包括した結合要素としても捉えることができよう。

以上検討した与板御坊の事例は、御坊と民衆・村・町との関係についてみれば、寺檀関係を超えた直接的関係としての側面が強い。しかし一方、造立のためのみではないが、配下などの個別寺院からの御坊側への上納も義務づけられていることが確認できる。別院文書の「安政六巳年九月十日取立　高祖聖人六百回忌御手伝人別帳　御坊　控」[44]に、各寺の寄進記載の肩に「〇〇軒」「皆納　〇〇軒」の記載があることや、本章第一節第4項で検討した耳取村の一件の内済議定書に「御本山勧金」「御坊所御手伝金」を檀中で割り合うことが定められていることなどからわかるように、こういった上納は檀中に転嫁されたものであり、その意味において、門徒からの寺檀関係を通しての上納であるということができる。[45]

このように、西本願寺教団の中間的統制機構のなかにも位置づけうる与板御坊には、寺檀関係に基づく檀那寺を介した檀家組織・門徒と御坊との関係と、寺檀関係を超えた行政村・町・その他の集団および個人と御坊との直接的関係との併存がみられた。このことは、与板周辺地域の寺檀関係錯綜状態のもと、村落・町共同体と檀家組織とが一致しない状況において、与板御坊のなかに異種の関係、すなわち御坊側を主体として記述するならば、教団の中間的統制機構のなかにおける位置に基づく関係と、むしろ個別宗教施設として結んだ関係とが併存している、と評価できよう。

さらに、与板御坊を中心とした空間的広がりに着眼するならば、与板御坊が、西本願寺教団のなかに位置づけられる一方で、与板藩の助力を得つつ、

① 真宗門徒が圧倒的多数を占める与板町にとっては、民衆全体を包括する結合要素となったという評価は以上の

検討からはさしあたって与えられないが、少なくとも、その上層町人層に対しては、網羅的に、ステイタス・シンボルを与えたこと（なお、御坊の、上層町人間の関係における意味も注目される）、

② 与板町の近村にとっては、与板町の場合と同様、「御懸り」になった者にステイタス・シンボルを与えるとともに、村落内の結合、あるいは近村間の関係のひとつの要素を与えたこと、

③ しかし、管轄域、あるいは信仰圏の全体におよぶ新たな結合を生む要素とはならなかったであろうこと、(46)

という三点を指摘することができよう。(47)

おわりに

本章での実態分析から明らかになった点を簡潔に纏めると、下越後真宗優勢地帯に包摂される与板周辺地域などにおける寺檀関係錯綜状態のもとにみられる特徴は、

① 一寺院の檀家組織（の全体）として捉えうる「檀中」（いわば「惣檀中」）が存在し、さらにそれは、村レヴェルの「檀中」（＝村内檀中）としても、一つの、信仰および檀那寺や教団側との関係における単位として機能しえたこと、

② しかしその一方で、寺檀関係の枠を超えた、宗教施設と村落・町・その他の集団、および個人（あるいは家）との関係も併存していたこと、

の二点となる。ところで、本章第一節でみた真宗の「向寄寺方」慣行は――寺院組織内での問題、すなわち檀那寺と向寄寺方との関係の側面は明らかにできなかったが――ここでは、寺檀関係錯綜状態下において、寺檀関係に基づき

つつも、向寄寺方と村内同派門徒との間に地縁的な関係が結ばれているという点で、右の①②で纏めた二つの特質の接点に位置するものであるといえよう。

なお、②の関係についてさらに課題発見的に纏めるならば、本章で確認した事例からは、次の二つの異なる形態を見出すことができよう。すなわち、

(1) 本与板村の鎮守信仰にみられたような、そのものが直接村落などを包括する結合要素となりうるもの、

(2) 与板御坊の性格の一部としてみられたような、むしろ村落・町・その他の集団、および個人と宗教施設との、個別の関係を基本としたもの、

の二つである。ただし、一つの宗教施設のなかに、寺檀関係やそれに類似するものも含め、さまざまな性格が併存する場合もありうる。

最後に残された課題に触れて大尾としたい。

まず第一に、本章で扱った近世の真宗が、「親鸞に端を発する真宗は、かつて、その強度の阿弥陀一仏性（阿弥陀如来のみを信ずる一神教的性格）・加持祈禱的な現世利益の明確な否定・神祇不拝性・来世主義の傾向などにおいて、日本宗教史上際立った特色を有していた」(48)とされ、さらに、一般的に、門徒の信仰の強固さ、寺院の血縁相続制、教団の経済的基盤がもっぱら門徒からの寄進による点(49)や、信仰の基礎単位として講集団が重要な位置を占める点といった特徴ないしは特殊性を有していることを、あらためて念頭に置かねばならない。また、当該問題に関しては、今後地域・宗派・時期などの差異に着眼した豊富な事例の蓄積を必要とすると同時に、寺檀関係錯綜状態以外の状態、すなわち、一村一寺檀関係状態（仮に呼ぶならば）や、一村一寺檀関係状態と寺檀関係錯綜状態との間の中間的状態にある地域の寺檀関係との比較検討の必要がある。そしてまた、寺檀関係以外の、宗教施設と諸集団・個人（あるいは家）

との関係の実態との比較検討、そして背後の条件の明確化の必要があろう。そのなかで、本章に掲げた事例にみられたそれぞれの特性が、主に寺檀関係錯綜状態に起因するものなのか、あるいは近世仏教のなかでも特徴的な真宗が優勢である状況に起因するものなのか、ということもより明確になっていこう。

第二に、本章では史料的な制約から充分に追求できなかった、支配権力や、檀那寺、あるいは寺院組織・教団・本山側などの視点による分析、さらには、檀家組織の構成、信仰面以外での共同性、村落共同体などとの具体的関係の検討も当然重要である。深谷克己氏は、百姓共同体の維持のための宗教組織との交流を論ずる文脈で、寺檀制を「本末制によって巨大な組織に編制された末端の寺々が百姓共同体の内部に設置され、檀家として百姓家族を掌握するものであるが、それは百姓共同体が末寺を通じて宗教者の共同組織と接触していることにほかならず、かつそれは、幕藩制が百姓を全体的に掌握するしくみでもあったのである」としている(50)。実態のなかで検討するという意味で、本章の、近世後期の寺檀関係錯綜状態のもとにおける分析事例に即するならば、檀那寺やその他の宗教施設、あるいは宗教組織と共同体との関係は単純ではなく、村落において、その成員の檀那寺がその百姓共同体の内部に設置されているとは限らないし、寺檀関係によって、宗教者の共同組織＝教団と接している集団は、必ずしも百姓共同体のみには限らず、より小規模な檀家組織などをも想定せねばならないといえる。しかし、寺檀関係を集団間の関係として捉える視点は重要であり、寺檀関係が檀家組織側にとって持つ意味、および檀家組織の性格は、信仰面に限定せず、多面的に検討していかねばならない。

註

(1)　近世史における村・地域社会研究における仏教史的視点の導入は、すでに澤博勝「近世中後期の村・地域社会と仏教―河内国富田林村周辺を素材に―」(『仏教史学研究』三六―一、一九九三年。のち改稿・改題のうえ澤博勝『近世の宗教組織と地域社会』〈吉川弘文館、一九九九年〉に所収）において提言されている。ただし、澤氏は寺檀関係をさしあたり「実態」に対する公的な「制度」のなかに位置づける方法を採っているが、著者はむしろ寺檀関係についてもその「実態」に着眼して検討する必要があると考える。

（2）『日本仏教史』近世編一〜四、岩波書店、一九五三〜一九五五年、など。

（3）なお、社会学では、森岡清美『真宗教団と「家」制度』（創文社、一九六二年、増補版一九七八年）第三・第四章で、「地域門徒団」とともに「寺門徒団」が定義され、一九五〇年代の社会調査に基づきつつ、寺檀関係について「寺と門徒群との集団的側面」からの分析も行われている。寺門徒団が地域ごとの「講中」に分かたれ、その「講中」が同部落内の他の「講中」と結合して「部落門徒団」を構成している事例が考察されており、本章との関係においても注目される。本章ではあくまでも近世の寺檀制度に規定された寺檀関係を考察対象としており、維新期の宗教生活の改変までを見通すには至らないが、極力近世史料に基づく方法を採る。しかし、檀家組織の構造を持続・変容の両面にわたって通時的に検討することは、重要な課題である。

（4）『近世仏教　史料と研究』創刊号、一九六〇年。のち『竹田聴洲著作集』第七巻（国書刊行会、一九九四年）に所収。

（5）「個別村落の寺院」（『近世村落の社寺と神仏習合』法蔵館、一九七二年、第六章。のち『竹田聴洲著作集』第四巻、国書刊行会、一九九七年）および、「寺檀関係と同族集団」（『村落同族祭祀の研究』吉川弘文館、一九七七年、後編。のち『竹田聴洲著作集』第五巻、国書刊行会、一九九六年）など。

（6）また、竹田氏は、近世においても北陸・中部以西を中心に比較的多数の門徒を有していた真宗をあまり分析対象としていない（児玉識「総括　近世仏教と地域・民衆—故竹田聴洲、森竜吉両氏の業績の継承、発展をめざして—」〈『近世仏教　史料と研究』第五巻第四号（復刊七号）近世仏教と地域・民衆特集—八〇年度夏期セミナー報告—一九八二年〉）。

（7）福田アジオ「近世寺檀制度と複檀家」（戸川安章編『仏教民俗学大系』七　寺と地域社会、名著出版、一九九二年、所収）。

（8）児玉識「近世真宗史研究の動向と課題」（同『近世真宗の展開過程』吉川弘文館、一九七六年、序章二一頁）。

（9）近世の越後は、大きく分けて魚沼・上越後〈頸城〉・下越後〈岩船・蒲原・三島・古志・刈羽〉の三地域として捉えられていた（奈倉哲三「真宗優勢地帯の習俗的信仰」〈同『真宗信仰の思想史的研究—越後蒲原門徒の行動と足跡』校倉書房、一九九〇年、第一章〉、および山田邦明氏の御教示による）。現在に連なる傾向であるが、本章では、近世の北陸・東海・中国地方などに分布した、真宗の檀家が総世帯の大半を占める地帯を「真宗優勢地帯」と規定する。

下越後の場合、古志郡・三島郡・蒲原郡域内の、信濃川・中之口川・西川などによる低地を中心とする地帯においては、近世中期以降、総世帯に占める真宗檀家率（および全寺院に対する真宗寺院の比率）が圧倒的であり（田子了祐「越後路の近世信仰」〈宮栄二編『雪国の宗教風土』名著刊行会、一九八六年、所収〉、奈倉哲三前掲論文を参照）、この地域を「下越後（における）真宗優勢地帯」と規定することができる。なお、田子論文によれば、当地帯における真宗の教線の展開は、十六世紀末から近世中期に至る低湿地帯の新田開発と並行したものであった。当地帯は、このように比較的新しい真宗優勢地帯であることが特徴的である。また、管見の限りでは、当地帯には一般的に寺檀関係錯綜状態がみられる。

(10)　与板町歴史民俗資料館収蔵（寄託）大平家文書（以下「大平」と略す）二五「安政三丙辰年二月廿日ヨリ日記」（以下、大平二五「日記」・安政四年十一月廿三日まで）、大平二六「文久三癸亥年七月七日ヨリ日記」（以下、大平二六「日記」）、大平二七「元治元甲子年五月廿五日ヨリ日記」（以下、大平二七「日記」）、大平二八「元治二乙丑年四月廿日ヨリ日記」（以下、大平二八「日記」・慶応二年六月九日まで）の四冊。大平覚兵衛は与板組の割元格にもなっている。以下、本章第一節・第二節において特に典拠を示さない実証は「日記」による。本章作成にあたっては、記事が連続している大平二六〜大平二八の記事を網羅的に検討し、補助的に、大平二六〜大平二八とは時期的に連続していない安政期の大平二五の記事を参照した。なお、大平家に残る日記は以上の四冊のみであり、よって本章の分析も幕末期に限定したものとなった。

また、後述するように、庄屋であるのみならず、さまざまな宗教関係の活動でも主導的な位置を占めていた大平氏の、村内および檀中における位置を考察する上で、大平家自体の経営についても明らかにする必要があるが、大平家文書はその大部分が村文書によって占められ、管見の限りでは大平家の経営の総体を明らかにできる史料・記事を見出しえていない。ただし、覚兵衛の父与惣兵衛の代に大平家が経済的危機に陥ったことが、他の史料（「天保十年　質地・作徳米滞納訴訟一件」〈『与板町史』資料編上巻、与板町、一九九三年、五二七〜五七七頁〉、および「天保十年　金子滞納一件」〈同右、五七七・五七八頁〉）によりうかがえる。

(11)　新木（与五右衛門）氏は与板に居住し、元禄期に「庄屋」役を譲り受けて以来、与板組の割元役を勤めたとされ（前波善学「町役人」〈同編『与板財閥史話』与板町教育委員会、一九六六年〉）、享保元年より幕末に至るまでの二二〇冊余の記録「関守」（与板町歴史民俗資料館収蔵〈与板町所蔵〉）を残している。

(12)『日本歴史地名大系』一五　新潟県の地名（平凡社、一九八六年）。
(13)大平四一—仮一〇（なお、仮番号は、同一番号等で複数の史料が一括されている場合に著者が便宜的に付したものである。以下同じ）。
(14)大平二一—仮二。
(15)与板町歴史民俗資料館収蔵（寄託）与板別院文書（以下「別院」と略す）八五「弘化三丙午年改　御懸連名牒」。
(16)与板村は、元禄以降町方・地方に分かれていた（『与板町史』資料編上巻、解説〈木村康裕、木村秀彦、長谷川一夫、本田雄二の諸氏担当〉）。
(17)檀家の権利・義務に関しては、一般的な像を提示した先行研究として豊田武「日本宗教制度史の研究」（初出一九三八年、同著作集第五巻『宗教制度史』〈吉川弘文館、一九八二年〉所収）一二八～一三二頁がある。
(18)『真宗門徒　新潟の仏事』（新潟仏教文化研究会編、考古堂書店、一九八三年、一九八七年改訂二版）によれば、現在、檀那寺が遠い場合、月忌まいりを近くの寺に願うことがよくあり、そのことを「ご縁かり」と呼ぶ、という。また類似のものとして、児玉識「真宗と神祇の関係」（同前掲註（8）書、第四章第二節）では、安芸の「けきょう」制が、森岡清美前掲註（3）書では石川県の「エンカ寺」や、「化教寺」「手伝寺」が、中田隆二「加賀藩における真宗教団の寺檀関係」（『龍谷史壇』八一・八二、一九八三年三月）では、寺院間の制度的なものとしての加賀藩における「縁借寺」が、あげられている。
(19)「御取越」とは、宗祖親鸞の報恩講を繰り上げて執行することで、「御引上」ともいう。
(20)前波善学「与板の漢詩家」（同編『与板史続こぼれ話』与板町教育委員会、一九六五年）を参照。「日記」には、例えば元治元年五月二十一日に、光西寺に、大平覚兵衛と、与板の漢詩家で町年寄でもある斎藤赤城とが招かれている記事などがみられる。
(21)現南蒲原郡中之島町、大谷派。
(22)当該期の下越後真宗優勢地帯における、真宗門徒の遠忌および本山参詣を扱った論考として、奈倉哲三「幕末期真宗門徒の臨時行事—越後蒲原門徒の遠忌と本山参詣—」（『仏教史研究』三〇、一九九三年）がある。
(23)『日本歴史地名大系』一五、新潟県の地名。
(24)『見附市史』史料Ⅰ（見附市役所、一九八一年）、三九三～三九六頁。なお、著者が適宜読点の変更を行った。

(25) 同書三九七・三九八頁。
(26) 高埜利彦「近世の村と寺社」(同『近世日本の国家権力と宗教』東京大学出版会、一九八九年、補説二)、同『日本の歴史一三　元禄・享保の時代』(集英社、一九九二年)。なお、前者において、檀中は真宗寺院の寺檀関係の分析から提示されている。
(27) 福間光超「問題提起—本末制度と幕藩制—」(『近世仏教　史料と研究』第四巻第四号　本末制度特集—七九年度夏期セミナー報告—、一九八〇年)。
(28) なお、本与板村を含め与板周辺は俳句が盛んであり、覚兵衛自身も俳人同士の交際のなか多くの句を残しているが、本与板村の俳人としては、覚兵衛の他、三浦六郎右衛門、(吉荒)伝之助、(樋口)甚七、円満寺など、村役人には限られずに、多数があげられる(前波善学「与板の俳人」〈同編前掲『与板史続こぼれ話』〉、および「与板の俳人」〈『与板町史』資料編上巻、七三二〜七三四頁〉)。
(29) ただし、最後の記事の忠左衛門のように、大平家の月忌始・御取越に招ばれない者が使役される例もある。
(30) なお、簡単に周辺の日蓮宗の状況について触れておくが、与板の西にある和島村域では、本与板村に檀家を有する村岡村本行寺の本寺でもある村田村妙法寺を中心に、日蓮宗寺院が比較的多く存在する。
(31) 前掲註(9)、奈倉哲三「真宗優勢地帯の習俗的信仰」。
(32) 奈倉哲三「近世人と宗教」(『岩波講座日本通史』近世二、一九九四年)。
(33) 「近世真宗寺院における神祇受容の実態」(『日本近世近代仏教史の研究』平楽寺書店、一九六九年)、「近世真宗における神祇への対応」(『龍谷史壇』七三・七四、一九七八年)。
(34) 「真宗と神祇との関係」(児玉識前掲註(8)書第四章第二節)二一一頁。
(35) 前掲註(32)、奈倉哲三「近世人と宗教」。
(36) 近世の真宗の御坊の、個々の実態を踏まえた叙述としては鷲尾教導編『津村別院誌』(本願寺津村別院、一九二六年)、天満別院誌編纂委員会編『天満別院誌』(天満別院、一九六一年)、難波別院史編纂委員会編『難波別院史』(難波別院、一九七八年)、『名古屋別院史』(真宗大谷派名古屋別院、一九九〇年。のち一部は、「近世尾張の真宗門徒と講」として蒲池勢至『真宗と民俗信仰』〈吉川弘文館、一九九三年〉に所収)、本願寺史料研究所編『本願寺史』第二巻(浄土真宗本願寺派宗務所、一九六八年）第六章「大谷本廟と諸国別院」などがある。これらの叙述、とりわけ『名古屋別院史』では、御坊外護における周辺地域の講の役割への着眼がなされている。

（37） 以下、先述の大平「日記」のほか、与板町歴史民俗資料館収蔵（寄託）与板別院文書（別院一九「天保十四癸夘歳　越後国三島郡与板輪番所配下調帳」、同四四「文久四子年三月日　御造立掛当番日記」、同四五「文久四甲子年正月元旦　御用留」、同四六「元治二丑年正月　御用日記留　第壱」、同六八～七〇「御坊御建立之記」壱～三、別院七一「文□□亥年　御造立ニ付諸方記帳　写」、同七五「御造立御手伝志記帳」、同八五「弘化三丙午年改　御懸連名牒」、同雑文書―仮一五「文久二戌年閏八月　長岡三ヶ寺規定書写控」、同雑文書―仮三一「嘉永四亥年九月上旬　御造立一件ニ付御領主御役人御出役之控」、同雑文書―仮三一「安政六巳年九月十日取立　高祖聖人六百回忌御手伝人別帳　御坊　控」などを参照した）、東京大学史料編纂所所蔵松下家遺書一九「日記」、同二六「慶応三夘年七月ヨリ　与板雑録」などによる。なお、本項の詳細については、後稿を期したい。

（38） 一方、松下家遺書二六「慶応三夘年七月ヨリ　与板雑録」（註（37）参照）によれば、天保四年以来、与板領内の逆谷村真言宗寛益寺の住職が代々「御祈願所」に任ぜられており、また、慶応三年十二月の記事と思われるが、「御合力米・御供米・仏供米」として、龍潭寺に五〇俵、西光寺に二〇俵、寛益寺に六俵一斗、八幡宮に五俵、徳昌寺に三俵の米の寄進が記されている。（与板・おそらく臨済宗）龍潭寺・真宗東派西光寺は与板入封以前からの井伊家ゆかりの寺院であり、曹洞宗徳昌寺は戦国期の与板城主直江氏にゆかりの寺であって、与板組割元新木氏や大商人三輪氏一族を檀家としている。また八幡宮とは与板町総鎮守都野八幡宮のことであると考えられる。なお、「井伊家譜」（『与板町史』資料編上巻、三八六～三九五頁）などによれば、分家時から幕末に至る与板井伊家の藩主の菩提所は、遠州周智郡上久野村（現静岡県袋井市・曹洞宗）可睡斎、江戸牛島（黄檗宗）弘福寺、および江戸小日向（臨済宗）徳雲寺である。また、与板井伊家は、遠州井伊谷（現静岡県引佐郡引佐町）臨済宗龍潭寺とも関係を保っていたと思われる。

（39） 別院一九「天保十四癸夘歳　越後国三島郡与板輪番所配下調帳」に書き上げられている与板御坊の配下寺院の分析などから、真宗が希薄な魚沼郡、下越後のうち三島郡・古志郡、そして蒲原郡南部の一部が、与板御坊の管轄域となっていたと判断できる。

（40） 前掲註（37）参照。

(41) 前掲註(37)参照。
(42) 前掲註(37)参照。
(43) 前掲註(37)参照。
(44) 前掲註(37)参照。
(45) なお、本山の勧化の檀家への転嫁に関しては、豊田武前掲註(17)論文、および高埜利彦前掲註(26)「近世の村と寺社」『日本の歴史一三　元禄・享保の時代』を参照。
(46) ただし、広域の門徒の結合と御坊との間に関わりがなかった、というわけではない。奈倉哲三氏によれば、明治初年における弥彦山の阿弥陀如来像の焼却阻止運動に与板御坊の関与がみられる(奈倉哲三「廃仏毀釈と真宗門徒―弥彦山阿弥陀如来像守護運動―」〈同前掲註(9)書、第四章〉)。
(47) 石井修「幕末期の地域結合と民衆」(『関東近世史研究』二二、一九八七年)では、講集団や風俗文化による「村役人や豪農商層を中心とする地域民衆間のネットワーク結合」が検討されているが、宗教的要素全般についてもまた、同様の視点からの検討がなされるべきであろう。
(48) 前掲註(9)奈倉哲三『真宗信仰の思想的研究』序八頁。
(49) これらの点は前掲註(8)児玉識『近世真宗の展開過程』序章「近世真宗史研究の動向と課題」において言及されている。
(50) 深谷克己「百姓」(『歴史学研究』別冊特集、一九八〇年)。

〔付記〕本章の作成にあたっては、東京大学史料編纂所・与板町教育委員会・与板町史編さん室の方々および本田雄二氏に、史料の利用等に関して大変御世話になった。また、小林信也氏、澤博勝氏、西田かほる氏、山田邦明氏には貴重な御教示をいただいた。末筆ながら厚く御礼申し上げる。なお、与板別院は現在(西)本願寺新潟別院となっている。

第二章　檀家組織の構造と代表者的存在
――関東の事例から――

はじめに

近世の檀家組織における合意形成のありかた、意志の発現や権利の行使などのありかたは、いかなるものであったのか。また、第Ⅰ部第一章「近世中後期関東における宗教施設の運営」、および第Ⅱ部第一章「近世後期の寺檀関係と檀家組織」で課題となった、檀家組織と寺院所在村、あるいは檀家組織と寺院との関係におけるそれぞれの特質をどう捉えるのか、といった点を検討するうえで、檀家組織の代表者的存在や寺院運営にあたる世話人の性格の解明はひとつの重要な作業となろう。また、ある者が檀家惣代や世話人などになることが村・町・地域社会などでいかなる意味を持つのか、という点を個々の事例に則して明らかにする、その前提としても有用な作業となろう。

近世における檀家組織の代表者的存在に関しては、豊田武氏が「日本宗教制度史の研究」のなかで、檀家の権利について述べたうえで次のように纏めている(1)。

要するに檀家は或程度の寺院財産監督権と寺院住職の任免権を持つて居たが、この権利を行使するものは、今と同じく檀頭・檀那惣代・檀中惣代と呼ばれる檀家中の代表者であつた。その選出方法は明らかでないが、大体に於て一村の庄屋や組頭が惣代として選ばれ、若しもそれの欠けた場合は、檀家中最年輩のもの、人望のあるもの等一村の有力者がこれにあたる。連署の人員は場合によって異なるが一名乃至三名を普通とする。檀家惣代は前に述べた如く寺院の各種の行為に隣寺・法類・組寺と共に連署する権利を有するけれども、檀家惣代が寺院住職と共謀して種々の不法行為をなす場合には、余の檀徒はその処分の無効訴訟を提起することがある。

ここでは、「檀頭・檀那惣代・檀中惣代」を、檀家の権利を行使する「檀家中の代表者」とし、寺院の財産処分・債務負担の契約・住職交代などの際に連署する権利を有するとしている。しかし、結論を先取りすることになるが、檀家組織の代表者的存在には豊田氏の指摘以上の多彩な性格があると考えられる。また、豊田氏の概括では、檀家組織と寺院所在村との関係が明確に議論に組み込まれていない。

本章では、檀家組織の代表者的存在の性格について、寺院に関する手続きなどの際の檀家惣代を軸に、それが他の性格とどう関わってくるか、という視角に留意しつつ、第Ⅰ部第一章および次の第Ⅱ部第三章「祈禱寺檀関係と宗判寺檀関係」とも関連させながら関東の事例をより詳細に検討したい。

一　武蔵国入間郡上野村多門寺の檀家組織

1　多門寺と平山家の概要

本項では、第Ⅰ部第一章ならびに第Ⅱ部第三章でも扱う武蔵国入間郡平山村平山家文書を主な素材とし、平山村のなかで最も多くの家を檀家としていた（表1）〈本書三一頁〉参照）隣村上野村上分の新義真言宗多門寺の檀家組織の構造分析を行う。平山家文書を残した斎藤家[2]、ならびに平山村などについては、すでに第I部第一章で述べた。以下、斎藤家について先行研究[3]により補足する。

斎藤家は、斎藤一族が多数を占める前組に属する（〔表1〕参照）。内野勝裕氏によれば、寛文八年（一六六八）における斎藤三三郎（山三郎・斎藤家の祖）の平山村内の田畑屋敷は計二反九畝余で、平山村の名請人三七人のうち二四位に位置していた[4]。しかし、以後同家は近世中期を通じて急速に土地を集積し、宝暦期以降には養蚕・穀物売買・質屋・炭・酒造・林業などの生産・商業活動を順次展開し[5]、宝暦期にはすでに村内第一の経済的地位を確立した。村役人としても、宝暦期には百姓代、安永期に組頭となり、天明期には、旧来名主を勤めてきた中組の村田一族に代わり、後組の島田藤左衛門家とともに年番名主に就任する[6]。なお、斎藤家が宗門帳の署名で姓を公称するのは天保初年であり、ほかには村内で姓を公称した者はいない。また、「平山家文書」の「平山」の姓は、斎藤家が明治に入ってから村名を姓としたものである。

多門寺や上野村下分の医王寺を末寺とし、平山村の法眼寺を門徒とする越生法恩寺は、近世に作成された記録「法恩寺年譜」には、天平十年（七三八）に行基により開創され、応永五年（一三九八）に再興、天台宗（最初は法相宗）から真言宗に改宗されたと書かれている。慶長七年（一六〇二）には山城醍醐寺三宝院の直末となり、寛永七年の寺蔵の本末帳によれば、入間郡・高麗郡・比企郡・秩父郡内で、末寺・門徒・又末寺・又門徒など計一〇〇ヶ寺強を有し、門末数では武蔵国でも最大規模の田舎本寺であった[7]。そして、関東十一檀林のひとつに数えられ[8]、智積院・真福寺・円福寺などの、後住入札の権利を有していた。また、朱印地二〇石を有していた。

平山村に斎藤一族はじめ最も多くの檀家を有していた福寿山多門寺は、上述のとおり法恩寺の末寺である。「新編武蔵国風土記稿」には、

多門寺　慶安二年毘沙門堂領五石ノ御朱印ヲ賜フ　是モ法恩寺ノ末ナリ福寿山滝房ト号ス　開山ノ僧ハ詳ナラサレト　寺ノ草創ハ寛元四年ノコトナリト云伝フ　其後応仁二年僧空伝ト云者住職ス　是ヲ中興ノ開山ト称ス　本尊弥陀ヲ安置ス

毘沙門堂　毘沙門ハ立像ニテ長三尺又別ニ一軀ヲ安ス秘シテ人ノ拝スルコトヲ許サス

薬師堂　明和年中平山村ヨリ引移セシト云(9)

とあり、毘沙門堂領として五石の朱印地を有している。毘沙門堂・薬師堂は現在も多門寺境内に所在する。すでに第Ⅰ部第一章で平山村内の多門寺の檀家組織の構成についても検討したが、次に多門寺の檀家組織の概要について、他村をも含めてより詳細に検討する。

多門寺は、近世中後期には、上野村上下両分にあわせて七〇軒前後、平山村に二・三〇軒、毛呂（本郷）に二軒程度の（宗判）檀家を有していた。祈禱檀家の有無については不明である。そのなかで、上野村の檀家組織と平山村の檀家組織とは、それぞれ独立して機能していた(10)。斎藤家の多門寺への土地寄進と、平山村と斎藤家の関係とを記した史料(11)によれば、多門寺における盆中の施餓鬼会は、上野村上下両分檀中が七月十四日、平山村檀中が七月十五日と、別々に行われていたと記載されている。また、次に掲げる史料は寛政八年に多門寺二十世住職英隆の署判で作成された、平山家からの多門寺への寄付と、多門寺における平山家の格式を記した帳(12)のなかの記載である。

〔史料一〕

一、当山従古来表大門道平山村分方ニ而幅狭く有之、諸事不自由ニ候処、当十ヶ年以前天明七丁未年四月廿五日ニ貴殿御志願之義、殊ニ当山菩提処由所兼而平山村分内右大門道幅狭場所ノ道江足シ地等寄附受之、大門道ヲ広ケ、其節貴殿方江御世話頼入、平山惣檀中人足ニ而、平山分之毛呂宿ゟ越生宿へ往来大道端ゟ当山へ入口川

原大門道　御朱印地川流境迄ニ道普請致候義自然と定例ニ致候而、当年迄毎年七月盆前ニ平山村惣檀中人足相頼貴殿御世話ヲ以右之道普請定例ニ相成候功作之事

これらの記事から、天明七年以降、平山村の多門寺檀中が、斎藤覚右衛門家の世話のもとに、独自に多門寺の道普請にあたっていたことが読み取れる。なお、平山家文書の寛政八年の日記[13]からも平山村檀家による道普請は確認できる。このときは、利八が人足に出なかったため、多門寺住職に宗判を拒否されているが、のち解決に至っている。

また、平山家文書の日記[14]によれば明和六年九月十九日、多門寺弟子芳存の出世護摩の際に斎藤家で村方檀家の祝儀を「廿四文貫集テ」持参しており、さらに安永六年九月には次のような記事がみられる。

〔史料二〕[15]

一、九月二日覚右衛門多門寺弟子秀天護摩初行之祝儀トして鳥目二十疋覚右衛門持参ス、同三日ニ前組旦中十軒ニ而鳥目二十疋貫寄惣名代ニ喜左衛門・幾右衛門両人祝儀ニ持参ス、但シ一軒分拾九文宛貫銭出ス

（中略）

一、九月五日ニ多門寺ゟ弟子秀天ニ護摩札為持当家江遣ス、前組十軒前之札幾右衛門宅江持参ス、但後組ハ八軒ニ而鳥目百三拾弐文祝儀多門寺へ遣スト言、一軒十六文出シ、上野村ニ而も十六文出ト言、同五日ニ東組ハ四軒ニ而銭百文祝儀遣ト言、同五日ニ護摩札名〻遣ス、尤前組ハ十軒分幾右衛門宅江遣ス

つまり、多門寺弟子の出世護摩に際しては、村方檀家で、あるいは組ごとの檀家で、祝儀を軒割りで集めている。ただし、〔史料二〕からは、平山村前組における檀家組織での斎藤家の特殊な地位もうかがえる。[16]

2　宝篋印塔一件

本項では、天明年間前後、斎藤一族が多門寺境内に宝篋印塔を造立しようとしたのに対し、上野村内の多門寺檀中が反発した一件（以下、「宝篋印塔一件」と呼ぶ）について分析する。史料としては主に、本一件関係の記録を含んだ、斎藤一族からの宝篋印塔関係寄付記録である天明七年の「寄附物書出改帳」[17]と、寛政八年の平山家の日記の前に合綴された宝篋印塔一件関係の前後欠の記録とを参照する[18]。なお、本一件時の斎藤家の当主は、主に覚右衛門である。

斎藤家の宝篋印塔造立の動きは、安永四年十一月、多門寺十九世住職秀甚が斎藤家に対し、多門寺境内に宝篋印塔造立を懇望したことにはじまる。上野村の多門寺「旦中惣代」組頭吉田九兵衛[19]の立会いで、斎藤家から多門寺へ造立金五両が寄付され、それを元に宝篋印塔を造立することとなった[20]。その後、九兵衛は病死し、安永七年八月には秀甚が上野村下分医王寺に移転し、後住として川角村（現毛呂山町）南蔵寺住職英隆が多門寺に入院した。その際、「寄附物書出改帳」によれば、秀甚・英隆・斎藤氏・上野村上下両分旦中惣代組頭九兵衛後役権兵衛の四人が、塔造立金は秀甚が医王寺に持参し、後日多門寺境内に塔を造立するように取り決めた。しかし数年経っても秀甚は造立に取りかからなかった。

そこで天明四年に英隆の取りはからいにより、先に斎藤家が寄付した本金五両によるこれまでの利金八両余は、秀甚住職時の多門寺の寺院管理費の名目で斎藤家から多門寺への寄付とし、本金五両は斎藤家に渡し、斎藤家でさらに造立費用を補充し、また斎藤家の一族末家三軒からも費用を出し、その三軒に対しては、先祖代々に法名居士大姉号を授与することとなった（斎藤家はすでに居士大姉号となっている）[21]。

天明二年中に、施主家の代々法名・家名実名・印紋などを記した塔が出来し、境内に据え付けようという段階にな

ったが、同年の十月以降、「当山〔多門寺〕諸旦家当村〔上野村〕上下両分七十五軒」[22]から、

① 上野村檀家に対して宝篋印塔造立に関する相談がまったくなく、また斎藤家から多門寺に対して一体どれほどの寄進があったのか疑問であること、

② 塔造立のために平山村人足を多門寺から頼んで多門寺境内に地形《ちぎょう》した場所が、毎年七月二十七日の鎮守諏訪祭礼の邪魔になること、

③ 多門寺（の什物など）に実名・印紋などを彫りつける先例がないこと、

などについて苦情が申し立てられ、以降、斎藤家・多門寺住職側と上野村檀中側との間で議論となった。

その後、十一月に隣村の今市村（現越生町）名主が取扱に入ったが、上野村上分名主富右衛門から上野村の領主金田主殿の屋敷へ当一件が伝えられた。そしてさらに平山村の領主三枝土佐守に情報が伝わったのか、三枝氏側から斎藤覚右衛門方へ、金田家と三枝家は「縁家」なので金田知行地に対し差し障りのあるようなことはしないように、内済が成立するまでは塔を造立してはならないとの命令があり、その後しばらく本一件の解決はみられなかった。なお、本一件につき、天明四年十二月に、多門寺側から本寺法恩寺を通して新義真言宗江戸四箇寺のひとつである真福寺の内意を尋ねたところ、「右塔施主方ヨリ前々寄附功作百金以上格別之事歟、又ハ田舎之事ニ候得者五拾両程も功作等有之候ハヽ、右塔造立苦カル間敷歟」という回答があった。それを受けて、法恩寺からは、斎藤家から前々より五〇両以上も寄付があるうえは、「右当村〔上野村〕諸旦中心得違ヲ以指障候共〔カ〕不相用、石塔建立成就可然」という内意があった。

天明七年八月に至って、多門寺住職から上野村領主金田氏に対して塔一件について届け出るため、鎌形役所[23]の永島彦次郎へ添簡を願い出たところ、内済するよう指示があり、多門寺に上野村上下両分村役人、両分惣旦中、「平山村役人右塔施主」[24]、今市村役人が立会い、済口の相談が行われ、斎藤家からの前々よりの寄付について、古帳・覚書か

ら新帳（この「寄附物書出改帳」の後半部の記載がそれに相当すると考えられる）を作成した。以後、上野村両分・今市村の村役人を中心に内済案が作成され、仲裁が進んだ。

同月付の当一件の済口證文[25]では、多門寺、上野村旦中惣代権兵衛・同惣吉、平山村施主覚右衛門、平山村旦中藤右衛門（覚右衛門と交互に年番名主となっている）、および今市村仲人名主市郎兵衛、今市村仲人組頭半右衛門、上野村仲人名主平次郎・同冨右衛門、上野村仲人組頭源八・同友右衛門・同仙右衛門・同藤七が連名している。内済の内容は次のとおりである。

①　宝篋印塔に関しては、前々から斎藤家からの寄付もあるので、「旦中方少々存寄ニ不叶」記載が刻まれていても、いま石ができてしまったそのままの状態で造立する。なお、宝篋印塔建立場所の「地代功作金」として一〇両を斎藤家から多門寺に寄付し、この功作金の利金は住職が自由に使い、本金は「永ゝ寺付」にする。

②　宝篋印塔は、「旦中方ニ而神事祭礼等之障りニ茂相成由」を申し立てたのだが、住職と村役人・旦中で相談のうえ「寺院之勝手ニ相成候場所」へ造立する。

③　覚右衛門の数年来の寄付について帳面に記し置いたことについては承知する。ただし塔造立の際は施主・旦中一統で取り持つ。また以後、寺院相続の際は何事によらず旦中一統で取り持つ。

④　宝篋印塔はもとより、新規の堂塔造立について、今回のことを今後の例にはせず、住職・村役人・旦中相談で取りはからうこととする。

なお、①については、「寄附物書出改帳」に記載された、上野村両分・今市村の村役人による内済案の段階では、利金に関して「利足金ハ当一代ハ住職心儘ニ可致候、後代（＝現住職の次の代以降）ハ右施主幷村檀中立会毎年利金勘定致シ、此利金ヲ以当院修覆助力ニ可致候」とされている点が注目される。施主＝斎藤家が立ち会うのは、貸付金本金の寄進者であることに基づくと考えられるが、さらに、多門寺の貸付金の利金勘定に、檀中一般ではなく、「村旦中」＝上野村（寺院所在村）の檀中が立ち会うことが提案されているのである。

寛政八年の平山家の日記の前に合綴された宝篋印塔一件関係の前後欠の記録には、秀甚から英隆への住職交代の際、「当村〔上野村〕諸役人諸旦中立会什物等諸支相改」たと記載されている。本一件が斎藤家・多門寺住職対上野村檀中という構図になっていることから当然であるともいえるが、この一件において、施主・村役人以外の、平山村の多門寺檀中の動きはほとんどみられない。

さらに、この一件に関しては、「旦中惣代」吉田九兵衛が覚右衛門の寄進に対する多門寺の證文に加印している一方で、平山村の「旦中惣代」の存在が確認できない点が注目される。また、個別檀那との相対の境内塔造立は、檀中との相談がなくともかまわないとする本寺法恩寺の論理も注目される。そして、秀甚が覚右衛門の寄進した造立金を保持したまま医王寺に移転してしまったことや、済口の③からは、当一件の時点において、多門寺では基本的に住職が多門寺の所有金の管理にあたっていたのではないかと考えられる。

なお、本「塔一件済口」の、仲人による奥印の日付は寛政二年（一七九〇）三月である。同年十月には多門寺において、「上野村檀家中七十五軒不残」「平山村檀中不残・出入檀家中迄不残」[26]ほか、上野村および周辺村の村役人、さらには斎藤家親類などの参詣をも受け、近隣寺院からも集まった一〇人にもおよぶ僧侶によって盛大に宝篋印塔建立供養法会が行われている。[27]

3　位牌石塔一件

ここでは、文化初年に斎藤家当主山三郎が、多門寺に新規に「花麗」な位牌や「五輪九輪」の墓碑を立てて上野村檀中と軋轢を起こした一件（以下「位牌石塔一件」と呼ぶ）を紹介する。

最初に、本一件の経過を簡単に追っておこう。まず、文化二年（一八〇五）十二月付の「御請書之事」[28]をみる。これは、当主の平山村名主山三郎から、地頭三枝氏の役人に対する、山三郎を相手取った訴訟に関する質問への返答書である。それによれば、問題となっている多門寺に置かれた斎藤家の位牌は、文化二年の四月に納められた。本一件は、住職留守中の十二月三日に、「願人」九兵衛・友七が山三郎方に出向き、斎藤家の位牌に一〇〇両を寄進したとの記載があるが、「我等寺預り」なので、「当住帰寺之砌り金子無之候而者相済不申」、と申し出たことにはじまる。なお山三郎の主張によれば、のちに山三郎が上野村当名主縫之助に尋ねたところ、九兵衛・友七の両人は「留守寺預り」ではないとのことであった。ここで訴訟人側は「旦中七十五軒惣代」と称している。

また、文化二年十二月付で「金田主殿知行所武州入間郡上野村、新義真言宗多門寺旦中六拾八人惣代訴訟人百姓友七」から、「檀中ニ仕来無之位牌石塔新規ニ相立候出入」として山三郎を相手取り、勘定奉行石川忠房に訴状が提出された（後掲の〔史料三〕）。翌文化三年二月には評定所での対決に至り[29]、三月には山三郎から評定所に対して返答書が出された[30]。そして、文化四年九月には内済に至り、済口證文が出されている[31]。この済口證文に差出人として連署しているのは、檀中六拾八人惣代訴訟人友七、相手山三郎のほか、多門寺秀秉、「百姓九兵衛」である。九兵衛はここでは訴訟人ではなく、多門寺に連署すべき檀家として署判していると考えられる。

以上みてきたように、この一件では訴訟人が、檀中七拾五人惣代九兵衛・友七から、檀中六拾八人惣代友七へと変わっているが、くわしい事情はわからない。しかし、前項でみた「宝篋印塔一件」における上野村檀中の軒数が七五軒であり、また、本一件の済口證文に、「武州入間郡上野村多門寺檀中六拾八人惣代同村百姓友七」と記されていることから、この位牌石塔一件における檀中惣代とは、寺院所在村上野村の檀中の惣代を意味していると解釈できる。

さて、位牌石塔一件の内容を検討しよう。まず、訴訟人から「御奉行所」宛の訴状を掲載する。

〔史料三二〕(32)

乍恐以書付御訴詔奉申上候

金田主殿知行所

武州入間郡上野村

新義真言宗

多門寺旦中六拾八人惣代

訴訟人　百姓　友七

檀中ニ仕来無之位牌石塔新規ニ相立候出入

三枝土佐守様御知行所

同州同郡平山村

相手　名主　山三郎

右訴詔人友七奉申上候、相手山三郎義、此節多門寺江新規ニ格別花麗成位牌相納、歴代之法名ニ斎藤之斎之字ヲ用、銘〻院号居士号金紋ヲ付、右月牌為供料与田畑幷金百両寄附仕候趣、裏ニ者大織冠鎌足後胤其外色〻系図与相見得施主付家名実名名乗等、幷檀頭抔与彫付、猶又同寺境内墓所江五輪九輪之形ヲ致し〔カ〕石塔江定紋ヲ付、大造ニ数多建立、誠以御大名方様御廟所御仏前同様ニも乍恐奉存、是迄多門寺道場ニ金紋名乗ヲ附候位牌等建置候例先規ゟ決而無之、殊ニ当住僧之儀者為出世之上京致し留主中之義ニ御座候処、我儘ニ右体花麗成義致し、尤金百両寄附仕候趣ニ彫付有之候得共、檀中ニ者一向不存、譬寄附致候段相違無之候共、多分之金子之義ニ付住持与相対而已ニ而奉納可仕筋無之、惣旦中之者与も相談之上多門寺江寄附之規□後代迄相残候様取斗候者格別、無之義畢竟檀頭与相成往〻多門寺之義ニ付我儘之取斗致度巧ヲ以身分之程忘れ、勿論留主居之者如何之逢対御座候哉難斗ニ付、則留主居者江及掛合候処彼是申紛し不相訳候ニ付、当住持帰寺仕候迄位牌引取候様再応掛合候得共一向取放不申、左候迚其形ニ罷有候而ハ押而檀頭与相成後日ニ至り右位牌を証拠抔与申、奢ニ長し、何様之巧可仕も難斗、旁以難捨置、今般　御訴訟奉申上候、何卒　御慈悲ヲ以相手山三郎被召出御吟味之上新規之位牌石塔早〻取押向後右体花麗成義不仕候様被仰付被下置候様偏ニ奉願上候以上

金田主殿知行所
武州入間郡上野村
新義真言宗
多門寺旦中六拾八人惣代
百姓　友七

文化二丑年十二月

御奉行所様

前書之通石川左近将監様江奉出訴、〔文化三年〕当寅二月十二日御差日御尊判頭戴相附候処、山三郎義も御差日通罷出候処、御当日流ニ被仰付同十三日御評定所江罷出対決仕候、依之此段奥書仕候、以上（後欠カ）

ここで訴訟人が山三郎を糾弾する理由は、

①　斎藤家の位牌や石塔が多門寺において先例のない身分不相応な豪華なものであること、

② 位牌に記された斎藤家による金一〇〇両の寄付については、檀中としては関知しておらず、仮に寄付が事実であったとしても、高額なので住職と寄進者との相対だけで寄付すべきではなく、檀中にも寄付の事実を公開しておくべきであるのに、それをしていないということ、

③ 以上にみられる斎藤家の行動は、位牌を証拠とし、多門寺の「檀頭」となって多門寺を自分の自由にしようとするものであるということ、

などである。

それに対して山三郎は評定所への返答書に、①については、訴訟人のいうほど華麗ではなく、また、斎藤家では院号居士号は前々から位牌に記している。さらに、法名は住職が付けるものであり、「旦格夫ミ過去帳ニ」従って付けるものであるから当家では関知しないと反論している。なお、地頭所への請書には、系図記載や紋を付けた位牌や、紋を付けたり、五輪九輪の形をしたりしている墓石は他の家にも例があるとしている。②については、金一〇〇両というのは先祖山三郎から先代覚右衛門まで五代にわたって堂舎の修復料などとして納めた累計であり、今回金一〇〇両を納めるというわけではないと反論している。また、③に関して山三郎は、地頭所への請書で次のような主張を行っている。

〔史料四〕(33)

一 長檀頭之儀、多門寺入院交代之節平山村旦中廿五軒惣代与して私上下ヲ着シ座敷へ通り、御朱印 御法流相改メ先住ゟ当住江引渡シ之節立会来申候、且又先祖ゟ葬礼之節表門ゟ通り本堂□住持引導焼香仕見送之儀、私幷諸親類縁者共迄上下ヲ着し立会来り申候、幷旦中者無常門ゟ通り墓所ニ而住持引導焼香仕来り申候、且又年ミ七月十五日定例ニ而多門寺道場ニ而施餓鬼盆供養之節座敷之儀左之上座ニ私着座仕、夫レゟ左右段ミニ居

り来り申候、則右扣書所持仕候

ここでは、山三郎が位牌に「檀頭斎藤山三郎」と記した根拠について述べている。「檀頭」を名乗りうる理由を整理すると、

A、多門寺の住職交代の際、平山村檀中二五軒の惣代として、上下を付け、先住から後住への、朱印地を認めた朱印状と寺付法流の相承を認めた印信との授受に立ち会うこと、

B、葬礼を一般の檀家とは異なる形式で行いうること、

C、多門寺での七月十五日の平山村檀中の施餓鬼の際、最上座に着座すること、

の三点となる。つまり、ここで山三郎が主張している「檀頭」とは、とくに平山村の檀家の筆頭としての格式であり、またAからは平山村檀中の代表者としての機能をも読み取ることができよう。

なお、Cに関して、平山村檀家の多門寺における施餓鬼供養の際の座位について、「扣書」を所持していることを証拠として特記しているが、この「扣書」は平山家文書中に現存する。(34) この史料（「武州入間郡毛呂領上野村福寿山多門密寺　平山村惣檀家施餓鬼位階上下改帳」。〔表1〕作成に使用した）は、多門寺の平山村檀中の施餓鬼座順を記すほか、平山村と多門寺との関係の深さを強調した内容となっているが、そのなかで、

若シ後代ニ到り忘失破却等為無之、如斯之位階座席帳面二冊相認当寺印形致置、内一冊ハ当寺ニ取置、同一冊ハ斎藤覚右衛門家内ニ預置、右双方ニ取置候内壱方及後代ニ若シ此帳面紛失等も有之候共、壱方有之候帳面写シ取、如斯印形致シ相互ニ双方所持可致候、猶又此外当山ゟ平山村幷長百姓斎藤同姓家数十一軒之家〻檀縁由緒ニ拘り候事書物諸帳面等ハ、右同様相意得当寺ト斎藤覚右衛門方双方取置可申候事

と規定されている。

このほかにも、寛政八年八月付で、多門寺二十世英隆が作成者として署判している、斎藤家から多門寺への寄進や、多門寺における斎藤家の格式を記した帳面（「寄附金代質地請取印形證文帳　附檀縁家格諸事定目録證文書入帳」）が残存している。[35] この帳面には、「位階上下改帳」と同様に、同じ文書を二冊作成し、一冊ずつ斎藤家と多門寺とで管理するという規定も記載されている。さらに、この帳面には、宝篋印塔一件関係の済口からは読み取れず事実に反するのではないかと考えられる、

当家之義当山第一長檀那号於当〔カ〕寺ニ寺院相続等諸事儀右立入取斗ひ世話可致筈、此義宝塔造立滞り内済節扱人当村上下両分幷今市村之諸役人定置候事

という記載がなされている。

また、斎藤家の先祖代々の法名に院号を付けることは寛政八年の九月から十一月に行われていることが日記からわかるが、[36] 寛政八年十月の項目で、

当家前ゝゟ代ゝ諸祖霊法名密文字相記シ院号授与致シ置候、尤従先前長檀那ニ有之、又前ゝゟ此節迄右百金余寄附〔カ〕到而之功作金当山中興格別檀那、当院始而院号許容開闢之義第一長檀那家格ニ候、右院号授与向後之義葬式等任其意、長檀那家格ニ候、右葬式四方幕四門等先前ニ准之有荘厳事

という記載があり、ここでは多門寺における斎藤家の「長檀那」としての格式が多門寺住職英隆の名で認められている。

なお平山家の日記[37]によれば、寛政八年に斎藤家に院号が授与された際にこの「寄附金代質地請取印形證文帳　附檀縁家格諸事定目録證文書入帳」だと考えられる帳面を作成しているが、この作成には英隆と斎藤家のみが関わり、他の檀家は関わっていないと考えられる。平山家文書の日記から斎藤家の院号願いの端緒の記事をみてみると、

〔寛政八年〕同九月三日ゟ当家菩提所上野村多門寺江当家ゟ菩提縁ニ付先祖代〻聖霊法名ニ院号授与儀相願候始也、同五日ニ右之願儀右先祖代〻三界万霊等位牌立置、霊供茶湯回向料当家名高内平山分字将監渕今ハ山神森西大麦壱斗四升蒔畑寄附可致由、此序ニ、位牌立場相改、又当寺代替節諸事相改取斗世話等可致、其上入院相続印形等可致、又諸旦中立会節第一上席可致、又当代我等夫婦方へも右之院号居士法名連修授与等、右五ヶ条願(38)

とあり、多門寺の住職交代儀式・書類引き継ぎへの関与や、「諸旦中立会」（多門寺の、村を問わぬ全檀中の立会いの意味か）の際の最上位の座席については、寛政八年以前に確実に認められていることでもなく、また檀家組織の承認を受けてもいないことがわかる。

平山家文書の日記(39)によれば、斎藤家はその経済的成長、地位の上昇と軌を一にして、多門寺（住職）から宝暦八年に先祖代□信士信女、明和七年に代々居士大姉、そして寛政八年に先祖代々院号を授与されている。なお、居士大姉号授与については、

〔明和六年〕丑ノ十二月上旬ニ上野村多門寺法印秀乗正月公儀江改年之御礼出府ニ付衣類入用無心之事、右衣類当家江質□入置、無拠右入用ニ付当村儀右衛門相頼来ル、正月出符〔府〕之内借り度無心ヲ言入ル、是ニ付家祖代〻法名居士大姉之号ニ相直シ可為改名相談始ル(40)

という記事があり、多門寺への法名料としての寄付が行われたと考えられる。

なお、山三郎の評定所への返答書では、山三郎が訴訟人について、

多門寺旦家之儀者百軒余有之候処、旦中六拾八軒人惣代と相認、多門寺旦家六拾八・九人ニ相決候体ニ申成候得共、全ハ百軒余之内申合候とハ乍申頭取之者斗ニ而、仕来無之

と主張している。つまり友七が（檀家組織内で合議しているかどうかは別としても）上野村の檀家組織を代表する名義で

訴訟人となっているのに対し、山三郎は、当然そのことは理解していたであろうが、「(檀中)惣代」は自村他村を含めたすべての檀家の惣代でなくてはいけないという論理で、実態を無視して、「仕来無之」といっているのである。

位牌石塔一件の済口證文(41)では、「位牌に金百両を新たに寄進したような記載をしており、山三郎はそれを前々からの寄付であると主張していたが、その前々からの寄付も百両には至っていない」などとして山三郎が訴訟方と住職秀乗（本一件では山三郎は秀乗と対立している）とに詫びている。斎藤家の系図の証拠もないので、彫りつけたものはそのままにするが、過去帳は新規のものを用いず、前々からのものを用いるなどとしている。(42)

4　多門寺の住職交代と平山村檀中

本項では、やや煩瑣にわたるが、平山家文書の日記(43)により、寛政八年の多門寺二十世住職英隆から、二十一世住職秀温への住職交代について分析し、多門寺と多門寺の平山村檀中との関係を検討する。なお、この時点での斎藤家当主は覚右衛門、年番名主相役は藤右衛門である。平常時の斎藤家と多門寺・檀中との関係の紹介も、この分析のねらいである。

平山家文書の日記には、この住職交代の決定過程に関する記事はみられず、この住職交代に関する初出の記事は、

同〔寛政八年〕十月廿一日ニ多門寺住職廿代目英隆同村医王寺ヱ入院之儀、又ハ多門寺後住廿一代目住職ニ大谷木村小池宝福寺住職秀温、当春瀧之入村行蔵寺ゟ右法福寺へ入院致候右秀温此度多門寺後住願之儀、当村〔平山村〕旦中惣代ニ当家ト藤右衛門・儀左衛門三人方へ申渡也(44)

と、一方的な通告を受けたと解釈できるものである。(45)以下逐次、住職交代の過程をみてみよう。

十月二十二日　英隆・秀温の後住願書が、両法印から本寺法恩寺へ提出された。

十月二十八日　英隆が「諸旦中江晦乞饗応」として、「上野平山毛呂諸旦家」「法類法中仲ヶ間」、および英隆が多門寺に入院する前に止住していた川角村南蔵寺の旦中をも多門寺に招いて一汁五菜の饗応を行った。

十一月七日

十一月七日ニ当村諸旦中ゟ先住多門寺法印〔英隆〕方ヱ御出立為祝儀、覚右衛門・藤右衛門両人ハ銭弐百文宛、其外旦那は銭百文宛、暮方指支、又女暮者銭四十八文宛、前組世話人覚右衛門・後組世話人藤右衛門・中組世話人次郎右衛門、三人ニ而村中三組取集メ銭高弐貫百七拾弐文也、金ニ直して金百疋ト青銅六拾五文、三組ゟ三人惣代覚右衛門・藤右衛門・次郎右衛門三人ニ而同七日寺ヱ持参

と、祝儀金が平山村三組の檀家から集められた。

十一月八日　住職交代が実行された。

多門寺檀那から宝福寺へ秀温を迎えに出た者は、上野村上分（登戸組頭）惣代吉田清左衛門代市之丞・同村下分惣代三五郎であり、また平山村旦中覚右衛門・藤右衛門代藤左衛門が毛呂下宿半四郎宅まで、上野村清左衛門・辰五郎が毛呂上宿まで、上野村上分名主冨右衛門・当家（斎藤家）名代雄次郎が多門寺表門まで迎えに出た。また宝福寺から住職を送ってきた者は、大谷木村名主代二名、村中惣代組頭、旦中惣代組頭、「旦中頭」二・三人、および瀧之入村・大□村の秀温の親類などであった。

先住から後住へ朱印・法流・什物帳を渡した後、杯が先住→後住→先住→後住→（上野村上分）名主冨右衛門→後住→旦中惣代（上野村登戸組頭）清左衛門→後住→熊井村満願寺法印→宝福寺からの見送り僧成瀬村見上寺→後住→覚右衛門→儀左衛門→上野村下分旦中惣代三五郎→後住→先住と回された。

次に先住英隆が医王寺に出立し、医王寺の旦中惣代の倅が迎えに来て、多門寺旦中から惣代として送りに出た者は

上野村登戸組頭の清左衛門と、「平山村旦中惣代」覚右衛門名代雄治郎、他に英隆出生地の川角村の者たちであった。

また、その後の多門寺での、秀温と宝福寺からの送り人の馳走の相伴人は、冨右衛門・覚右衛門・清左衛門名代辰五郎・三五郎の四人であり、羽織袴で接待に出たものは上野村の市之丞、平山村の藤右衛門倅藤左衛門・儀左衛門であった。さらに「上野村重立候旦那」が別室で料理を受け、その他の上野村諸旦中が、勝手の人足や医王寺への荷物持ち人足を勤めた。

十一月十日 覚右衛門が英隆に入院祝儀として南鐐一片、扇子筥一つを渡した。

十一月十二日 平山村の村中から多門寺秀温への入院祝儀合わせて金一分と銭百三十六文を、村中三組の惣代として覚右衛門一人が多門寺に持参した。取立の割合は、前組では世話人覚右衛門が弐百文、他、多門寺旦那が四十八文、法眼寺旦那が二十四文、後組では世話人藤右衛門が百文、多門寺旦那四十八文、法眼寺旦那二十四文、中組では世話人儀左衛門が百文、多門寺旦那四十八文、長栄寺旦那は二軒が二十四文、二軒が十二文であった。一方、秀温からは祝儀として覚右衛門と藤右衛門とに茶二包・麁紙二状・扇子箱一つ、儀左衛門に茶二包・茶碗一つ・麁紙二状、他の多門寺旦中に茶二包・おむろ焼茶碗一つ、法眼寺檀那・長栄寺旦那には茶二包が配られた。

なお、十月二十四日には秀温の多門寺入院支度のため、色衣仮免許願入用八両のうち五両を英隆の口利きで斎藤家から借りており、また十一月八日の住職交代の際に用いた馬道具や毛氈・花毛氈も斎藤家から貸した。

以上から注目される点を纏めよう。

① まず平山村内の祝儀集金にみられる各組「世話人」の役割が注目される。前組・後組の世話人覚右衛門・藤右衛門はそれぞれ年番名主（組頭）であり、中組（当該期には組頭がいない）の世話人儀左衛門の家は年番名主制に移行する直前の名主家である。なお、英隆への祝儀金は、中組では次郎右衛門が集金しているが、とくに多額の

金を出しているわけでもなく、また秀温から特別の祝儀を受け取っているわけでもないことから、本来の中組の世話人は儀左衛門であると考えられる。先述の、寛政三年の多門寺における平山村檀中の施餓鬼会の際の座順を記した「武州入間郡毛呂領上野村福寿山多門密寺　平山村惣檀家施餓鬼位階上下改帳」(〔表1〕〈本書三一頁〉参照)[46]では、「当山平山村本檀那并同村法眼寺・小田谷長栄寺両寺檀那ハ、従古来当寺之出入旦那ニ而、村中不残当院ゟ右檀縁ニ付諸事之掛り相談等之儀諸執事世話人（以下略）」として、前組世話人が組頭斎藤覚右衛門、後組世話人が組頭島田藤右衛門、そして中組の世話人が村田義（儀）左衛門となっている。この組ごとの世話人は、すべて多門寺檀家であるが、多門寺との関係における組の代表としての立場にあり、とくに、多門寺檀家、他寺檀家を含めて組内の集金に機能している。[47]さらに、平山村全体を覚右衛門が代表する場合がある。

② 住職交代の儀礼において特別な立場に立っている者は、上野村上分旦中惣代吉田清左衛門、上野村下分旦中惣代三五郎、上野村上分名主冨右衛門、「平山村旦中惣代」覚右衛門である。

③ 住職交代の儀礼に際して、上野村の諸檀中は人足を勤めているが、平山村の檀中や毛呂の檀家は勤めていない。

5　多門寺表門再建奉加

本項では、法恩寺文書に残る「安政三丙辰年十月ゟ文久二壬戌年二月迄　表門再建幷修復新雑作書上帳　上野村多門寺」[48]という帳簿を中心に分析し、多門寺の檀家組織についての考察を深める。

この帳簿の冒頭部には、「惣旦中」「直旦中」や個人からの、物置・本堂・庫裏・蔵などの普請の人足や、金銭・造作・法具などの寄進が記されている。住職英林名義での造作・屋根の寄進もみられる。

その後に、文久元年九月付で、表門再建の寄進が記録されている。まず平山村旦中一五人からの一人（一軒）金一分ト六百十八文〜青銅二十足の金銭寄進が記録されている。次に、「村方旦中《上野村》」として、まず四六人からの金銭および人足・木挽・大工・杣・馬（の労働）の寄進（金一両人足三人〜四十八文）、次に「寺世話人」（村方旦中に含まれると判断できる）亀十郎・万吉・源左衛門・民蔵・芳蔵からの、金一分人足九人木五本〜人足三人の寄進が記されている。その次に茂呂《毛呂》旦中梅次郎・伴次郎からのそれぞれ銀一朱の寄進が記され、そして沢田大工良助から銀一朱、瀧の入行蔵寺とその世話人中、阿諏訪村大行寺とその世話人中からそれぞれ金二朱、川角村南蔵寺とその檀家中から金一分、大谷木村宝福寺とその世話人中から金一分、そして最後に、「村方寺世話人」九兵衛からの、金一分・杣一〇人・人足八人・栗尺角二挺の寄進が記されている。ここで登場する寺院は、平山村法眼寺が含まれていないが、多門寺の結衆組合寺院（第Ⅰ部第一章第一節第１項〈本書三三・三四頁〉参照）である。

そして最後に、記載内容に相違ない旨を証して、世話人徳次郎・源左衛門・万吉・芳蔵・民蔵、同惣代九兵衛、多門寺が署名し、法恩寺役人中に宛てている。

ところで、平山家文書中に、「文久元酉九月日　多門寺様表門奉加帳　左司馬　平山村檀中」[49]という史料があり、内容は、「安政三丙辰年十月ゟ文久二壬戌年二月迄　表門再建幷修復新雑作書上帳　上野村多門寺」の平山村旦中の部分と一致する。斉藤家当主左司馬からの寄進がどちらにも記されていない理由は不明だが、平山村旦中の寄進は、左司馬が纏めて出し、さらに全体の寄進を、九兵衛（宝篋印塔一件・位牌石塔一件の旦中惣代吉田九兵衛の子孫であろう）を筆頭とする、上野村の多門寺世話人が纏める、という構造が把握できる。毛呂（本郷）の檀家は、独立した檀家組織をなしていないと考えられる。また、寄進記載における世話人と、差出における世話人とが一致しないことから、九兵衛はともかく、他の世話人は交代して勤めていた可能性がある。本項でみた事例では、斎藤家当主が平山村檀中の寄進にのみ関わり、全体の、普請関係の寄進管理は寺院所在村の上野村の世話人が行っている。

ここで、第Ⅰ部第一章ならびに本節、さらには次の第Ⅱ部第三章における分析から指摘しうる、檀家組織の構造とその代表者的存在に関して注目すべき主な点を摘記しよう。

6　小　括

①寺院に関する手続きなどの際の檀中惣代

本章冒頭で紹介した、豊田氏の指摘する「檀家中の代表者」がこれに相当する。第Ⅰ部第一章第一節第2項（本書三五頁）でみた天明四年の本寺法恩寺に宛てた法眼寺の後住願には、村役人・結衆頭多門寺のほか、旦中惣代二名が署名している。住職交代の際の書類に檀中惣代や村役人が署判する例は一般に多くみられる。また、天明五年の斎藤家から法眼寺への法具寄付の請け證文にも[50]、寺・住職・当年番名主の他、檀那惣代二名が連署している。この檀那（旦中）惣代の人間は、後述の④であげる旦中惣代の世話人とおおむね一致し、このケースは旦中惣代世話人の機能の一端としての署名であると考えられる。なお、法眼寺の事例では、村役人が法眼寺の（葬祭）檀家ではないという点に留意すべきであろう。

多門寺では、安永四年の、斎藤家から多門寺への宝篋印塔造立金寄付の際に「旦中惣代」上野村組頭吉田九兵衛が立会い署判した。そして、文化四年九月の位牌石塔一件の済口證文に[51]、その吉田九兵衛と血縁関係にあると思われる九兵衛（おそらく子孫であろう）が、肩書は「百姓」であるが訴訟人・相手とは別の立場で署名している。この場合も、④と関連している可能性が高いと思われる。

②争論・意思決定と檀家組織

次章の第Ⅱ部第三章第二節第2項（本書二六九～二七八頁）で検討する法眼寺山一件では、法眼寺の菩提（滅罪）・祈禱（息災）両檀家組織が、平山村内の全体で、あるいは組ごとに、または一部で、意思を決定し、適宜その意思を代表する「旦家惣代」「旦中惣代」などを出している。

多門寺の位牌石塔一件では、背後の意思決定の有無などは不詳だが、友七が上野村の檀中の「惣代」として訴訟人となっている。それに対して、訴えられた側の斎藤覚右衛門は「仕来無之」と非難している。

このように、平山家文書の分析から明らかにできる、争論の際の「旦家惣代」「旦中惣代」などの事例は、争論ごとの臨時の存在としての色彩が強いといえよう。なお、この「檀家惣代」などの性格は、寺檀間の対立か、檀家間の対立か、という点によっても変わってこよう。

③格式としての「檀頭」

位牌石塔一件において、斎藤家が位牌に記した「檀頭」とは、以上纏めた「世話人」「檀中惣代」などとは異なる、格式としての意味を強調した呼称であった。そして斎藤家は、その経済的成長、村役人就任の過程と符節をあわせ、「檀頭」呼称、高位の戒名、さらには位牌・石塔などの建立や、行事における特別な役割の獲得・主張など、高い家格を表示する動きを展開し、寺院所在村上野村の多門寺檀中と対立している。

一方、第Ⅰ部第一章で扱った時点（天明期以降）では、法眼寺にはこの格式としての「檀頭」を称しうるほどの檀家はなかった。むしろ宗判檀家ではない斎藤家が「菩提客檀那」として諸寄進を行っており、法眼寺も斎藤家の家格表示の場となっていたと考えられる。

④寺院運営の世話人

第Ⅰ部第一章でみた法眼寺の世話人体制における「世話人」の性格は、いわば「寺院運営の世話人」と表現することができる。そこで検討した法眼寺の世話人は、平山村の年番名主二名と、檀中惣代二名とである。そしてその世話人の設置は、兼帯寺多門寺住職・村役人・全宗判檀家の立会いで承認されている。

多門寺の表門奉加などの分析からも、寺院運営の世話人の存在をうかがうことができた。世話人は寺院所在村上野村の多門寺檀家であると考えられ、複数存在し、少なくとも多門寺の修復やそのための寄進金管理・祠堂金運用に関わっている。その世話人のなかでも、(吉田)九兵衛は「世話人惣代」となっている。

法眼寺の宗判寺檀関係は平山村内で完結しているが、法眼寺の所在村平山村の年番名主が世話人に含まれており、小作年貢収納に機能する点が注目される。一方、多門寺においては、平山村や毛呂(本郷)ではなく、多門寺の所在村の上野村内の檀家の者が「世話人」となっている点が注目される。これらの点は、村落に所在する寺院では、寺院とその所在する村とが寺檀関係において一対一対応をしていないにもかかわらず、寺院所在村の村役人あるいは寺院所在村の檀家組織が、寺院運営に関しては他村の村役人や檀家組織より大きな役割を有しているという事例として捉えることができよう。これは後述の⑥に関わる点である。

⑤他村檀中と集金の世話人

多門寺の弟子の初護摩修行(執行)・住職交代・表門再建の際の平山村檀中からの集金についてみてみると、初護摩修行の事例では、前組では斎藤家が別に祝儀を出している。また他組の実態はよくわからないが、住職交代の事例においては村内各組の組頭や有力者（かつ多門寺の宗判檀家）が「世話人」などとして集金にあたった。とくに表門再建の事例では、平山村の「世話人」は、④であげた多門寺所在村上野村の世話人とは異なり、多門寺への寄進金などの全体を纏めるのではなく、そのうちの平山村内からの集金のみを纏めていることに注目したい。

⑥檀家組織の村ごとの分節と寺院所在村の檀家組織の優越

本節での検討から、多門寺の檀家組織が上野村内の檀家組織と平山村内の檀家組織とに分節されていたことは明らかである。毛呂（本郷）に存在する若干の檀家は独立の檀家組織を形成せず、少なくとも寄付集金などについては上野村の檀家組織に包摂されていたと考えられる。そして、平山村檀中による定例の多門寺の道普請もあった。

また、多門寺の寛政八年の住職交代の儀礼に際しては上野村の諸檀中が人足を勤め、平山村の檀中は人足を勤めなかった。さらに、表門再建に際しても、平山村の檀中は金銭のみを寄付したと考えられるのに対し、上野村の檀中は人足などの労働をも寄付している。④⑤ともあわせ考えると、多門寺の事例は、檀那寺の運営における権利・義務が、檀那寺所在村の檀家組織と、他村の檀家組織とで異なっていることを示す事例であるといえよう。

なお、宝篋印塔一件では、多門寺境内での宝篋印塔の建立が鎮守諏訪社祭礼の邪魔になると、上野村の檀中が主張している。このように神仏習合と関わる宗派では、鎮守祭礼などや、寺院境内に鎮守がある場合鎮守の存在そのものが、寺院の、所在村およびその檀家組織との関係と、他村の檀家組織との関係とについて、差異を生む原因になりえたと考えられる。

次の第二節では、上述の①〜⑤の論点につき、法眼寺・多門寺と同じ関東新義真言宗の寺院を中心に檀家組織の代表者的存在に関する事例を取り上げ、論点の豊富化を図りたい。

二　関東における諸事例

1　武蔵国葛飾郡赤沼村、新義真言宗常楽寺の住職交代をめぐって

武蔵国葛飾郡赤沼村（現埼玉県春日部市）新義真言宗常楽寺は、貞享三年（一六八六）に上方本寺醍醐寺無量寿院の直末寺となった田舎本寺であり、薬師堂領として三石の朱印地を有し、[52]延享二年（一七四五）の本末改では末寺三ヶ寺、門徒八ヶ寺、廃地四ヶ寺が書き上げられている。[53]ここでは、嘉永五年（一八五二）の常楽寺の住職交代の史料から、檀家組織の代表者的存在（とくに前節でみた①）に関しての考察を深めたい。この事例では、田舎本寺であるがゆえに後住決定に門末寺院が関わってきており、ほかに隠居なども関わってきている。

〔史料五[54]〕

（表紙）

「　嘉永五子年十月吉日

常楽寺隠居後住一件記

万福寺住存証控」

覚

一、先年常楽寺廿一世恒証隠居被申出、其節弐臈席拙寺・三臈席銚子口村西蔵院恩長後住争論之儀出来候ニ付、両三年之間門末・四箇村旦中役人共一同頼之一札差入隠居延引之趣ニ相成候、其後嘉永五年迄其儘ニ相成居り

候処、当春亦〻隠居之義申出金乗院隠居へ相頼候ニ付、右人当村へ御出内〻村役人へ及内談候処、名主兼帯兵馬殿取計方ニ付同役名主権左衛門殿より疑心相掛り、其外差障り之儀有之候ニ付、村役人惣代として七兵衛・多門・杢左衛門、金乗院隠居へ当秋彼岸中迄相延度趣にて参り、当春之義も其儘ニ相成居り候、猶又当秋ニも其沙汰無之処、九月末ニ相成り常楽寺より花輪隠居方へ及済速候て、右隠居より七兵衛・多門・杢左衛門三人之方ニ御咄有之ニ付、三人之者十月二日拙子方へ参り御咄有之候得共、拙寺義も身分不勝之儀之趣にて延引致し候処、段〻相談ニ相成、右之三人へ、宜敷頼之一言申之候間、為造、酒弐升計り振申候事（①）

一、其後花輪隠居御病気ニ付、隣寺大川戸村妙楽寺隠居、為名代御出段〻被相成ニ候間ニ、種〻義有之候得共、廿四日夜大川戸妙楽寺、門中正法院・龍法寺、杢左衛門・七兵衛・多門并拙院出会致相談之上ニて、当月廿七日四ヶ村旦中并門末一同之評義可仕ニ一決致候間、（中略）尤廿六日朝花輪隠居・松伏隠居・妙楽寺より、常楽寺隠居後住之相談致度趣にて四ヶ村役人へ頼ニ相廻り候、村内ハ正法院、上手三ヶ村へハ龍宝寺、両人ニ而相廻り候（②）

一、廿七日之参会ニ相成候処、出会人、門末万福寺・正法院・龍宝寺、村役人ハ、両役頭権左衛門名代同人親隠居仲恵・兵馬名代倅弥吉、組頭中ハ七兵衛・杢左衛門・多門・政右衛門・五郎右衛門・亦右衛門・八郎右衛門・喜右衛門・勝右衛門・平左衛門、檀頭多郎兵衛、赤崎村名主代檀中惣代兼平右衛門、水角村名主代市右衛門・檀中惣代五左衛門、銚子口村名主勇助・檀中惣代武左衛門、右之者列座致し候、（中略・酒肴の内容）御酒三献相廻り候処へ金乗院隠居・静栖寺隠居・妙楽寺三人立出、金乗院隠居被申出候ハ、（中略・隠居のことがなかなか進展しない。しかし今年は病気・老衰のために隠居したいと常楽寺が我々三人に頼んできた）後住之取極メ御相相〔ママ〕談御頼申度参会頼入候間、隠居・後住之義宜敷相談頼度と被申退出被致候、亦檀中衆より、御門末中ハ如何之相談有之処、（中略）門末ニ於てハ決て異義無御座候間、檀中衆にて宜敷頼度由一同申候、亦別段院主よりも別段隠居之義被申出候、右等ニ付、此度隠居之相談可申上、就てハ後住之相談も致し度由にて来月四日打合之評義ト一決ニ相成候ニ付、其より御膳差出し候（中略）③

一、其後、打合之評義前〻村〻小前一同ニ相談故、寒気之砌参会御苦労と察入、村役人為計、寒凌為酒代金四両四ヶ村旦中へ遣し候、金子ハ正法院・龍法寺へ相渡し候、廿八日村役人一同にて世話人三人へ御礼なから本寺へ参り、酒代割合被致候、赤崎へ壱分弐朱、水角村へ弐分、銚子口へ三分、村四組へ弐両壱分弐朱之趣ニ承り候（中略）④

一、十一月四日、松伏村静栖寺隠居・妙楽寺ハ、向畑名主方用向にて罷越九ツ時頃被参候、（中略）村内ハ、名主権左衛門、兵馬宅ハ弥吉出府にて不参、七兵衛・多門・李左衛門・勝右衛門・平左衛門・喜右衛門・五郎右衛門・政右衛門・八郎右衛門・亦右衛門、赤崎村平右衛門、水角村ハ名代八郎左衛門・吉兵衛、銚子口村勇助・三左衛門、四ヶ村役人共打合之評義夜分ニ相成候て漸相極候趣、常楽寺恒証法印隠居ニ相成、後住之義ハ弟子万福寺存証後住之一決仕候由、村役人惣代にて門末へ御噺有之候間、門末ニ正法院・龍法寺両人、四ヶ村檀中衆へ、本寺隠居後住之御相談一決致し候趣何共御苦労と一礼申、其より右之趣御世話人松伏御隠居・大川戸妙楽寺、尤花輪隠居之義ハ御病気にて御不参、門中幷惣檀中惣代七兵衛・李左衛門両人にて御世話人へ一決之趣御咄し申候、如右御世話人より四ヶ村役人へ御苦労之一義ニ罷出候、（中略・常楽寺が隠居の礼）其後拙寺罷出、師匠隠居之義御一同御聞済忝奉存候、次ニハ不束拙寺後住之義御門末・御檀中一同御納得被下忝候、以後之処宜敷頼入候趣一礼申候（中略・盃、夕飯）⑤

（⑥略）

一、同七日常楽寺隠居願ニ罷出候、本所弥勒寺様法類ニ付彼寺へ止宿、其より真福寺様へ隠居願ニ罷出候処、「隠居之義ハ後住之ものにて願候て可然」趣被仰渡、壱人にてハ聞済無御座候由にて、本所へ参り借用金は頼入致し、十日帰寺致し候（⑦）

（⑧略）

一、十一月六日、隠居後住取極ニ相成候ニ付、権左衛門こはめし壱袋持参にて礼ニ罷越候、外一同へハ口上之己〔ママ〕にて参候、兵馬・七兵衛・多門・杢左衛門・平左衛門・喜右衛門・勝右衛門・又右衛門・政右衛門・八郎右衛門・五郎右衛門、右之処へ相廻り候（⑨）

一、十一月十七日、廿日ニハ出府致し度義ニ付権左衛門宅へ頼ニ罷越候、権左衛門ハ檀中惣代、門末惣代正法院恵星可参筈に相定り候（⑩）

一、同十九日出府入用金弐拾両本寺にて借用仕候、此夜正法院門末惣代之義ニ付彼是有之、権左衛門立入相済候（⑪）

（⑫⑬略・万福寺、正法院・権左衛門および供同道で出府、真福寺に隠居願・後住願等を願い出る）

一、（中略・隠居願のみ申し渡される）隠居願之書面ハ

乍恐以書付奉願上候

一、拙僧義近年及老衰ニ殊ニ多病ニ付、寺役・檀様〔用〕等難相勤候間、今般隠居仕度奉存候間、何卒以格別之以御法愛、右願之通り隠居被　仰付被下置候ハヽ、有難仕合奉存候、以上

嘉永五年子十一月　　武州葛飾郡赤沼村

常楽寺　恒　証㊞
同州同郡同村
門末惣代　西　法　院㊞
同村惣檀中代
名主　権左衛門㊞

真福寺様
御役者中⒁
（以下略）[55]⒂

この史料の記主は、常楽寺の後住に決まった万福寺存証である。まず、この史料からは、常楽寺の檀家が、寺院所在村赤沼村のほか、隣村の銚子口村（現春日部市）・水角《すいかく》村（現埼玉県北葛飾郡庄和町）・赤崎村（現庄和町）を加えた計四ヶ村に存在することがわかる。この四ヶ村は隣接し、戸数は、「武蔵国郡村誌」では赤沼村一三四戸、銚子口村一〇四戸、水角村八一戸、赤崎村五六戸である[56]。

なお、文政期の史料によれば、赤沼村では一村すべて常楽寺の檀家となっていたようである[57]。また、銚子口村の明治四年の総戸数は九一軒であるが[58]、銚子口村の、明治初年の戸口資料の下書きの断簡によれば[59]、檀那寺・氏神を記載すべき部分が含まれていると判断される家六四軒のうち、常楽寺を檀那寺とする家三七軒、岩槻（現埼玉県岩槻市）浄土真宗浄源寺を檀那寺とする家四軒（姓名部分が欠けている一軒を除いて、すべて小守谷姓である）、自身神葬祭二軒、氏神・檀那寺不記載二〇軒、神社一社であり、村内の大半が常楽寺檀家であったと考えられる。

さて①によれば、常楽寺の住職恒証が隠居を希望し、後住を選定しようとしたところ、末寺の万福寺と西蔵院との間で、どちらが常楽寺の後住となるかで争論となった。後住争論のため常楽寺恒証はすぐには隠居できなかったが、嘉永五年になって恒証は、元常楽寺住職、または元近隣同宗田舎本寺の隠居であろう「金乗院隠居」（金乗院は、下総国葛飾郡野田郷清水村〈現千葉県野田市〉に所在）や「花輪隠居」に、隠居のための取りはからいをしてくれるよう申し出た。注目すべきは、その際、「金乗院隠居」「花輪隠居」らから、常楽寺所在村の赤沼村の村役人に相談が行われていることである。

②では、「花輪隠居」の名代として、隣寺大川戸村（現埼玉県北葛飾郡松伏町）妙楽寺が事態の進展に努めるなか、十月二十四日に、妙楽寺、常楽寺門末寺院、および赤沼村村役人惣代が集まり、二十七日に「四ヶ村旦中」と常楽寺の門末寺院一同とによる評議を行うことを決定している。その二十七日の評議に実際に参加したのは（③）、一部の門末寺院のほか、「四ヶ村旦中」（「檀中衆」）としては、赤沼村の名主名代・組頭二名と他の三ヶ村の名主（代）各一名、および各村の「檀頭」「檀中惣代」であった。そして隠居と隣寺（この一件の「世話人」）からも、また門末寺院からも、「檀中衆」に決定が委ねられている。さらに、十一月四日にあらためて評議することが決定されている。

④からは、この「檀中衆」による評議の背後で、各村の小前一同と相談が行われていることがわかる。そして、その参会への見舞としての酒代の配分は、赤沼村の村役人によって行われていると考えられる。十一月四日には「四ヶ村役人共」が集まって評議しており（⑤）、その顔触れは十月二十七日の「檀中衆」とほぼ一致するが、赤崎村名主代兼の平右衛門を除いては、十月二十七日に来た「檀頭」「檀中惣代」は十一月七日には来ていない。この「檀頭」「檀中惣代」の性格は不明だが、銚子口村から十月二十七日に「檀中惣代」として来た武左衛門も、十一月四日の「役人共」の一人として来た三左衛門も、ともに銚子口村の一〇名強の「組頭」（＝五人組頭）に含まれている。[60] ともかくこの評議では、常楽寺住職が隠居し、万福寺存証が後住となることが決定している。そして、門中寺院のほか、

赤沼村の組頭二名が「惣檀中惣代」として世話人に報告している。十一月六日には、存証が赤沼村の名主・組頭へ礼に回っている（⑨）。

この史料の後半部（⑦以降）では、主に、新義真言宗の江戸触頭四箇寺のひとつである真福寺への、隠居・後住の届け出について記録されている。真福寺の指示は、一人で願い出ても駄目だということだったので（⑦）、赤沼村名主権左衛門と存証との相談で、「檀中惣代」として権左衛門、「門末惣代」として門徒の赤沼村正法院恵星が存証に同道することとなった。そして権左衛門と正（西）法院とは、常楽寺の隠居願に連署している（⑭）。

以上から注目すべきことは、

(1)　常楽寺の檀中のなかで、常楽寺所在村赤沼村の村役人が、他村の村役人よりも常楽寺の運営に、明らかに、深くかつ日常的に関わっていると思われること（実質的な「世話人」的存在であったと考えられるのではないだろうか。ただし、この常楽寺の例は逆に、後住選定に寺院所在村以外の檀中や村・村役人も関わりうる例であるともいえる）、

(2)　「檀中衆」の評議の背後に各村の小前一同との相談があること、

(3)　触頭への隠居・後住願の手続きにおいて、「門末惣代」と「檀中惣代」との同道・署判が求められ、その「惣代」が、寺院所在村の名主と、後住との相談のみで決定され、「檀中惣代」にはその名主がなっていること、

といった点である。この場合の「檀中惣代」は、前節でみた①の場合に相当するといえる。そして、それを寺院所在村の村役人が勤めている点は注目される。また、第Ⅰ部第一章や前節で確認した法眼寺・多門寺の事例では、この手続き上の「檀中惣代」は決まった人間が勤めているが、常楽寺の場合は赤沼村名主との相談で臨時に決まっている。次に、この寺院の手続き上における、連署する「檀中惣代」について、いくつかの事例をみてみよう。

2　手続きにおける檀家組織の代表者的存在

武州葛飾郡東大輪村（松平政次郎知行所・現埼玉県鷲宮町）新義真言宗密蔵院には、元治元年には隣村西大輪村の大部分を占める八〇軒の檀家があった(61)。同年の寺檀争論における、密蔵院住職から西大輪村の各知行所の村役人を相手取って寺社奉行所に出された訴状(62)には、

（先住死去のため）後住之儀門担相談之上拙僧請待受、先例之通門末惣代并居村担家惣代之もの出府、触頭真福寺ニおいて願之通拙僧江当六月二日住職被申付

という記述がみられる。つまり、ここでは触頭への後住の届け出の際には、門末惣代とともに寺院所在村の檀家惣代が出府することが先例だと主張されている。なお、この一件では、それに対して西大輪村の者たちが、住職願に「我等共ニも調印不為致」と「先規非例之儀」を申しかけ、離檀争論に発展した。

臨済宗の例になるが、京都大徳寺末で、東葛地域に四寺一庵の末寺を有した下総国葛飾郡馬橋村（現千葉県松戸市）萬満寺の末寺の、下総国葛飾郡花島村栄松寺では、享保十九年まで十四年間勤めた住職が入院する際、萬満寺側から、栄松寺所在村の花島村の名主忠右衛門・同村名主新右衛門・同村組頭文左衛門・伝兵衛〔カ〕を呼び、その四人を「惣旦中為惣代」て、「拙僧弟子之内、寺持も可然、志も有之長老、入院申付候間、自今已後師檀相睦敷相続致候様」といい渡し、それを四人が惣檀方へ伝達している。なお、栄松寺の檀家は花島村のほか、大根本村・竹ヶ花村・松戸町にも所在していた(63)。

武蔵国入間郡勝楽寺村（現埼玉県所沢市）の新義真言宗仏蔵院（多摩郡中藤村〈現東京都武蔵村山市・醍醐寺三宝院末〉真福寺の末寺）の、開基以来天保六年までの記事を記した記録「往譲旧禄」(64)によれば、勝楽寺村の名主を勤めた糟谷家

とその分家は、仏蔵院における儀式の際には上座に着き、寺院運営の中心となり、そして寄進により「檀頭」とされている。その「往譲旧禄」のなかに、

今年〔文政十年〕八月小ヶ谷戸円乗寺観海法印ヲ住持ニセント糟谷伊左衛門・白兵衛示合、横沢悲願寺方丈ノ法類分ニ頼、八月廿三日ニ観海ニ内意ヲ申入ルニ、（中略・観海が他門住僧なので他から不都合の申立があったが）十月ニ至リ白兵衛隣寺蓮華寺ニ頼観海ヲ請待ニ及本寺ヱ願書ヲ出ス、依テ先例之通書面三通伊左衛門・白兵衛、蓮華寺門中代ニテ印証ヲ出シ、十月廿一日内引越ニ観海法印入寺、送リ西勝寺後円乗寺清袋寺村役人来ル、待請人檀頭伊左衛門・白兵衛両人也、寺モ内渡シニテ本寺使僧請　御朱印・什物引渡シ、什物帳面ヲ本寺ヱ出スニ、檀中名主伊左衛門・惣代白兵衛、隣寺蓮華寺印形ス、住持観海相違無之之印形ニテ、本寺請納ル

という記事がある。ここでは、格式としての「檀頭」二名（寺院運営にも深く関わっており、いわば「世話人」的存在でもある）が、住職交代の際に本寺に出す什物帳に、それぞれ「檀中名主」「（檀中）惣代」として、隣寺・後住とともに署判している。これは、いくつかの性格をあわせ持った檀家組織の代表者的存在の肩書が、住職交代の手続きにおいて檀家組織や村の代表者としての性格を発揮する際に適宜変わる例であり、その意味で常楽寺の事例に類似している。この問題に関しては、住職交代の際の願書等の書式も関わってくるものと考えられるが、それは次項での検討課題となる。

3　地方教団組織レヴェルの規定

以上、住職交代時の手続きなどにおける檀家組織の代表者的存在についてみてきたが、当該対象の考察にあたっては、教団内の規定（本寺・触頭などへ提出する書類の雛形や、手続き・儀礼の規定）をも検討せねばならない。以下いくつ

かの事例を検討する。

(1) 新義真言宗の事例

武蔵国横見郡御所村(現埼玉県比企郡吉見町)新義真言宗息障院は、元禄四年以降正式に醍醐寺報恩院の末寺となった田舎本寺である。[65] 正徳五年の、二十一世住職幸円の手になる寺院運営に関する覚書[66]に、

一、惣而末寺・門徒住持替リ之時者、先隠居願申来、窺本寺之命、其上村中相談ニ而後住願来、念入様子聞届ケ、後日無相違様ニ申渡シ、入院可申付也、

一、無住ニ付住持願之時者、村中一相談之上、願状差出候様ニと申渡シ、念入住持可相定、但シ村中無事一同ニ願候ハヽ、願状無之候共可申付、随時之宜、本寺之意次第可申付也

という条文がある。ここにおける「村中」とは、一村の「村中」を指すと思われ、末寺・門徒の寺院所在村の「村中」であると考えるのが自然であろう。ここでは、息障院末寺・門徒の住職交代に際して、檀中ではなく、「村中」の意思確認が必要とされている。

武蔵国葛飾郡内国府間村(現埼玉県幸手市・醍醐寺無量寿院末)新義真言宗正福寺の門末寺院が連印した天保十年の「正福寺門末議定書」[67]では、まず本寺=正福寺の住職交代に関して、

一、本寺後住取究候節者、門末相談之上請待状可認事、但、檀中不及立会候、併前々相談可申事

(中略)

一、本寺住職遷化之節者、門檀立会之上、御朱印幷御法流・寺什物相改、法類幷引受人有之節者、任其意ニ可然、万一引請人無之時者、門末・村役人立会相談之上、封印いたし送葬式可致事

但、仮葬之儀者、上席三人・隣寺・近末・村役人、尤導師者一臈を相頼可申

と定められている。なお、「上席三人」とは、この議定書の他の部分の記述から、末寺住職の上位三者（＝一臈・二臈・三臈）を指すと考えられる。田舎本寺に関しては、檀中や村役人も関わるが、隣寺・法類・門末など、近隣の教団組織側の意向が強く働くといえよう。

一方、末寺の住職交代に関してであるが、

一、他門ゟ末寺住職願来候節者、仮令住職・看住たり共、三臈已上江目見江之上人体相糺、起立・法類請相改、一同相談之上、檀中共ニ帰依之僧者、隣寺差添可願出、尤本寺表江内窺故障無之時者、議定書之趣読為聞、法類受、隣寺ニ而一札取置、其上隣寺・村役人・檀中一同願書を以、左之通目録差上可申、但、自門者格別（以下進物規定略）

（中略）

一、末寺之住職病死之節、隣寺・法類・村役人・檀中立会相談之上、本寺江隣寺・村役人ニ而御届申上、御引導致請待、送葬式取計方左之通（以下略。次の中略部に、客末に関しても同文の規定あり）

（中略）

一、門末之内、同門中又者他門江移転之人有之節、寺揚之儀者隣寺・村役人・檀中立会之上、御法流幷諸什物・諸借金買掛り等無之様取調、始末書江青銅弐拾疋相添、本寺江差出可申、尤弟子附属者始末書ニ不及事

但、病死之節、寺揚ケ　右同断

とあり、隣寺・村役人・檀中が合議し、手続き上も役割を果たすことが求められている。

最後に、武蔵国葛飾郡松伏領松伏村（現埼玉県北葛飾郡松伏町）の、仁和寺末の新義真言宗田舎本寺静栖寺に出され

た門徒の下総国葛飾郡今上村（現千葉県野田市）覚貞寺の後住選一札を掲げる。

〔史料六〕(68)

指上申一札之事

一、今度覚貞寺移転ニ付、近年之御格式者、為学門〔問〕増進・寺繁盛之、御門末之内ニ而撰器量、本寺・檀中相談之上、後住之願可仕候御定之処ニ曾而不奉存、唯任先格惣檀方以相談、今度他門ゟ後住を契約仕、殊ニ持参金抔拾両為致候段法外仕候、然共御宥免成被下、願之通り被仰付難有奉存候、以後者御本寺惣檀方相談ニ而、御門末之内ゟ相応之衆入院被成候様ニ可奉願候、為後証仍如件

享保廿一丙辰年正月

庄内領今上村
名主　勘左衛門　（印）
檀中名代
組頭　四郎兵衛(印)
同　佐左衛門(印)
同　五郎兵衛(印)
同　与左衛門(印)
同　長　兵　衛(印)
同　弥五左衛門(印)
同　平　　蔵(印)
同　久左衛門(印)

静栖寺院家様

ここでは、本寺・檀中相談のうえで、地方教団組織内から後住を選ぶという（地方教団組織における）規定に反し、「任先格」、「惣檀方相談」で他門から後住を選び、事後承諾を得て詫びている。なお、延享元年（一七四四）の覚貞寺の末寺昇格願の際の起立書[69]によれば、覚貞寺の檀那は、息滅（息災・滅罪両方）一〇二軒・息災一四九軒、計二五一軒である。一方、今上村の戸数は、宝暦十年（一七六〇）の村明細帳で一八五軒（うち寺三、庵六）[70]である。覚貞寺の葬祭檀家組織も、祈禱檀家組織も、寺院所在村今上村とは一致していないが、ここで署判しているのは今上村の（「檀中名代」としての）組頭である。

(2)　曹洞宗の事例

関東における他宗の事例も、補足的にみておこう。まず曹洞宗の事例である。

武蔵国多摩郡和泉村（現東京都狛江市）の曹洞宗泉竜寺は、相州遠藤村（現神奈川県藤沢市）宝泉寺末で、数ヶ寺の末寺・孫末寺を有していた。[71]ここでは泉竜寺文書の年欠の「末寺移転交代之先格記録」[72]を参照する。

〔史料七〕

（表紙欠）

末寺移転交代之先格記録左之通

一、隠居仕度内願ニ登山之節拝具青銅弐拾疋也、此節能々承糺、其上願書之下書差□候事、左之通

以書付を御願申上候

一、拙僧儀、至而老衰仕又は病身に罷成寺役難儀ニ而住職難相勤御座候ニ付、隠居仕度奉存候間、以御慈愛を何分願之通退休被

仰付被下置候様奉願上候、尚又後住之儀何所誰長老江被仰付被下置候ハヽ、難有仕合ニ奉存候、右之段法類・檀中・村役人に至迄熟談仕候所一同相違無御座候ニ付、為後証加印一札を以御願申上候処、如件

年号月日

何所

何寺印

諱書判

御本山泉竜寺

御役寮中

一、前書何寺誰長老御願申上候通、法類・村役人・檀中一同相違無御座候間、何分願之通被仰付可被下候、以上

年号月日

何寺檀中

惣代　誰印

村役人　誰印

法類惣代　何寺院印

泉竜寺御役寮

右之通相認、来ル幾日法類代、檀中代同道ニ而右書付持参可被致候、其節先例之通退可申渡候、其時拝具青銅三拾疋也、右願書請取置テ以書付を被相願候書面之趣承届候、則本堂於礼之間ニ願之通退院申渡候事、然上は隠居之身分ニ候得は表向世間を勤候人ニ諸事被任而老之残生保養可被致候事（以下略）

以下、省略部分でも、後住移転願・住職死亡届・什物改届などの、住職交代に際しての諸届けに関し、書類の雛形・手続次第・必要金額について、引用部分と同様に規定している。ここでも、住職交代に際しての諸手続きについ

て、法類寺院の惣代とともに檀中惣代・村役人の署判と、檀中代の本寺への同道が定められている。

(3)　日蓮宗の事例

最後に、日蓮宗の事例をみてみよう。中世以来の日蓮宗の大刹である下総国平賀（現千葉県松戸市）本土寺は、天明度の寺院本末帳では身延山久遠寺の触下であり、武蔵（含江戸）・両総を中心に、塔頭一一軒・嫡末七一ヶ寺・孫末二一ヶ寺を有している。[73] 末寺により、文政十三年（一八三〇）正月に次のような議定が作成されている。

〔史料八〕[74]

（表紙略）

組合議定

一、今般　御公辺厳重被　仰渡在之候ニ付、元来組合之儀者、其最寄ニ而相定置候処、近来不分明之寺院茂在之由ニ相聞へ、依之組合議定堅連印之事

（一条略）

一、組合之内、更代寺院在之時者、篤ト仁躰を改其法縁之内ニ而身分引受、一札本山へ指出可申叓

但シ、法類無之僧者、其組合受ニ而差出可申叓

一、其寺隠居之儀亦者病気等在之時者、組合寺院早速相結、死後篤ト相改、其僧之法類有之仁者、組合ト万叓相談之上、借財等迄相改、後住之難渋ニ不相成様取斗可致、又者後諸式其寺之什具諸事之道具吟味之上、檀方へ逐一示談取斗可申叓

附リ、始経之義者、其組寺ハ一ハ隣寺ニ而相勤、隠入・病気等之砌者、檀方定判・寺之奥印ニ而早速本山

へ可相届候支

右五ヶ条組合議定之趣堅相守、本山へ御苦労相掛申間敷、違乱無之様相慎可申支

（一条略）

文政十三寅年正月日

平賀

院家印

仏持院

体児院日動（花押）

輪像院

要頭院日遊（花押）

実相院

（以下、末寺が四ヶ寺〜七ヶ寺の組合単位で連印・略）

これは、時期的に『徳川禁令考』所収の文政十二年十二月に寺社奉行から諸宗触頭に伝えられた諸寺院僧侶取締りの通達[75]を受けて定められたものかと思われるが、ここでも寺院交代の際に、檀方に相談したり、檀方の判を必要としたりすることを明記している。なお、この議定以前の史料になるが、本土寺史料の「公用山用諸末寺願等留」[76]（天明四年〜）には、享和二年の記事に「法蓮寺義（大野村、現市川市）ハ余末寺与違イ隠居願・後住願共ニ願書無之、地内充行院旦方同道ニ而、口上ニ而願来候事古例也」とあり、寺院の格式によって、住職交代の際の手続きに異同があったことがわかる。

以上、新義真言宗を中心に三宗派の事例を瞥見した。地方教団組織などのレヴェルの規定や議定では、事例によって相違はあるが、住職交代に関する手続きや後住決定において、（寺院所在村の）村中ないしは村役人と、檀家組織な

いしは檀中惣代などが、それぞれ一方のみ、あるいは両方で、意思決定に参加したり、住職・隣寺などに連署や同道したりすることが定められている。ただし、ここでは寺院運営をめぐる村と檀家組織との権利関係などは明確にできない。

4　寺院運営の世話人的存在

以上、寺院における手続きに関する、檀家組織の代表者的存在の性格について指摘してきたが、本項と次の第5項とでは、檀家組織の代表者的存在の、他の性格について補足的に事例をあげる。

前節でみた上野村多門寺の例の場合、寺院運営の世話人は寺院所在村上野村の者であった。しかし、寺院所在村以外の者が、自己を世話人的存在であると主張している例もみられる。天保三・四年の、武蔵国入間郡荻原村（現埼玉県入間市）新義真言宗西勝院（多摩郡中藤村〈現東京都武蔵村山市〉真福寺末）の、住職病気中および無住中の檀家葬式における布施などをめぐる争論の訴状は[77]、「私共村外七ヶ村都合拾ヶ村ニ而檀家百五拾八軒御座候内、私共儀者旧来檀家惣代と号、同寺有無住とも万端諸世話致候先例」と主張する荻原村組頭喜兵衛・矢寺村組頭清蔵・糀谷村名主孫左衛門が、隣寺の小ヶ谷戸村円乗寺と本寺の真福寺とを相手取ったものである。この「旧来」「先例」という表現からは、「檀家惣代」という表現が、世話人的な意味と同時に一種の格式としてのニュアンスを含んで用いられているように思われる。

なお、本一件の済口[78]によれば本寺側は、

畢竟西勝院檀家之内村役人為惣代出訴仕候者共一同馴合無躰ニ出入相企、彼是為致混乱西勝院什物幷隆慣（＝病死した西勝院の先住）我物貯金勝手儘ニ散財可致心底ニ相見へ、其上今般惣代罷出候者共者前々ゟ西勝院檀中世話

人抔申義曾而無之

と主張し、本寺側に有利な内済となっている。

5　格式としての「檀頭」

格式としての「檀頭」をめぐる事例もあげておこう。高牧實氏によって関東の寺院における檀家の「檀頭上座」などをめぐる座論がいくつか紹介されているが、そのなかで取り上げられている一事例[79]を、『所沢市史』近世史料一[80]に収められている史料を参照しつつ検討する。

武蔵国久米村（現埼玉県所沢市）は入間郡の早川八郎左衛門代官所・菅沼五郎左衛門知行所・山田市郎右衛門知行所と、高麗郡の中根主水知行所の四給に分かれており、曹洞宗龍穏寺末永源寺はそのうち高麗郡に属していた。文化五年（一八〇八）に高麗郡中根領名主市郎左衛門と入間郡菅沼領百姓半左衛門とが、入間郡早川領名主武右衛門・年寄彦四郎・医師貞材を相手取って起こした、永源寺の住職交代や、施餓鬼の際の「檀頭上座」、ならびに本分家関係をめぐる争論では、「永源寺檀家出会之節者村役人上席、幷檀頭共夫々寺諸世話之儀者仕来通取計」とし、また本分家関係については証拠がないので「同家」と心得るようにということでとりあえず内済している[81]。

この一件における相手方から評定所宛の返答書[82]によれば、市郎左衛門・半左衛門が、「檀頭」として上座であるとし、そのことによって市郎左衛門が朱印状書替の際の地頭所への（住職との）同道など「諸事重立」を主張しているのに対し、武右衛門・彦四郎側は、それは（永源寺が含まれる高麗郡の名主であることによる）「役儀之勤筋」であって「檀頭之勤筋」ではなく、

往古寄附功記手厚者を以檀頭と申来り、出会之節茂上座仕来候儀ニ而、彦四郎先祖位牌者既ニ開山堂一番上ニ有

来り（中略）、且武右衛門先祖茂寄附功記有之、其次市郎左衛門等少々之寄附御座候、依之前々ゟ武右衛門・彦四郎を檀頭とも申上座茂仕来候

と主張している。

ここで、市郎左衛門の朱印状書換えの際の同道という、寺院の手続きに関わる機能は、「檀頭」であることの裏付けとして主張されていると考えられるが、それに対して、武右衛門・彦四郎側が、寄付こそ「檀頭」の根拠となると主張し、対立している点が注目される。

おわりに

「檀家惣代」「檀中惣代」「檀中代」「檀中衆」「檀中」「檀頭」「檀家世話人」「世話人」などと表現される、檀家組織の代表者的存在、および寺院運営の世話人の諸性格は、前節で纏めたように、

① 寺院に関する手続きの際の、本寺との関係における「檀家惣代」など（この場合は寺院所在村の村役人が含まれる場合もある）、

② 争論や意思決定の際の、檀家組織全体、一村レヴェルの檀家組織全体、または檀家組織の一部を代表する、あるいは代表していると主張する存在、

③ 格式としての「檀頭」など、

④ 寺院運営に携わる世話人的存在、

⑤ 寺院所在村以外の村の、集金などに携わる世話人、

と纏められる。④に関しては、第Ⅰ部第一章でみた法眼寺の場合のように、その寺院の宗判檀家ではない、寺院所在村の村役人がなる場合も含まれよう。①にも、檀家以外の村役人も含まれえよう。もちろんこれらの諸性格は、あくまで「性格」であって、完全に別の人格によって担われているということではなく、むしろ、③や、（とくに寺院所在村の）村役人が、いくつかの性格をあわせ持つということが多かったのではないだろうか。平山村・上野村でみた事例でも、斎藤家当主や吉田九兵衛など、一人の人格がいくつかの性格を兼ね備えている場合がみられた。またとくに①には、寺院所在村の、「檀家惣代」など、あるいは村役人がなる場合が多かったと考えられる。

①は少なくとも地方教団組織レヴェルでは制度的に認められた存在であった場合が多いと考えられ、その点では本寺や教団組織との関係における代表者であるといえるが、しかし特定の人物が「檀家惣代」などであることを本寺に届け出るようなシステムの存在はいまのところ確認されない。そして、法眼寺や多門寺の場合は常置の存在であったと思われるが、常楽寺の例でみたように、常置の存在ではなかった場合も多いのではないか。

また後住選出を、檀家組織・村側と、僧侶集団側とのいずれが主導したかということや、村落の寺院に対して、村役人と檀家組織といずれがより本質的な影響力を持っているか、といった点は、個々のケースにより、一概にはいえない。だがともかく、世話人の決定や、住職交代・後住選出の背後に檀家組織の合議や承認がある場合が多いにせよ、どの性格にしても、代表者を「選出」する場合は少ないのではないかと思われる。とくに当然のことながら、③は選出するような性格のものではない。また、村、檀家組織内の合意形成なしに名乗る場合もありえた（とくに②③）。

以上みてきたように、近世中後期には、檀家組織の代表者的存在および寺院運営の世話人は、一般的に明確な選出システム・公認システムを持たなかった。また家格上位者や、村役人と一致する、ないしは村役人の機能に含まれる場合が多い存在であった。

のち、明治十四年（一八八一）七月二十一日には、府県宛の内務省達乙三十三号として、

各管内社寺惣代人之儀、氏子檀家中（氏子檀家ナキモノハ信徒）相応之財産ヲ有シ衆望ノ帰スルモノ三名以上相撰ミ、戸長役場へ届出サセ、今後該社寺ノ願届等者渾テ連署ヲ以可為差出、且社寺収入財産ハ（田畑山林ノ所得ハ勿論、賽物祈禱葬儀回向料等一切ノ受納物ヲ云フ）其共有ニ属スヘキモノト、其神官住職ニ付スルモノトノ予約毎社寺適宜相定、平素混乱セサル様取調方可為致、此旨相達候事[83]

但神宮・官国幣社ハ非此限

という法令が出され、社寺惣代人が制度化されているが、ここからは、第Ⅰ部第一章で検討した「寺付」の収入・財産に関わる契約も想起される。なお羽賀祥二氏は、「社寺惣代人制」を、内務省による、寺院・仏堂・神社・神祠を「公許共有」されたものとする、社寺「共有」化政策の一環として位置づけている。[84]

この「社寺惣代人制」について、埼玉県令吉田清英が、北・中葛飾郡長川邊郷左衛門からの伺を受けて、明治十五年九月十四日に、内務卿山田顕義に宛て

第一条　寺院所在村内ニ檀家僅ニ二三戸ニシテ何レモ薄禄ノ者、外檀徒ハ他村居住ノ者ニ有之、然ルニ従来世話人ト唱ヘ其村中ヨリ相当ノ者（檀家ニ無之）相撰、該寺院ノ便宜ニ拠リ其世話人ヲシテ惣代人ニ委託シ、又ハ従前世話人及檀家等ニモ非スシテ寺院所在村内ニ於テ衆望ノ帰スル者ヲシテ撰定候トモ檀中ノ協議ニ任セ不苦哉

第二条　社寺惣代人ニ於テハ其社寺収入財産等予約スル迄ニテ、戸長ニ於テハ関係無之モノト相心得可然哉

という伺を出し、内務卿代理大蔵卿松方正義の名義による「書面伺之通」との回答を得ている。[85] ここには、近世における、さまざまな性格を持ち、制度化されていなかった檀家組織の代表者的存在および寺院運営の世話人の実態が、「社寺惣代人」として制度化されるにあたって顕れているといえよう。[86] 近代における「社寺惣代人制」などの寺院の

権利・義務関係をめぐる政策によって、在地の寺檀関係・寺院運営にどのような変容がみられるかということについては、今後の検討課題としたい。

註

(1)「日本宗教制度史の研究」四　檀家制度の展開、(三)　檀家の権利と義務（単行本としての初出は一九三八年。豊田武著作集第五巻『宗教制度史』〈吉川弘文館、一九八二年〉所収）。

(2) 以下、単に斎藤家という場合、屋号「一藤屋」の斎藤家を指す。なお、斎藤家の当主は、山三郎（享保六年没）、六右衛門（元文五年没）、文右衛門（寛政二年没）、覚右衛門（学右衛門・寛政十年没）、山三郎（文内・嘉永元年没）、左司馬（明治二年没）、左二馬（明治四十年没）と相承された（内野勝裕「平山村明細帳」〈毛呂山郷土史研究会『あゆみ』八、一九八二年〉）。

(3) 平山村・斎藤家に関する先行研究については、本書第Ⅰ部第一章「近世中後期関東における宗教施設の運営――村・檀家組織・地方教団組織の相互関係――」（「近世中後期における在地寺院の運営をめぐって―関東・新義真言宗を中心に―」『史学雑誌』一〇六―八、一九九七年を改稿・改題）の註（21）を参照。

(4) 内野勝裕「江戸初期の平山村」（毛呂山郷土史研究会『あゆみ』七、一九八一年）、これは平山家文書の宝暦十二年検地帳の分析によるものである。

(5) 青木美智子「近世の関東畑作農村における雇傭労働の変質過程―武州平山村・斎藤家の年季・日雇奉公人を中心に―」（『社会経済史学』五一―六、一九八五年）、三九頁他。

(6) 内田満「関東における近世村と中期豪農の特質―武州平山村の村方騒動を中心に―」（『地方史研究』一八七、一九八四年）。

(7) 櫛田良洪『真言密教成立過程の研究』（山喜房佛書林、一九六四年）九四五・九四六頁。

(8)『智積院史』（弘法大師遠忌事務局、一九三四年）、第一編四七五～四七八頁。

(9)『新篇武蔵国風土記稿寺院堂庵書上―旧比企・横見・入間郡―』（東松山市教育委員会市史編さん課編、東松山市、一九八一年）一九六頁。

(10) 本書第Ⅱ部第一章「近世後期の寺檀関係と檀家組織――下越後真宗優勢地帯を事例として――」(「近世後期における寺檀関係と檀家組織―下越後真宗優勢地帯を事例として―」『史学雑誌』一〇四―六、一九九五年を改稿・改題)でみた下越後真宗優勢地帯の場合と同様である。

(11) 「多門寺、寄附金・質地受納並びに由緒書」(埼玉県立文書館所蔵　武蔵国入間郡平山村　平山家文書〈以下「平山」と略す〉三七九二、『越生の歴史』近世史料〈古文書・記録〉、三一一～三一三頁)。なお、上野村の檀家が参加する七月十四日の施餓鬼会は、貞享期にはすでに存在していた(『越生の歴史』近世史料〈古文書・記録〉、七五～七七頁)。

(12) 平山一三七二「寄附金代質地請取印形證文帳　附檀縁家格諸事定目録證文書入帳」。

(13) 平山一八〇四、九月二十一日・二十五日記事。

(14) 平山一七九〇「[　　]歳月記録」明和六年九月十九日記事、および平山一七八四〈万覚帳〉安永六年九月二日・同五日記事。

(15) 平山一七八四〈万覚帳〉より。

(16) 斎藤家は、村内における地位の確立の段階で屋敷神・氏神を整備した。平山家文書の日記(平山一七九〇)によれば、斎藤家では宝暦四年に屋敷鎮守若宮八幡宮を造立し、さらに宝暦十三年には氏神稲荷大明神を造立し、明和六年には稲荷の社号を富貴宮とし、その後も社地替え・鳥居造立などの整備を行っている。前掲註(6)内田満論文などによれば、安永期以降、名主役をめぐって組間の対立があり、また従来名主役に就いてきた中組の村田一族が、天明期から寛政期にかけて、訴訟入用の割合をめぐる「真能寺村茂八一件」で他の村構成員と対立している。

このような状況のなかで、寛政二年十二月には、前組の構成員一五名が、前組組頭(当名主)覚右衛門宛の「諸事定連印証文帳」(平山一三三〇、『新編埼玉県史』資料編一四　近世五　村落・都市〈編集発行埼玉県、一九九一年、二七八～二八六頁〉)を作成している。ここでは、斎藤家の「組長家」としての、公用・地頭用、年貢諸役の取立や、村用および「天下泰平・国家安全・諸穀豊穣・諸災難消除・諸願皆成就如意満足之祈願」の日待・月待・諸神諸仏祭祀講の触出を行う地位を認め、冠婚葬祭・病気の際の組内の互助などを定め、後組との和合や、中組に対する組内の団結を確認している。そのなかで、斎藤一族による斎藤家の屋敷神・氏神の祭祀などを、前組全体に拡大することも取り決めている。

また、定例・臨時の諸祈禱を斎藤家の主導で行うことを取り決めているが、斎藤家を中心とした前組の臨時の日待の際には、「貴殿家御取立之当村神職人斎藤源太夫、前組之神祭旦那之縁ニ付」祝詞を勤めるよう取り決められている。（斎藤）源太夫は男衾郡鉢形町（現埼玉県大里郡寄居町）仁平の弟で、天明八年に前組の（斎藤）仁右衛門家に夫婦養子に入っており（平山三八四五「指出申一札之支」）、以後宗門帳では神道行事神事舞太夫と記され、養母は女道心となり、さらに法眼寺が無住になってからは養父母が法眼寺の留守居となっているが、この家は源太夫限りで絶えている。なお、この組議定から、組が葬式における互助の単位でもあったこともわかる。

(17) 平山一三五五。

(18) 平山一八〇四。この史料では、多門寺を「当山」「当寺」、上野村を「当村」と表現しており、多門寺側の名義で作成された可能性が高いと考える。

(19) 越生町史編さん室の仲静治氏の御教示によれば、吉田九兵衛家は檀家惣代を勤めてきたと伝承されているとのことである。

(20) 平山三七九七として、上野村多門寺秀甚・同村旦中九兵衛が指し出しとして捺印した受取が残っている。

(21) 平山三七八〇「契約申合證文之支」（天明二年十二月廿四日付）によれば、塔造立金を、覚右衛門五分・恒八郎二分・儀右衛門二分・代治郎一分の割合で負担することを申し合わせている。なお、この四家は、順に「一藤家」「二藤家」「三藤家」「四藤家」と称している。二藤家～四藤家は、代次郎が覚右衛門の弟である（平山一七九〇〔万日記〕冒頭部記載）など、斎藤（覚右衛門）家の近い分家であると思われ、斎藤一族のなかでもとくに強固な結合を持っていた。平山六四二一「二藤屋斎藤恒八郎後家佐津　家内金銭出入家徳諸事改帳」（寛政七年五月）によれば、二藤家当主死去に伴い、四家が、「縁者」村田七兵衛をも含め、共同して家政の後見を行うことを約している。

(22) 平山一三五五。

(23) 金田氏の地方役所であると考えられる。

(24) 斎藤覚右衛門のみなのか、年番相名主の藤右衛門をも含むのか、両様の解釈が可能である。

(25) 平山一三五三。

(26) 出入檀家とは、法眼寺に墓を持ち、法眼寺無住時には多門寺の世話になる、法眼寺と長栄寺との檀家のことであると考えられる（平山三七九二「寄附金代ニ質地受納證文之支」〈天明七年〉による）。

(27) 平山一三五四「宝篋印塔建立供養記録」。本文書に権兵衛は「当山檀頭当村上分組頭吉田権兵衛」として登場する。なお宝篋印塔は多門寺の本堂前庭に現存する。
(28) 平山三七八五。
(29) 平山三二二四「乍恐以書付御訴訟奉申上候」。
(30) 平山三六五六「乍恐以返答書奉申上候」。
(31) 平山三一四四「差上申済口證文之事」。
(32) 平山三二二四。
(33) 平山三七八五より。
(34) 平山一三五七「武州入間郡毛呂領上野村福寿山多門密寺　平山村惣檀家施餓鬼位階次第幷上下改帳　廿世住法印英隆代寛政三辛亥年七月十五日改」。
(35) 平山一三七二。
(36) 平山一八〇四の寛政八年の日記による。
(37) 平山一八〇四、十一月三日条。
(38) 平山一八〇四、九月三日条。
(39) 平山一七九〇および平山一八〇四。
(40) 平山一七九〇、丑ノ十二月上旬条。
(41) 平山三一四四。
(42) 関東において、寺院を場とした百姓の家格表示や座論は多くみられる（田尻高樹「近世寺院をめぐる村方の座論」〈『埼玉県史研究』一六、一九八五年〉、高牧實「関東における草分百姓の座居と宮座」〈同『宮座と村落の史的研究』吉川弘文館、一九八六年、第三部「中世・近世の宮座と村落」第八章〉など）。また、『宇都宮市史』第五巻　近世史料編二（宇都宮市史編さん委員会編、宇都宮市、一九八一年、七六九～七七三頁）には、文政～天保期の、瓦谷村万松寺（現栃木県宇都宮市・曹洞宗）檀中の、法名をめぐる組頭・百姓と、庄屋ほか八人（上位の法名を認められており、高位の家格を有する者か）との争論の内済議定書が収載されており、そこでは法名と葬式の際の儀礼格式とが対応している。寺院への寄進によって法名を上昇させている事例や、法名と寺院行事の際の座順が関連している例は法恩寺はじめ平山村の近隣でもみられる。

例えば、『越生の歴史』近世史料〈古文書・記録〉には、高蔵寺（津久根村〈現越生町〉・新義真言宗山村最勝院末）法印宛の、元文五年（一七四〇）の、一代居士号に対する法金五両と山との寄進証文が収載されている（三二一頁）。法恩寺に関しては、すでに明和四年に二十七世住職秀延が、祠堂金元利を払わなかった者に対しみだりに居士大姉号を許可しないようにと記しており（『越生の歴史』近世史料〈古文書・記録〉三五八〜三六一頁「法恩寺祠堂金之釈書」）、この時点で居士大姉号の授与が行われていたことがわかる。また、文化九年の新しく居士号を得た家の施餓鬼における座席、新居士号授与のさいの永代祠堂料寄進をめぐる記録、およびその際の願書・許状の写しなどが記載された文書が残っている（法恩寺文書近世L−一一二〈越生町史編さん室架蔵コピー〉「文化九年申七月　施餓鬼供養之節旦中賞伴新居士大姉始訳　松渓山現住秀英代」）。

高位の法名授与の背景には寺院の経済的事情が大きく影響していると考えられる。例えば、新義真言宗青梅村（現東京都青梅市）金剛寺末三ヶ島堀之内村（現埼玉県所沢市）金仙寺の、宝暦八年の、三ヶ島堀之内村名主・組頭から本寺に宛てて住職の非法を伝えた文書（『所沢市史』社寺〈所沢市史編さん委員会編、所沢市、一九八四年〉）では住職が、

此度御本山従被仰渡候者、「近年門末供ニ檀徳薄成候様ニ相聞江候へハ、此度檀方供法名等相あらため少々宛々茂法金請取寺建立等仕候様」ニ被仰渡候間、当村方茂檀中すめいたし、或ハ禅定門信士いたし、信士を居士いたしす、めくれ候様

と頼んだと記されている。その寄進は、武蔵を中心とした関東の刊行史料など、管見の限りでは、寺に帰属させ運用益を生むことを目的とした祠堂金などとしての場合が多かった。

村役人などの家格も反映されたと考えられ、例えば、臨済宗妙心寺派の武蔵国入間郡上富村（現埼玉県入間郡三芳町）多福寺の記録には、元禄十三年以降、住職が後住への申し送り事項として、各法名に対応した家格や、居士大姉号、信士信女号授与の際の「官金」収納額の基準を記している（『三芳町史』史料編二　多福寺和尚記録〈三芳町史研究会編、三芳町、一九八七年〉、およびその解説の、村瀬直実「三富の寺　多福寺」）。

(43) 平山一八〇四。

(44) 平山一八〇四、十月二十一日条。

(45) なお、貞享年間に、平山村の（村田）次郎兵衛が多門寺の住職選定に関わったとする史料がある（『越生の歴史』近世史

料〈古文書・記録〉、七五頁)。

(46) 平山一三五七。

(47) 天明七年四月二十五日付の斎藤家から多門寺への、道普請のための寄進について記し（直接斎藤家の名前は記載されていないが、記載内容を平山一三五五と対照して判断した）、平山村と多門寺との関係の深さを強調した史料（平山三七九二「寄附金代ニ質地受納証文之事」）には、

当院平山村檀家之儀、村中都而四拾軒之内貴宅ヲ始長立候家数廿四軒ハ本旦那也、又詰〔結〕衆下法眼寺本檀那拾壱軒、相残家数四五軒ハ長栄寺本旦那ニ候得共、墓所之儀ハ法眼寺境内有之候、右法眼寺無住節ハ前〻ゟ右法眼寺両旦那共ニ当院ニ而所持世話仕来、此縁ニ付当院出入檀家也、然ハ村一統当院都而檀家也

という記載がある。ここから、住職交代における法眼寺檀家・長栄寺檀家から多門寺住職への祝儀支出が、法眼寺無住時（寛政八年段階では無住である）の多門寺住職の法事等の執行を内容とした「出入檀縁」によるものである可能性があると考えられる。

(48) 越生町史編さん室コピー、法恩寺文書近世L―一四二。

(49) 平山三一六七。

(50) 平山三一四四。

(51) 平山一一二五。

(52) 『春日部市史』第三巻近世史料編五（春日部市教育委員会社会教育課市史編さん係編、春日部市、一九九〇年）、解説八二二・八二三頁。

(53) 『春日部市史』第三巻近世史料編五。

(54) 『春日部市史』第三巻近世史料編五、七〇六～七一〇頁「常楽寺隠居後住一件記」。

(55) なお、『春日部市史』第三巻近世史料編五にはここまでしか収録されておらず、「以下略」の註記もないが、実際には以下真福寺への住職願提出とその許可について記録されている（常楽寺文書四〇〈埼玉県立文書館編『埼玉県寺院聖教文書調査報告書』・目録編〔埼玉県教育委員会、一九八四年〕の番号による、以下同じ〉。春日部市教育委員会社会教育課のCH本を参照した）。

(56)『春日部市史』第三巻近世史料編五、解説七九八頁。
(57)常楽寺文書三一「雑集諸記録」（春日部市教育委員会社会教育課のCH本を参照した）には文政三年三月の赤沼村の宗門人別帳の奥書の写が載せられており、そこでは赤沼村の惣人数七一七人について「拙寺旦那ニ紛無御座候」と記されている。
(58)埼玉県立文書館寄託銚子口区有文書三二四「明治四年三月　当未家数人別増減書上帳　武州葛飾郡銚子口村」。
(59)銚子口区有文書二五四・二五五・二五六。
(60)銚子口区有文書二九四「嘉永七年寅三月　五人組御改帳　武州葛飾郡銚子口村」。
(61)『武蔵国改革組合村々連合石高・家数取調書』（『新編埼玉県史』資料編一四　近世五　付録〈埼玉県、一九九一年〉）によれば、西大輪村は天保末・弘化初年ごろには六二九石五斗八升九合、八五軒であった。
(62)『鷲宮町史』史料二　近世（鷲宮町役場、一九八一年）、五八八～五九〇頁。
(63)『松戸市史』史料編（四）萬満寺史料（松戸市史編さん委員会編、松戸市立図書館、一九八三年）、八～一〇頁「栄松寺追院一件」。
(64)『所沢市史』社寺（所沢市史編さん委員会編、所沢市、一九八四年）、六七六～六九八頁。冒頭に「糟谷氏ニ求テ家書ヲ撰テ当院ノ要ヲ抜書テ昔ヲ入」たと書かれ、糟谷家の記録を元にした寺史であると考えられる。
(65)『武蔵吉見息障院文書』（宇高良哲・徳永隆宣編、東洋文化出版、一九八三年）、解説。
(66)『武蔵吉見息障院文書』一八四～一八七頁。
(67)『新編埼玉県史』資料編一八中世・近世宗教、一四七～一五八頁。
(68)『新編埼玉県史』資料編一八中世・近世宗教、二一八頁。
(69)『新編埼玉県史』資料編一八中世・近世宗教、二一九・二二〇頁。
(70)『角川日本地名大辞典』一二　千葉県（「角川日本地名大辞典」編纂委員会・竹内理三編、一九八四年）、一二六頁。
(71)『禅宗地方史調査会年報』第一集（一九七八年一月）七六～七九頁。
(72)『狛江市史料集』第十一（編集発行狛江市、一九八〇年）、四六四～四六九頁。
(73)『松戸市史』史料編（四）本土寺史料（松戸市史編さん委員会編、松戸市立図書館、一九八五年）、一三八～一四五頁。
(74)『松戸市史』史料編（四）本土寺史料、一四九～一五五頁。

(75)『徳川禁令考』第五帙　寺社　巻之四十二、第四十七章　僧侶作法。
(76)『松戸市史』史料編（四）本土寺史料、五〇六〜五一五頁。
(77)『入間市史』近世史料編（入間市史編さん室編、入間市、一九八六年）、六〇六〜六〇九頁。
(78)『入間市史』近世史料編、六〇九〜六一一頁。
(79) 前掲註（42）、高牧實「関東における草分百姓の座居と宮座」、四二〇頁。
(80)『所沢市史』近世史料一（所沢市史編さん委員会編、所沢市、一九七九）、三二九〜三四一頁。
(81)『所沢市史』近世史料一、三三五・三三六頁。
(82)『所沢市史』近世史料一、三三〇〜三三二頁。
(83) 安丸良夫・宮地正人校注『日本近代思想大系』五　宗教と国家、岩波書店、一九八八年、四八〇頁。
(84) 羽賀祥二「教導職制と政教関係」（同『明治維新と宗教』筑摩書房、一九九四年所収）。
(85) 埼玉県行政文書社寺戸籍部　社寺　県社以下神社　明四八四―一、一二七号・一二九号（埼玉県立文書館保管）。
(86) なお、大正十年の調査であるが、天台宗・真言宗各派・新義真言宗智山派・同豊山派・律宗・浄土宗・同西山禅林寺派・同西山明光寺派・同西山深草派・臨済宗天龍寺派・同相国寺派・同南禅寺派・同妙心寺派・同東福寺派・同大徳寺派・同円覚寺派・同永源寺派・同方広寺派・同仏通寺派・同国泰寺派・同向嶽寺派・黄檗宗・真宗興正派・同仏光寺派・同誠照寺派・日蓮宗・顕本法華宗・本門宗・本門法華宗・法華宗・本妙法華宗・日蓮正宗・時宗の各宗派については、教団内規定で、檀徒惣代・信徒惣代を改選時に宗務院などに届け出ることが規定されている（文部省宗教局編『宗教制度調査資料』第三輯教徒、信徒、檀徒〈『宗教制度調査資料』第一巻、原書房、一九七七年復刻〉）。

第三章　祈禱寺檀関係と宗判寺檀関係

はじめに

近世史研究において、宗教的な要素を分析の俎上に載せるに際しては、宗教者と、宗教者と信仰的・経済的関係を結ぶ存在との関係の構造を解明する作業を進めていくことがひとつの課題となろう。

著者は、そういった構造の解明に際し、寺院と僧侶と（一般的にいうならば、宗教者と宗教施設と）を区別して分析することが必要であると考えている。詳細は第Ⅰ部第一章に譲るが[1]、本章第二節でも取り上げる武蔵国入間郡平山村（現埼玉県入間郡毛呂山町岩井の一部）法眼寺など、関東の新義真言宗寺院の事例分析から、少なくとも近世中後期には、仏教教団の僧侶集団が、檀家組織や村（主に寺院所在村）と、寺院本末組織に編成された寺院を媒介として関係する、という構図を描くことができる。その関係において、住職と檀家組織・寺院所在村との間で、宗教者としての機能が問題とされることはもちろんだが、寺院やその寺院が支配する神社・祠・堂の、堂舎・什物・土地・金銭の維持や管理が重要な問題となっていた。

本章では、如上の状況のなかで寺院と結ばれた関係、あるいは寺院や僧侶（集団）と関係を結んだ組織であったが、従来、寺檀関係・檀家組織という側面からはあまり検討されてこなかった祈禱寺檀関係・祈禱檀家組織について検討する。ただし、ここでは宗教者や宗教施設と祈禱檀家・祈禱檀那との関係一般を扱うのではなく、宗判寺檀関係（≒葬祭寺檀関係）に類似した側面・関係構造を有する祈禱寺檀関係のみを対象とし、断片的にはなるが、関東のいくつかの事例から、幕藩権力側の認識にも留意しつつ、その実態を浮き彫りにしたい。そして、近世中後期における、宗教者と、宗教者と信仰的・経済的関係を結ぶ存在との関係の構造的把握に資することを目指すと同時に、いわゆる寺檀制度の検討にもつながる視点を提示することを目指したい。祈禱寺檀関係ではないが、宗判寺檀関係以外の地域的・恒常的な寺檀関係の存在は他地域でも確認されている(2)。本章の分析は、広義の寺檀関係のなかでの宗判寺檀関係の相対化につながるであろう。

「葬祭」（菩提・滅罪）と「祈禱」（祈願・息災）(3)に関して、近世仏教史においては、圭室文雄氏が「葬祭から祈禱へ」というシェーマを提示している。圭室氏は『江戸幕府の宗教統制』(4)のなかで、十七世紀の相模国と水戸藩とに関する史料分析から、次のように結論している。

一、近世仏教における信仰の内容は寛永末年を境として、葬祭から祈禱へと移っていった。

二、幕府体制の宗教政策は、一貫して寺請制度の維持であり、そのために祈禱寺を否定した。

三、農民は、まったく形式化した葬祭寺院にあきたらず、現世利益をとく祈禱寺に、より魅力を感じて、それにひかれていった。

四、領主はしばしば祈禱を否定し、その基盤である神仏習合を排除すべく尽力した。一方祈禱を行なう側では形をかえ、姿を変えて農民の信仰をとらえてはなさなかった。

つまり近世においては宗教統制をいかに強化してもついに農民の信仰を改変させることはできず、中後期にはすでに祈禱が信仰の主流となっていった(5)。

しかし、この結論は、葬祭・祈禱両寺檀関係の機能、および信仰の実態についての具体的な事例の検討や、史料上あらわれる「祈禱（祈願・息災）檀家」という文言の意味内容の具体的な把握に即して導かれたものではない。なお藤村行弘氏や西川武臣氏により、祈禱も純粋に信仰に基づくものばかりではないという指摘がなされている。(6) 本章では部分的なものにはなろうが、圭室氏のシェーマの再検討をも念頭に置きたい。

一 『諸例集』より――祈禱寺檀関係に対する駿河田中藩・幕府寺社奉行所の認識

『諸例集』は、奏者番・寺社奉行・大坂城代・京都所司代を歴任した山城淀藩主稲葉丹後守正諶（寛延二年〈一七四九〉〜文化三年〈一八〇六〉）の蔵印を有し、享保〜文化年間（一七一六〜一八一八）前後の、「幕府法令では処理しがたい事柄についての先例」を記しているものである。(7) その第二十二冊「寺社奉行問合」に、以下のような祈禱寺檀関係に関する史料が収載されている。

〔史料一〕(8)

一、文化九未年二月四日寺社奉行御勤役中有馬左兵衛佐様江差出置候処、転役ニ付松平和泉守様江御送相成、申十二月十四日寺社役川住市右衛門ヲ以御附札御渡被成

本多豊前守領分
下総国葛飾郡藤心村
曹洞宗
慈本寺

右慈本寺檀家之者同村真言宗宗寿寺ニ而祈禱受来候処、一同困窮ニ付此度致離檀候段同寺江惣代ヲ以相断、祈禱之儀者旦那寺慈本寺江相頼申候、然ル処宗寿寺儀、往古ゟ勤来候儀ニ付是迄之通祈禱相勤度旨願出申候、離檀之儀者不容易儀ニ付難相成与者奉存候得共、此段御問合申上候以上

本多豊前守家来

二月四日　松本治大夫

一、翌年申十二月十四日松平和泉守様ニ而御付札川住市右衛門ヲ以御渡被成候

書面宗寿寺離檀之儀、別紙ニ書物ヲ茂令一覧候之処、駒形明神社地之儀ニ付村役人江対シ宗寿寺及雑言候ゟ一同不帰依ニ相成、困窮之由ヲ申立祈禱之儀及断候趣ニ候得共、慈本寺檀家之者共も往古宗寿寺祈願請来り候上者、祈願檀家ニ候とも離檀之儀者容易ニ難成筋ニ付、吟味詰り之趣ヲ以、以来之通宗寿寺祈願請候様申渡、且宗寿寺儀村役人江対シ及雑言候段不埒ニ付逼塞御申付可然存候

この史料は、駿河田中藩領の下総国葛飾郡藤心村（現千葉県柏市）における祈禱檀家の離檀争論に関するもので、領主本多氏の家臣による寺社奉行所への問い合わせと、それに対する返答の付け札との記録である。ここでは藤心村の曹洞宗慈本寺の（宗判）檀家の者が、宗寿寺に近接した駒形明神の社地をめぐる争論に際して、下総国葛飾郡大谷口村（現千葉県松戸市）新義真言宗大勝院末の藤心村宗寿寺との祈禱寺檀関係を絶ち、慈本寺と祈禱寺檀関係を結ぼうとしている。なお、大正年間の記録だが、慈本寺に三八戸、宗寿寺には一六戸の檀徒がある。[9] 一方、藤心村の家数は明治五年（一八七二）四六軒、同二十一年六一軒である。[10]

祈禱檀家が、祈禱寺檀関係と宗判寺檀関係とを一本化するという結果を求めている点にも興味が持たれるが、ここでは支配権力側の認識に着眼したい。まず、藩（駿河田中藩）側では、宗判檀家・祈禱檀家双方を含めて「離檀は不

容易」と考えている。しかし一方、寺社奉行所側では、当該事例に関しては「往古」からの関係なので離檀は容易にはできないとしているが、「祈願檀家ニ候とも」という逆接の表現から、祈禱檀家の離檀ということそのものについては、必ずしも容易でないとは捉えていないと考えられる。なお『律令要略』(寛保元年〈一七四一〉に編纂され、幕府の判決の要旨を編集したと考えられている)には、「祈願檀那は帰依次第なり」という条文が収載されている。[11]

ちなみに、当該期(寛政~文化期)の、宗判檀家の離檀に関する寺社奉行所の判断を『諸例集』により検討すると、離檀は「容易ニ難成事」であるが、「寺檀納得之上」であればよい、といった見解が採られている。[12] 離檀一般のみならず、離檀に伴う改葬[13]や、家内の一部のみの離檀(改宗)[14]の場合にも同様の見解が採られている。[15]

以上の検討から、

① 藩レヴェルでは、祈禱寺檀関係に関しても離檀困難観があり、その点において宗判寺檀関係と祈禱寺檀関係とに類似性がみられる、

② 一方、寺社奉行所の見解では、祈禱寺檀関係は当該期においても原則として離檀自由な関係と認識されている、

③ しかし、実態としては、争論となり、藩において離檀困難と認識される状況であり、寺社奉行所側も、「往古」からの関係であるということを理由に結局離檀は困難だと判断していることから、当該事例にみられる祈禱寺檀関係は、単純に圭室氏のいうような信仰に基づいた自由な関係だとはいえない、

という三点を指摘できる。

二　祈禱寺檀関係の具体像——武蔵国入間郡平山村、新義真言宗法眼寺の場合

1　法眼寺の概観

本節では、埼玉県立文書館所蔵　武蔵国入間郡平山村　平山家文書を主な素材として、同村新義真言宗法眼寺における祈禱寺檀関係の具体像を提示する。なお、平山家文書を遺した平山家は、近世には斎藤家と称し、近世中期に村内第一の経済的地位を確立し、天明期以降年番名主を勤めた。[16] 以下、本章で単に「斎藤家」という場合は、この斎藤家を指す。第Ⅰ部第一章〔表1〕（本書三一頁）における斎藤覚右衛門家が、この斎藤家にあたる。さて、まず本項では、第Ⅰ部第一章[17]と重複する部分もあるが、便宜のため、前提として法眼寺について概観しておく。

平山村（現埼玉県入間郡毛呂山町岩井の一部）は、高一二五石一斗一升五合の、関東山地縁辺部の畑がちの小村であり、宝永七年（一七一〇）以降、明治元年（一八六八）まで旗本三枝氏領であった。[18] 平山村の宗判寺檀関係は、「武州入間郡毛呂領上野村福寿山多門密寺　平山村惣檀家施餓鬼位階次第幷上下改帳」と「寛政三歳亥三月改　武蔵国入間郡平山村百姓持高帳」とから作成した〔表1〕にみられるとおりである。村内に宗判檀家を有する寺院は、新義真言宗の入間郡上野村上分（現埼玉県入間郡越生町上野一区）多門寺・平山村法眼寺と、曹洞宗の入間郡小田谷村（現毛呂山町小田谷）長栄寺であった。多門寺は入間郡今市村（現越生町越生）法恩寺（田舎本寺）の末寺、法眼寺は同じく法恩寺の門徒であった。なお、多門寺は上野村や毛呂にも宗判檀家を有していたが、法眼寺の宗判寺檀関係は平山村内で完結していたと考えられる。

〔表1〕から、村内における各寺院の宗判檀家組織は、いくつかの同族団ないし苗字を同じくする集団[19]の集合体とほぼ対応関係にあると考えられる。

法眼寺とその寺檀関係の成立について、寛政期の史料では次のように述べられている。

〔史料二〕(「武州入間郡毛呂領上野村福寿山多門密寺　平山村惣檀家施餓鬼位階次第幷上下改帳」[20]〈寛政三年七月十五日〉より引用)

当山(多門寺)結衆下平山村金性山法眼寺草創之来由ハ、当山十世之住法印栄伝川角村岸氏姓也、則同村南蔵寺住、則寺建立、其上当山へ入院、隠居而平山村西林坊取立、尤越生法恩寺法字幷ニ当山院号仏眼院眼字両方相兼法眼寺ト号、其節当山旦家上野村カラ沢表方ニ而祈願六七軒瀧沢金子両氏法眼寺旦家トス、又平山村之内是又瀧沢氏其外十有余軒旦家法眼寺ニ永附置、寛永十癸酉二月十九日示寂、依此由緒、当山結衆下ノ内宝福寺・南蔵寺・大行寺・行蔵寺ヨリ格別由緒深厚、夫故当山へ別而□候処、毎歳七月十三日ハ右平山村法眼寺菩提旦那幷村志施餓鬼仕来相済シ、翌十四日、当山上野惣旦中施餓鬼法要出会執持、先例記録歴然ニ候事、又十五日、別而平山村当寺諸旦中施餓鬼同断内外取持仕来候事

〔史料三〕(「懇情頼證文連印帳」[21]〈寛政八年十月〉より引用)

一、右願人勘左衛門儀、往古ハ菩提所多門寺檀縁ニ有之候由緒之儀ハ、元来平山村鎮守ニ古宮大明神社地□住所ニ西林坊ト号菴有之候処ニ、多門寺拾代目住職ニ而法印栄伝多門寺ゟ右西林坊ヱ隠居ニ越移り住所後、右法印栄伝則西林坊ヲ一ヶ寺ニ取直而寛永年中ニ法眼寺ト号候、右勘左衛門幷ニ法眼寺諸旦中元来多門寺之旦那ニ有之候処ニ、右栄伝右諸旦中ヲ西林坊江隠居免ニ持参後、此菴法眼寺ト一ヶ寺ニ取立候後、右隠居免諸旦中ヲ法眼寺ニ寄付ニ而、右栄伝法眼寺開山ニ成、其儀多門寺記録等ニ未夕有之由及承り候、此由緒ヲ以貴宅之御世話

　ヲ以多門寺旦那ニ結縁儀御頼上候事

〔史料二〕は、〔表1〕の作成に使用した史料の一部であり、記主は多門寺二十世住職英隆である。〔史料三〕は、(斎藤)勘左衛門が後述の「法眼寺山一件」に関連して、法眼寺を休檀し多門寺菩提(葬祭)檀家に結縁することを願った史料の一部である。なお、『新編武蔵国風土記稿』では、法眼寺の草創に関しては「古ハ西林坊トテ纔ノ庵ナリシカ　寛永年中上野村多門寺第十世ノ僧ココニ住シテ一寺トセリト　ソノ僧ノ名モ伝ヘス」[22]とのみ記載されている。

以上の二点の史料から、法眼寺はもともと平山村鎮守古宮大明神の社地に所在した堂庵であったが、寛永期に多門寺の隠居により寺号を称する寺院とされ、その寺院としての草創時に、上野村内の多門寺檀家の一部(の同族団ないし苗字を同じくする集団であろう)を祈禱檀家として、また平山村内の多門寺檀家の一部(滝沢氏・町田氏などの同族団ないし苗字を同じくする集団)を葬祭檀家として付けられたと読み取れる。ただし平山村内の祈禱檀家の成立に関しては不詳である。

法眼寺は平山村唯一の寺院であり、享和元年の村明細帳[23]によれば、「除地古宮免」として畑三反壱畝五歩、年貢地として畑壱反九畝廿三歩を所持していた。また、境内に村鎮守(古宮大明神)があり、さらに小社(聖天宮・山神宮)を支配していた。

次の第2項で検討する「法眼寺山一件」における寛政八年(一七九六)四月下旬の(平山村)小前一統連印証文[24]では、

　当村法眼寺之儀ハ今市村真言宗法恩寺門徒ニ而、上野村多門寺結衆下之寺ニ而、一村一寺ニ御座候得者前〻ゟ惣村中一同祈願之寺ニ而、不依何事ニ村役人ハ不及申ニ、息滅旦中ニ不限村中一同ニ世話致来申候

と述べられている。ここでは、法眼寺は、息災・滅罪両檀中と関係を有するのみならず、「惣村中一同祈願之寺」であると認識され、「村中一同ニ」世話するとされている。

平山家文書の安永～天明期の日記[25]の記事によれば、流行病の際には法眼寺で厄神除百万遍や村中日待などが行われている。例えば、安永二年（一七七三）には、正月ころからの「疾病」の流行により、閏三月十八日に「厄神除祈禱」のため法眼寺で百万遍があった。さらに四月十三日に厄神除の護摩について相談する村中寄合があり、十八日には法眼寺で、法眼寺住職と多門寺弟子とにより「村中厄神防キ護摩祈」が行われている。なお、明治六年（一八七三）の法眼寺の廃寺願[26]には、什物として、元除地のほかに、百万遍の際に用いたと思われる「伏金」[27]と「百万篇珠数」とが書き上げられている。

また、日記によれば、安永四年十二月八日には鎮守古宮大明神の「宮内納伊勢大神宮勧請祭ル」際に法眼寺住職に法楽初尾が出されており、法眼寺住職が鎮守行事の執行に携わっていたことがわかる。ほかに日記には、実態はよくわからないが「法眼寺愛宕講」の記載もみられる。さらに、村内の寄合は百姓の家で行う場合が多いのだが、天明三年（一七八三）七月十八日に、名主跡役相談のため法眼寺で三組寄合があるなど、宗教行事とは関わらない寄合の場として法眼寺が機能する場合もあった。このように、法眼寺は平山村において寄合の一部および村祈禱を行う場であり、法眼寺に住職がいる場合、その住職は鎮守行事の執行に携わっていた。史料上の文言としては確認されないが、法眼寺は鎮守の別当寺のような存在であったといってよいであろう。

次に、法眼寺の運営についてみておこう。法眼寺に住職がいる場合が多かったと思われる天明期以前については、平山家文書のなかには法眼寺の運営に関わる史料が残っておらず、その様相を復元することができないが、天明期に、法眼寺が無住となったことをきっかけに「世話人」による管理体制ができてからは、運営の様相を知ることができる。

世話人体制成立に至る状況であるが、まず、天明元年十一月、法眼寺十三世住職円諦が病死し[28]、その後、法眼寺の留守居道心善応の薪用にあてるため、（瀧沢）藤七（のち〈斎藤〉勘左衛門と改名）ら、瀧沢一族（後組・法眼寺檀家）[29]が法眼寺後山の木を多く伐り取ったことが問題になった。天明二年二月十五日には、その件に関し法眼寺の前組菩提檀中が斎藤家に訴え、結局藤七が四月に法眼寺の「触頭」（＝「結衆頭」）多門寺に詫びの一札を出している。[30]そういった状況のなかで、法眼寺を含む「結衆組合」の結衆頭であり、[31]法眼寺を兼帯していた多門寺住職が五月二十六日に書状で法眼寺（菩提）檀中から藤七・直右衛門を呼び、

（前略・円諦が死去し）無住ニ而物毎不埒ニ罷成候、依之法眼寺所持之畑小作年貢最早麦取立時分ニも相成候間、明日法眼寺江寄合相談之上、田地入上ケ金等ハ小作年貢麦粟等売立次第藤右衛門・覚右衛門ニ預置、且又寺入用金等ハ相賄可〔衍〕可申、其外諸事ノ世話等頼入可申由、又小作年貢取立等畑入沙汰等之足手間之世話之儀ハ直右衛門・藤七両人ニ而世話可致由、其外什物等之帳面相改、幷什物共ニ、是迄延引ニも相成候間引取、多門寺ニ而預り可申由、畑之小作帳面も相改可申

といい渡した。そして翌二十七日、多門寺住職、平山村村役人（組頭新七・藤右衛門・覚右衛門）、および法眼寺菩提檀那全体の会合で「右之通之相談相極」った。[32]

詳細は第Ⅰ部第一章で検討したが、世話人体制の実態は、天明四年に止住した十四世住職英祖と世話人との間で作成された寺院運営に関する天明五年十一月十八日の契約証文からうかがうことができる。[33]この契約が結ばれた契機であり、かつ中心的な問題となっているのは、本堂の造立（修築）の財源確保である。そしてその財源には、法眼寺の金を、祠堂金や質地として運用し、その利益を充てることが定められている。その他、この契約証文から寺院運営に関してわかる主な点として、

① 法眼寺の世話人（世話役）は、平山村年番名主で「祈願旦家幷村一同世話役」の（斎藤）覚右衛門・（島田）藤右衛門の両名と、（菩提）旦家惣代世話役の（瀧沢）藤七・（町田）直右衛門の計四名である（苗字については〔表1〕

を参照）、

② 世話人の役割は、無住時から引き続き「当院諸事世話柄」であり、無住時の天明四年正月には、彼らの世話により本堂・庫裏の屋根葺替えを行った。また、法眼寺の土地の小作年貢の収納は、無住のときと同様に村役人二名が年番で行う。一方、旦家惣代の世話人は、法眼寺の土地管理に関しては、小作人への触れなどにあたる、

③ 法眼寺の堂舎造立に関して、世話人中と住職とによる会合が行われている、

④ 「旦徳施物」「地徳」それぞれについて、どの年からその費目が住職の収入となるかということ、そのうえで「地徳」（法眼寺の土地による収益）を収納する畑に対する年貢諸役をその地徳のなかから負担し、さらに寺院の日常的な運営費用をも住職が負担することを、世話人（その世話人体制は先述のとおり菩提檀中および村役人の合意を得て成立している）と住職のあいだで契約している、

という点をあげることができる。

なお、天明期から幕末期に至るまでの世話人体制の変遷の詳細は不明だが、安政三年（一八五六）七月付の「金性山諸勘定帳」(34)によれば、安政期には法眼寺檀那から一名、村役人から一名の計二名が交代で世話人となっていたことがわかる。

2 法眼寺の祈禱檀家――寛政年間法眼寺山一件

本項では、法眼寺の祈禱（祈願・息災）檀家について、寛政年間（一七八九〜一八〇一）の境内伐木一件「法眼寺山一件」を通じて検討する。なお、本一件の時点では法眼寺は無住であった。

法眼寺山一件は、寛政七年十二月下旬に平山村の百姓代勘左衛門（先述の法眼寺旦中惣代世話人藤七の改名）が屋敷に

隣接する法眼寺の境内の木を伐り取ったことなどを、寛政八年正月十六日の「村中旦中之者」の廟参[35]の際に法眼寺菩提檀家の者が発見し、村役人中へ届け出たことにはじまる。平山家文書の寛政七年の日記[36]によれば、正月十七日の段階で、前組の豊八が、同じく法眼寺前組菩提旦中の弥右衛門・弥平次と相談のうえで（斎藤）覚右衛門に届ける一方、十九日に後組の伊平次が「後組法眼寺旦那一同ニ相談之上惣代ニ参」り覚右衛門に届け出ている。さらに二十一日には「旦家惣代」権右衛門（後組）・豊八（前組）が、本一件のことを法眼寺を含む結衆組合の結衆頭で法眼寺兼帯の多門寺に届けにいき、二十三日には「旦中惣代」久米次郎（所属組不明）・伊平次子喜平次（後組）が当一件に関して斎藤家に来ている。

これらの例から、寺院境内をめぐる事件に際しての菩提檀中内での意思決定は、村全体を単位とした檀中のレヴェルで行われる場合のみならず、組を単位とした檀中のレヴェルで行われる場合もありえたことがわかる。また、争論における「（檀中）惣代」は、必ずしも常時存在するものではなく、適宜決定されるものもありえたと考えられる。

寛政七年の日記によれば、その後、法眼寺（滅罪＝菩提）旦中からの届けを受けて、多門寺から覚右衛門に、勘左衛門の仕置きをいかにすべきか、との質問があったが、覚右衛門からは、「前〻十五年前勘左衛門方にて法眼寺林木ヲ無沙汰ニ伐取候節、多門寺法印殿扱にて勘左衛門方ニ而向後法眼寺境内ニ而一存ニ我儘成取斗致間敷由証文多門寺方江取置候ニ付、此度儀も多門寺方ニ而何様ニも取斗可被致[37]」と返答した。さらに、その後覚右衛門が他の一件で出府した間に、年番名主相役の藤右衛門の取りはからいで、勘左衛門に高直の木代と詫証文とを出させることで内済させようとしたが、「法眼寺祈願旦那ハ得心ニ候得共滅さい旦那不得心」のため失敗した。そして「息滅両旦那」（息災＝祈願／滅罪＝菩提の両檀那[38]）は「一同ニ申合」本山法恩寺に行き、勘左衛門一件につき離檀を申し出たが、それに対し法恩寺（住職）は「其方村役人取斗ヲ相願、若済兼候ハヽ、息災滅ざひ両旦那ゟ書付ヲ以此方江可申出」と申し渡した。

息滅両旦中がそのことをさらに藤右衛門に申し出たところ、藤右衛門は、先の条件（木代の賠償と詫証文の提出）に加えて、勘左衛門に法眼寺旦那であることを「遠慮」させることで内済させようとしたが、これも「大勢両旦那中不得心」のため失敗した。そういった状況のなかで、覚右衛門は三月二十七日に帰村し、以後、本一件の処理にあたることとなった。

その後、勘左衛門を糾弾する主体は息滅両旦中から「同寺之他旦那者迄村中小前者一統」[39]へと拡大するが、小前一統は、村役人と多門寺とへ「小前より指し構えはないので、関係者だけで内済するように」と申し入れた。そこで勘左衛門が「木代倍銭」を法眼寺に支払い、村役人および多門寺に詫び証文を差し出すということでいったん内済したが、その後、小前一統は勘左衛門が百姓代役を退役するよう要求し、四月下旬、小前一統連印訴状[40]を作成し、新七（法眼寺菩提旦那）・勘助倅勝五郎改名豊八（同祈願旦那）両名を惣代として、地頭所（旗本三枝氏領）地方役所斎藤杢左衛門宅に願い出た。それに対して斎藤杢左衛門は、

① 両名は村役人の申しつけに背いている、
② 名主添状がなく不埒、
③ 小前が役宅に上がり込んでくるのは不埒、

として両人を帰村させた。そのうえで五月上旬に覚右衛門を出府させ、

(1) 内済したうえは、「村方諸旦中」が難渋をいってはいけない、
(2) 新七・勝五郎は不埒なので吟味のうえ処分する、

という内容の下知書を持たせ、覚右衛門はそれに対する請書連印証文を作成しようとした。

その請書連印証文「指上申御下知書御請連印證文之叓」[41]の末尾には、「法眼寺菩提旦那」九人、「同寺祈願旦那」九人、「同寺之他旦那」一四人、ほかに奥印として百姓代（内野）仙右衛門・（斎藤）代治郎、組頭（島田）藤右衛門、当名主（斎藤）覚右衛門の名が記されている。この「同寺祈願旦那」は（斎藤）幾右衛門・恒八妻・長治郎・源太夫・直右衛門[42]・織右衛門・（内野）新七、（村田）善左衛門（長栄寺菩提檀家）・次郎兵衛（多門寺菩提檀家）である。他の史料[43]から、覚右衛門も法眼寺の祈禱檀家であることが確認できる。よって〔表1〕などと対照すると、斎藤氏（多門寺葬祭檀家）のすべて、内野氏（長栄寺葬祭檀家）の一部ないしすべて、村田氏（長栄寺・多門寺双方の葬祭檀家が混在）の一部が法眼寺の祈禱檀家であると考えられる。

ところで、ここで小前のうち「得心」の上実際に印形を加えている者は、名前が記されている者の一部にすぎない。彼らは檀家組織の枠とは異なる。印形の経過について記した寛政七年の日記の記事とも対照すると、印形に応じたのは、覚右衛門一族（＝斎藤氏一族）、藤右衛門一族（＝島田氏一族）、斎藤氏以外の前組構成員のうち、先に小前惣代となった（町田）勘助を除く全員、そして、島田氏以外の後組構成員のうち「隣家之者」三人（おそらくすべて大野氏）である。ここで意思統一の単位は、檀家組織から、同族団ないし苗字を同じくする集団、および組へと代わっている。以後の法眼寺山一件に関する内済は村単位で行われ、両檀中は関わってこない。

ここまでの法眼寺山一件についての分析から、法眼寺の葬祭・祈禱の両檀家組織に関して読み取れる点を纏めると、

① 寺院境内に関する争論で、法眼寺の菩提檀中・祈願檀中が、村役人・本寺・兼帯住職（かつ組合寺院の住職）に対して、争論の主体として活動している、

② 菩提檀中の、争論や境内で生じた問題に関する村役人への届け出における「檀中惣代」は、必ずしも決まった人物が勤めるわけではないと思われる、

③　法眼寺の菩提檀中は、平山村全体の枠で、一つの、争論における単位となるのみならず、組ごとの枠でも、意思決定・行動の単位となりうる、

④　法眼寺の祈願檀中は、菩提檀中同様に、同族団ないし苗字を同じくする集団と相関関係を持ち、また、菩提檀中とは別個の意思決定・行動をなしえ、その祈禱寺である法眼寺の境内で生じた問題について意思表示を行っている、

⑤　一件の過程のなかで、菩提檀中のみならず、祈願檀中も、法恩寺に法眼寺からの「離檀」を申し出ている、という点をあげることができる。

さて、法眼寺山一件そのものは、小前が要求した勘左衛門の百姓代役退役に至ることなく、地頭役人の下知を受けて、「小前之百姓方ゟハ第一之　上役人始ニシテ下ゝ諸役人は勿論、譬平百姓之内ニ而も大小上下位階席順次第ニ相准シ、右之（年始・歳暮・五節句等の）諸礼儀急度相勤可申候」といった村役人を中心とした村落秩序の再確認、および訴訟入用の割合などを定めた八月の「村法御下知御請連印帳証文」(44)により一応の決着をみる。しかし、勘左衛門と法眼寺菩提檀中との関係は悪化したままであった。そのため勘左衛門は、法眼寺との寺檀関係を離れることを願い出た。その史料を掲げよう。

〔史料四〕「懇情頼證文連印帳」(45)

（表紙略）

相頼申御懇情受証文之事

一、此度願当人当村勘左衛門儀一族五人組村役人迄一同相談上、貴宅各方ヱ御懇情御世話御頼申上候儀ハ、右勘左衛門従前ゝ菩提所当村法眼寺旦那ニ候処ニ、故障有之候ニ付諸事不自由ニ而、自分勝手合ヲ以此度右法眼寺

ヲ致休旦、自分菩提所貴宅御世話ヲ以多門寺旦那ニ結縁致度旨相願候、委細由緒儀ヲ左ニ逸〻書記御懇情御頼上候支

一、（中略）当三月中右両檀中之者挙而右寺ノ本寺法恩寺納所迄罷出申達而候儀ハ、相手之勘左衛門儀右体不埒ニ付、自今法眼寺境内ニ立入候ハヽ、右息滅両檀中一統ニ同寺離旦可致由相届申ニ付、其後従本寺、右法眼寺結衆頭多門寺ゟ、右寺無住中ハ村役人両人ト多門寺法印三人江法眼寺諸事預りニ付、右本寺納所役僧ゟ右三人江右滞内済世話可致由内意有之候ニ付、多門寺法印村方役人相談ヲ以右内済之儀、同寺息滅両旦中大勢者ニ離旦被致候而ハ法眼寺衰破ニ付、其代ニ勘左衛門斗り壱人休旦為致可申由取扱候得共、其節ハ双方共ニ不得心ニ而延引後、当四月下旬ニ至り右大勢小前者ゟ右滞儀済口ニ指構無之由申ニ付、多門寺法印ト村方御役人中各方御相談之上、右法眼寺境内立木損滞済口ハ、右損木為倍銭ト銭壱貫五百文当人勘左衛門方ゟ法眼寺方ヱ為受取、右体勘左衛門不埒ニ付、自今は法眼寺境内ニ気儘立入間敷定、尤旦縁拘り用事節ハ其時〻ニ結衆頭多門寺法印・村方御役人中各方双方ヱ右証文指出御内済被成下候後、（中略・四月下旬小前三二人連印で地頭所に訴えるが、勘左衛門の百姓代役は保たれる）尤右滞之儀ハ相済候得共、右体法眼寺菩提旦縁ニ付諸事不自由ニ而、勘左衛門方ゟ自身勝手合ヲ以、右法眼寺自今休旦上、勿論右勘左衛門儀当村直右衛門同様貴宅ニ由緒も有之候ニ付、右直右衛門同様之御取斗ヲ以貴宅江御世話御頼上、向後菩提所多門寺旦那ニ結縁之儀御願被成下候様ニ右当人勘左衛門方ゟ一族五人組村役人中迄一同之世話ヲ以貴殿方江多門寺旦縁之儀御世話頼上候事

（中略・〔史料三〕として既掲）

（中略・勘左衛門家、大疫病の為家徳株敷断絶、覚右衛門家末家に取り立てらる）

武州入間郡毛呂郷

寛政八辰年

十月

平山村

願当人　勘左衛門㊞

一族五人組五左衛門㊞

同断同　権右衛門

同断同　伊平次

五人組　岡右衛門妹

一族　又右衛門

右之通り相違無之候ニ付村役人奥印如件

辰十月

平山村

組頭　藤右衛門

同村

覚右衛門殿

同様の内容で、覚右衛門も奥印を加えて、「多門寺納所中」に宛てた文書もみられる。(46) その文書では勘左衛門が「譬一日も菩提檀那縁無之候而ハ難相立身分」と述べている。

ここで注目される点は、まず地方教団組織と檀家組織との関係に関しては、直接の本寺たる法恩寺から、法眼寺を含む結衆組合の結衆頭で住職が法眼寺を兼帯している多門寺、および法眼寺所在村の平山村の村役人に、無住中の法眼寺の「諸事」が委託されていると記されていることである。法眼寺息滅両檀中の申合せ（後掲の〔史料五〕の最初の中略部分）[47]では、この委託内容は「境内諸事不埒等も無之為」とされ、さらに、「多門寺并ニ両役人ゟ同寺息滅旦那我々方へ右体諸事気ヲ付可申由前ヽゟ御申渡」と、息滅両檀中に管理が委託されている、としている。勘左衛門の法眼寺境内立ち入りに関しても、村役人と多門寺の許可を得ることで、いったん内済している。また、檀家組織内部の問題としては、檀家組織が勘左衛門の離檀、つまり檀家組織からの排除を求めている点が注目される。

なお、勘左衛門はこの時点では斎藤姓を名乗り[48]、覚右衛門の「末家」となっているが、ここで差出に名を連ねている「一族」はすべて法眼寺檀家の瀧沢姓の者である。ここから、勘左衛門は経済的な理由で斎藤家の同族団に組み込まれた後も、実質的には瀧沢氏の一族として認識されてきた面があると思われるが、それゆえに、これまで多門寺宗判檀家とはならず法眼寺宗判檀家に留まっていた可能性もある。

さて、勘左衛門と両檀中との対立はさらに続き、勘左衛門が実質的に属する瀧沢氏と、このころ覚右衛門ら村役人（年番名主）側と対立関係にあった村田氏[49]とを除く息滅両檀中が、翌寛政九年閏七月十五日に次のような申合せをしている。

〔史料五〕[50]

息滅両旦中申合証文之叓

一、（中略）去秋中ゟ勘左衛門父子両人法眼寺境内江立入猥り不法之儀品ヽ有之候ニ付、当七月盆後ゟ息滅両旦中我ヽ一同相談上右之趣多門寺法印并村役人衆中江相窺候ニ付、多門寺村役人中ゟ右取締証文加印人ヲ以当人勘左衛門・倅滝之烝両人方へ右委細之儀御取懸り被成ニ付、（中略・勘左衛門が地頭所に欠込訴訟をした等の風聞が立ち、さらにどこまで訴えにいくかわからない）若右体儀出来有之候節ハ無拠儀ニ付、左之連印仲ヶ間之内誰人御呼出、何様之御吟味有之候哉□儀連印仲ヶ間一同之御返答可申上候、且又左連印之内大勢銘ヽ御呼出等之節ハ一同相談之上一両人も惣代ヲ以成丈御答可申上候、且又申上候儀も乍恐連印之仲ヶ間一同ニ可申上候、右入用金之儀ハ、法眼寺世話勝手ヲ以我〻気ヲ付世話致来候ニ付、右体一件事起候儀ニ付法眼寺相続金ヲ以右一件之諸入用ニ致候様ニ左之連印仲ヶ間一同ニ多門寺幷ニ村方役人衆中江相願可申候、若不足金ハ左之連印仲ヶ間一同ニ割合出金可致候、為其仲間堅メ一同申合違変為無之後証之連印証文如件

（日付・連印略）

ここからは、檀家組織内の相談の実態、すでに明らかにしたように争論の際の「惣代」が檀家組織内の相談によって出され、固定したものではないこと、菩提・祈願（息・滅）両檀中が一体となって法眼寺の管理にあたろうとしていること、本一件の訴訟に要する費用を、息滅両旦中が法眼寺の管理にあたっていることを理由に「法眼寺相続金」（法眼寺の堂舎・什物維持のための祠堂金であろう）から出そうとしていること、などが読み取れる。なお、本史料が斎藤家に残存していることから、これが村役人に公認された動きである可能性もあるけれども、「旦中」の申合せが、実態として必ずしも檀家組織全体の総意を表しているわけではないことが示されている点にも留意すべきであろう。

以上、法眼寺山一件を中心とした分析を通じて、法眼寺における葬祭・祈願両檀中の実態の一面と、両檀中が法眼寺の境内管理を委託されているという意識を有していることとを明らかにした。

なお、天明四年（一七八四）正月にはじまった法眼寺の本堂・庫裏葺替の際の「本堂庫裏萱替普請人馬幷飯料覚」[51]から、

① 人足の助力において、法眼寺の菩提檀家は祈願檀家を含む他の村民よりは大きな負担をしているが、祈願檀家は他の村民と同様に扱われていること、

② 近村の息災（祈禱）旦那四軒が頼まれて一日ずつ馬士を出しているが、村内の祈願檀家は同様の負担をしてい

ないこと、

の二点を読み取ることができる。つまり、村内の祈禱檀家は、法眼寺の屋根葺替に関しては、一般の村民と同様の負担のみしか求められていなかったと考えられる。

3　法眼寺と祈禱檀家——祈禱の具体的内容

前項の分析から、法眼寺の「祈願檀中」の存在と実態の一面とが明らかになったが、その「祈願檀中」の、「祈願」の内実を明らかにする意味で、法眼寺と、その祈願檀中の構成要素である斎藤一族、および斎藤家との関係を検討しよう。

平山家文書の日記[52]によれば、安永八年（一七七九）十二月二十五日に、法眼寺住職円諦が、例年行っている斎藤一族各家の釜七五三切（御幣切）の先例を変えようとして問題になっている。そして翌九年十二月二十九日には、斎藤家当主の覚右衛門が、円諦に、

先正月祭之奉幣之儀、外之祈願所ニ而相調申候、乍併四節之守札当寺ゟ被遣候ニ付、田作初穂五軒分持参也、其他歳中之小用之祈願之儀ハ右通り当寺ニ而相頼可申候

として初穂を届けている。なお、「外之祈願所」について付言しておくと、直前の斎藤一族相談の記事では、「外之神職之方」という表現がみられ、実際に宮崎豊後という者に頼んでいる。また、天明元年（一七八一）の日記[53]によれば、翌年には一族相談のうえ多門寺住職に頼んでいるのである。

つまり、この史料から読み取れる法眼寺住職が斎藤一族に対して行う祈禱の内容は、最大で年末に行われる「正月神祭」の釜七五三切（御幣切）、四節の守札の配付、「歳中之小用之祈願」である。四節の守札の配付も「歳中之小用

之祈願」に含まれると読み取ることができようが、法眼寺住職が斎藤一族に対して行う祈禱の最低限の内容は、この「歳中之小用之祈願」であった。このように法眼寺の祈禱寺檀関係における祈禱の内容は可変的ではあるが、関係は固定したものであったと考えられる。

さらに平山家文書の日記から、法眼寺の宗教者による斎藤家に関しての祈禱の事例をみてみると、法眼寺に住職がいる場合、「家祈禱」「家例」の日待に「法主」「祈願所」[54]などとして法眼寺を頼んでいる例、氏神稲荷大明神の造立遷宮祭（宝暦十三年〈一七六三〉正月二十日）に「祭主祈願所」となっている例がみられる。一方、法眼寺が無住の場合、例えば、亡父法事に法眼寺の道心（留守居）を招いている例がみられる。[55]なお、法眼寺への参詣記事もみられる。

斎藤家は、法眼寺に住職がいる場合も含めて、法眼寺にのみ祈禱を頼んでいるわけではない。すべてが網羅されて記されているわけではないが、平山家文書の宝暦～安永期の日記[56]に限って寺院・修験に対する祈禱依頼の事例を抽出すると、川越杉原文殊院（山伏）、石井村僧福寺（現埼玉県坂戸市・曹洞宗福寺）、我野郷阿願寺（坂石村・現埼玉県飯能市・本山派修験）、馬場村円福寺（現毛呂山町・天台宗）、玉川郷慈願寺（現埼玉県比企郡玉川村・新義真言宗・玉川村鎮守春日社別当）によって祈禱が行われている例を確認できる。

そのなかには「一、同子〔宝暦六年〕之正月廿五日始テ家内祈禱荒神祭り、川越□〔ママ〕杉原文殊院祈禱旦那ニ成ル、布施四十八文出ス」「一、同夘〔明和八年〕之正月ゟ馬場村円福寺ニ而年中家祈禱護摩一座年筮〔ママ〕ニ頼入布施百文出、毎年正月一座焼旦縁ニ成」という記事があり、恒常的な「祈禱旦那」「旦縁」として寺院・修験側に把握される場合もあったことがわかる。ただし、これらの寺院・修験は、斎藤家での日待には関わっていない。なお法眼寺が無住であった寛政八年（一七九六）には、斎藤家における日待の祭主を平山村の神職人（神事舞太夫）の源太夫が勤めている。[57]

また寺院・修験のみならず、平山家文書の日記には、陰陽師加藤主計に家祈禱・病人祈禱を、小用村の梓神子に病

人祈禱を頼んでいる例もみられる。(58)

なお、斎藤家の菩提寺は多門寺であるが、寛政八年(59)には多門寺法印に縁組祈願を頼んでいる例があり（もっともこの時点で法眼寺は無住であるが）、菩提寺の住僧が祈禱に携わる場合があったことを示す。

このように、法眼寺（の住職）は、斎藤家が複数の寺院・宗教者から受ける祈禱の一端を担っていたにすぎない。ここでは詳述しなかったが、湯殿山参詣、板東巡礼、伊勢参宮、善光寺参詣といった巡礼や、大山参り、武州金峯山参詣、岩殿山（現埼玉県東松山市）での参籠・籤引、東叡山での籤引、その他周辺地域での寺院や開帳への参詣などが日記に多く記載され、毛呂郷鎮守の臥龍山両社への参詣・寄進なども含め、斎藤家の信仰行動は多岐にわたっていた。しかし、宝暦から明和にかけての斎藤家の寺社・宗教者との関係を記した文書「寺社人者縁緒文(60)」においては、実質的な冒頭部分に、

一、武州、神祭祈寺先達坊、毛呂郷平山村金正山法眼寺仏元院住僧、万神祈願祭主

一、武州、菩提寺、越生郷上野村下所福寿山多門寺滝坊、万仏法事主

とあり、この二項目に関しては布施などの記載がない。一方、以下、

一、武州、法楽祈願、諸神仏参、毎月三日十七日廿三日祈、越生郷上野村住山伏大成院、一日に経布施麦米少し、

銭弐文宛

一、武州、三宝大荒神祭主、毎年正月吉日祈、武州入間郡川越城下町杉原町住山伏文殊院、祈禱布施米五合銭四

拾八文

といったように、布施・初尾銭を各項目ごとに明示して、他の修験・御師・霊場・神社・寺院との関係についての記載がなされている。ここから、菩提寺の多門寺と斎藤家との関係同様に、法眼寺（住職）と斎藤家との関係は、他の

宗教者との関係とは明らかに異なる、一定の布施とそれに対応する祈禱に留まらない、より日常的な関係として捉えられていたと考えられるのである。

三　祈禱檀家組織と宗判檀家組織との類似性

次に、祈禱檀家の住職交代などへの関与や、祈禱檀家組織の代表者的存在に着眼し、宗判寺檀関係と祈禱寺檀関係との類似性を検討する。

天台宗の事例になるが、常陸国河内郡黒子村（現茨城県真壁郡関城町）の東睿山千妙寺は、東叡山寛永寺の末寺で一〇〇石の朱印寺領を有し、伝法灌頂道場であり、多くの末寺・門徒が東関東および東北地方に展開していた。[61] その千妙寺の弘化年間（一八四四～四八）の御用留に、次のような記事がみられる。

〔史料六〕[62]

乍恐書附ヲ以奉願上候

一、常州真壁郡梶内村名主佐平太、福蔵蔵〔衍〕院祈願檀方惣代次郎兵衛奉願上候、総州村貫観〔歓〕喜寺弟子順敬房台空義、村方有縁之僧ニ而、一統帰依いたし罷在候間、何卒以御慈悲福蔵院留守居被仰付被下置候様、一同奉願上候、以上

弘化四年　　名主
丁未正月　　佐平太
　　　　　　檀方惣代

御当山　　　　　　次郎兵衛

御役所

なお、梶内村（現関城町）は天和元年（一六八一）以降旗本領となり、元禄十年（一六九七）以降は旗本領や幕領との相給であった。『元禄郷帳』での石高は四一二石七斗七升であり(63)、その約半分が大田氏の知行所であったが、文化元年（一八〇四）には、大田知行所の一一軒の檀那寺は、三軒が千妙寺、計三軒が千妙寺の塔頭のうち養雲院・積善院・安楽院、五軒が下妻（現茨城県下妻市）の曹洞宗多宝院となっている(64)。右の史料では、名主とともに「（祈願）檀方惣代」が署名し、本寺千妙寺に、留守居の就任の認可を求めている。福蔵院は千妙寺の門徒、留守居の出身寺である下総国村貫村（現茨城県結城郡八千代町）歓喜寺は千妙寺の末寺である。ここにおいて、「（祈願）檀方惣代」は、宗判檀家の「檀中惣代」などが一般的に後住願や留守居の就任願などにおいて果たす機能と同様の機能を果たしている。

また、時代は遡るが、安永五年（一七七六）の、千妙寺および千妙寺門徒の分限帳(65)によれば、梶内村福蔵院には菩提檀那はなく、祈願檀那が二四軒ある。また、福蔵院は赤城・冨士・八幡・男体女体の各社地を支配している。安永三年に、旦方惣代・組頭・名主・看坊（留守居のような者）が、千妙寺に宛てて、長く無住で廃寺同然となっていた福蔵院を作徳・近村での勧化・売木などで普請したが、これ以上は自力では無理だということを報告した文書(66)では、「御当山御門徒梶内村福蔵院者小村之祈願寺、至而貧寺ニ御座候故」という表現がみられる。

さらに、安永五年の分限帳には、千妙寺および千妙寺の塔頭・門徒の、境内地・堂地・社地・支配堂舎・田畑・菩提檀家・祈禱檀家などについて、それぞれからの収納額やその合計も含めて記載されている。千妙寺と塔頭とについては、菩提檀那のみがみられ、祈禱檀那はみられない。一方、記載の大半を占める門徒については、祈禱檀那はほぼ全寺にみられるものの菩提檀那はほとんどみられない点、および菩提檀那を有している寺の場合、祈禱檀那をも同時に有し、しかも両檀那からの一軒あたりの檀徳の額はほぼ同じである場合と、菩提檀那からの額が多い場合とがある点を指摘できる。[67]ここで、祈禱檀那のみしか持たない寺院をも含め、ほとんどの寺院の記載において寺・村役人とともに「檀家惣代」、およびそれに類似する肩書の者が連署している。こういったことから、天台宗千妙寺の門徒寺院に関して、寺院の運営・経営や、寺院に関する事務手続きの上での菩提檀家と祈禱檀家との類似性を指摘できよう。

平山村法眼寺の事例では、祈禱檀中は平山村全体と一致するものではなく、平山村の一部の、家祈禱をめぐる寺檀関係を法眼寺と結んだ者たちの檀家組織であったと考えられた。また、常総地域でも、下総国相馬郡川崎村（現茨城県谷和原村）で、村内の新義真言宗寺院三ヶ院の祈願檀家（葬祭檀家はない）について、東光院が川崎村に四一軒、上小目村に一六軒、地蔵院が川崎村のみに一四軒、（川崎村の）福蔵院が川崎村のみに一五軒の祈願檀家を有している、つまり祈願檀中と村との構成員が一致していないという事例が報告されている。[68]そして、真言・天台両宗の寺院が村の鎮守・氏神の別当となる例は、少なくとも北関東においては多くみられる。[69]法眼寺の場合は鎮守古宮明神を支配しつつも、その平山村内の祈禱檀家は全村にわたるものではなかったが、村と祈禱檀家組織とが重なる場合も存在するかどうか、検討が必要となろう。

四　神仏分離と祈禱寺檀関係

さて、最後に新義真言宗寺院の幕末維新期における実態を示す史料を検討する。東京都狛江市（元武蔵国多摩郡和泉村）の天台宗玉泉寺に「御一新後諸事伺之写」[70]という文書が遺っている。内容としては明治元年（一八六八）・二年の、神仏分離に対する、真言宗寺院などからの政府・県への問い合わせ・請願などがそれに対する回答とともに収載されている。

そのなかに、明治元年十月の、新義真言宗常陸国筑波郡神郡村（現茨城県つくば市・醍醐寺末）普門寺の「拙寺儀ハ常陸・下総七郡之内ニ三百壱ヶ寺門末所持罷有、諸藩県支配入合候得は、御一新之御制度厳敷御達ニ相成候寺院ゟ時々窺ニ罷出候ニ付、品々左ニ御伺奉申上候」としての問い合わせと、それに対する下紙が収められている。問い合わせ先は記載されていないが、神社の本地仏・鰐口等の仏像・仏具の取り除きに関する問い合わせに対し「触頭ゟは触達無之候共、附属之府・藩・県ゟ沙汰有之候ハヽ、取除可申事」という回答がなされていることなどから、政府による回答がなされていると考えられる。

この問い合わせからは、幕末維新期における、少なくとも常総地方の、新義真言宗寺院の実態をうかがうことができる。問い合わせは、神社を支配し「幣帛祭事採祈願」を勤めた寺院（の住職）の復飾、ないしは神職（の職分）の他人への譲渡に関するものであり、神社を支配し、祈禱に携わっていた末寺・門徒が多かったことがうかがえる。なかに、

復飾之寺院、滅罪檀家之離し方、幷百姓人別者神葬式窺有之ニ付、伺

滅罪を離れ、別当一途ニ基キ復飾相願候共、又は別当職モ止メ滅罪一方ニ相成候共、其寺之身上為合ニ候得は宜敷哉之伺

という質問があり、神社を支配する寺院が滅罪（葬祭）をも行っていた場合が、当該期に至っても存在していたことがわかる。また、

無住之寺院世話人共、寺徳押領、其上当時之形勢ニ至り本寺へ無届ケ理不尽無法ニ境内山林伐木致族有之趣、耿聞候ニ付提撕方之伺

あるいは、

拙寺惣門徒寺院之儀は、常陸・下総七郡之内弐百四拾六ヶ寺有之、何れも薄録之貧寺ニ而幣帛祭事採祈願祈禱ニ而取続罷在、両部神道廃絶ニ相成候而は相続無覚束候ニ付取計方伺

という質問があり、無住寺院の、世話人による管理の様相や、寺格の低い門徒寺院が祈禱による収入で維持されている様相がうかがえる。この問い合わせからうかがえる幕末維新期の新義真言宗寺院の様相は、平山村法眼寺をはじめとした前述の近世中後期の新義真言宗寺院の様相に通じるものであり、祈禱が重要な位置を占めながらも、葬祭をも行う寺院もあったという様相がうかがわれる。しかし、神仏分離により以後その様相は一変し、習合寺院は寺院または神社に分離することとなる。

なお、この「御一新後諸事伺之写」に収載されている明治二年の武蔵国足立郡慈林村（現埼玉県川口市・醍醐寺三宝院末）新義真言宗宝厳院堯寿から小菅県への願書では、宝厳院とその末門において「檀中家別幣・竈注連等祈願仕候処、是迄之通相勤度」願い出ており、祈願の内容の「幣・竈注連」が、法眼寺でみた例と一致しているが、下札では「神道之竈神江不相混、全仏道を以勧請之分不苦事」と回答されている。

神仏分離・神葬祭運動のなかで、平山村でも、「武蔵国入間郡平山村戸籍　明治二年己巳六月廿日ヨリ」[71]では一村全戸が「神喪祭」と記載されており[72]、明治六年十月三日には、「今般御公布」（明治五年十一月十八日の無檀無住寺院を廃止させる太政官布告第三百三十四号[73]によるものと思われる）により、法眼寺の廃寺、および本尊諸仏什物などの本山法恩寺への合附の願が、熊谷県令宛てに出されている[74]。現毛呂山町域では、同様に多くの習合寺院が廃寺となっている[75]。

おわりに

圭室文雄氏の「葬祭から祈禱へ」というシェーマに含意されている「祈禱」は、本章で取り上げた、宗判寺檀関係に類似する祈禱寺檀関係における「祈禱」のみに留まるものではない。しかし、圭室氏がこのシェーマのもとでイメージする「祈禱寺」は、本章の事例でみられた真言宗や天台宗の、宗判寺檀関係に類似する祈禱寺檀関係に結ばれた寺院と同じものである。(76) そして、少なくともこの宗判寺檀関係に類似した祈禱寺檀関係に関しては、「葬祭から祈禱へ」というシェーマはあてはまらないように思われる。

本章でみた祈禱寺檀関係は、巡歴系宗教者が檀那と結ぶ関係などとは異なり、維持・管理を必要とする宗教施設（寺院）との間に、日常的に結ばれている関係であるがために、宗判寺檀関係と類似しているのではないだろうか。そして、この宗判寺檀関係に類似した側面を持つ祈禱寺檀関係については、関東以外の事例を確認していないので、同様の関係がどの程度の広がりを持って存在していたのか、また他地域にも存在するとして、地域差はどうなのか、という点が検討課題となる。さらに、祈禱寺檀関係において行われる宗教行為は、神職・修験たちによっても行われうるものであるが、そういった神職・修験との異同や競合関係も含めて考察しなければならない。

また、少なくとも近世中後期の離檀困難観（幕府側・藩側の観念、および在地における通念）を、キリシタン・日蓮宗不受不施派などへの禁制という側面や、人別把握の側面のみから理解しうるものであろうか。少なくともそれのみでは、駿河田中藩家臣の、祈禱寺檀関係に関する離檀困難観などは説明できない。宗教施設の維持・現状不変更や、宗教者と村・檀家組織・檀家などとの既存の関係の維持・不変更（を要請ないし強制する論理）という側面をも含めて理解しなければならないのではないか。

註

（1） 本書第Ⅰ部第一章「近世中後期関東における宗教施設の運営――村・檀家組織・地方教団組織の相互関係――」（「近世中後期における在地寺院の運営をめぐって―関東・新義真言宗を中心に―」『史学雑誌』一〇六―八、一九九七年を改稿・改題）。

（2） 例えば、澤博勝氏により、遠江国の引佐地域における、村民と宗判寺院との関係の他に、「古くから菩提を弔っている」「菩提寺」や、「葬送を専門に行なう寺院であると考えられる」「斎檀那寺」との関係が併存しているという事例が紹介されている（澤博勝「近世後期～幕末期の地域社会と仏教―神葬祭運動展開地域の検討―」『日本の仏教』四 近世・近代と仏教、法蔵館、一九九五年。同「近世後期の地域・仏教・神道―神葬祭運動の意義―」『史学雑誌』一〇五―六、一九九六年。ともに澤博勝『近世の宗教組織と地域社会』〈吉川弘文館、一九九九年〉に収録）。

（3） 本章では、菩提檀家（檀那・檀中）・滅罪檀家・葬祭檀家と、祈願檀家・息災檀家・祈禱檀家とを、それぞれ同義の語として捉える。福島県の山伏に関して、祈願檀那と息災檀那とが別個のものであるという事例が紹介されているが（藤田定興「山伏の諸収入」同『近世修験道の地域的展開』岩田書院、一九九六年、第三編第一章）、本章で用いた史料の場合は、両者は混同されている。なお、例外もあるが原則的に宗判（宗門改めなどにおいて住職が判形をすること）寺檀関係と葬祭（菩提・滅罪）寺檀関係とは一致する。そして宗判寺檀関係は、研究において一般的に、単に「寺檀関係」と呼ばれる。

（4） 評論社、一九七一年。

（5） 同書二八八頁。なお、ほぼ同様の結論は圭室文雄「葬祭から祈禱へ―近世仏教における対話内容の変化―」（日本宗教史研究会編『日本宗教史研究 2 布教者と民衆との対話』一九六八年）においてすでに導かれている。

（6） 藤村行弘「里修験の在地活動」（『埼玉地方史』一八、一九八五年）、西川武臣「江戸時代後期の真言宗寺院と祈禱檀家」（圭室文雄編『民衆宗教の構造と系譜』雄山閣出版社、一九九五年）。なお、後者においては、「祈禱檀家の制度」は滅罪檀家の形成と並行して形成され、「祈禱檀家と寺院との関係は滅罪檀家と寺院との関係のように完全に固定化したものではなかったようだが、人々は、しだいに加持祈禱についても、いずれかの宗派に組織化されていったといえよう」との言及がなされている。

(7) 南和男「『諸例集』解題」（内閣文庫所蔵史籍叢刊九四『諸例集（一）』汲古書院、一九八九年）。

(8) 内閣文庫所蔵史籍叢刊九六『諸例集（三）』第二十二冊「寺社奉行問合」廿四（四三三～四三四頁）。

(9) 『柏市史』史料編二、土・千代田村誌（柏市史編さん委員会編、柏市役所、一九七一年）、八九～九一頁。

(10) 『角川日本地名大辞典』一二　千葉県（『角川日本地名大辞典』編纂委員会・竹内理三編、一九八四年）。

(11) 『近世法制史料叢書』〔第二〕（石井良助編、弘文堂書店、一九三九年）、三二八頁。

(12) 『諸例集（三）』第二十二冊「寺社奉行問合」八十三（四六四・四六五頁）、百廿三・百廿四（四九一頁）、百廿九（四九三・四九四頁）。

(13) 『諸例集（三）』第二十二冊「寺社奉行問合」廿六（四四〇頁）。

(14) 『諸例集（三）』第二十二冊「寺社奉行問合」七十四（四六〇頁）。

(15) なお、寛延二（一七四九）年のものと思われる、越後高田藩の（宗判檀家の）離檀・改宗の是非に関する質問に対する付紙（中村辛一編『高田藩制史研究』資料編第四巻、風間書房、一九七〇年、四二三～四二八頁〈「万年覚」全〉、所収）における寺社奉行所の判断は、「幕府として離檀は停止していないが、ゆえなき離檀はいけない、一家一寺制も強制はしていない」というもので、「寺檀納得の上ならば構わないが離檀は困難である」という判断は、ここではみられない。詳しくは、本書第Ⅱ部第四章「幕藩権力と寺檀関係——一家一寺制法令の形成過程——」（「幕藩権力と寺檀関係——一家一寺制をめぐって」『史学雑誌』一一〇—四、二〇〇一年を改稿・改題）の第一節第5項（本書二〇五～二〇七頁）を参照。

(16) 斎藤家、および平山村に関する主な先行研究として、埼玉県立図書館『近世史料所在調査報告三　武蔵国入間郡平山村平山家文書目録』（一九六八年）、馬場憲一「一豪農にみる酒造業開業過程の研究—武蔵国入間郡平山村斎藤家の場合—」（『地方史研究』一四五、一九七七年）、『毛呂山町史』（毛呂山町史編さん委員会編、毛呂山町、一九七八年）、岩田みゆき「志士と豪農　そのコミュニケーション活動」（『埼玉地方史』一三、一九八二年）、内野勝裕「平山堀の内について」（毛呂山郷土史研究会『あゆみ』六、一九八〇年）、同「江戸初期の平山村」（『あゆみ』七、一九八一年）、同「平山村明細帳」（『あゆみ』八、一九八二年）、同「［史料紹介］明和の伝馬騒動と毛呂郷」（『埼玉史談』二九—二、一九八二年）、内田満「関東における近世村と中期豪農の特質—武州平山村の村方騒動を中心に—」（『地方史研究』一八七、一九八四年）、青木美智子「近世の関東畑作農村における雇傭労働の変質過程—武州平山村・斎藤家の年季・日雇奉公人を中心に—」（『社会経済史学』五一―六、一九八五年）などがある。
(17) 前掲註（1）参照。
(18) 『日本歴史地名大系』十一　埼玉県の地名（平凡社、一九九三年）および前掲註（16）『近世史料所在調査報告三　武蔵国入間郡平山村　平山家文書目録』「かいせつ」による。
(19) 斎藤一族以外の同苗集団に関しては、経済面、あるいは祭祀面での結合を明らかにできないため、このように表記した。
(20) 埼玉県立文書館所蔵平山家文書（以下「平山」と略す）一三五七。
(21) 平山一三二九。
(22) 『新篇武蔵国風土記稿寺院堂庵書上―旧比企・横見・入間郡―』（東松山市教育委員会市史編さん課編、東松山市、一九八一年）、一九七頁。
(23) 平山一八九二「享和元年酉三月　村差出明細帳」（第Ⅰ部第一章〔史料二〕〈本書三二頁〉）。なお、前掲註（16）内野勝裕「平山村明細帳」に収載されている。
(24) 平山三三九九。
(25) 平山一七九〇・一七九一他。なお、平山家文書の日記は、宝暦四年～天明三年、寛政六年～寛政十年の間で、断簡などの形で、一七冊断片的に残っている。作成の経緯は不明だが、リアルタイムな記録ではなく、それぞれ後からまとめて記述したもののようで、記事も網羅的ではない。
(26) 法恩寺文書（越生町史編さん室架蔵コピーを参照した・以下同じ）近代B―三〇八「以書付廃寺奉願候」。
(27) 「伏金」とは、念仏にあわせて鳴らした「叩鉦」のことであると考えられる。
(28) 平山一七八七「天明元年（万覚帳）」。
(29) 内野勝裕氏が作成した「寛政年間平山村絵図」（前掲註（16）内野勝裕「平山村明細帳」）によれば、瀧沢一族の屋敷は法眼寺の周囲に所在している。なお、安永三年に斎藤家が法眼寺に寄進した幕を、藤七の弟の清吉と住職円諦とが質に入れ紛失するという事件も起こっている（平山五三七・平山一七八九）。後述の法眼寺山一件も含め、この時期には法眼寺に関する事件に藤七（のち〈斎藤〉勘左衛門と改名）を中心とした瀧沢一族が関わっているが、旧来の瀧沢一族と法眼寺との関係や、斎藤家の成長などによる村落秩序の変動がその関係に与えた影響の有無、詳細などは不明である。

(30) 平山一七八九　天明二年「(万覚帳)」。
(31) 「結衆頭」とは、法恩寺の末寺・門徒によるいくつかの「結衆組合」のそれぞれの触頭のことである（法恩寺文書近世L—二一六「小用結衆出入録」による）。
(32) 日記には個人名が記されているが、彼らは天明四年の宗門帳（平山一二八七）から、法眼寺の菩提檀那の全体であると判断できる。
(33) 平山三一四二。
(34) 平山一七七。
(35) 平山三三九九「乍恐書付を以御窺奉申上候」。
(36) 平山一八〇四。
(37) 本節第1項参照。
(38) 平山三四八六「指上申御下知書御請連印証文之叓」によれば、当初活動をはじめた「菩提旦那九軒之者」のみならず、「同寺祈願旦那拾壱弐軒之者右菩提旦那ト一統ニ相成」って、村役人・多門寺および法恩寺にまで出て難渋を申しかけた。
(39) 平山三四八六「指上申御下知書御請連印証文之叓」。なお、本段落の記述はこの史料による。
(40) 写し（平山三三九九「乍恐書付を以御窺奉申上候」）が残存している。
(41) 平山三四八六。
(42) 直右衛門は〔表1〕の時点では町田氏であるが、経済的に困窮し、法眼寺山一件の時点までに斎藤一族の「末家」となり、斎藤氏に改めた（平山一三七二　寛政八年「寄附金代質地請取印形證文帳　附檀縁家格所持定目録證文書入帳」）。
(43) 平山三一六七「寄附請証文之叓」など。
(44) 平山一八六四。なおこの証文は、前掲註（16）内田勝裕論文の法眼寺山一件の分析で、小前層を「村請制」的に抑え込む意図が明示された村法として詳細に論じられている。
(45) 平山一三二九。
(46) 平山一三七三。
(47) 平山三三五八「息滅両旦中申合証文之叓」。

(48) 平山一三五七など。
(49) 前掲註(16)内野勝裕論文などによれば、従来名主役に就いてきた村田(儀八＝儀左衛門)一族が、天明期から寛政期にかけて訴訟入用の割合をめぐる「真能寺村茂八一件」で他の村構成員と対立している。
(50) 平山三三五八。
(51) 平山五三九。第Ⅰ部第一章第一節第2項(3)(本書四七～四九頁)参照。
(52) 平山一七八五　安永八年「(万覚帳)」および平山一七八〇　安永九年「(万覚帳)」。
(53) 平山一七八七　天明元年「(万覚帳)」。
(54) 平山一七九〇(明和期)。
(55) 平山一八〇四。寛政八年四月十三日。
(56) 平山一七九〇。
(57) 平山一八〇四。
(58) 平山一七九〇。
(59) 四月三日(平山一八〇四)。
(60) 平山一一八九。
(61) 千妙寺については、『関城町史』史料編Ⅰ―千妙寺関係史料―(関城町史編さん委員会編、関城町、一九八三年)の「解説―千妙寺文書の世界―」にくわしい。また、圭室文雄『日本仏教史』近世(吉川弘文館、一九八七年)の、四「江戸後期の仏教」2「江戸後期の天台宗寺院の実態」でも扱われている。
(62) 『関城町史』史料編Ⅰ―千妙寺関係史料―、二三五頁。
(63) 『関城町史』別冊史料編　農民の記録(一九八四年)一九頁。
(64) 『関城町史』通史編　上巻(一九八七年)三九三頁(島崎和夫氏執筆部分)。
(65) 『関城町史』史料編Ⅰ―千妙寺関係史料―、三四二～三八〇頁。
(66) 『関城町史』史料編Ⅰ―千妙寺関係史料―、四〇五・四〇六頁。
(67) 圭室文雄氏による安永五年の内閣文庫蔵「天台宗諸寺分限帳」(武蔵国・下総国の分)の分析によると、「勿論それぞれ寺院ごとにその負担差はあるが、祈願檀家・菩提檀家の負担の差は一応2〜4倍くらい（で菩提檀家の方が多い・著者註）ということができる」とのことである（圭室文雄「江戸時代の天台宗寺院経営」『明治大学大学院紀要』五、昭和四二年度）。葬祭檀家・祈禱檀家それぞれの経済的負担の実態について、地域差などをも考慮に入れた分析を行っていく必要があろう。なお、同じ分析で、圭室氏は、末寺寺院には平均的に菩提檀家の数の方が祈願檀家より多いが、より寺格の低い門徒寺院の場合は、祈願檀家のみしか持たない寺院が多く、両方とも有する寺院でも、祈願檀家の割合が多いことを明らかにしている。

(68)　立正大学古文書研究会平成五年度調査報告書『近世後期における無住寺院と村―下総国相馬郡川崎村の事例―』。

(69)　『小山市史』通史編Ⅱ　近世（小山市史編さん委員会編、小山市、一九八六年）、二三一〜二三五頁（佐々悦久氏執筆部分）など。

(70)　『狛江市史料集』第十二（編集発行狛江市、一九八一年）、三四五〜三五〇頁。なお、玉泉寺は滅罪檀家を有する天台宗寺院で、複数の神社の別当であったが、神仏分離により関連の神社から手を引くこととなった（『狛江市史』〈編集発行狛江市、一九八五年〉第五編第二章第四節「寺院の神仏分離」〈菅原昭英氏執筆部分〉、他）。

(71)　平山一八六六。

(72)　なお、明治二年四月十七日の斎藤家前当主左司馬の葬儀の段階では、仏式の葬儀が行われている（平山八五四）。

(73)　文部省宗教局編『宗教制度調査資料』第五輯　自明治元年至同十七年宗教法令、九〇頁。

(74)　法恩寺文書近代B―三〇八（越生町史編さん室借受文書を参照した）。

(75)　『毛呂山町史』（毛呂山町史編さん委員会編、毛呂山町、一九七八年）、五五七・五五八頁。

(76)　前掲註（4）圭室文雄『江戸幕府の宗教統制』二二五頁。

〔付記〕本章の作成にあたっては、越生町史編さん室および埼玉県立文書館の方々に、史料の閲覧等に関して大変御世話になった。また、越生町真言宗智山派法恩寺の御住職には史料の利用に関して快諾をいただいた。末筆ながら厚く御礼申し上げる。

第四章　幕藩権力と寺檀関係
——一家一寺制法令の形成過程——

はじめに

寺檀関係・寺檀制度が、近世の宗教をめぐる研究において、幕藩権力による宗教政策のひとつの重要な柱として、また近世における仏教教団・寺院・僧侶のあり方を特徴づけるものとして、重要な位置づけを与えられてきた研究課題であることについてはあらためて指摘する必要はないであろう(1)。しかしその政策としての位置づけ、すなわち、

① 政策としての寺檀制度・寺請制度と、実態としての寺檀関係との、主として成立・変容に関する相互関係、

② 幕藩権力が、寺檀制度・寺請制度に対し、キリシタンなどの禁制や宗門帳作成時などの宗判機能以外に、より広範な意味での宗教統制や、さらには宗教の側面のみに留まらない支配の方策としていかなる意味を持たせたのか、あるいは持たせなかったのか、

といった点については、重要な論点として認識されてきたにもかかわらず、いまだ具体的な解明が進んでいるとはいいがたい状況である。

今後、具体的な解明を進めるためには、とくに①の解明に関して寺檀関係の実態の具体的な事例研究を進めるとと

もに、寺檀関係・寺檀制度に関する法令や裁許などの具体的な検討・再検討を行うことが必要となる。本章では、そのうちとくに「一家一寺制」に関する法令を取り上げる。

一家一寺制（の寺檀関係）とは、一つの家の構成員がすべて同一寺院の葬祭の檀那、近世ではさらに宗判の檀那となる制度ないしは慣習のことをいう。一家一寺制の寺檀関係は、近世の宗判寺檀関係の大部分を占める。また、近世において、時代が経つにつれ一家一寺制が増え、半檀家（複檀家）が減っていくとする見方が通説となっている。確かにそのような事例は多いと思われる。だが一方、本章第二節で主に取り上げる下越後では、嫁や養子が縁付の際に実家の寺檀関係を持ち越したことを主因として、元禄期（一六八八～一七〇四）より、享保十九年（一七三四）ないしは文政九年（一八二六）には半檀家（複檀家）の数が増えているという事例が報告されており[2]、地域の実態や時期的な変遷に即した検討が必要だと考えられる。

以下、一家一寺制と幕藩権力の政策との関係に関する先行研究を検討し、問題の所在を明らかにしたい。近世の一家一寺制をめぐる通説に大きく影響を与えているのは、豊田武氏の『日本宗教制度史の研究』[3]における所説であると思われる。豊田氏はまず、キリシタンの禁制、租税台帳としての宗門人別帳、農民の土地緊縛のための戸籍制度、といった機能を果たすべく幕府により寺請制度が強制されたとし、寺請制度の強制により、中世末期に発生した檀家制度が全国一律に強化されることとなったと述べている。そしてさらに、檀家制度強化の方策ないしは原動力として、「檀家制度の固定については、いま二つの重要なる現象に注意しなければならぬ。一は一寺一家の制、他は離檀の禁止である。幕府創立の当初に於てはこの禁令は必ずしも厳重に守られたわけではなかつたが、封建政治の確立に伴つて次第に明確となつて来た、いはゞ檀家制度を貫く二つの特徴ともいふべきものであらう」と述べている。そして、一寺一家の制には寺院の自発的な要求から出るものも少なくなかったこと、その一方で、宗門改を徹底させる意図での幕府からの積極的な働きかけもあったこと、そしてそれは、社会秩序を維持せしめる「家父長制に基礎をおく封建的統制の一方向を示す以外の何物でもなかった」ことを指摘している。なお、ここで豊田氏のいう「家父長」には、単婚小家族の家長なども含まれるものと思われる。

その後、大桑斉氏は「寺檀制度の成立過程」(4)で、「一家複数寺制」から「一家一寺制」への展開過程を想定した。大桑氏は、近世社会の成立により、複合家族において家父長が家を代表して結ぶ「門徒的寺檀関係」→個別的な寺檀関係である「檀那的寺檀関係」→単婚小家族形態の近世的「家」を単位とした「檀家的寺檀関係」と、寺檀関係が変質するとした。そして、「家」の成立を促進させるものとして、十七世紀後半から十八世紀初頭にかけて、領主(幕府よりは藩)が一家一寺制化に関心を持ち、十七世紀末期から積極的な法令がみられ出すとして、加賀藩の藩法を提示した。

大桑氏が最初に引用した、元禄九年(一六九六)と同十年との越中国礪波・射水両郡の扶持人・十村中に宛てた寺替・宗旨替に関する規定(5)では、総領・養子・養子聟などについては(養)家の宗旨を相続するよう定めているが、その他の者には家の檀那寺の檀那となることは強制されていない。しかし、大桑氏は「一家一寺制の檀家の確立をめざすもの」と評価している。次に大桑氏が掲げている正徳元年(一七一一)の法令(6)では、みだりな改宗・寺替を禁ずる文脈のなかで、「妻子之儀は父・夫同宗同寺之筈ニ候処、或ハ受法を申立又は祈禱ニ事寄、他宗ニ仕候義無之筈ニ候」とある。享保八年(一七二三)と宝暦五年(一七五五)の法令(7)では正徳元年の法令の補足がなされているが、前者においては、正徳元年の法令の意図が、受法や祈禱に関する改宗の禁止にあり、妻が夫と同寺の檀那となることを強制する意図ではないとしている。また後者では、「女子致婚儀候ては、夫ト同宗同寺ニ罷成候儀勿論之儀ニ候」としつつも、わけあって親元にいたときの寺檀関係を引き継ぐ場合や、あるいは「前々より夫婦両派」の家で改宗・寺替を行う場合などについて、寺檀納得してそれらを行うべきことを述べている。これらの法令について大桑氏は、一家一寺制が既定のものとして扱われていると位置づけ、そして、元禄九・十年の法令が元禄六年に令せられた切高仕法とほぼ時期を一にすることから、小農の維持・固定化の政策の一環として、寺檀関係の統一による檀家の確立が図られたとした。

のち、大桑氏は「半檀家の歴史的展開」(8)においてニュアンスを変え、元禄九・十年の法令ではなく、一家一寺制の政策が「元禄〜正徳期に形をととのえた」ことと切高仕法との関連を根拠に「藩農政の普遍的な部分に、農民の家の自立策の一環としての一家一寺布達は位置づけられることになろう」と述べている。だが大桑氏の諸論考では、一家一寺制の規範視が小農維持の政策としていかなる有効性を持ちうるのかについての論及もなされておらず、加賀藩の政策意図を実証的に明らかにしたものではない。加賀藩領で十七世紀前半より寺檀関係をめぐる争論があったことは大桑氏の論考に述べられているが、これら諸法令の目的は、その文言に即するならば、みだりな改宗・寺替を禁じ、かつ寺檀争論・檀論を防止すること自体にあったと捉えうるのではなかろうか。

一方、福田アジオ氏は、「近世寺檀制度の成立と複檀家」(9)において、「近世寺檀制度の制度としての完成は、幕藩権力の施策によるものであるが、その内容については先祖祭祀を行う家の中世から近世への展開過程との関連で理解すべきであるという立場」に立って検討を行い、幕藩権力は一家一寺制を強制しておらず、「近世後期において特定藩が一家一寺制を命令したことの意味は別に考えるべきこと」であるとした。

それに対し、大桑氏は、先に触れた「半檀家の歴史的展開」で、加賀藩の事例から、その政策と一家一寺制との関連については、「藩においては、たしかに各人・各家がどのような寺と関係を結ぶかということは関心外であったけれど、一家一寺制には強い関心を示し、在地でもまたこの政策が実際に効力を発揮したのであった」と述べ、すべての藩がそのような農政を展開したのではない、と留保している。

以上、瞥見した先行研究において、豊田氏・大桑氏は、一家一寺制化に対する、「家」に関わる政策としての、幕府ないしは幕藩権力の政策意図の存在を指摘しており、一方、福田氏は幕府による一家一寺制の強制の存在に否定的な立場をとっている。しかしどの論者も、幕府・藩それぞれにおける、一家一寺制に関する法令・裁許が出された具体的な過程を明らかにしていないため、その政策意図、適用範囲や、法令布達の背景などを具体的かつ実証的に論じえていない難点があるといえる。本章では、先行研究で取り上げられた法令の再検討を含め、幕府側に関するものを中心にその点を可能な限り明らかにするよう努める。そして、

① 寺檀制度の変遷の背景にある政策意図のいかんを明らかにする手だてとすること、

② 法令・裁許が出された過程を丹念にみることによって、幕府・諸藩・諸教団・民衆などのそれぞれにおいて、一家一寺制を規範とする観念がいかに生成し、展開したのかを明らかにする手だてとすること、

の二点を目指したい。

なお、一家一寺制を規範とする観念や離檀をなしがたいことであるとする観念[10]の通時的検討、および幕藩権力による寺檀制度に関する法令の再検討は、宗門帳の機能論的検討などとならび、宗判寺檀関係を、宗教者と檀那との関係一般のなかで把握したり[11]、寺檀制度の継続理由や寺檀関係の存立構造を明らかにしたりするうえで必要である。

一　十八世紀における幕府法令の展開

1　寛延二年、高田藩の伺と幕府寺社奉行所による附紙

本節では、十八世紀段階における一家一寺制に関する幕府寺社奉行所・勘定奉行所の見解の変化について検討する。まず、榊原氏高田藩の記録「万年覚」番外全所収の史料を検討したい。[12]「万年覚」は榊原氏高田藩の領奉行関係の御用留を編集浄写したものと考えられている。[13]ここで取り上げる史料は、離檀そのほか寺院に関する事件の取り扱い方についての、高田藩宗門奉行から江戸留守居を通じて行った幕府寺社奉行所への伺と、それに対する附紙（返答）との写しである。前後の記事などから寛延二年（一七四九）のものと推定できる。

このなかで高田藩宗門奉行側は、一家一寺制に関し、具体例に即して、

代々旦那之家ニ而候へハ、縁付参候者も必前方之宗旨を改、其家之宗旨ニ相成候儀、従　公儀被仰出候趣も御座候と御作法も有之事ニ御座候哉、差当此儀専一ニ承知仕度申遣候、

と伺い出ている。なおこの伺に照応する時期に、頸城郡上輪《あげわ》村（現新潟県柏崎市）の次郎兵衛家（刈羽郡笠島村〈現柏崎市〉真言宗多門寺檀家）へ縁付いてきた妻が、法華宗妙泉寺との寺檀関係を維持しようとして争論となっている。結局、この一件は妻を一代限り法華宗檀那とすることで内済している。[14]伺のなかに引かれている具体例は、村名・寺名・人名は含まないもののこの一件と内容的に符合しており、この一件が伺提出の背景となった可能性がある。[15]

また、高田藩側は、「この伺に添付された、享保十四年（一七二九）の評定所の口上の書付（後述、本節第5項）には

『縁付ハ格別之儀』とされているが、それ以前に諸宗寺々へ『妻娘之類外ゟ縁付参候者、必其家之宗旨旦那寺ニ成候趣』を命令されたか確認したい」旨を伺い出ている。なお、この伺に示されている高田藩宗門奉行の一家一寺制に関わる認識は、他より縁付の場合は縁付先の同宗同寺になるのはどこでも通例だというものであった。これら二点の伺い事項に対する寺社奉行青山因幡守忠朝方の役人中からの回答は、次のとおりであった。

〔史料一〕

附紙

町人百姓共一家内同宗ニ限り候と申儀も無之候得ハ、宗旨人別帳ハ夫ハ禅宗妻ハ日蓮宗之手形いたし候ハヽ、可相済事ニ候、然共其所之風儀ニ而一家内不残同宗ニ成来候ハヽ、婚礼前其段も相対可致儀ニ候、御帋面之一条、最初無相対、熟縁以後之沙汰と相聞候、双方不承知候ヘハ致離縁外無之候、全内証事ニ而公辺ニ不及儀相対事と申ものニ候、縁付参候もの必前方之宗旨を改其家之宗旨ニ相成候と申　公儀被　仰出之御定ハ無之候

寛延二年における幕府寺社奉行所の認識は、高田藩側の認識が、他より縁付の場合に縁付先の同寺になるのは通例である、といったものであるのに対し、

① 町人・百姓に関する一家一寺制法令は出していないので、宗門人別帳に夫・妻それぞれ別の寺が手形をすれば済むことである、

② しかしその場所の「風儀」で一家一寺制であるのであれば、妻を別寺にしたい場合は婚礼前に相談しておくべきである、

③ 縁付いてきた者を縁付先の家の宗旨にあらためねばならない、という公儀による命令はない、

というものであった。すなわち、この段階での幕府寺社奉行所の見解は、この一件に留まらず一般的に、一家一寺制

を規範とは捉えていないというものであり、それはかえって地方の「風儀」とされているのである。

2　安永九年、幕領の法令

しかし安永・天明期に至ると、幕府側の一家一寺制に関する判断に変化がみられる。まず、『牧民金鑑』に収められている、安永九年（一七八〇）のものとされている史料を検討しよう。『牧民金鑑』は、奥州棚倉・甲州市川・奥州桑折・関東東部の代官を歴任した荒井顕道が、甲州市川代官時代の嘉永六年（一八五三）七月に編集した地方書である。(16)

〔史料二〕(17)

安永九子年十一月

宗門之儀者、夫婦同宗ニ可相成処、夫婦別宗を相立、軽キものとも持仏等迄別段ニいたし、或者他江嫁し参候もの之送状差滞、宗門帳及延引候も有之、右体之儀者有之間敷事ニ候、是迄夫婦別宗を立罷在候分者、送状無滞差遣、夫婦別宗を不相立、夫之宗門ニ可相成候、尤無拠子細有之、別宗を相立度もの者、支配役所江願之上、其身一代ニ可限事ニ而、夫婦別宗之もの手前ニ差置候子供も、不限男女以来父之宗門ニいたし置、別段ニ持仏取繕候儀も相止メ、其家有来之仏壇相用可申候

右之趣心得違無之様、支配所内寺院並町在江可被相触候、以上

子十一月

この法令は、「支配所内寺院並町在江可被相触候」とあることから、幕府勘定奉行所から特定代官に宛てて出されたものではないかと推測されるが、ここから読み取りうることは以下のとおりである。

① まず、（a）夫婦は同宗になるべきである、という認識と、（b）夫婦別宗の者の子供も、以後男女を限らず父の宗門にせよ、という指令とを読み取ることができる。一家一寺制を倫理的に規範視していたか否かをここで速断することはできないが、少なくとも、寛延二年の附紙とは異なり、一家一寺につながる布達が行われている。

② しかし、事情によっては、その身一代に限り、夫婦別宗が容認されている。

③ さらに、現状認識として、夫婦別宗になった「軽キもの」で、持仏などまで別にする者がいること、また他へ縁付いた嫁に送り状を出さない寺があることが述べられている。

なお、この法令は管見の限りでは『牧民金鑑』においてのみしか確認されないため、さらなる検討が必要である。しかし、ほぼ同時期における、幕府側の同様の指令の存在を示す事例として、さらに次の第3・4項の事例を掲げることができる。

3　天明三年、幕領石見銀山領の指令

これは、豊田武氏が、先述の『日本宗教制度史の研究』のなかで、石州潮村の某家に関する檀論をめぐって紹介している事例である。豊田氏の記述は典拠を明示しておらず、また文意も不明瞭な点がある。よってここでは豊田氏が直接典拠にしたと考えられる文部省調査局宗務課引継文書の謄写本「西本願寺記録　堺聞蔵寺浄行寺争論一件　石州照円寺正専寺檀論一件　京順興寺門徒香具屋播磨浄土宗ニ帰旦一件」(18)を参照する。

本一件が記されているのは、この謄写本の内容のうち「石州照円寺檀論一件」で、その冒頭には「袋書　寛政二庚戌年七月以降　（朱）臨〔ママ〕時門之内他寺与出入之部　石州浜田領照円寺・同州銀山領正専寺檀論一件　御用番七里内膳懸り法輪寺」と記され、以下一〇通の古文書が謄写されている。この一件は石見国浜田領都賀西村真宗西派照円寺

と同国銀山領潮村真宗西派正専寺（ともに現島根県邑智郡大和村）との間の、檀家の寺檀関係をめぐる争論であるが、一連の文書のなかに、

尤銀山料宗判之儀者八年以前迄寺院入会ニ印形致来候所、去卯〔天明三年〕八月従大公儀壱軒可為壱宗旨御触有之、若分家等も致シ候時ハ子共幾人有之候而茂其家筋之寺院印形可仕旨被仰渡、寺院一統請印仕、其翌年辰三月ニハ悉御糺被成

または、

八年以前〔天明三年〕夘年従公儀一軒一寺之宗判ニ可仕旨被仰出候ニ付、諸宗寺院檀那翌辰年宗判御改之節各一軒一寺ニ宗門帳書改大森御役所江差出候

などの記述がみられる。ここから、天明三年（一七八三）に石見銀山領（大森代官所）で一家一寺の宗判にすべき旨が指令され、翌天明四年の宗門帳作成においてそれが適用されたことがわかる。なお、豊田氏は誤って指令を天明八年のこととしている。

4　天明四年、安房国における動き

先の第2・3項で取り上げた法令・指令が出された過程は、管見の限り未詳である。しかし、同時期に、在地における寺檀争論に対応する形で、幕府寺社奉行所から一家一寺制につながる指令が出されている事例を確認することができる。

〔史料三〕(19)

天明四辰年〔一七八四〕

寺社御奉行阿部備中守様へ問合、御付札左之通

一、先達而能勢帯刀様御知行所安房国朝夷郡沓〔沓〕見村百姓共、追旦那相止可申旨近郷申談候処、壱岐守領分同国同郡加茂村日連〔運〕寺、中三原村正文寺承知不仕候ニ付、一件吟味之上、右両寺不埒ニ付御咎被　仰付候、右ニ付、以来領分中一同追檀那相止候様申渡、且又宗判之義も、夫有之ものハ、夫之菩提寺へ印形為仕候様申付可然哉、此段御問合申候様壱岐守申付候、以上

三月廿五日

水野壱岐守家来

小幡半蔵

御附札

御領分中一同追旦那相止、宗判之義も、夫有之者ハ、夫之菩提寺ニ而印形為致候様申渡候方と存候

〔史料四〕(20)

離旦之事

一、従寺社　御奉行所被　仰渡候御事、以来家付之旦那寺一寺ニ限り追旦那等不相成候旨、此度御地頭所ゟ御触有之候条、離旦被致度断之趣得其意候、則及離旦候、然上ハ追旦那新古共於当寺少茂構無御座候、為後証仍而如件

天明四年辰四月

朝夷郡宮下村

高　雲　寺㊞

珠師谷村
利右衛門殿
弥五左衛門殿
文　七殿

これらの史料に登場する、沓見村・加茂村・珠師《しゆし》ヶ谷《がやつ》村・宮下村（以上現千葉県安房郡丸山町）、ならびに中三原村（現千葉県安房郡和田町）の各村は近接している。珠師ヶ谷村は、旗本酒井・本多家の二給であり、安房北条藩（水野壱岐守）の領分ではなかったが、〔史料三〕中の追旦那をやめるよう申し合わせた沓見村の「近郷」に属する可能性がある。いずれにせよ、伝播過程は詳らかにしないが、〔史料四〕における「従寺社　御奉行所被　仰渡候御事」とは〔史料三〕の附札ないしはそれに関連した指令を指すとみてよいであろう。

ここでいわれている「追旦那」とは、縁付いてきた者などが、家付の檀那寺とは別の寺の檀那となることであろう。この事例では、天明年間、まず村の側で「追旦那」をやめるという寺檀関係整理の動きが起き、それが寺院（日運寺・正文寺とも日蓮宗。なお高雲寺は天台宗）側の反発を招き、そのことから争論が起きて寺社奉行所による「追旦那」をやめるようにとの判断が呈示されることとなり、さらにその指令を受けて周辺地域で一家一寺制につながる寺檀関係の整理が行われているのである。

寛延期には、幕府寺社奉行所において、特定の事例のみに関わらない一般的な認識として、一家一寺制は規範視されていなかった。しかし、安永・天明期に至ると、寺社奉行所や特定の代官から、一家一寺制につながる指令が出されていることを複数の事例で確認することができる。十八世紀の半ばに、一家一寺制に対する幕府側の対応に変化が生じたといいえよう。その変化の原因はここで十全には明らかにできない。しかし、本項でみた事例は、在地における動きをきっかけとして寺社奉行所の判断が示されることになったことを示し、他の事例や動向全体について考察するうえで示唆を与えるものであろう。

5　いわゆる「離檀禁止令」の再検討

本節第1項で取り上げた事例で、高田藩宗門奉行側は、評定所の口上の書付を伺に添付している。この書付の文面は、豊田武氏により、一家一寺制とともに檀家制度の固定における重要な現象として指摘された「離檀の禁止」に関する法令として取り上げられたものとほぼ同文のものである。豊田氏はこの法令を「諸宗の寺院に向つて発せら」れたものだとしている。また、圭室文雄氏は同内容の史料を、幕府による「離檀禁止令」のひとつ（「三奉行達」）であるとしている。(21) しかしこの口上は全国法令として広く効力を有するものではなかったと考えられる。以下そのことを明らかにしたい。

ここで伺に添付されているのは、享保十四年九月四日、寺社奉行黒田豊前守（直邦）によっていい渡されたとされる口上の書付である。これは全国法令ではなく、越後国田上村曹洞宗東龍寺と、同国本成寺村日蓮宗本成寺との間に起きた離檀出入に関するものである。

この離檀出入の内容は以下のとおりである。田上村（新発田藩領加茂組）百姓与五右衛門家は先祖代々東龍寺檀那であったが、与五右衛門の父五郎左衛門が本成寺村の日蓮宗の家から婿養子に入り、東龍寺の檀那にならず、子与五右衛門、孫与太郎に至るまで日蓮宗加茂町本量寺（本成寺末）の檀那となった。それに対し東龍寺側は「左様者難成旨」をたびたび申し入れていたが聞き入れられなかった。やがて与五右衛門の母が病気になり、享保十三年四月に本成寺地中の蓮如院に引き移った。そしてその母の剃髪をめぐって蓮如院と東龍寺との間で争いとなった。与五右衛門の母は四月十三日に蓮如院で死亡したが、東龍寺への届け出はなかったため、ついに東龍寺側は与五右衛門・本成寺・蓮如院を新発田藩に訴えるに至り、その後、幕府評定所まで争論が上がることとなった。(22)

書付の本文は、

御府内之儀、宗旨思寄之様尓有之候得共、遠国之儀者格別候、譬ハ旦那百人有之所尓離檀仕度与申候て、某者真言宗帰依与申、某者日蓮宗尓帰依与申、某ハ禅宗尓帰依与申候て、段々旦那減少之時者其寺不相立候間、何方より願出候共離檀之儀不相許候、其段相心得可申候、（テキストにより若干の異同あり）

というものである。その後に、列席者として三奉行一〇名の名前が列記されている。(23)

『田上町史』資料編に収載された史料には、(24)関三刹（可睡斎とともに全国の曹洞宗寺院の統轄にあたった）により、東龍寺にこの書付の差し出しが命ぜられ、さらにそれが、榊原氏（当時在姫路。寛保元年高田に転封）の国付菩提所として榊原氏に伴って移動した曹洞宗寺院である瑞峰寺の奕性、ならびに光栄寺の太嶺により、(25)姫路領の曹洞宗諸寺院に触れられたことが示されている。「万年覚」番外全には、寛延二年六月四日に瑞峰寺からこの書付を（高田藩側が）写した旨の記事が収載されている。(26)その写しは本節第1項で取り上げた高田藩の伺にそのまま引き写されているが、いずれとも、三奉行の名前の列記などの後に、

一、寛文五年七月十一日被　仰出候条目之内心得違有之候哉、離檀争論不相止候、無拠縁付等之宗改ハ格別、致帰依とて宗改乱ニ不被　仰付候、尤納得之上離檀仕共、檀那寺互ニ証文取為替可申候、以上（若干用字の異同あり）

という記載が続けられている。この記載の原型は、先に述べた『田上町史』資料編収載の姫路領の曹洞宗諸寺院宛の

触のなかにすでに含まれている。高田藩側が、伺のなかで、「公儀ニ而も右遣申候別紙書付ニ相見へ候縁付ハ格別之儀ニ御座候へハ」と述べているのはこの部分を指したものだと考えられる。しかし、以上からわかるように、この「縁付ハ格別之儀」という文言は、口上に含まれるものではなく、曹洞宗教団内での流布の過程でさらに付加されたものだと考えられる。

なお、高田藩宗門奉行側の伺への返答において、この口上に関して幕府寺社奉行所側は、

是ハ出入ニ相成御捌之節之書付と相見へ候、年号何れ之時分ニ候哉御仕置帳ニ可有之候へとも年号不相知候間難繰出し候、ヶ様之儀ハ出入ニ相成候上、其節模様ニより御捌有之事ニ候

との認識を示している。その後も、例えば、『諸例集』（寺社奉行などを歴任した淀藩主稲葉正諶の蔵印を有する先例書）[27]に収載された、寛政から文化期の宗判檀家の離檀に関する寺社奉行所の判断をみると、離檀は「容易ニ難成事」であるが、「寺檀納得之上」であればよい、といった見解が採られている。[28]離檀一般のみならず、離檀に伴う改葬[29]や、家内の一部のみの離檀（改宗）[30]の場合にも同様の見解が採られている。つまり、この口上は、その後の寺社奉行所による離檀に対する判断を律するものではなかったのである。

二　十八世紀末〜十九世紀前半の動向――下越後を中心に

本節では、十八世紀末から十九世紀前半の動向をみていきたい。検討する法令のうち「文政令」は、豊田武氏により、幕府による一家一寺制化の方針を示す史料として取り上げられたものである。そして豊田氏は、この法令を足掛かりに、一家一寺制が、家族内において家長の信仰を絶対のものとし、社会秩序を維持させるという政策意図を有す

るものであったと考察している。一方、福田アジオ氏は、文政令を「幕府法としては確認できない」(31)とした。このように文政令は先行研究のなかで非常に重要な位置を占める史料であり、一家一寺制と政策との関係を考察するにあたっては、両氏が行っていない発令過程についての検討を中心に、再検討・検証を行う必要がある。

豊田氏は文政令を寺社奉行から伝達された法令であるとのみ述べており、両氏とも布達範囲の確定は行っていない。しかし以下述べるように、文政令は下越後において布達された法令である。よって本節では、文政令布達前後の新発田藩領と下越後幕領（水原代官所）とを中心に、寺檀関係に関する法令の展開、およびその在地の動向との関連について検討する。なお、下越後は領分ならびに寺檀関係が入り組んだ非領国地帯であり、寺檀関係も錯綜状態を呈しているが、本節で扱う内容については、周辺諸藩・諸幕領などにおける一家一寺制に関する法令の相互関係を知ることができる。(32)

1　寛政十二年令〔新発田藩〕

新発田藩の新発田組大庄屋を勤めた米倉村（現新発田市）斎藤家の、寛政十二年（一八〇〇）の御用留のなかに、分家創始者に縁付く嫁・婿の寺檀関係をめぐる触が留められている。管見の限り、これが新発田藩における一家一寺制に関わる法令の初出である。

〔史料五〕(33)

三組
庄屋江

男女縁付離旦一件先達願書指出候ニ付、寺社御奉行所江及掛合、此度別〔紙脱カ〕之通其向〻録所江達シ方相済候ニ付、此

旨可得其意候、尤岡方山島組々沼垂浜通りニ□〔虫損〕其方共ゟ寄々可相達候

申八月

覚

一、近来、町在ニ男三男ニ而分家致候者妻、幷分家可致聟、又者家督相続いたし▨居候者ニ而も後妻ハ離旦不相成由申之、旦切證文差出不申寺院有之趣相聞候、娵幷聟ニ而も他ゟ罷越候ものハ、里方之宗旨相離、引越参候家付之宗旨可相成筋ニ候所、離旦不相成由申之者一向無筋之事ニ付、以来右体之儀無之様諸寺院相互ニ申合無差支離旦可致候、此旨配下寺院へ可被申達候

申八月

これは、新発田藩郡奉行から在方に向けて伝達されたものだと考えられるが、[34]「覚」の内容が新発田藩藩政史料の「寛政十二〔一八〇〇〕申年従正月至十二月　御触書申渡書留帳　町奉行[35]」にも留められていることから、町方に向けても伝達されたことがわかる。

この史料の前半部分からは、おそらく大庄屋などから、嫁ないしは婿養子が縁付の際、実家の檀那寺から離檀し、縁付先の檀那寺の檀那となることに関する願書が出されたことを読み取ることができる。そしてまた、その願書を受けて、新発田藩の郡奉行が同藩の寺社奉行所に掛け合って決定した事項を、後半の「覚」として寺社奉行所から領内諸宗の録所（＝触頭）に達し、さらに在方（および町方）にそのことを周知させていることを読み取ることができる。

後半の「覚」からは、藩役人側の、

①町・在で、分家創始者に縁付く妻・婿養子、あるいは家の当主に縁付く後妻について、妻・婿の実家の檀那寺が「離檀はできない」として檀切証文を出さないことがある、という事実認識、

②　嫁・婿は、実家の宗判寺檀関係から離れ、縁付先の家付の寺檀関係を結ぶのが道理であって、実家の檀那寺は離檀を認めるのが道理である、という理念の認識、

が読み取れる。そしてこのような場合の離檀を認めるよう寺院間相互に申し合わせを行うように、録所から配下寺院に達することを命令している。この「覚」を、本章では以下便宜上、寛政十二年（一八〇〇）令と呼ぶ。

2　文化十年令〔新発田藩〕

文化九年（一八一二）、新発田藩の三組山島詰懸庄屋（大庄屋）から同藩郡奉行所に宛てて寛政十二年令に関する伺が出されている。[36] そこでは、まず提出の理由として、例えば亭主と妻とが宗派を異にする家から二・三男などを分家する場合、分家も本家同様、亭主が本家亭主檀那寺の檀那、妻が本家妻檀那寺の檀那となるべきかと思われる、しかし、本家亭主檀那寺側が「寛政十二年令に『家付之宗旨』とあるのは亭主の宗旨のことなので、男女を限らず、分家した者は本家亭主檀那寺の檀那となるべきである」と主張する場合もあり、そのほか、寺院側がさまざまな理屈を立て、宗判をめぐって争いが頻発しているので、分家の宗旨の取りはからいについて伺う、と述べている。そして、

①　寛政十二年令に「家付之宗旨」とあるが、本家が二ヶ寺の檀那寺を持つ場合は、分家もその二ヶ寺との寺檀関係を継承すべきか、それとも男女とも本家亭主の檀那寺との一家一寺の関係とすべきか、

②　代々、男女別寺檀制（一家内の男がすべて同じ寺の檀那、女もすべて別の一ヶ寺の檀那となり、一家二寺となること）の家は、以後なるべく分家になったものから一家一寺にすれば檀論もなくなるのでそうしたいがどうか、ただその場合、息子の分家は本家男方の檀家、婿の分家は本家女方の檀家とすべきか、

という二点について尋ねている。それへの附札は、

(1) 分家は新たに家を興すことであるので、亭主の檀那寺で一家一寺にすることは勝手次第である、

(2) 息子の分家の場合は(1)のとおりとし、婿の分家の場合は本家女方の宗旨で一家一寺にすることは勝手次第である、

というものであった。ここでは、「家付之宗旨」の解釈をめぐり、寺側と大庄屋側とで見解の相違（亭主の檀那寺か、一家二寺なら二寺双方か）があることが注目される。

右の(1)の附札には、この旨を寺院に達するとあり、実際、翌文化十年（一八一三）に以下のように触（本章では便宜上、以下、文化十年令と呼ぶ）が出されている。

〔史料六〕[37]

一、湯浅権左衛門・窪田助左衛門ゟ、町在之内一家内ニ而男女弐ヶ寺之もの多分有之処、右二男三男を分家差出候節、矢張本家弐ヶ寺を持差出候義ニ可有之哉、又者男女ともニ本家亭主之宗旨ヲ以壱寺ニ可仕候哉、幷娘ニ聟を取分家之分者妻之宗旨壱ヶ寺可仕哉、是迄区々ニ而時々旦論有之、御苦体ニ相成候ニ付、以来之義取極メ度旨庄屋共ゟ伺出候付、伺書江附札左之通可相達哉之旨、伺之通可相達候、町方江茂同様相達候様達ス、尤右之通り申達候而茂差支無之義羽田様江御内々御問合も相済候事

本家二ヶ寺ニ而茂分家者新タニ家を興し候事故、其亭主之宗旨ヲ以一家内壱寺ニいたし候義可為勝手次第候、尤此旨寺院江申達候間、其旨可相心得候

一、娘ニ聟を取分家之分者、家女之宗旨ヲ以一家内壱寺ニいたし候義勝手次第たるへく候

一、右ニ付寺院江左之通寺社奉行ゟ相達候事

一、御領内百姓町人之二男三男本家之引付ヲ以一家内二ヶ寺之者有之、又分家之節檀論ニおよひ候間、以来

右分家者本家亭主之宗旨ヲ以一家内一寺ニいたし候義、并娘ニ聟を取迎分家ニいたし候もの者家女之宗旨ヲ以一家内一寺ニいたし候義可為勝手次第之旨相達候間、此旨配下寺院江可被申達候

一、右ニ付左之通録所ゟ致添書、配下寺院江相触度、尤其旨町在江茂触出有之様致度旨録所申立ニ付、伺之通取斗候様二月十一日湯浅権左衛門江相達候事

此度御触書之内、娘ニ聟を取迎致分家候ものハ家女之宗旨を以一家内一寺ニ致候義者可為勝手次第之旨御達有之候、右者是迄之分ハ格別、以来分家ニ差出候者ハ、仮令男方ハ禅宗女方ハ浄土宗ニ而、取迎候嫁之儀者寛政年中御触之通里方之宗旨を相離男方宗旨一寺ニ可相成、娘分家に差出候ハ、取迎候聟も同里方之宗旨ヲ相離女方之宗旨ニ相成可申候、尤其節貰受候本家亭主ゟ、是迄両寺之内相離候寺江此度御触通分家之内家内一寺ニいたし候段相願候義者勿論之事候、其節於寺院彼是申間敷候、此段以心得録所ゟ申達候事

一、右ニ付郡奉行申談、在町江左之通達候様寺社町奉行江二月十六日相達候事

百姓町人二男等分家之節、一家内一寺一件先般相触候通相心得可申候、尤分家之節并娵〔カ、破損〕聟取迎一寺ニいたし候節ハ以来相離候寺江右之趣〔カ、破損〕可致通達候、此旨為心得猶申入置候間、呑込違無之様可致候

検断
庄屋　共江

〔史料八〕が記載された「文化十酉年　御留守行事」は、新発田藩藩政史料の「月番日記」と呼ばれるものの一冊である。なお、「月番日記」は、新発田藩の仕置役クラスないしは用人役クラスの者の月番による政務日記であると考えられる。[38]〔史料六〕（正月二十五日条の一節）の内容を簡単に検討すると、以下のようになろう。

本項前半にみた大庄屋からの伺を受け、湯浅権左衛門（寺社町奉行）[39]・窪田助左衛門（郡奉行）が、附札をつけてよ

いかどうか月番側に伺ってきたので、月番側から伺のとおり達し、さらに町方にも同様に達するように命じた。この過程で、月番側から幕府寺社奉行松平乗寛の取次羽田守中[40]にも内々の問い合わせを行い、さらに寺院側へも藩の寺社（町）奉行を通じて達した。

それに対し、寺院録所から、「このたびの触書で、婿養子の分家の場合は本家の女の宗旨をもって一家一寺とすることは勝手次第だとのことである。これは、今後男女別寺檀制の家から分家を出す場合、（息子の分家の場合は）嫁は寛政十二年令のとおり里方の宗旨を離し男方檀那寺一寺とし、娘の分家の場合は婿を実家の宗旨から離して女方檀那寺一寺とすべきだということだ。もっとも本家の亭主から、分家の檀那寺とならなかった寺へ願い出ることは当然であるが、その際、寺院から異議を申し立ててはならない」という旨の添書をつけて触れ、さらに町在へも触れるよう申し立てがあった。それを受け月番側は、検断・庄屋に触れるよう寺社町奉行側に達した。

このように、文化十年令は大庄屋側からの伺に対応して布達されたものであった。

3　文化十三年、新発田藩蒲原横越組の申し合わせ

寛政十二年令・文化十年令を受けてなおかつ生じた檀論を防止するため、文化十三年（一八一六）五月に蒲原横越組の惣寺院三〇ヶ寺（の住職）と組方惣代名主七名の連名による取り交わし証文が作成されている[41]。この証文については、茗荷谷新田（現新潟市）旧名主田村家文書として紹介された読み下しが早くから知られており[42]（こちらは同年九月付となっている）、すでに竹田聴洲氏がそれを半檀家の検討において取り上げている[43]。以下、竹田氏にならい、一つ書きごとにａ～ｉの記号を付して申し合わせの内容を紹介しよう。

ａ　寛政十二年令と文化十年令とには、本家が一家二寺の場合、分家も本家の寺檀関係を引き継いで一家二寺と

なる意が「相籠」っているので、以後、分家の場合、他所から縁付いてきた者は男女とも里方の寺檀関係を離れることとする。本家が一家二寺の場合は分家も一家二寺とし、本家が一家一寺の場合は分家も一家一寺とする。

b　亭主ないし家相続の妻のみが別寺で一家二寺の家からの分家の場合、婿ないし嫁を、本家亭主ないし妻の別寺に合わせ、男女別寺檀制の家を創出する。

c　一家二寺で、亭主と妻とが「一代替り旦那」の家から分家する場合は、分家は一代替りとせず、分家になった息子・娘が本家内にいたときの宗旨を引き継ぎ、その嫁・婿は本家の別の方の宗旨となり、一家二寺とする。つまり、男女別寺檀制にする。

d　一家一寺制、ないしは男女別寺檀制を基本としつつも、さらに、家のなかから一人のみ別寺の檀那となる家より分家を出す場合には、本家の基本に合わせ一家一寺制ないしは男女別寺檀制とする。ただし、別寺の檀那となった者が分家する場合は、その別寺を分家の檀那寺として一家一寺とし、本家は別寺との檀縁を切る。

e　「男女家禄出会之分家」の場合は、一般の分家と違い本家と同じにすることにこだわらない場合もあるが、それではのちに問題が生ずるので、嫁取り・婿取りそれぞれの場合に応じて本家と同じにする。家禄・持参物などにかかわらず、里方檀那寺は離檀を認める。また、男女とも親元から禄分を受けず自分の働きで一家をなした場合は、男の親元を本家とし、本家が男女別寺檀制の場合は分家も男女別寺檀制に、一家一寺制の場合は一家一寺制とする。ただし、親・当人・師檀納得で書き付けを取り交わした場合は熟談次第とする。

f　独り者で家禄を持参した相続人を養子にした場合は、里方の寺檀関係を離れることにする。ただし、当人・師檀熟談で書き付けを取り交わした場合は熟談次第とする。

g　独り者などで家を潰し、家禄・持参物など付きの後夫・後妻が入る場合、当人・師檀申し合わせのうえ書き付けを取り交わせば熟談のとおりとする。

h　他領の寺院が、当領内の布達に構わず出入に及んだ場合は、出入を厭わず領法を貫くように努める。

i　真光寺（真宗東派〈以下同じ〉・松山村）・安浄寺（一日市村）・空則寺（海老ヶ瀬村）・光桂寺（本所村）・常栄寺（松崎村〈以上すべて新発田藩領〉）の五ヶ寺については、後夫・後妻、分家になった弟の嫁・妹の婿はすべて里方の檀那寺から離檀させ、後夫・後妻は（縁付先の）家附の宗旨、分家になった弟の嫁・妹の婿については弟・妹の宗旨にして一家一寺とすることを以前取り交わしたので、この度の規定にかかわらず以前の取り交わしのとおりとする。

この取り交わし証文からは、その成立の事情をも含め、半（複）檀家の多彩なヴァリエーションが想定されていることを読み取ることができる。ここではとくに、この、組の役人および組内寺院の申し合わせにおいて、檀論・寺檀争論の防止を第一の目的として取り決めが行われていること、基本的に、一家一寺制を規範とする観念を読み取ることはできないが、一家一寺制・男女別寺檀制のいずれかを基本として、従来の寺檀関係の踏襲が原則とされていること、また、家産・祭祀の継承などに関わる場合については当事者間の熟談が重視されていることに注目したい。

4　文政令

(1)　文政十年、水原代官所による布達

ここでは、まず、新発田藩領に隣接した幕領水原《すいばら》代官支配所における文政十年（一八二七）の布達をみてみよう。

〔史料七〕(44)

宗門之儀者、妻子共一同其家之菩提寺旦那たるへき処、仕癖ニ泥ミ、聟娵等養父幷ニ夫同寺に不相成、実家之菩提寺を不離、一家之内親子夫婦別寺別宗之者間々有之、右故其もの死後旦縁跡継等之儀ニ付彼是申争ひ宗門帳及延引、或者女子縁付候節金子を取送之一札差出候寺院も有之趣、粗相聞不埒之至候、畢竟寺旦共筋合不相弁故之儀、依而以来左之通可相心得候

一、養子者養父、女房者夫同寺たるへく、実家菩提寺之旦那ニ居江置候儀者不相成事
　但、親類縁者之内ゟ田畑等譲請候歟、又者聟娵等を貰候節田畑等持参いたし候由緒を以、実家幷譲主之菩提寺旦那ニ成居候分たりとも、其身一代限ニ而跡継者不相成候事

一、子供之内分家いたし候共、父同寺たるへき事
　但、由緒有之他旦ニ相成度節、親旦那寺故障も無之、其他一同得心ニおゐては其段届之上可為他旦事

一、妻子共之内、帰依ニ付双方之寺其外一同得心之上他旦ニ相成共、其身一代ニ限可申事
　但、他旦ニ相成居候もの相果候後、猶又帰依之趣ニ而其寺之旦那ニ相成候義、其家ゟしては跡継之姿ニ相当り候間不相成事

一、親類縁者之内他旦別株之百姓同居いたし居候分者、差置候家主同寺旦那ニ者難相成事

一、女房実家之旦那ニ相成居候ニ付、右之筋を以子供之内母方之旦那ニいたし置候分、他江養子又者嫁ニ参り候節者、矢張縁付参候先方菩提寺可為旦那事

一、聟養子嫁等及離縁候ハヽ、銘々親元之菩提寺江可帰事

一、惣而是迄女房幷子供之内、他之菩提寺旦那ニ相成居候分者、其身一代限与可心得、旦縁跡継者不相成事
右者、支配所之内是迄風儀不宜趣相聞候間、此度相伺候処、寺社奉行中江掛合之上前書之趣可相触旨、御勘定

奉行所指図有之、尤寺送手形之儀者、宗旨を不認寺号斗ニ而取遣り可致旨被仰渡候間、其旨相心得、前ヶ条之趣寺旦共以来不令忘却可相守もの也

亥九月十五日大貫治右衛門

追而此触書村下令請印早々順達、留村ゟ可相返、且村々共別紙請書帳相仕立、寺院幷小前連印取之早々可差出候、已上

大貫治右衛門（次右衛門）光証は、文政六年に水原代官所に赴任し、十一年に離任した。[45] よってこの触は文政十年九月十五日付である。[46] 文面から、支配所内の「風儀」がよろしくないとして、代官→勘定奉行所→寺社奉行所→勘定奉行所→代官のルートで指示を得て布達したものであることを読み取ることができる。この文面は先述の豊田氏の『日本宗教制度史の研究』や『牧民金鑑』第十三 宗旨などで従来知られているものとほぼ同一のものである。[47] 本来、妻子など一同、家付の菩提寺の檀那たるべきであるとし、実状について、「仕癖になずみ」、寺檀ともに筋合いを弁えない、と認識している。そして、縁付の際に実家の菩提寺を離れないなどで別寺となった者の死後、その檀縁が引き継がれることによって檀論が起きる、という認識を示している。ただ、実家の檀縁の持ち込み、帰依による別寺、[48] および現在行われている半檀家については、一代に限り認めている。

本章では、便宜上この法令を「文政令」と呼ぶ。出典は明記されていないが、『大面村誌』[49] に、文政令布達に際しての大貫から勘定奉行所への伺（亥閏二月付）と、それに対する勘定奉行所からの附札の写しとからなると考えられる文書が紹介されている。伺の大意は、

水原支配所のうち蒲原郡では、前々からの「仕癖」で一家複数寺の寺檀関係となっている場合がある。嫁の実家の菩提寺が送り手形を出さず、また子供に寺側がその檀縁を相続させるので、一家三ヶ寺・四ヶ寺となるものも

多い。そのために盆彼岸、勧化などの負担が多重にかかって困窮の百姓が難渋に及んでいる。費用がかかるため難儀の筋を願い出ることもできない。身元がよい者は縁付の際に金子を出して送り手形を発行してもらうので、一家複数寺となっている者はない。これは寺院の風俗が悪いのである。そもそも寺檀関係は、妻、次男以下、および女子に関しては帰依次第ということになっているが、夫と同宗になりたい意思を持つ者を実家菩提寺の檀縁に引き留めるのは筋違いである。この仕癖は支配所のうちでも蒲原郡に限ることであって、岩船郡や、蒲原郡の縁辺部では少ない。百姓が迷惑しているので、以後、嫁は夫同寺、養子は養父同寺たるべき旨を、別紙触書案のとおり支配所内に触れたい。

このように、寺院の側に原因があり、困窮の百姓に迷惑をかけているとするものである。この後に、文政令とほぼ同文（亥八月付、村々寺院・総百姓宛）の触書案と、寺社奉行所へ掛け合いのうえ、承認する旨の回答とが記されている。

この史料は出典不明記のためなお検討を要する。しかし、次の(2)での検討や、あるいは文政令がさまざまなケースを想定して細かい規定を示していることに鑑みても、水原代官所における文政令の布達は、蒲原郡の支配所周辺での縁付の際の寺檀の「仕癖」、それによる檀論・寺檀争論の頻発、宗門改めの際のトラブルなど、実状への対応として行われたものと考えられる。なお、新発田藩の寛政十二年令・文化十年令の影響や、関東幕領における文政改革（仏事奢侈の禁止等を含む）との関連、幕領の支配政策としての性格などについては、今後の検討課題とせねばならない。

(2)　文政十一年、新発田藩の布達と文政令の伝播

新発田藩「月番日記」の文政十一年（一八二八）正月晦日条の記述[50]をもとにすれば、文政令の新発田藩への伝達、

および周辺諸領への伝播の経緯は以下のとおりであった。

水原支配所と、新発田藩領および新発田藩預所とは寺檀入交なので、「水原代官所より支配所村々に、勘定奉行所へ伺いのうえ文政令を布達した」ということを、水原代官所から新発田藩へ通達におよんだ。それを受け、文政令の内容は、水原支配所に限らず、「当国筋」（＝越後）一統のことであるので、幕府寺社奉行所へ伺いのうえ藩領内へも触れるべきかということを、新発田藩の三奉行側[51]で評議のうえ、月番側へ伺った。そこで月番側は、そのとおりにし、江戸寺社奉行所への伺方などについては三奉行側から江戸留守居へ直接通達するように達した。

文政十年十二月十一日に、新発田藩側から寺社奉行太田資始へ、「新発田藩領内において、寺檀関係につき、『仕癖ニ泥』み寺院側で道理に背くことを申し立て、宗門帳作成が延引することがあるため、寛政十二年令・文化十年令を領内に触れたが、師檀のことは他領と関連しているので宗門（印形）が延引におよぶことが間々あった。そのような状況のなか、水原代官支配所でも仕癖があるとのことで触を出したとの旨、大貫治右衛門の手代中から、領内入交であることを理由として、新発田藩の在所役人に通達があった。そのため、水原陣屋の触について、新発田藩領内に触れ、隣領へも通達し、また、他領に檀那寺がある者・他領から領内に縁付く者に、触に従って対応して良いか」という内容の伺書を提出した。それに対し、十二月中に、伺のとおりにすべき旨、附札で回答があった。

それを受け、三奉行側から、文政令を寺院・町在・沼垂町に触れ、さらに隣領へも通達すべきか、ということを月番側に伺ったので、月番側は伺のとおりに取りはからうよう達した。

文政十一年正月、新発田藩の三奉行七里作左衛門より、領内の諸宗の録所や諸宗教者の統括者へ、文政令を配下へ触れるよう達が出された。ところが、六月十三日、蓮昌寺（日蓮宗）はじめ三五ヶ寺から、寺務相続が成りがたいので、以後道理に合わない檀論は行わないのでこれまでのとおりにしてほしい旨を願い出てきた。しかしその願いは却

（表15のつづき）

	室甲2-1984)
天保 5(1834)年11月	水原周辺の新発田藩領・幕領、ならびに旗本小浜氏知行所の真宗東派寺院一六ヶ寺から水原役所宛の願書(『水原町編年史』第1巻)
天保 7(1836)年12月18日	寺社奉行列座で、東本願寺三条掛所使僧法泉寺に書付が渡される(『牧民金鑑』)
天保 8(1837)年正月	越後諸幕領天保八年令(『牧民金鑑』)
天保 8(1837)年正月	新発田藩天保八年(正月廿九日)令(新発田市立図書館所蔵郷土資料〈A10-政務16-(3)〉「見廟紀　下」／新発田市立図書館所蔵藩政資料〈A10. 2-14-(7)〉「天保八酉□　御滞府御留守中日記(月番日記)」)
天保 8(1837)年8月	水原代官役所、天保八年令の施行細則(宮川四郎兵衛家「文政十亥年ゟ天保十三寅年迄　御触書幷御裁許之写二」)
天保 9(1838)年3月	沼津藩五泉役所天保令(新潟県立文書館寄託五泉市羽下伊藤家文書「文政〔ママ〕九年戌三月　宗門触返し写し」)、今まで他領からの伝達がなかったが、三条掛所からの指摘でわかり、「其筋」に伺って達す

註）なお、年不詳酉年6月に、長岡藩領(天保14年より幕領)新潟町において、文政令に類似した文言を持つ法令が出されている(新潟県立文書館収蔵新潟市片桐家文書171-2)。

下された。また、文政令は町在（文政十一年正月七日）、近隣諸領（会津津川諸役人まで、長岡、村松、五泉、出雲崎、与板、柏崎、脇ノ町、桑名〈柏崎〉御預所、沢海、三条、本成寺、一ノ木戸、楯村、黒川、池ノ端、山口、峰山、〈一ッ橋〉金谷、新潟、村上）、および家中に通達された[52]。

新発田藩で出された触は子正月付で、文面は水原で出された文政令とほぼ同じである。なお新発田藩側は、文政令の内容につき、男女別寺檀制などの場合も現在の一代限りで一家一寺にさせるのか、という点で疑問を抱き水原代官所に問い合わせたが、水原代官所の回答は、現在の者が死んだ後はすべて一家一寺とするとのことであった。

ここで紹介した記事からは、領分ならびに寺檀関係が入り組んだ下越後周辺地域において、一幕領に出された一家一寺制につながる法令が、周辺諸領に伝播していく局面を瞥見することができた。なお、文政令は下越後のみならず、一部上越後・魚沼にわたって広く伝播したことを残存史料から確認することができる。管見の限りについては年表〔表15〕を参照されたい。各領では、ここでみたようにそれぞれ隣領から

表 15　下越後における一家一寺制をめぐる動向

寛政 12 年(1800)	新発田藩寛政十二年令(新発田市立図書館所蔵藩政資料(A09. 3-3-(5))「寛政十二申年従正月至十二月　御触書申渡書留帳　町奉行」／新発田市立図書館寄託米倉斎藤家文書(D00-14-(5))「寛政十二年申正月　御用留帳　斎藤忠蔵」(斎藤家＝新発田組大庄屋)
文化 9 年(1812) 9 月	新発田藩三組山島詰懸庄屋からの伺(『新潟市史』資料編三　近世Ⅱ)
文化 10 年(1813)	新発田藩文化十年(正月・二月)令(新発田市立図書館所蔵郷土資料(A10-政務 16-(1))「見廟紀　上」／新発田市立図書館所蔵藩政資料(A10. 2-12-(9))「文化十酉年　御留守行事(月番日記)」／『新潟市史』資料編三　近世Ⅱ)
文化 13 年(1816) 5 月	新発田藩蒲原横越組の寺院・組方惣代村役人の、寛政十二年令・文化十年令を受けた、檀論を防止する熟談(『横越町史』資料編、『資料大江山村史』)
文政 10 年(1827) 9 月 15 日	水原代官文政令(新潟県立文書館写真帳 A28-M-2〈紫雲寺町真野原外宮川四郎兵衛家 2〉「文政十亥年ゟ天保十三年迄　御触書幷御裁許之写二」)
文政 10 年(1827) 11 月 20 日	出雲崎代官文政令(『出雲崎町史』資料編Ⅱ　近世(二)／『牧民金鑑』)
文政 10 年(1827) 12 月 11 日	新発田藩より寺社奉行所への伺(新発田市立図書館所蔵藩政資料〈A10. 2-13-(10)〉「文政十一子年従正月至十二月　御在城・御留守行事(月番日記)」)
文政 11 年(1828)正月ごろ	新発田藩文政令(正月七日)、およびその会津藩津川諸役人・長岡・村松・五泉・出雲崎・与板・柏崎・脇野町・柏崎桑名藩預所役所・沢海・三条・本成寺・一ノ木戸・楯村・黒川・池ノ端・山口・峰山・金屋(金谷)一橋領陣屋・新潟・村上への伝達(新発田市立図書館所蔵郷土資料〈A10-政務 16-(2)〉「見廟紀　中」／「文政十一子年従正月至十二月　御在城・御留守行事(月番日記)」)
文政 11 年(1828) 2 月 4 日	新発田藩より本成寺への文政令の通達(文部省宗教局宗務課引継史料〈宗務〉448「本成寺文書」→豊田武氏の記述の典拠)
文政 11 年(1828) 3 月 21 日	村松藩文政令(『見附市史』史料Ⅰ)「御隣領江も及通達置」との記述あり
文政 11 年(1828) 4 月	与板藩文政令(『与板町史』資料編上)
文政 11 年(1828) 4 月	桑名藩柏崎陣屋文政令(新潟県立文書館写真帳 A10-S-23、十日町市大字山谷酒井学家文書)
文政 11 年(1828) 6 月	蓮昌寺ほか三五ヶ寺より、新発田藩へ文政令撤回の嘆願(「文政十一子年従正月至十二月　御在城・御留守行事(月番日記)」)
文政 11 年(1828) 7 月	桑名藩柏崎幕領預り役所文政令(新潟県立文書館寄託五泉市羽下伊藤家文書「文政九年〔ママ〕戌三月　宗門之儀ニ付寺院江柏崎五泉両御役所ゟ御触書本紙写シ」)
文政 11 年(1828) 11 月 7 日	出雲崎代官野田斧吉から、預所となった、脇野町代官支配の頸城郡幕領に、文政令が触れられる(東京大学法学部法制史資料

伝達を受け、寺社奉行所に確認を行ったうえで領内に触れたと考えられる。また、以上から、文政令が幕領において布達されたことは明らかであり、福田アジォ氏の言及は誤っているといえる。寺檀関係は領分を越えて展開するものであることを、寺檀関係に関する政策を検討する場合、考慮に入れねばならないのである。

5　文政令に対する在地・寺院・教団側の反応

(1)　文政十一年、新発田藩蒲原横越組大庄屋の伺

前項で、新発田藩への、文政令に対する寺院側からの嘆願について触れたが、新発田藩領の蒲原横越組の大庄屋からも、文政令に対する郡奉行所への伺書が提出され、返答がなされている。「文政十一子年三月　寺旦一件取斗方伺書　蒲原横越組」[53]は、文政令の、寺檀関係継承についての施行細則に関する郡奉行所への伺書と、懸紙による回答(承認または留保)とが記されたものである。伺の内容は詳述しないが、本史料からは、文政令が単純に適用できるものではなかったこと、また大庄屋側としては、この問題に関して新たな寺檀争論を惹起しないことを念頭に置いていたことがうかがえる。なお「当組村々之内、旦論ニ而宗門帳印形不相済、右帳面私共江御預ケ奉願候分五ヶ村ニ而三拾七冊有之、其他数口旦論今以相片付不申候処」とあり、檀論が頻発していた情況をうかがわせる。

また、「文政十一子年　寺檀一件追而伺口上書　蒲原横越組」[54]は、同じく蒲原横越組の大庄屋から新発田藩の郡奉行所に宛てて作成されたもので、こちらは、先に提出した伺書とは別に、具体的な事例に則して判断を求めた伺である。亭主一ヶ寺に統一することと、養家・本家の寺檀関係から離れることとの齟齬に関する伺も含まれており、そこでは、養家・本家の檀縁を断絶するのは、人情において忍びがたい、とされている。なお、ここにあげた二つの伺書では、「仕癖」という表現を、水原代官や新発田藩の場合同様に、寺院側が、縁付いた者の離檀を認めない場合に使

っている。

(2) 真宗東派寺院・教団側の運動

一方、寺院側・教団側からは、引き続き文政令の見直しが求められた。天保五年（一八三四）十一月の日付で、下条村無為信寺ほか、水原周辺の幕領、新発田藩領、ならびに旗本小浜氏知行所の真宗東派寺院一六ヶ寺から水原役所宛の願書が作成されている。(55) それは文政令を「旧来一家菩提所両寺之分、以来一家一寺為可き旨御触」と捉え、文政令に起因する檀家の減少による困窮のため一度嘆願を行ったが、願書が却下されたので再度嘆願するとして、文政令公布以前のものについてはそのまま一家一寺にせず差し置くことを願うものである。「旦家一寺ニ相まつり候方宗門ニより相好さる族も之有り、且当国御領主方一同之御触と中〔申〕ニも之無く」といった表現が注目される。

次に、その後に続く東本願寺三条掛所使僧と幕府寺社奉行所との交渉について検討する。『牧民金鑑』には、後掲の天保八年令と、文政令（出雲崎代官野田斧吉が触れたもの）とが収載されており、(56) その両法令の間に、天保八年令を布達させる契機となったと考えられる、東本願寺三条掛所使僧兼輪番法泉寺と寺社奉行所との間の交渉が記されている。(57)

法泉寺は、「持分ケ旦那」「持寄旦那」として、分家創出の際に男子・女子双方の親より田畑・家財を分け与え、双方の親の相談により両家の檀那寺をもって男女別寺檀制としたり、親兄弟が死に果て、田畑も失った男女が「孝道を守先祖より之善提を弔ひ候ため」二株の百姓を一家として夫婦になり男女別寺檀制としたりして男女別寺檀制の家が創出された場合が多いことを指摘している。一方、嫁・婿などが縁家に実家の寺檀関係を持ち込むことに対しては否定的な態度をとっている。また、文政令の布達による古い男女別寺檀制の家の寺檀関係の整理が檀論を惹起することや、寺院が成り立ちがたくなることなどの弊害を指摘している。そして、家草創時からの男女別寺檀制はそのままとするよう願い出ている。

東本願寺三条掛所は、天保五年八月にはすでに一家一寺一件に関与していることを確認できる。(58) よって、この願は、先にみた天保五年十一月の願書にみられる真宗東派寺院の動向と関連するものである可能性が高いと考えられる。この願については、寺社奉行から老中に伺った上で、願のとおりとするよう使僧側に伝えられた。また、天保八年五月には、法泉寺の代僧から出雲崎代官所に、ここで認められた内容を末寺に伝達する際の文面の写しを提出している。(59)

6　天保八年令

まず、先述のように『牧民金鑑』に収載された幕令を掲げよう。

〔史料八〕(60)

天保八〔一八三七〕酉年

越後国村々一向宗寺檀仕癖改正之儀ニ付、先支配より相伺候趣も有之候処、今般水越前守殿〔水野忠邦、老中〕江伺之上、寺社奉行中より別紙触書案差越候間、写一通相達候条、右之趣支配所村々江可被触知候、以上

酉正月十六日

〔神尾元孝、勘定奉行〕神山城守印

〔内藤矩佳、勘定奉行〕内隼人正印

〔越後出雲崎代官〕青山九八郎殿

〔越後脇野町代官〕平岡文次郎殿

〔越後水原代官〕松坂三郎右衛門殿

触書案

宗門之儀者、百姓共其家族一同菩提寺旦那たるへき処、弁なきものとも無謂三四ヶ寺に菩提所を持候取斗、並寺院共ニおゐて者、寺送等之儀ニ付、不埒之取斗および候趣相聞候ニ付、去ル亥年（文政十年）心得方触置候処、持分持寄之訳を以、其家元祖以来弐ヶ寺之菩提所持来候分者、夫々数代之墳墓も有之別段之儀故、右之分ニ限り寺檀共右触渡以前之通相心得、其余之分者、亥年触置趣急度可相守もの也

十二月

この法令は、第5項でみた法泉寺と寺社奉行との交渉が直接の契機となって、越後幕領に出されたものであると考えられる。内容は、家の「元祖以来」の一家二寺は認める（以降の創出は認めない）というものである。結局、既成の、家の祭祀を継承するための男女別寺檀制は容認する形となっている。本章ではこの法令を勘定奉行からの達の時点に鑑みて天保八年令と呼ぶが、天保八年令は新発田藩においても触れられていることを確認できる。

新発田藩の公的編纂記録「廟紀」の、天保八年（一八三七）正月二十九日条[61]に、「先祖」以来一家二寺の場合は文政令の規制の例外とし、他は守るべき旨、寺社奉行間部詮勝の達があったので町在に触れた、との記事がある。そして、月番日記の一たる「天保八酉□御滞府御留守中日記[62]」の正月二十一日条に、「御触書写」として天保八年令の写しが載せられている。日付は「（天保七年）十二月」となっており、寺社奉行所から伝達されたものを日付を変えずに領内に触れたと考えられる。

なお、天保八年令に対しても、同年中に新発田藩領の大庄屋の側から施行細則に関する伺書きが提出され、それに対する藩側からの回答がなされている[63]。これらの伺には、天保八年令が家の「元祖以来」の一家二寺を認めるとしたのに対し、その元祖を調べかねて混乱を招くことがあることなどが述べられている。また、回答では、分家の場合、

その「元祖」の寺檀関係に戻ることが基本とされている。伺および回答ともに、寺檀関係の多彩なヴァリエーションの存続を認める方向はみられず、（文政令で認められた一代限り別寺のほかは）一家一寺制と男女別寺檀制のみが認められることとなっている。

7　出羽村山と真宗西派との動向

以上、文政令を中心とした動向を検討したが、文政令が布達された下越後では、一家一寺制への寺檀関係の整理にあたって、法令が大きな影響を与えていた。しかし、十八世紀末から十九世紀前半において、法令のみが、一家一寺制化の動きに影響を与えたわけではない。法令・政策の影響もみて取れるものの、村や地域、あるいは寺院の側が一家一寺制への転換に大きな役割を果したと考えられる事例もある。(64) また、下越後の場合、寺院側・教団（真宗東派）側は一家一寺制化に難色を示していたが、真宗西派に関しては、教団側による一家一寺制への動きをうかがわせる事例も確認することができる。そこで、(1)で前者の、(2)で後者の事例を取り上げ、法令をめぐる分析に主眼を置いた本節の内容を補完したい。

(1)　出羽村山の事例

出羽国村山郡山家村《やんべ》（現山形県天童市山元。寛保二年〈一七四二〉陸奥白河藩領より幕領漆山代官支配となる）の場合、現在閲覧可能な最古の宗門帳である享保十五年（一七三〇）の宗門帳(65)では、檀那寺が一ヶ寺のみの家が四四軒、嫁・婿養子などのみが別寺となっている（基本的にその別寺は子供には継承されないと考えられる）家が四二軒、男女別寺檀制など、その他の寺檀関係の家が七軒記されている。署判を加えている寺院数は実に二四ヶ寺に及ぶ。享保十五年段階の山家村では、嫁・婿養子などが、縁付先の家の菩提寺の檀那にならず、実家にいたときの寺檀関係をそのまま持ち越す形態が広くみられたことがわかる。(66) なお、山家村の周辺地域でも、当該期において、嫁・婿養子などが実家にいたときの寺檀関係をそのまま持ち越す形態がみられた。(67)

寛政二年（一七九〇）に至ると、檀那寺が一ヶ寺のみの家が五九軒、嫁・婿養子などのみが別寺の家が二九軒、その他の寺檀関係の家が四軒、他に一ヶ寺となっている。(68) 享保期に比べて嫁・婿養子などのみが別寺の家の割合が減少している。後述するような周辺地域の動向や、あるいは通婚圏の変化などの影響を受けたものであるかもしれない。しかし逆に檀那寺が一ヶ寺のみの家が、嫁・婿養子などのみが別寺の形態に転換する事例も確認でき、この段階では一家一寺制への動きが一方的に展開していたとはいえない。

だが、翌年以降の宗門帳に、「同寺となる」「兵吉女房とりかへ、来子ゟ同寺なるはつ(69)」と記載された付箋などが散見されるようになり、以降、一家一寺制の浸透がみられる。そして文化十年（一八一三）の宗門帳(70)の帳末には、

文化十酉年ゟ宗門帳一家内同宗同寺ニ相改度、寺院方ヘ御取合之上取極申候、以来何方より男女縁付参共、其村方役払を以同宗同寺ニ相記可申候、寺院方へも右之段御断置申候

との註記があり、以後、急激に一家一寺制への動きが進行する。

そのなかで、「山家村男女之分、一家同宗ニ無之候而者致混雑、間違等出来御互迷惑之筋ニ付」一家同寺にしてほしいという山家村の願い出を受けて、文化十二年三月には山家村内に家の「菩提所」としての地位を持つ八ヶ寺が、檀家の縁付の際は一家一寺にすることを相互に申し合わせ議定証文を作成している。さらに、その八ヶ寺から諸宗寺院ならびに山家村役元に宛てた、既成の一家複数寺の寺檀関係の解消はもとより、以後山家村の檀家へ他寺の檀那が縁付く場合も逆の場合も一家一寺とすることを取り決めた相対証文が残されている。(71) そして、文化十三年にはついに、

嫁・婿養子などが実家にいたときの寺檀関係をそのまま持ち越す形態も、男女別寺檀制なども一切姿を消し、一家一寺制が全村において貫徹し、以後その状態が固定化するのである。

なお、右に紹介した文化十二年の山家村に関する議定証文・相対証文は、文化四年三月付の、幕領東根領猪野沢組八ヶ村、および八ヶ村に所在する寺院側から天童小路町善行寺（真宗西派。高畠藩領。山家村内に檀家を持つ）に宛てた、右にみた証文と同様の内容を持つ証文の写しと一括されている。この猪野沢組に関わる証文は、山家村に関わる証文と文面も類似しており、山家村に関する証文になんらかの影響を与えたものとみられる。(72)

管見の限り、山家村周辺における同様の動きの初見は、享和三年（一八〇三）、高擶村（米沢藩預地）真宗東派願行寺と天童小路町善行寺との相対によるものである。(73)以後、文化五年の若松村如法堂・福性院（天台宗若松寺領。天台宗）と天童小路町善行寺との相対、(74)あるいは、文政二年の奈良沢村（現天童市。高畠藩領および土浦藩領）徳正寺・長龍寺相互間で、縁付の際に、願い次第、寺払を遣わすことが確認されていること(75)などがみられる。

これらの動きとの先後関係は不明ではあるが、文化十三年二月、倅一人のみ天童小路町善行寺の檀那となっている家（村不明）が「今度御上ゟ宗旨帳之義者判頭ニ準し候様兼而被仰出候ニ付」善行寺に寺払いを申し出ているなど、(76)領主による一家一寺制化を進める法令も存在していたようである。しかし、もともとのきっかけはどうあれ、右にみた動きには、一家一寺でないために起きる「混雑」を回避するための、村側、組合村側、ないしは寺院側の主体性を看取することができよう。また、出羽村山地方は幕領・私領が入り組み、しかも支配替えが頻繁に行われた地域であるが、寺檀関係が錯綜状態を呈していたために、この動きは領分を超えるものとなったのであった。

(2)　真宗西派の事例

安房国の新義真言宗の国触頭であった府中村（現千葉県安房郡三芳村）宝珠院の文書に、文政四年頃、西本願寺から一家一寺制にせよとの指令が出されたことをうかがわせる史料がある。

〔史料九〕(77)

一札之事

一、其御村方拙寺門徒家内女之方ハ年久敷其御寺之御檀家ニ御座候処、此度拙寺本山ゟ壱宗ニ無之候而ハ寺法教化等不行届候ニ付壱宗ニ相成候様被仰付、依之拙寺ゟ右之趣及御示談ニ候処、御聞済御承知之上御離檀被下、依而為冥加金旨壱軒ニ付金子三両ツヽ、差上申候処実正ニ御座候、為後日一札差上置候処依而如件

文政四巳年

五月卅日

門徒総代

楠見浦

浅井清左衛門判

宗　真　寺　判

島崎

法界寺殿

楠見浦（現千葉県館山市）宗真寺は真宗西派であり、島崎（現千葉県安房郡白浜町）法界寺は宝珠院門徒である。ここでは、「寺法教化」を行き届かせるため、西本願寺から檀家を一家一寺にするよう指令されたとされており、それに基づいた一家一寺制化がなされている。

おわりに

一家一寺制は寺檀制度成立当初においては政策的に既定のものではなかった。幕府寺社奉行所は寛延二年（一七四九）段階で一家一寺制を規範とする観念を有していなかったことを確認できる。しかし、幕府は、十八世紀後半には見解を変えて一家一寺制につながる法令を局所的に布令するようになり、文政期に至って、全国法令ではないが、一家一寺制が「筋合」であると読み取りうる法令を布達するに至った。ただし、これら幕府側の一家一寺に関する法令は、本章での検討に鑑みる限り、「家」のありかたなどに関する積極的な政策意図を含んでいたというよりは、在地で生じた寺檀関係整理の動きに伴う混乱や、寺檀争論・檀論の頻発などへの対処、宗門改の円滑化への方策として布達されたと考えざるをえない。

一方、新発田藩の場合も、もともと寺檀争論・檀論への対処、宗門改の円滑化への方策としての法令であったと考えられるが、最初幕府側から出された文政令を領内に触れることにより、一家一寺制が規範であるかのような文言を含み、一家一寺制化を積極的に推進する法令を領内に触れることとなった。ただし、幕藩権力の意図が那辺にあったにせよ、結果として一家一寺制法令は一家一寺制以外の寺檀関係の淘汰に大きな影響を与えたと考えられる。だが結局、各地で一家一寺制以外の寺檀関係が引き続き行われたことは事実であるし、下越後においても根絶したわけではない。

このように、幕府側の法令をはじめ、本章で検討した法令は宗門改の円滑化などを目的とした実態への対処としての性格を持つものであった。そして、寺檀関係に関しては最終的には当事者間（寺院相互および寺檀間）の合意が重視されていた。豊田氏が主張するような、「家」に関する積極的な政策としてこれらを捉えることは難しい。また、大桑氏が取り上げた加賀藩の法令も、本章で検討した時期より遡るものだが、「はじめに」で述べたように、みだりな改宗・寺替を禁じ、かつ寺檀争論・檀論を防止すること自体を目的とするものだったと考えられる。さらに、第二節で検討したとおり、文政令を幕府法としては確認できないとした福田アジオ氏の所説は誤っている。しかし、一家一寺制が全国的に積極的に強制されたものではなかったという点については福田氏の見通しが正しかったといえる。

本章で検討した事例では、在地の寺檀関係整理の動きや法令は、おおむね縁付と寺檀関係との関わりについての問題を直接の契機とするものであった。複数の家の祭祀を継承することなどを目的とした男女別寺檀制などに関しては、むしろ逆に法令や在地の動きを受けるかたちで寺檀争論・檀論が惹起された側面が強いと思われる。また、真宗東派の動きも法令への対処だと考えられる。なお、大桑氏が紹介した加賀藩の事例では、すでに元禄期に縁付時の寺檀関係の取り扱いが問題にされていた。下越後でも、長岡藩が享保十五年（一七三〇）に出した、寺替・宗旨替に際して師檀納得すべきことを令した法令において、縁付に関する寺替・宗旨替に触れられており[78]、すでに縁付をめぐる檀論が問題となっていたものと思われる。

しかしいずれにせよ、縁付などをめぐる寺檀争論・檀論の頻発の原因については、今後、寺檀双方の経済的事情、教団側の動向や、あるいは先祖観・祖先祭祀・葬制・墓制の変化などに至るまで[79]、具体的な事例に則した多面的な考察を加えていかねばならない。また、一家一寺制に関する法令が積極的な政策意図を含んだものではなかったとしても、領主権力側における「家」に対する認識や排仏論との関係、さらには文政令の幕領支配政策としての性格のいかんなどについては、なお領主権力内部における政策決定過程を具体的に検討する必要があろう。

さらに、本章では明らかにできなかった、在地における一家一寺制をめぐる動向に、具体的にどのような立場、ないしは階層の者の、いかなる意思が反映されているのか、という点についても、個々の事例研究により明らかにする必要がある。寺院側・教団側の動向についてもまたしかりである。そして、一家一寺制を、宗教者と檀那との関係一般のなかでいかに捉えるかという課題にも取り組んでいかねばならない。

註

（1）寺檀関係・寺檀制度をめぐる研究の全般的な整理としては、①大桑斉「研究史と文献」（同『寺檀の思想』研究社、一九七九年）、②西脇修「近世寺檀制度の成立について―幕府法令を中心に―」（圭室文雄・大桑斉編『近世仏教の諸問題』雄山閣、一九七九年）、などを参照。

また、その後の研究としては、③高埜利彦「幕藩制国家と本末体制」（『歴史学研究』別冊〈一九七九年度〉。のち「近世国家と本末体制」として、同『近世日本の国家権力と宗教』〈東京大学出版会、一九八九年〉に所収）、④高埜利彦「江戸幕府と寺社」（『講座日本歴史』五 近世一〈東京大学出版会、一九八五年〉、のち同『近世日本の国家権力と宗教』に所収）、⑤高埜利彦「村と宗教」（『大月市史』通史篇 近世二宗教、一九八七年。のち「近世の村と寺社」として、同『近世日本の国家権力と宗教』に所収）、⑥高埜利彦『日本の歴史』一三 元禄・享保の時代（集英社、一九九二年）、⑦竹田聴洲「近世越後の持寄り檀家」（仏教史学会編『仏教の歴史と文化』同朋社、一九八〇年。のち『竹田聴洲著作集』第九巻〈国書刊行会、一九九六年〉に再録）、⑧清水紘一『キリシタン禁制史』（教育社、一九八一年）、⑨中田隆二「加賀藩における真宗教団の寺檀関係」（『龍谷史壇』八一・八二、一九八三年）、⑩中田隆二「寺檀関係再考―加賀藩近世中期の寺檀争論―」（『近世仏教　史料と研究』第六巻第三・四号、一九八六年）、⑪大桑斉「半檀家の歴史的展開」（『近世仏教　史料と研究』第六巻第三・四号、一九八六年）、⑫草野顕之「久留米藩『宗門御改男女人別帳』にみられる半檀家について」（『近世仏教　史料と研究』第六巻第三・四号、一九八六年）、⑬圭室文雄『日本仏教史』近世（吉川弘文館、一九八七年）、同「慶長十九年の寺請証文について」（『風俗史学』改題二号、一九九八年）、⑭圭室文雄『葬式と檀家』（吉川弘文館、一九九九年）、⑮村井早苗『幕藩制成立とキリシタン禁制』（文献出版、一九八七年）、⑯福田アジオ「寺檀関係と祖先祭祀」（石川和夫・藤井正雄・森岡清美編『シリーズ家族史』一、三省堂、一九八八年）、⑰福田アジオ「近世寺檀制度と複檀家」（戸川安章編『仏教民俗学大系』七、名著出版、一九九二年）、⑱大橋幸泰「キリシタン禁制の転換とキリシタン民衆」（『歴史学研究』六三

一、一九九二年、のち同『キリシタン民衆史の研究』〈東京堂出版、二〇〇一年〉に所収)、⑲大橋幸泰「宗門改の制度化とキリシタン民衆―幕藩制国家とキリシタンをめぐって―」(『歴史評論』五一二、一九九二年、のち同『キリシタン民衆史の研究』に所収)、⑳大藤修『近世農民と家・村・国家―生活史・社会史の視座から―』(吉川弘文館、一九九六年)、㉑本書第Ⅱ部第一章「近世後期の寺檀関係と檀家組織――下越後真宗優勢地帯を事例として――」(「近世後期における寺檀関係と檀家組織―下越後真宗優勢地帯を事例として―」『史学雑誌』一〇四―六、一九九五年を改稿・改題)、㉒本書第Ⅱ部第三章「祈禱寺檀関係と宗判寺檀関係」(「近世中後期関東における祈禱寺檀関係」今谷明・高埜利彦編『中近世の宗教と国家』岩田書院、一九九八年を改稿・改題)、などがある。

(2) 『新潟市史』通史編二、四五二~四五四頁。

(3) 厚生閣、一九三八年。一九七三年改訂(第一書房)。のち『豊田武著作集』第五巻 宗教制度史(吉川弘文館、一九八二年)に収録。

(4) 『日本歴史』二四二・二四三、一九六八年。

(5) 侯爵前田家編輯部『加賀藩史料』第五編、一九三二年、三四九、三九七・三九八頁。

(6) 「御郡典」(藩法研究会編『藩法集』六 続金沢藩、創文社、一九六六年)二七一・二七二頁。なお、「御郡典」は、宝永元年(一七〇四)から天保十五年(一八四四)に至る加賀藩の郡奉行系統の村方法令を収録したもので、能州支配の郡奉行、または十村級の村役人の手になったものと考えられている(服藤弘司「金沢藩『浦方御定』『公事場御条目等書上候帳』『御郡典』『河合録』解題」〈『藩法集』六所収〉による)。

(7) 「御郡典」二七九、二八〇、二九四~二九六頁。

(8) 『近世仏教 史料と研究』六―三・四、一九八六年。

(9) 『社会伝承研究』Ⅴ、社会伝承研究会、一九七六年。

(10) 前掲註(1)㉒では「離檀困難観」という表現を用いた。

(11) 前掲註(1)㉑㉒。

(12) 『高田藩制史研究』資料編第四巻(風間書房、一九七〇年)四二三~四二六頁。

(13) 中村辛一「序」(同編『高田藩制史研究』資料編第一巻、風間書房、一九六七年)。

(14) 国立国文学研究資料館史料館所蔵 越後国頸城郡岩手村佐藤家文書四一二一～四一二四・四四二八。

(15) なお、この伺のなかに、

就中法花宗・一向宗ハ旦那離し候儀中々不致合点、寺之方ゟ外宗旨之者をもすす免、旦那之方も思ひ付深く、右之宗旨より外宗旨ニ成候者ハ先ハ無之、外宗旨ゟハ右二宗へ改候者ハ多く候故、外宗旨之寺々別而改宗之儀不致承引様ニ聞へ申候

と、日蓮宗・真宗が離檀出入に絡みやすいことに関する認識も示されている。

(16) 佐藤常雄「ぼくみんきんかん」（『国史大辞典』第一二巻〈吉川弘文館、一九九一年〉項目）。

(17) 横川史郎編・瀧川政次郎校訂『牧民金鑑』下（誠文堂新光社、一九三五年）、第十三　宗旨。

(18) 国立国文学研究資料館史料館所蔵文部省調査局宗務課引継文書（宗務）四六九。奥書から、大正十三年（一九二四）五月に西本願寺所蔵史料より謄写されたことがわかる。

(19) 石井良助・服藤弘司編『時宜指令　三奉行伺附札』（問答集二）、創文社、一九九八年所収、三奉行伺附札二四号。なお、「三奉行伺附札」は、いわゆる問答集のひとつであり、編者や成立年代は未詳だが、明和九年（一七七二）から寛政元年（一七八九）に至る間の問答が収められている（同書「解題」による）。

(20) 『千葉県の歴史』資料編近世二　安房（一九九九年）、三一三号（丸山町珠師ヶ谷区有文書）。

(21) 圭室文雄「離檀禁止令」（古田紹欽・金岡秀友・鎌田茂雄・藤井正雄監修『仏教大辞典』〈小学館、一九八八年〉項目）。

(22) 『田上町史』資料編（一九九二年）五一二～五一八頁、同通史編（一九九四年）三八〇～三八二頁。

(23) この書付は、『徳川禁令考』（第五帙　第四十五集「寺院法度」）のほか、西本願寺の法規集「寺法品節」や東本願寺側の帰参改派に関する史料「東本山御寺法要書」（『真宗史料集成』第九巻　教団の制度化〈同朋舎、一九八三年〉、一五四～一五六・三八八・三八九頁）、あるいは東京大学法学部法制史資料室蔵の写本「改宗離檀出入御掟例」（標本甲二一―二二七八）などにも収められ、一定度流布したことが確認される。なお、豊田武氏は『日本宗教制度史の研究〔ママ〕』のなかで、「可睡斎記録」を典拠として、この法令が最初にあって、それが元文年中に東竜寺・本城寺間の争論に適用されたと述べている。

(24) 前掲註（22）参照。

(25) 『高田市史』第一巻、一九五八年、三七〇・三七一頁。

(26)『高田藩制史研究』資料編第四巻、四一八・四一九頁。
(27) 南和男「『諸例集』解題」（内閣文庫所蔵史籍叢刊九四『諸例集（一）』汲古書院、一九八九年）。
(28)『諸例集（三）』第二十二冊「寺社奉行問合」八十三、百廿三・百廿四、百廿九。
(29)『諸例集（三）』第二十二冊「寺社奉行問合」廿六。
(30)『諸例集（三）』第二十二冊「寺社奉行問合」七十四。
(31) 前掲註（1）⑯。
(32) 本節で検討する内容のうち、文政十一年までの過程に関しては、すでに『新潟市史』通史編二 近世（下）（一九九七年）に概略が述べられている。ただし典拠は明記されていない。
(33) 新発田市立図書館寄託斎藤家文書D〇〇－一四（五）〔ママ〕「寛政十二年申正月 御用留帳 斎藤忠蔵」より。
(34) 新発田藩領の村々は組に分けて支配され、各組々が三組・岡方組・嶋通組・浜通組・山通組に大きくまとめられていた（小村弌『幕藩制成立史の研究－越後国を中心として－』〈吉川弘文館、一九八三年〉、第一〇表〈一三四頁〉）。
(35) 新発田市立図書館所蔵藩政資料A〇九．三－三－（五）。
(36)『新潟市史』資料編三 近世Ⅱ（一九九二年）、三〇二号。
(37) 新発田市立図書館所蔵藩政資料Ａ一〇．二－一二－（九）「文化十酉年 御留守行事（月番日記）」正月二五日条より。
(38)「月番日記」の記者・記載内容と、新発田市立図書館所蔵郷土資料A〇三－藩士二「寛政元年以後 新発田藩職員録」とを対照して判断した。
(39) 以降、新発田藩士の役職比定は、「寛政元年以後 新発田藩職員録」による。
(40) 石井良助監修『編年江戸武鑑 文化武鑑』六（柏書房、一九八二年）、一一九頁により比定した。
(41)『横越町史』資料編（二〇〇〇年）一五五号。
(42) 田村順三郎『資料大江山村史』（一九七三年）、七八八～七九二頁。
(43) 前掲註（1）⑦。
(44) 新潟県立文書館架蔵写真帳A二八－M－二（紫雲寺町真野原外宮川四郎兵衛家二）「文政十亥年ゟ天保十三年迄 御触書幷御裁許之写二」より。なお、史料の利用にあたっては宮川正氏の御協力を得た。

(45)　西沢淳男「幕領代官・陣屋データベース」(同『幕領陣屋と代官支配』〈岩田書院、一九九八年〉付録)。なお、天保期の出羽村山幕領における大貫光証の動向について、茎田佳寿子『幕末日本の法意識』(巌南堂書店、一九八二年)がある。

(46)　『新潟市史』通史編二では、水原代官所における文政令の布達を文政十一年一月のこととしているが、蓋し誤りであろう。

(47)　「日本宗教制度史の研究」所引の文面は新発田藩から本成寺に伝えられたもの、『牧民金鑑』所引の文面はのちに出雲崎代官野田斧吉により布達されたものである。

(48)　なお、文化年間の帰依による家内の者の一部の改宗に対する寺社奉行所側の判断は、家の宗旨でなく他宗に帰依した場合、熟談次第で、代々の菩提所以外の寺に葬るも可(文化三年八月。内閣文庫所蔵史籍叢刊九『祠曹雑識(三)』〈汲古書院、一九八一年〉、一三〇二・一三〇三頁)あるいは、代々の菩提所を差し置いての改宗や葬式は容易にはなしがたいが、帰依改宗も寺檀納得の上なら差し支えない(文化六年十月。前掲註(30))、というものであった。

(49)　編者代表小松徳一、新潟県南蒲原郡栄村公民館大面支館、一九六六年、四五九・四六〇頁。

(50)　新発田市立図書館所蔵藩政資料A一〇・二一―一三―(一〇)「文政十一子年従正月至十二月　御在城・御留守行事(月番日記)」より。

(51)　「寛政元年以後　新発田藩職員録」によれば、文政五年閏正月七日から天保元年三月二十六日まで、新発田藩では、寺社・町・郡の三奉行職が合併されていた。

(52)　新発田市立図書館所蔵郷土資料A一〇―政務一六―(二)「見廟紀　中」によれば、家中への触は二月三日である。

(53)　新潟県立文書館所蔵桂家文書(以下「桂」と略す)四六。

(54)　桂一一四。なお、本史料に載せられた具体事例につき、拙稿「半檀家論の再検討」(『東京大学日本史学研究室紀要』八、二〇〇四年)で言及を行った。

(55)　『水原町編年史』第一巻(一九七八年)、五一六〜五一八頁。

(56)　『牧民金鑑』下　第十三では、「本願寺」三条掛所の使僧・輪番である「法光寺」と記載されている。しかし、当時の東本願寺三条掛所輪番は法泉寺諦成であり(真宗大谷派三条別院所蔵「明治廿五年八月　別院年中行事　附歴代輪番名　香部屋控」〈利用にあたっては同別院の御協力を得た〉、および『東本願寺史料』自文化十四年　至天保五年〈宗学院、一九三九年〉の天保五年七月四日条による)、『牧民金鑑』の記述は誤記ないし誤植であると考えられる。なお、西本願寺三条掛所には天保八年四月二十五日に使僧・輪番の忍性寺が到着している（三条市立図書館所蔵古文書・古記録二二四〇「西本願寺御掛所造立ニ付諸事書留」）。

(57)『牧民金鑑』（下 第十三 宗旨）のこの部分は、前掲註（1）⑦で取り上げられている。

(58)『東本願寺史料』自文化十四年 至天保五年の、天保五年八月十五日条に、一家一寺一件の入用金に関する、東本願寺納戸から三条御坊渋谷正輔宛の書翰が収載されている。

(59)本一件関係の他の部分もこのとき転写された。

(60)『牧民金鑑』下 第十三 宗旨。

(61)新発田市立図書館所蔵郷土資料Ａ一〇―政務一六―(三)「見廟紀 下」。

(62)新発田市立図書館所蔵藩政資料Ａ一〇・二―一四―(七)。なお、正月の月番は、溝口内匠および溝口半之允（用人役〈「寛政元年以後 新発田藩職員録」〉）である。

(63)「天保八酉年二月 寺檀一件取斗方伺書 蒲原横越組」（桂六六。郡奉行所への伺い書きと、回答。回答は天保九年正月）、および（「天保八酉年四月 宗門一件御触達之御趣意伺口上書 小須戸組」（桂七一。藩への伺い書きと、回答。回答は天保九年正月）。後者については、前掲註（54）拙稿「半檀家論の再検討」を参照。

(64)なお、下越後においても、明治七年（一八七四）・八年に至って、檀家側が経済的な理由により一家両寺から一家一寺への転換を求める動きをみせている事例を確認することができる（新潟県立文書館収蔵小須戸町河村家文書政治・行政・戸籍一〇、二三）。

(65)国立史料館所蔵出羽国村山郡山家村山口家文書（以下「山口家」と略す）二―三。なお、目録には、寛文十二年、貞享四年、享保八～十四年の宗門帳も記載されているが、現在行方不明のため閲覧不能であるとのことである（元文二年、宝暦十一年のものも同様）。よって享保十四年以前の状況を知ることができない。ただし、寛文十二年、貞享四年、享保十一年、ならびに宝暦十一年のものは、大石慎三郎「江戸時代における戸籍について」（同『近世村落の構造と家制度』〈御茶の水書房、一九六八年、増補版一九七六年〉）において、それぞれ一部を抜粋して紹介されているのをみることができる。

(66)檀那寺が一ヶ寺のみの家には単身者をも含む。また、家付きの檀那寺を同じくする家などから嫁・婿などが縁付いてきたものなども含まれよう。

(67) 例えば、新義真言宗宝幢寺（現山形市）の寺領百姓についても、嫁・婿養子などが実家にいたときの寺檀関係をそのまま持ち越す形態を確認できる（「宝幢寺目録解題」〔『史料館所蔵史料目録』第九集〈史料館、一九六二年〉参照）。
(68) 山口家七―二。
(69) 山口家七―三。
(70) 山口家九―一〇。
(71) 山口家二〇八一。
(72) 山口家文書を残した山口三右衛門家は、山家村の名主を世襲したが、天童小路町善行寺の門徒惣代・檀中惣代も勤めた（山口家三三〇五、四五〇六）。
(73) 山口家三二九九。
(74) 山口家三五四二。
(75) 『編年西村山郡史』巻之四（一九一五年、復刻〈名著出版〉一九七三年）、一八四頁。
(76) 山口家三三六九。なお、山家村の事例における証文（山口家二〇八一）には、文意は明確ではないが「御公儀様被為仰出候御宗別之趣」を守らせるよう寺院側が指揮する、という文言がみられる。また、天保十三年には、土生田村（幕領）渓永寺と湯野沢村（新庄藩領）長林寺とが、一家一宗にすべき旨「御役所ゟ此度厳敷被仰付候ニ付」、檀家が一家一寺になるよう相互に調整を行っている（『村山市史編集資料』一　土生田古文書〈御用留〉其の一〈一九七四年三月〉、一四〇・一四一頁）。
(77) 千葉県安房郡三芳村宝珠院文書　番号132―検索番号四〇一より。史料の利用に際しては真言宗智山派宝珠院（住職石川良泰氏）ならびに千葉県史料研究財団の御協力を得た。
(78) 『長岡市史』資料編二　古代・中世・近世一（一九九三年）三六六号。「御領内町方郷中共ニ、寺替宗旨替之訳前々度々申付候処」とあり、これ以前にも寺檀関係に関する法令が出されていたことを知ることができる。この法令には、一家一寺制化を進めるような文言は含まれていない。
(79) この点に関して、前掲註（1）⑳三八四～三八八頁において言及がなされている。

〔付記〕 本章の作成にあたり、史資料の調査・利用について、新潟県立文書館の小野民裕・本井晴信両氏には多大な御教示・御助力を賜った。雑誌発表時には編集の制約があり付記を記すことができなかったが、ここにあらためてお名前を記し、感謝の意を表するものである。

終章　課題と展望
——全体像構築の足掛かりとして——

1　分析視角の提起と宗判寺檀関係の相対化

最後に、本書で明らかにしたことを纏め、今後の課題と展望とを述べたい。

まず序章では、近世仏教史研究において、これまで、辻善之助氏の『日本仏教史』の克服を企図し、新たなる全体像を構築する試みが行われてきたが、相互批判や論点の継受に乏しかったことを確認した。またその一方で、宗教者の国家的編成をめぐる議論や、僧侶以外の宗教者の身分集団をめぐる研究が急速に進展し、その結果、諸宗教者・芸能者との関連・比較において、僧侶集団の特質を検討すること、そして周縁的存在をも含んだ仏教教団像を構築すること、さらには、僧侶をも含めた諸宗教者の存在形態・特質を踏まえて、村・町・地域における宗教・信仰のありようを再構成することが課題として浮上したことを確認した。さらに、地域社会と宗教との関係をめぐる研究については、澤博勝氏の「宗教的社会関係」分析への提起を受け、さらなる進展を目指すべき段階にきていることを確認した。

そのうえで、本書の分析対象として、近世における宗教と社会とをめぐる問題について、そのなかでも大きな比重を占めた仏教を取り上げた。分析にあたっては、個別研究を単なる事例研究に留めるのではなく、そこからより普遍的な論点の抽出を試みていくことや、無批判に援用されている通説を再検討すること、また、政策や慣習、さらには幕府・諸藩・諸教団・民衆などのそれぞれにおける観念などの相互関係を厳密に検討することをも念頭に置いた。とくに、近世の国家・社会における仏教のあり方を特徴づけ、かつ諸宗教者・芸能者のなかでの総合的把握や、村・町・地域との関係を明らかにするうえで重要な検討素材となる、寺檀制度・寺檀関係、ならびに本末制度・教団構造にあらためて焦点を絞り、構造分析を行った。

分析対象は、大きくいって関東（新義真言宗）と下越後（真宗）とに求めた。とくに、武蔵国入間郡平山村および斎藤家とその周辺地域が中心的な素材になった。第Ⅰ部第一章[1]「近世中後期関東における宗教施設の運営」では、本書全体の前提として、近世仏教の特色を踏まえたうえで、寺院と、住職などの僧侶とを区別して分析する視点を導入し、寺院の経営や住職交代の事例分析を行った。そして、仏教教団の僧侶集団が、檀家組織や、寺院所在村を主とした村と、寺院本末組織に編成された寺院を媒介として関係する、という構造を描き出した。また、仏教教団・僧侶集団を他の宗教者などと比較するうえで、あるいは寺檀関係はじめ一般的に宗教者が取り結ぶ諸関係の特質を明らかにするうえで、さらには教団の構造や僧侶集団の存立構造を分析するうえで、宗教施設など関係を媒介するものに着眼すべきことを示した。また第Ⅰ部第一章では、教団組織を分析するうえで有効な分析概念となるであろう「地方教団組織」を措定した。

第Ⅱ部第二章「檀家組織の構造と代表者的存在」では、檀家組織の代表者的存在や寺院運営の世話人の性格の多様性に着目し、かつ寺院と寺院所在村との関係、あるいは檀家組織と寺院所在村との関係を明らかにすることに留意しつつ、檀家組織の構造・性質を分析した。とくに、檀家組織の代表者的存在や寺院運営の世話人の性格としては、

① 寺院に関する手続き、本寺との関係における「檀家惣代」など

② 争論や意志決定の際に、檀家組織全体、または檀家組織の一部を代表する、あるいは代表していると主張する

存在

③　格式としての「檀頭」など

④　寺院運営に携わる、世話人的な存在

⑤　寺院所在村以外の村の、集金などに携わる世話人

といったものがあげられることを示した。

第Ⅱ部第三章「祈禱寺檀関係と宗判寺檀関係」では、以上の構造分析をふまえたうえで、祈禱寺檀関係のなかでも、とくに宗判寺檀関係に類似した側面を有する祈禱寺檀関係の存在や性格を明らかにした。そのことを通じて、広義の寺檀関係のなかでの宗判寺檀関係の相対化に繋がる視点を提示した。またここでは、単純に自由な関係であるとはいい難い祈禱寺檀関係の事例を分析し、さらに祈禱の内容や檀家組織の実態などをも示しつつ、圭室文雄氏の「葬祭から祈禱へ」というシェーマに部分的ではあるが批判を加えた。

なお、この点について、初出時の拙稿[2]に対し、田中洋平氏・有元正雄氏より批判を受けた。田中氏[3]は、拙稿が祈禱寺檀関係一般について「硬直性」や「信仰の不自由さ」を指摘したものと捉え、かつ拙稿の一（本書第Ⅱ部第三章第一節『諸例集』より――祈禱寺檀関係に対する駿河田中藩・幕府寺社奉行所の認識」をさす。二六一～二六三頁）が、『諸例集』を史料としているところから「実際の民衆意識に関する視点が欠如している」とし、「圭室氏はそうした（祈禱寺檀関係に関する）統制があったにもかかわらず、結局は民衆の信仰心を祈禱から引き離すことができなかったとしており、よって朴澤氏の指摘は圭室氏のシェーマの明確な批判にはなり得ていないと結論付けられる」としている。

これについては、第一に拙稿は祈禱寺檀関係一般ではなく「宗判寺檀関係に類似した側面を有する祈禱寺檀関係」に焦点を合わせたものであり、第二にとくに二一（本書第Ⅱ部第三章第二節「祈禱寺檀関係の具体像――武蔵国入間郡平山村

新義真言宗法眼寺の場合」をさす。二六四〜二八一頁）以降で支配権力側の認識以外に対する考察を行っており、第三には圭室氏が祈禱寺檀関係について考察するにあたって参照した史料に関する批判をも行い、第四に圭室氏のシェーマの全面的な批判ではないという留保を行っている。よって田中氏の批判は誤読に基づくものだと考える。

時期や地域、あるいは祈禱の内容などに応じた検討が必要であるが、少なくとも圭室氏が「葬祭から祈禱へ」信仰の内容が変化したと捉えた時期よりのちにおいても、葬祭も祈禱も含めて、さらには民俗仏教や民衆宗教をも含めて、受容者の信仰（ないしは信心）や習俗などの全体のなかで捉えるべきなのではないかということを強調したい。例えば、第Ⅱ部第三章第二節第3項（二八〇・二八一頁）で取り上げた斎藤家の「寺社人者縁緒文」をみると、斎藤家にとって、菩提寺や祈禱寺との関係は、他の諸宗教者との関係を含めた、いわば信心の体系のなかに位置づけられていたのではないかとも思われる。

また有元正雄氏は、「寺院の維持・運営についての手続き、負担関係に類似性があっても、『滅罪檀家』と『祈禱檀家』との近世宗教史上の意義は決定的に異なるものと思われる。すなわち、前者は国制上の概念である『宗判寺檀関係』であり、原則としてこの関係を断つことができない全国的制度である。しかし後者は朴澤も引用するように『祈願檀家は帰依次第なり』といわれるように私的な概念であり、『呪術の園』そのものである関東とその周辺部の宗教的土壌の上に典型的にみられるものといえよう」[4]と述べている。

しかしここで、第Ⅱ部第四章「幕藩権力と寺檀関係」[5]での考察をも踏まえてあらためて強調したいのは、ひとつには、（確かに宗判拒否の威力は強いのだが）宗判寺檀関係における離檀の困難さを、宗判権に起因した特殊なものとしてのみ捉えるべきではなく、他の身分集団が結ぶ関係のあり方との比較から検討していくべきではないかということである。さらに、このこととの関連では、僧侶の葬祭権・引導権と、大名としての徳川家康の権力や幕府との関係をめ

ぐる検討も鍵となってくると思われる。(6)

第Ⅱ部第四章は、幕法や藩法、あるいは慣習や観念に着眼しつつ、先行研究で「家」のあり方に関する積極的な政策として評価されてきた、一家一寺制に関する法令を検討・再検討し、通説的理解に異議を唱えたものである。一家一寺制は寺檀制度成立当初においては政策的に既定のものではない。のち一家一寺制につながる法令が布令されるようになるが、(領主権力側における「家」に対する認識や排仏論などとの関係については、より大きな文脈のなかでさらに検討する必要があるものの)管見の限り、それらは、檀論・寺檀争論への対処としての性格を持ち、宗門改の円滑化などを目的としたものだったのである。これらの法令・政策は、宗門人別帳作成の現場や仏教教団からの問い合わせや主張、あるいは地域社会での動向との相互関係のなかで実施・修正された。

だがそれだけではなく、この章では、第Ⅱ部第三章とあわせて宗判寺檀関係の離檀に関する通説的理解にも見直しを迫っている(第一節第5項「いわゆる『離檀禁止令』の再検討」三〇五~三〇七頁)。離檀が容易に認められないという状況は、従来、寺請制度に起因する、宗判寺檀関係に特有のものとして説明されてきた。そして実際、僧侶の側が寺請制度に依拠して離檀の禁止を迫っていくという局面があった。しかし、幕府側にとっては、それは他の宗教者・芸能者が檀那と結ぶ関係同様の、既成化・固定化した権利の容認としての意味をもっていたのではないだろうか。

さらに、ここで取り上げたいわゆる「離檀禁止令」や、慶長十八年五月付の著名な偽文書「御条目宗門檀那請合之掟」などを念頭に置くならば、以下のようなことがいえるだろう。すなわち、排仏論への対抗や、葬祭・祈禱への関与をめぐる他の宗教者との競合関係、殊に宗派間・寺院間の競合関係のなかにあって、権利の確保、経営の維持のために、法令・判決の断片や偽文書が寺院を中心に流布し、その内容がある程度常識化していくという状況があった。こういった法令・判決・偽文書について、藩レヴェルでは真偽の判断を付けかねる状況であった。しばしば藩から幕府寺社奉行所に判断が仰がれ、それに対して、幕法としては確認できないという回答がなされている。

2　教団組織・檀家組織の構造分析と寺院所在村への着眼

本書第Ⅰ部の第二章・第三章「地方教団組織の構造」(一)・(二)[7]では、安房国の新義真言宗教団を事例に、第一章[8]で措定した地方教団組織について、寺院組織・僧侶集団の両側面に着眼した具体的な分析を行った。これは、従来、主として本末関係を中心に捉えられてきた教団組織像に対する見直しをも企図するものである。そのなかで、公的に認められた寺院本末組織ではないが、他の地方教団組織と類似した性格をもつ「衆分組織」の存在などにも触れた。また、地方教団組織内での僧侶の座順や住職交代をめぐる問題に分析の手を加え、地方教団組織と全国的な教団組織との関係や、宗教施設と教団組織との関係にも関説した。あくまで強固に確立している本末制度の枠内で、地方教団組織の実態レヴェルでの動向が展開している、という状況を、少なくともこの事例からは看取することができた。

第四章「地方教団組織の構造」(三)[9]では、同じく安房国の新義真言宗教団を取り上げ、天保十四年の無住寺院取調に関説し、無住寺院の経営の実態や、「無住契約」についての分析を行った。「無住契約」とは、寺院所在村の村役人や檀家(惣代)、あるいは僧侶集団などが、寺院を一定年限を限って無住とし、すべての寺院収入を再建などにあて、あるいは積み立てることにつき、本寺と結ぶ契約である。ここでは、寺院に対する、寺院所在村・僧侶集団双方の関与の様相を提示した。

第Ⅱ部第一章「近世後期の寺檀関係と檀家組織」[10]では、寺檀関係錯綜状態を呈している下越後真宗優勢地帯に素材を求めた。そして、檀家組織の実態に注目しつつ、寺檀関係について、村・地域およびそこにおける諸信仰・諸関係のなかで多面的な考察を試みた。ここでは、一寺院の檀家組織全体として捉えうる「檀中」(いわば「惣檀中」)が存在し、さらにそれが、村レヴェルの「檀中」としても、ひとつの、信仰および、檀那寺や教団側との関係における単位として機能しえたことなどを明らかにした。他の章と比較するならば、檀家組織の構造や、寺院と寺院所在村との関係などにおいて、宗派・地域の差を超えた類似性を看取することができるであろう。

3　対象が帯びる限定の克服

さて、本書における大きな問題のひとつとして、まず対象としての宗派や地域の限定、および非一貫性をあげざるをえない。これは、次にあげる、対象となる時期の限定と同じく、従来の研究の多くが有する課題でもある。序章での課題設定のとおり、個別研究において普遍的な論点の抽出に努めたつもりではあるが、他の身分集団との類似点・相違点の検討など、本書で明らかにした論点をもとにさらなる展開を図ることで、具体的に克服せねばならない。仏教教団に関していえば、宗教施設や地方教団組織に関して、血縁相続される真宗や、「平僧」という権限を限定された僧侶が住職となることが多かった畿内の浄土宗など(11)、教団構造を踏まえた比較を行い、論点のさらなる普遍化を図っていく必要があるだろう。なお、大和を中心とした畿内での、寺院の寺院本末組織への編成の貫徹度、あるいは本寺・触頭などによる寺院支配の貫徹度が、他地域よりも緩やかなのではないかという粗い見通しを別稿で述べている(12)。

また、本書が主として対象としている時期の限定（本末制度・寺檀制度の確立後、解体前）も今後の課題につながっていく。これに関しては、まず、第Ⅰ部第四章とも関係するが、一般的な寺院荒廃現象の進行として具現化したような(13)教団の変質や、近代における身分制の解体、土地制度の変革、教団構造の変革との関連における考察が必要となろう。

そして、中世寺社との関係の検討も課題となってくる。例えば、中世寺社の構成原理が近世社会に及ぼした影響については、中世寺院史の諸成果による比較検討はもとより、朝尾直弘氏による、惣村の結合の論理が仏教思想を軸に形成されていたという提言(14)の検討などをも含め、今後の課題としていきたい。さらに本書と関連する範囲で述べるならば、中世寺社の構成原理と、近世の教団組織（全体の教団組織および地方教団組織）における構成原理との関係・異同の検討が、教団の構成原理それ自体の解明のみならず、教団の近世化を検討する上でも課題となってくるといえよう。このことについては、在地で活動する宗教者の定着化と編成(15)という近世教団の寺院組織形成過程の一面との関連や、あるいは全教団組織の随所において「家」や親族組織と同様の構成原理をもつとされる真宗教団(16)の構成・形成過程との関連をも念頭に置かねばならない。なお、近世における一山寺院は、教団のなかに位置づけたとき、（もちろん複数の教団や異種の宗教者集団が関わる場合もあるが）地方教団組織ないしはその重要な部分的構成要素として捉えられるのではないかと考えられる。

4　宗教施設をめぐる権利・義務関係の整理と今後への展望

次に、村や町と寺院との関係について触れねばならない。第Ⅰ部において、第一章で、寺院所在村にとって寺院を維持せねばならない理由が何であったのかとの問いを発し、宗教施設の所持地・領有地や堂舎の所有関係を明らかにしていくことがひとつの切り口となるのではないかと指摘した。また第三章では、地方教団組織の僧侶集団における住職就任や座順をめぐる独自の論理を明らかにするに際して、同様の点が問題になると提起した。この問題については、第三章で教団組織の、別稿(17)で寺元（寺元とは、おおむね特定寺院に子弟を入寺させる権利、ひいては特定寺院の住職の任免権および寺院の支配権、そしてその権利をもった家ないしはその当主を指す）の関与について若干考えたに留まり、本格的な考察をなしえていない。

ここで、寺院をめぐる権利・義務関係について、本書および別稿(18)での検討を踏まえて仮説をも交えた整理を試みるならば、以下のようになろう。

寺院の進退権、住職の任免権は、最終的には幕府によって、その寺院を編成下に収める全国的教団のもとに認められている。いいかえれば全国的僧侶集団により共有されていたということになる。とくに、住職の任免権は、明確に寺院本末関係に編成されている寺院に関しては、理念的には本寺、事実上は本寺や教団行政の中心寺院、ひいては全国的教団のもとに集約されていたといってよい（ただし、教団によっては、僧侶集団内の階層の影響や、僧侶の出身階級・出身階層の影響を考慮に入れる必要があろう(19)）。

しかし、寺院、あるいはその構成要素である土地や堂舎の進退権については、個別の寺院の成立・再興の事情や由緒、あるいは維持管理の実態などにより、寺院所在村や個々の家などによって主張されることもある。その主張が寺や教団側の主張と齟齬をきたした場合、究極的には、その寺が狭義の寺であるのか村持ちの堂舎などであるのか、つまり明確に寺院本末関係に編成されているか否かという問題として裁断される。あるいは当該の土地や堂舎の所持権や進退権が寺に帰属するのか否かという問題として処理される。だが、明確に寺院本末関係に組織されている寺院でも寺元慣行がある場合があるなど、実態としては、寺院の進退権が完全に全国的教団に収斂されているわけではない。そしてこの点に関しては、武家の祈禱寺・菩提寺なども検討対象にあがってくるであろう。

また、寺院に対する進退権は、寺院の管理義務と表裏一体のものでもある。寺院やその堂舎は、管理責任者が明確にされなくてはならないものだったと思われる。そして、寺院の進退・管理には寺院所在町村が関与する場合が多い。だが、寺院所在町村の関与を一般的原則的なものとして処理することにはいまだ慎重でありたい。例えば、第Ⅰ部第四章第二節（二五一頁）でみた田舎本寺遍智院の場合、無住契約に寺院所在村や檀家組織は関与せず、地方教団組織の僧侶集団のみが関与している。地方教団組織内における当該寺院の位置や、朱・黒印地の有無（宗教領主としての性格の有無）、年貢地の有無などの諸条件を勘案しつつ、さらに検討を進める必要がある。

なお、第Ⅰ部第二章・第三章でみた地方教団組織の実態からは、高埜利彦氏による次の議論が想起される。すなわち高埜氏は、中世とは異なる、本山・本所を中心とした寺社の全国横断的な組織の形成に、近世の権力・宗教組織の特質を見出している。そして「しかし同時に、全国組織に組み込まれ、編入された場合でも、旧来の組織構造や慣行、あるいは宗教儀礼を残していることが少なくなく、いわば『近世の中の中世』とでも呼べる特質にも注目しておく必要があり、その特質の解明は今後の課題の一つとなろう[20]」と述べている。全国的組織化という原則のもとに展開する地方教団組織の実態の特質を、ひとつには先に述べた中世寺院から近世的教団への展開のなかで検討する必要があろう。そしてまた同時に、寺院や地方教団組織独自の宗教的慣行の保持、あるいは法脈の維持など、地域社会との関係や、仏教教団に独自の論理、さらには僧侶集団による権利の共同保全の要求との関係などからも検討していく必要があろう。

これらの問題についてはまた、宗教施設をめぐる争論の裁許の検討や、「社寺領」上知問題をめぐって展開されたが、以後あまり議論の進展をみていない、寺院の法人的性格や寺社領をめぐる研究[21]の再検討などを通じても、さらに深めていきたい。

繰り返しになるが、本書では、あくまでも具体的な事例研究に立脚しつつ、教団の構造、殊には（知識や思想・観念の、継受・生成の場でもある）宗教施設の特質とそれをめぐる諸関係への着眼、そして（研究史上、幕府による宗教統制の要として把握されてきた）宗判権に起因する仏教教団の特殊性を強調的に捉える通説の再考など、新たな、かつさらなる総合的な分析に繋がる論点の抽出に努めた。またそのなかで、教団の構造、宗教施設の特質、さらには寺檀関係・

寺檀制度などの、重要だが近年あまり研究の進展をみていない諸問題につき、叙上の新たな知見を得た。

序章で検討した研究状況からもわかるように、近世の宗教をめぐる問題は、国家、思想、民俗など、多岐にわたる問題に繋がる広大なテーマである。本書の考察で得られた論点を元に、近世の宗教と社会とをめぐる全体像の構築という大きな課題のなかで考察を進めていきたい。そしてさらには、近・現代の日本人の宗教観・信仰観、あるいはさまざまな宗教的要素への関わり方についての歴史的検討をも射程に入れていきたいと考えている。

註

(1) 本書第Ⅰ部第一章「近世中後期関東における宗教施設の運営——村・檀家組織・地方教団組織の相互関係——」(「近世中後期における在地寺院の運営をめぐって—関東・新義真言宗を中心に—」『史学雑誌』一〇六—八、一九九七年を改稿・改題)。

(2) 本書第Ⅱ部第三章「祈禱寺檀関係と宗判寺檀関係」(「近世中後期関東における祈禱寺檀関係」今谷明・高埜利彦編『中近世の宗教と国家』岩田書院、一九九八年を改稿・改題)。

(3) 田中洋平「近世における修験寺院の回檀と祈禱寺壇〔ママ〕関係—武州入間郡上寺山村本山派修験・林蔵院を中心として—」(『風俗史学』一六、二〇〇一年)。

(4) 有元正雄『近世日本の宗教社会史』(吉川弘文館、二〇〇二年)、二二頁。

(5) 本書第Ⅱ部第四章「幕藩権力と寺檀関係——一家一寺制法令の形成過程——」(「幕藩権力と寺檀関係—一家一寺制をめぐって—」〈『史学雑誌』一一〇—四、二〇〇一年〉を改稿・改題)。

(6) 僧侶と修験との葬送への関与をめぐる相論については、宇高良哲『徳川家康と関東仏教教団』(東洋文化出版、一九八七年)、小沢正弘「江戸初期関東における祭道公事」(『埼玉県史研究』九、一九八二年三月)、坂本正仁「真言宗と祭道」(『豊山教学大会紀要』一二、一九八四年)、菅野洋介「近世の僧侶・修験と村社会—武州鎌形村を事例に—」(『駒沢大学史学論集』三二、二〇〇二年)などを参照。

(7) 本書第Ⅰ部第二章「地方教団組織の構造(一)——安房国新義真言宗の寺院組織——」(「近世安房国における新義真言宗

総の身分的周縁」二〇〇一年〉を改稿・改題)。
国新義真言宗の僧侶集団――」(「近世安房国における新義真言宗の僧侶集団」〈『千葉県史研究』九号別冊　近世特集号「房
の寺院組織」〈『千葉県史研究』八、二〇〇〇年〉を改稿・改題)。本書第Ⅰ部第三章「地方教団組織の構造(二)――安房

(8) 前掲註(1)。

(9) 本書第Ⅰ部第四章「地方教団組織の構造(三)――無住契約――」(「近世安房国における新義真言宗の無住寺院をめぐって」〈三派合同記念論集編集委員会編『新義真言教学の研究』大蔵出版、二〇〇二年〉を改稿・改題)。

(10) 本書第Ⅱ部第一章「近世後期の寺檀関係と檀家組織――下越後真宗優勢地帯を事例として――」(「近世後期における寺檀関係と檀家組織―下越後真宗優勢地帯を事例として―」〈『史学雑誌』一〇四―六、一九九五年〉を改稿・改題)。

(11) この点に関して、今堀太逸「村落寺院の諸相―近世村落における宗教と政治―」(『佛教大学総合研究所紀要』第五号別冊「宗教と政治」所収。のち「村落寺院の諸相―滋賀県神崎郡五個荘町を事例として―」と改題のうえ、今堀太逸『本地垂迹信仰と念仏―日本庶民仏教史の研究』〈法藏館、一九九九年〉に所収)、ならびに澤博勝『近世の宗教組織と地域社会―教団信仰と民間信仰―』(吉川弘文館、一九九九年)の「終章」を参照。

(12) 朴澤直秀「寺元慣行をめぐって」(『国立歴史民俗博物館研究報告』一一二、二〇〇四年)。

(13) 一山寺院での寺院荒廃に関しては、吉井敏幸「近世初期一山寺院の寺僧集団」(『日本史研究』二六六、一九八四年)を参照。

(14) 朝尾直弘「惣村から町へ」(『日本の社会史』六　社会的諸集団、岩波書店、一九八八年。のち朝尾直弘『都市と近世社会を考える　信長・秀吉から綱吉の時代まで』〈朝日新聞社、一九九五年〉に収録)。

(15) 竹田聴洲『民俗仏教と祖先信仰』(東京大学出版会、一九七一年)前編(のち『竹田聴洲著作集』第一巻〈国書刊行会、一九九三年〉に収録)。

(16) 森岡清美『真宗教団と「家」制度』(創文社、一九六二年。増補版一九七八年)。なお、真宗に限らない、地域的な教団組織や寺中組織と分家との類似性については、竹田聴洲氏も『民俗仏教と祖先信仰』などにおいて指摘している。

(17) 前掲註(12)参照。

(18) 前掲註(12)参照。

(19) 武部愛子氏は、『近世天台宗の僧侶身分と教団構造』(東京大学大学院人文社会系研究科修士論文、二〇〇三年。言及にあたっては武部氏の御許可を得た)で、天台宗教団の「身分内階層」「身分内格差」に相応した教団構造、およびその僧侶の出自との関係に着眼した分析を行っている。

(20) 高埜利彦「江戸幕府と寺社」(『講座日本歴史』東京大学出版会、一九八五年所収。のち高埜利彦『日本近世の国家権力と宗教』東京大学出版会、一九八九年、第三章)。

(21) 中田薫「御朱印寺社領の研究」(『国家学会雑誌』二一―一一・一二、一九〇七年)、同「徳川時代に於ける寺社境内の私法的性質」(『国家学会雑誌』三〇―一〇・一一、一九一六年。以上中田薫『法制史論集』第二巻、岩波書店、一九三八年に収録)、中田薫「徳川時代の所持及び寺領に就て」(『法律時報』一・二、一九三九年。中田薫『法制史論集』第三巻上、岩波書店、一九四三年に収録)、三上参次・辻善之助・芝葛盛『社寺領性質の研究』(東京帝国大学、一九一四年)、豊田武『日本宗教制度史の研究』(厚生閣、一九三八年。のち一九七三年に第一書房より改訂版発行。さらに、豊田武著作集第五巻『宗教制度史』吉川弘文館、一九八二年に収録)。安藤宣保『寺社領私考―明治維新を中心にして―』(愛知県郷土資料刊行会、一九七七年)、同『寺社領私考拾遺―明治維新を中心にして―』(寺社領研究会、一九八〇年)、寺崎弘康「近代社寺領処分問題の研究史と一・二の問題点」(『中央大学大学院研究年報』一四、一九八五年)、滝島功「江戸寺社境内地の基礎構造―明治維新期寺地処分の理解のために―」(『関東近世史研究』四九、二〇〇一年)。

〔付記〕 本章には、「寺檀制度と葬式仏教」(大久保良峻・佐藤弘夫・末木文美士・林淳・松尾剛次編『日本仏教34の鍵』春秋社、二〇〇三年)の記述を一部含んでいる。

あとがき

本書は、二〇〇一年十二月に東京大学大学院人文社会系研究科に提出した博士論文「近世日本の社会と仏教―教団構造と寺檀関係とを中心に―」を改稿のうえ公刊するものである。ただし、第Ⅰ部第四章として、博士論文の段階では「在地寺院の寺元」（国立歴史民俗博物館編『収集家一〇〇年の軌跡―水木コレクションのすべて―』国立歴史民俗博物館、一九九八年）を収録していたが、「寺元慣行をめぐって」（『国立歴史民俗博物館研究報告』一一二、二〇〇四年）として改稿・公表することになったため、第Ⅰ部第二章・第三章と関連の深い論考に差し替えた。また、生硬な文章を読み易くし、かつ全体の論旨を整理すべく、手を加えた。博士論文の審査には、主査吉田伸之、副査島薗進、鈴木淳、藤田覚、宮崎勝美の諸先生にあたっていただき、貴重なご意見をいただいた。

なお、各章の初出は以下のとおりである。既発表論文にはすべて修正を施している。

序　章　近世仏教史の全体像構築への試み（新稿）

第Ⅰ部　宗教施設と教団構造

第一章　近世中後期関東における宗教施設の運営――村・檀家組織・地方教団組織の相互関係――（「近世中後期における在地寺院の運営をめぐって―関東・新義真言宗を中心に―」〈『史学雑誌』第一〇六編第八号、一九九七年〉を改題）

第二章　地方教団組織の構造（一）――安房国新義真言宗の寺院組織――（「近世安房国における新義真言宗の寺院組織」〈『千葉県史研究』第八号、二〇〇〇年〉を改題）
第三章　地方教団組織の構造（二）――安房国新義真言宗の僧侶集団――（「近世安房国における新義真言宗の僧侶集団」〈『千葉県史研究』第九号別冊　近世特集号「房総の身分的周縁」二〇〇一年〉を改題）
第四章　地方教団組織の構造（三）――無住契約――（「近世安房国における新義真言宗の無住寺院をめぐって」〈三派合同記念論集編集委員会編『新義真言教学の研究』大蔵出版、二〇〇二年〉を改題）
第Ⅱ部　寺檀関係論
第一章　近世後期の寺檀関係と檀家組織――下越後真宗優勢地帯を事例として――（「近世後期における寺檀関係と檀家組織―下越後真宗優勢地帯を事例として―」〈『史学雑誌』第一〇四編第六号、一九九五年〉を改題）
第二章　檀家組織の構造と代表者的存在――関東の事例から――（新稿）
第三章　祈禱寺檀関係と宗判寺檀関係（「近世中後期関東における祈禱寺檀関係」〈今谷明・高埜利彦編『中近世の宗教と国家』岩田書院、一九九八年〉を改題）
第四章　幕藩権力と寺檀関係――一家一寺制法令の形成過程――（「幕藩権力と寺檀関係―一家一寺制をめぐって―」〈『史学雑誌』第一一〇編第四号、二〇〇一年四月〉を改題）
終　章　課題と展望――全体像構築の足掛かりとして――（新稿）

本書に収めた研究の発端は、学部三年秋（一九九二年九月）の吉田伸之先生の演習での報告（「榊原氏高田藩における『離檀』―越佐の寺檀関係①―」）に遡る。この報告は、のちに（大きく形を変え）本書第Ⅱ部第四章の一部となった。以後、卒業論文『近世後期下越後真宗優勢地帯における信仰実態と寺檀関係』（本書第Ⅱ部第一章のもとになっている）、修士論文「近世中後期における寺院・僧侶と村落―関東・新義真言宗を中心として―」（本書第Ⅰ部第一章、第Ⅱ部第二章・第三章のもとになっている）の作成などを経ながら、少しずつ研究対象と問題意識とを広げ、深めてきた。

本書の上梓に至るまでには、実に多くの方々のお世話になってきた。史料の閲覧・利用をお許しくださった所蔵者・所蔵機関の皆様、大学を問わずにお世話になった、諸先生方、先輩・同輩・後輩の皆様、事務・図書室担当の皆様、千葉県史料研究財団をはじめとした自治体史関係者の方々（本書第Ⅰ部第二章〜第四章は、千葉県史料研究財団・千葉県史編さん近世史部会のご協力あってこそ執筆できたものである）、さまざまな学会・研究会・共同研究の関係の方々、軒端に路傍に貴重なお話をお聞かせくださった地域の皆様、そして、出版事情厳しいおりに出版をお引き受けいただき、多大なお力添えをくださった吉川弘文館の皆様、すべての方々に深くお礼を申し上げる。無論、研究を直接的には離れたところで私を支え励ましてくれた友人たち――かつての級友たちや、歌仲間・旅仲間たち――にもお礼を申し上げたい。あまりにも多くの方々のお世話になっており、また各章の註・付記でも謝辞を述べさせていただいているので、失礼ながらここでそれぞれのお名前をあげることは控えさせていただく。

ただここではとくに、大学・大学院の指導教官として一貫してご指導いただいた吉田先生、博士課程進学以来、研究室の近世史担当の教官としてご指導いただいた藤田先生、ゼミでご指導いただき、さらに日本学術振興会特別研究員（ＰＤ）としての東京大学史料編纂所での研究に際して、指導教官をお願いし諸々のご迷惑をおかけした宮崎先生、そして、学部時代に甲州史料調査会でお目に掛かって以来、さまざまな場で厳しくご指導くださった高埜利彦先生からいただいた、絶えざる温かいご鞭撻に、あらためて感謝の念を表したい。また、文章を作るということは、読者あってのことだということなど多くを学ばせていただいた、吉川弘文館の斎藤信子氏に、あらためて感謝申し上げるとともに、ご教示を今後の糧としていきたい。

そして、故長岡篤先生に感謝の言葉をお伝えしたい。古代史研究者でいらっしゃった長岡先生は、開成学園教諭として長年教育に情熱を傾けられた。先生には高校の三年間日本史を教えていただき、その後も教育実習の指導をお願いし、また抜刷を読んでいただくなど、おりに触れご指導、励ましをいただいてきた。

先生が二〇〇〇年正月にくださった年賀状には、「息の長い論文を書いて下さい」と書いてあった。それからほどない二月十四日、先生はお亡くなりになった。急性骨髄性白血病の病床からの、最後のご指導であった。本書がいまだそのご指導に見合うだけの水準に到達していないということには忸怩たる思いがあるが、いつの日にか先生に捧げるにふさわしい本を書くことができるよう、努力していきたい。

最後に、わがままな私を支え、励ましてくれた父朴澤一成と母朴澤美知恵、姉大岩利佳子と義兄大岩良至に、この場で感謝の意を表することをお許しいただきたい。

二〇〇四年六月

朴澤直秀

幕藩権力と寺檀制度（オンデマンド版）

2018年10月1日　発行

著　者　朴《ほう》澤《ざわ》直《なお》秀《ひで》
発行者　吉川道郎
発行所　株式会社 吉川弘文館
〒113-0033　東京都文京区本郷7丁目2番8号
TEL　03(3813)9151(代表)
URL　http://www.yoshikawa-k.co.jp/

印刷・製本　株式会社 デジタルパブリッシングサービス
URL　http://www.d-pub.co.jp/

朴澤直秀（1971～）
ISBN978-4-642-73392-2

著者略歴

一九七一年　東京都に生まれる
一九九九年　東京大学大学院人文社会系研究科博士課程単位取得退学
二〇〇二年　博士（文学）
現在　岐阜大学地域科学部講師

〔主要論文〕
「島津家本」の構成と形成過程（『東京大学史料編纂所研究紀要』八）
寺元慣行をめぐって（『国立歴史民俗博物館研究報告』一一二）
半檀家論の再検討（『東京大学日本史学研究室紀要』八）

幕藩権力と寺檀制度

二〇〇四年（平成十六）十月一日　第一刷発行

著　者　朴《ほう》澤《ざわ》直《なお》秀《ひで》

発行者　林　英　男

発行所　株式会社　吉川弘文館
郵便番号一一三─〇〇三三
東京都文京区本郷七丁目二番八号
電話〇三─三八一三─九一五一〈代〉
振替口座〇〇一〇〇─五─二四四番
http://www.yoshikawa-k.co.jp/

印刷＝株式会社 理想社
製本＝誠製本株式会社
装幀＝山崎　登

索　　引

I 事　　項

＊「旦那」「旦家」「旦中」などは、「檀那」「檀家」「檀中」などに含めた。

あ

か

さ

な

は

II　人　名

あ

か

さ

た

な

は

ま

や・ら・わ